投资金融纵横谈

李敏新 著

中 国 计 划 出 版 社

图书在版编目（CIP）数据

投资金融纵横谈/李敏新著．—北京：中国计划出版社，
2014.6
ISBN 978-7-80242-965-9

Ⅰ．①投… Ⅱ．①李… Ⅲ．①金融投资—研究 Ⅳ．
①F830.59

中国版本图书馆CIP数据核字（2014）第052030号

投资金融纵横谈
李敏新 著

中国计划出版社出版
网址：www.jhpress.com
地址：北京市西城区木樨地北里甲11号国宏大厦C座3层
邮政编码：100038 电话：（010）63906433（发行部）
新华书店北京发行所发行
北京京华虎彩印刷有限公司印刷

787mm×1092mm 1/16 33.25印张 585千字
2014年6月第1版 2014年6月第1次印刷

ISBN 978-7-80242-965-9
定价：78.00元

写在前面的话

一

我于1982年初大学毕业后被组织分配到建设银行总行，自此走上工作岗位，到现在已是33年有余。这33年，正是我国改革开放的33年，是国家持续发展、日益强盛的33年，是我国金融业持续深化改革发展的33年，也是建设银行管理体制持续改革、不断完善调整的33年，是建设银行事业不断发展壮大的33年！我作为金融行业的一员，作为建设银行大家庭中的一员，33年经历其中，33年身处其境，沐浴着改革开放的春风，耕耘着本职工作的田园，分享着改革发展的成果。我为此深感自豪！也深感人生之幸运！——这种自豪感与幸运感，不仅仅是因为我自己，也为着与我有着相同经历的一代同龄人。

在建设银行工作的33年中，我所从事的都是具操作性特征的业务工作——无论是行业调查、项目评估、贷款审批、风险管理或是内控管理工作。对于自己所从事的工作，我满怀着尽心尽力做好的愿望与热诚去对待，不敢懈怠。以无愧于所处的这个伟大时代！

因为热诚与愿望，30多年间，我在力争做好各项具体业务工作的同时，主要利用工余时间，对于一些与本职业务工作有直接关系和间接关系的投资金融理论、实务问题进行思考研究，欲求究竟。每有所得，喜悦之情形于色、溢于言，有时也落于笔端，记录于纸上，或落于键盘，录入电脑，形成文章，并发表于报刊杂志。日积月累，数量也有120余篇之多。获“挺”获“赞”，也有一些。

二

农夫对粮食总是很珍惜的，也是很有感情的。因为每一粒粮食都融入了他们的汗水。同样，我对于自己的“120余篇”文章也是很珍惜，很有感情。于是，两前年，产生了将其结集出版的想法。念头屡屡出现，又屡屡自我否定——这些过去的文章，写作与发表的时间跨度长达30年（1983～2013年），对于现今的工作是否还有参考价值？是否还能引起读者的阅读兴趣？

近来有闲，将过去30年间陆续发表的“120余篇”文章进行了整理，选取其中的86篇，按选题内容，将其归类为“大力发展金融产业”、“科学评估投资项目”、“完善商业银行经营管理机制”、“正确选择信贷资金投向”、“切实防范金融风险”、“投资管理史话”和“他山之石”七部分，结集成书。我再次阅读其中各篇之后，体会出“将其结集出版”之必要。至少有以下五点：

（一）有的内容仍有较强的实用性和现实参考价值。不论写作时间的早晚，具有较强的现实性，是决定本书是否有出版之价值的首要标准。细细读来，这类文章真有不少。譬如，发表于1986年的《加强建设项目可行性研究与评估》一文中所分析指出的当时建设项目可行性研究工作中存在的问题，时过境迁近30年，同样的问题不是还存在吗？有的问题，随着投融资体制改革的不断深化而变得更加突出了；文中所提出的解决问题的方法，在今天如能采用，将会使许多问题得到解决。又如，发表于1997年的《认识特色　把握特点　把好固定资产贷款投放第一关》所阐述的观点，对于今日之商业银行如何认识并防范贷款风险，其价值并不亚于当年。

重复建设是我国经济建设中难以治愈的痼疾。发表于1997年的《如何正确判别市场经济条件下的重复建设》一文，我所提出的判别建设项目是否属于重复建设的“四条标准”，对于今天我国正在实施的淘汰过剩落后产能、调整经济结构、避免重复建设等工作，其指导作用仍有一些。再如，发表于2000年的《剥离不良资产热中的“冷思考”》一文中，我所分析指出的对制约和影响商业银行资产质量问题的诸多消极因素，至今仍然存在着。读完此文后，你将会认为，今天，我们对制约和影响商业银行资产质量问题的诸多消极因素，仍然有必要进行“冷思考”，对银行信贷资产质量的问题仍不能掉以轻心。如此等等，还有一些。

（二）知古鉴今，启迪来者。收入本书中的七部分文章的内容都是与我所从事的业务工作直接或间接相关的，或者说，对这些选题内容进行研究思考，是我做好本职业务工作所必需的，不可或缺的。其中的不少研究成果，有的直接转化为业务工作中制度方法，有的成为建立新机制体制的理论参考，有的则引发业界人员对这类问题进行思考研究。因为此缘故，这些文章所记录的，不仅仅是我本人对该问题的思考研究所得，也从一个侧面反映了当时业界对该业务领域所探讨思考的理论与实务问题之所指。

读完这类文章，再回顾30多年来我国投资金融体制改革、创新、发展历程，回顾建设银行信贷经营与风险管理工作改革发展的历程，不难发现，在现在看来多么浅显易懂的问题，在当时的起步阶段，却是那么使人难以抉择。过去研究所提出的结论和主张，在今天看来有的也许是行不通的，有的甚至是可笑的。但从当时的条件和环境看，却又是十分需要的，很有意义。举两个例子。譬如，“金融业是否是个产业”、“银行是否是企业”这类问题，今天已经无人质疑。但在20多年前，在计划经济体制还没有进行实质性改革的情况下，我国金融业是作为政府行政管理机关而履职的。有关“金融业是否是个产业”、“银行是否是企业”的问题，在当时，绝不是一个实务问题，而是一个重大的理论问题。尔后，我国金融体制和金融产业改革发展的进程，不是或多或少地反映了《发展我国金融产业的初步研究》一文中所研究提出的10点建议内容吗?

又譬如，对于今天从事投资项目可行性研究和项目评估的从业人员而言，何谓“国家参数”、何谓“折现率”、以何数值作为参数和折现率、投入产出物价格如何选取等问题，都是属于ABC类的基础常识性知识。如若将时间向前推30年，那时，我国的投资项目可行性研究和项目评估工作还刚刚起步，方法制度建设还处于初期研究探索阶段，这些问题都是属于理论性和学术性很强的问题，是项目评估工作中的难点问题。发表于1984年的《建设项目国民经济评价中的价格问题》、《建设项目经济效益评价中的国家参数问题》和《如何选定基准投资收益率和折现率》三篇文章，正是我对这些热点问题进行系统研究思考的成果。其中的一些研究成果纳入了项目可行性研究和银行贷款项目评估方法中，并以此推动了可行性研究和项目评估工作。再譬如，发表于2000年的《完善国有商业银行风险管理体系　切实防范和化解金融风险》一文，在阐述分析金融风险六个主要特性的基础上，从七个方面提出了建立完善的风险管理体系的建议。文中的内容对于随后进行的商业银行风险管理工作起到了一定的舆论导向和宣传启示作用。

从以上举例中可以得到以下两点启示：

第一，从事业务工作的同志也要注重进行理论思考和探索，要善于从实务工作中总结经验，提升业务理论水平。对于自己所从事的业务工作，要懂得实务工作背后深藏的理论奥秘；对于在日常工作中所执行的制度方法，不仅要知其然，还要知其所以然。理论研究探索，尤其是与有关业务工作相关的理论研究探索，不仅仅是专职理论研究工作者的事，也是从事实务工作的同志应具备的基本功。只有这样，才能增强工作的主动性，才能提高遵循制度方法的自觉性，才能提高工作质量和效能。

第二，机制、体制、方法制度的创新，首先源于理论的探索和创新。列宁说过:“没有革命的理论,就没有革命的运动”。将革命导师的名言作进一步的引深理解,在金融工作中,没有理论的探索求新,就不可能真正建立起科学的机制、体制和方法制度。一种新的体制机制的建立,一个方法制度的制订,乃至一条业务标准的确定,不可能是凭某个当事人,或某个大人物的一时灵感而形成的,它总是在业界(包括理论学术界和实务操作领域)大量广泛深入的调查研究和理论探索辨析的过程中,在认知度逐步深化,并大体取得共识后而孕育形成的。这个孕育过程,不可能一蹴而就,“忽悠”而成。它有时是一个较漫长的过程,有如婴儿之“十月怀胎”。从这个意义上讲,一种理论的探索辨析,是与之相关联的机制、体制、方法制度形成的必经之路,不可省略。过去是这样,现在也是这样,将来还会是这样。

(三)求之以鱼,不如求之于渔。不用讳言,早期文章的天生缺陷是:资料已显陈旧,依此作为论据研究得出的结论,有的已经过时。譬如,本书第四部分《正确选择信贷资金投向》中的各篇文章,都是依据当时的有关统计数据和经济金融现状进行研究的。其中,不少文章研究所得出的结论,对于商业银行当时如何选择经营策略、把握发展机遇、抉择信贷资金投向、防范贷款风险起到了一定的导向作用,而对今天的实际工作已无指导价值。即便如此,通过阅读这些文章后,读者仍然会有所得。读者从这些文章中仍然可以悟出、归纳出一些研究问题的有用方法和路径,并应用于实际工作之中。譬如,发表于2000年的《我国房地产行业:现实问题多,发展前景广》一文的研究结论,近15年来我国房地产行业的发展趋势和商业银行对房地产行业所采取的信贷经营策略不是与之很吻合吗?但站在今天的角度看,我国房地产行业未来的发展走向哪里,却是仁者见仁、智者见智,莫衷一是。文中所采用的研究方法,对于我们今天思考房地产行业的未来改革发展的趋势还是有一定的启发作用。再如,“十五”时期我国产业结构调整变化趋势及国有商业银行的信贷经营策略,与发表于2001年《“十五”期间国有商业银行的信贷经营策略应与我国的产业结构调整变化趋势相适应》一文的研究结论也是基本一致的。“十二五”、“十三五”期间,商业银行应采取怎样的与产业结构调整变化趋势相适应的信贷经营策略,需提早进行研究探索,作出预判。阅读这类文章,仍可以从中找出一些有价值的研究同类问题的方式方法。

不知哪位哲人说过:“生活中并不缺少美,而是缺少发现美的眼睛。”也可以说,在现今高度信息化的时代,在投资金融工作中,我们并不缺少对经营管理决策工作有价值的信息资料,缺少的是对这些信息数据进行有效的研究分析的方法和行动,并得出科学结论,以供经营管理决策参考。从这个意义上讲，对真理的探索比对真理的占有更重要，掌握探索真理的方法比占有真理更有价值。求之以鱼，不如求之于渔。

（四）他山之石，可以攻玉。本书第七部分“他山之石”的各篇文章，是在考察或研究相关文献资料的基础上形成的，介绍了西方一些经济发达国家的商业银行、政府组织和国际组织，在投资项目管理、银行风险管理等方面的一些做法。由于没有进行后续的考察和文献研究，这些20年、30年前的做法，不知今天他们是否还在使用。合理的判断应是：即或还在使用，也会有了很大的改造。“与时俱进”嘛。即使是这样，这些资料，对研究改进我们今天的工作仍会有某些参考价值。“他山之石，可以攻玉。”

（五）重温历史，诱发“乡愁”。中国古代学者王充对古今关系有精辟见解：“知古不知今，谓之陆沉；知今不知古，谓知盲瞽。”本书取名为《投资金融纵横谈》，所谓，“横”即是指所谈内容而言。因为是“横”谈，它不是专著，谈的内容宽泛而零散。所谓“纵”，则是指书中文稿的写作发表时间延展，也包括对投资金融领域的某些历史的记述。就时间延展而言，这些文章的写作与发表时间跨度为30年（1983～2013年）。书中的第六部分“投资管理史话”，从新中国成立后至1987年长达39年中，作者撷取了与投资金融有关的23个话题进行了漫谈式的记述，以求反映不同年代理论研究与实务工作探索的内容，给读者以历史感。不论当初这种探索研究的结论如何，但在今天看来，却是一种财富——历史是一种财富，经历也是一种财富。

对任何个人而言，生年有限，而日月常新、事业常新。历史愈久远，愈是清晰，正所谓“时间是最好的老师。”读了这些文章，读者将会对书中各项内容所涉及的零星历史有所了解，对思考今日之工作也会有所裨益。对于曾经身临其境的读者而言，读了这些文章，重温过去，将会勾起一些尽管是碎片化的、但却是美好的回忆。这种回忆也是一种“乡愁”吧！一种有厚重历史感的工作“乡愁”！

三

在编选本书的过程中，使我回想起每一篇文章写作形成的过程，其时其境，历历在目。其中的不少文章，尤其是早期写作的文章，其中有不少都是在当时我的领导的直接指导下完成的，有的是相互切磋、斟字酌句修改而成。对于他们，我更乐意于尊称其为“导师”：导者，领导也；师者，老师也。在工作中，他们是我的领导；论年龄，他们有的是我的长辈，有的是我的兄长；论学术和业务水平，他们是我的老师。他们的学品人品，令我景仰。因为此原因，在写作文章、研究探索问题的过程中，我总是乐于请教，而他们也总是诲我不倦。这些都是许多年前的事了。对这些导师们，我充满了感谢之情。时光荏苒。这些导师们如今大都健在，却白发霜鬓；而有的已仙逝。对于健在的导师们，我衷心祝福他们健康长寿！对于逝者，我深切地怀念着他们！

后期的一些文章，有的是与我的同事合作完成，在文章末尾处已一一注明。如今，他们正值壮年，并在工作中担负着某一方面甚至某几个方面的领导责任。我祝愿他们百尺竿头、更进一步！

此书对我个人来说，凝聚多年心血，今日能付梓出版，当是十分高兴。在此，对中国计划出版社领导和编辑们给予本书的出版机会和付出的辛勤劳动，致以由衷的谢忱！

忆述至此，不胜感慨，意忧未尽，试填词一首。

满庭芳·《投资金融纵横谈》编后感赋

纸笔“沙沙”，键盘“答答”，泛舟书海寻津。雄姿英发，忘却九衢尘。多少陈年往事，长回首，甘苦芳辛。惊人句，千修万改，灯下细推甄。
求真。当此际，惟欣国盛，岂望名存。贵文墨怡情，德业修身。此话当何解也？纵览古，也看今人。终赢得，人生何憾，有事业常新。

李敏新

2014年3月5日

目　录

一、大力发展金融产业

建立股份制经济有利于经济发展结构调整

股份制经济是商品经济发展的必然产物，也是社会主义有计划商品经济的合乎逻辑的发展。在我国实行股份制经济，至少有以下6个方面的好处：

第一，实行股份制经济，通过发行股票、组织股票的承兑、交换，有利于调剂地区之间、部门之间、企业之间及个人之间的资金盈余短缺，推出新的融资手段，搞活资金的横向流通，鼓励地区、部门、企业之间的渗透投资。

第二，建立股份制经济，有利于医治“投资饥饿症”。

建立股份制经济所形成的股票市场是一种直接融资方式。“三位一体”是这种方式的显著特征，资金所有权、投资决策权和资金经营权结合为一体，资金所有者既是投资的决策者，又是企业经营者。它既享受资金使用效果好的巨额利益，也承担资金使用效果差的风险。企业通过按股分红方式，把资金的使用效果与各个股份所有者的切身利益紧密地联系在一起。各个股份所有者为了将资金经营风险降低到最低程度，提高资金的使用效益，进行投资决策时，他们不能不谨慎从事，减少决策失误，避免投资浪费。

第三，实行股份制经济不会加剧银行信贷资金的供求矛盾。只要我们掌握股票所筹集的资金的正确使用方向，银行存款资金的减少不会加剧信贷资金的供求矛盾。因为，不论是银行包揽信贷，还是银行信用与其他信用共同存在，资金总需求量不会发生太大的变化。企业通过采用股票等方式筹集到了所需要的建设资金后，必然会减少对银行信贷资金的需求，相应地也就缓和了银行信贷资金的供求矛盾。

第四，购买股票的资金来源主要是社会闲散资金和预算外资金，只要通过合理的方式严格规定购买股票的资金来源，引导其使用方向，它不会导致重点建设项目投资资金的转移。

而且，国家也同样可以通过发行股票，筹集国家重点建设所需要的建设资金，促进重点建设的发展。客观地讲，国家重点建设项目在股票市场上具有更大的吸引力和更强的竞争力。

第五，建立股份制经济，有利于促进企业改善经营管理，推进技术进步，提高经济效益，促进择优汰劣的良性循环。股份企业只有经营效果好，确保股东获得较多的红利，它的股票才能在市场上有较好的销路和较强的竞争力，企业也才能在竞争中取胜、生存和发展。建立股份制经济，客观上要求企业慎重进行经营决策，改善经营管理水平，不断推动技术进步，提高资金使用效果。

第六，实行股份制经济，有利于控制消费基金的增长，抑制消费饥渴症。

（原载《经济参考》1986年1月23日第六版）

对股份制经济的几点认识

——兼谈股票证券市场问题

（一）股份制经济是商品经济发展的必然产物

股份制经济是商品经济发展的必然产物，也是社会主义有计划商品经济的合乎逻辑的发展。通过发行股票证券、组织股票证券的承兑交换，来调剂地区之间、部门之间、企业之间及个人之间的资金盈余短缺，推出新的融资手段，搞活资金的横向流通，鼓励地区、部门、企业之间的渗透投资，正是股份制经济在社会主义条件下最显著的作用。

另外，部门合伙办企业、地方合伙办企业、农民合伙办企业，以及部门、地区、企业、个人，全民与集体、集体与个体、全民与个体之间的资金协作关系，客观上自然而然地提出了组织股份经济的要求，以确定合资企业的产权和必要的资金转移。

股份制经济有两种形式，一种是个人股份企业，即马克思所说的“工人自己的合作工厂”。在我国，由个人集资建立的股份企业，大体上是属于这种性质的企业。我们绝不能因为它的私有性而限制它的存在和发展。相反地，我们应该支持、鼓励、引导他们朝正确的方向发展，这样不但不会对社会主义经济造成危害，而且是社会主义经济的必要补充。

另一种形式是大的托拉斯股份企业，即马克思所讲的铁路运营这类股份企业。在我国，由部门、地区、企业之间联合投资及跨部门、跨地区投资所创办的企业，大体上属于这种形式。这类股份企业，投资资金的主要来源是各部门、企业的资金，生产资料分属于不同的部门、企业股东所有。那种认为建立股份制经济，通过发行股票证券创立的股份企业，会改变生产资料的公有制性质，是没有任何理论根据的。况且，我们并不主张对所有企业实行股份制。如果说，实行股份制经济对生产资料所有制性质带来某些变化的话，也只不过会扩大集体经济成分在国民经济中的比重，使企业生产资料在不同的企业主体之间转移，绝不会使私有制经济成分在国民经济中占支配地位。

（二）股份制经济利大于弊

有一种意见认为，建立股份企业会分散建设资金，影响国家重点建设，造成盲目建厂、重复建厂，使投资规模不易控制。因而主张用银行金融去替代股票证券市场的作用。诚然，我们不能否认银行在积聚和再分配社会资金过程中的职能作用。同样，我们也不能抹杀股票证券市场有着其他信用形式所不可替代的作用。马克思也没有把银行制度作为信用制度的唯一形式，而是将两者并列论述。他写道："信用制度和银行制度把社会上一切可用的、甚至可能的尚未积极发挥作用的资本交给产业资本家和商业资本家支配"。信用制度包括哪些形式，他没有解释。笔者理解，当然包括股票证券市场这种信用形式。那么，因建立股份制经济所形成的股票证券市场会不会使投资规模不易控制，造成盲目建厂、重复建厂，形成投资浪费呢？

现行银行融资是间接融资方式，即由银行通过储蓄积聚资金，或将财政资金拨付银行，再由银行贷放。这种融资方式的主要特征是"三权分立"，即资金所有权、资金投资权和资金经营权相分离。资金所有者将钱存入银行，银行给资金所有者支付利息，国家投资企业，然后交给企业经营。经营企业对投资主体——国家的责任是依法交纳税利。在这里，银行充当资金所有者和资金经营者的中介人。"三权分立"的弊端在于：资金使用经营效果与资金所有者的经济利益没有直接联系，资金经营风险由国家承担。银行只是通过资金存贷利息差获得收益，资金所有者也只是享受存款资金利息的既得利益，资金所有者和资金经营者都不承担资金使用效果的任何风险和责任，也不享受资金使用效果好所带来的高额利益。也就是说，资金使用效果如何，对资金所有者和经营者既没有经济利益的诱惑力，也没有承担风险的压力，这就不能促使资金所有者和资金经营者从自身的经济利益去关心资金的使用效果。

与此不同，股份制经济所形成的股票证券市场是一种直接融资方式，"三位一体"是这种方式的显著特征，资金所有权、投资决策权和资金经营权结合为一体，资金所有者既是投资的决策者，又是企业经营者，它既享受资金使用效果好的巨额利益，也承担资金使用效果差的风险。企业通过按股分红方式，把资金的使用效果与各个股份所有者的切身利益紧密地联系在一起。各个股份所有者为了将资金经营风险降低到最低程度，提高资金的使用效益，进行投资决策时，他们不能不谨慎从事，减少决策失误，避免投资浪费。从这个意义说，实行股份制经济，有利于控制投资规模，医治投资饥渴症，避免重复建设和盲目建设。

实行股份制经济，通过发行股票证券来筹集建设资金，会不会使银行存款来源减少，加剧银行信贷资金的供求矛盾？笔者认为，只要我们掌握银行信贷资金、股票证券所筹集的资金的正确使用方向，银行存款资金的减少不会加剧信贷资金的供求矛盾。因为，不论是银行包揽信贷，还是银行信用与其他信用共同存在，资金总需求量不会发生太大的变化，企业通过采用股票证券等方式筹集到了所需要的建设资金后，必然会减少对银行信贷资金的需求，相应地也就缓和了银行信贷资金的供求矛盾。

因建立股份制经济所形成的股票证券市场，会不会与国家重点建设项目争投资、争物资，造成建设资金的分散使用呢？也不会。购买股票证券的资金来源主要是社会闲散资金和预算外资金，只要通过合理的方式严格规定购买股票证券的资金来源，引导其使用方向，不但不会导致重点建设项目投资资金的转移。相反，国家也同样可以通过发行股票证券，筹集国家重点建设所需要的建设资金，将大量的国家预算外资金积聚到国家手中，这反而会促进重点建设的发展。

建立股份制经济，有利于促进企业改善经营管理，推进技术进步，提高经济效益，促进择优汰劣的良性循环。股票的特点是待机取利，股份企业只有经营效果好，经济效益较高，才能确保股东获得较多的红利，它的股票证券才能在市场上有较好的销路和较强的竞争力，对购买者具有吸引力，企业才能在竞争中取胜、生存和发展。而那些技术落后、经营管理水平低、经济效益差的企业，在市场竞争中不可能筹集到建设所需要的股金，只能会被淘汰、被吞并以致破产倒闭。

股票证券市场的建立，还有利于控制消费基金的增长，抑制消费饥渴症，缓和市场压力。在物价上涨速度高于储蓄利率的情况下，居民储蓄对消费品市场是一个潜在的威胁，居民手中的待购货币，一有机会就会从银行抽走，而投入消费市场，潜在的购买变成现实的购买。实行股份制经济，建立股票证券市场后，资金所有者能够直接投资于企业，并且按股份的多少参与企业盈利部分分红。这样，资金的可盈利性对资金所有者具有更大的吸引力。当资金用于入股投资获得的收益高于存款利息和物价上涨幅度时，资金所有者为了获得更多的收益，将会抑制暂时的、近期的消费欲望，将消费资金转化为生产建设资金。

当然，我们不能忽视，与股份制经济相联系的股票证券市场会派生出投机、诈骗等消极现象，危害社会主义经济建设。但是，只要有相应的法律约束，措施得力、管理有方，这些消极现象是可以避免或减少发生的。即使出现了，也能够将其危害作用压缩到最低程度。

（三）建立股份制经济的条件已经具备

在社会主义条件下，创办股份企业应具备的基本客观条件有两条：

第一，要有创办股份企业，购买股票证券的社会资金来源。我国用于购买股票证券的资金来源不可能是国家预算内的资金，而只能是预算外资金和居民个人的储蓄资金，至少在近期的情况是如此。从目前情况看，我国已经有了购买股票等有价证券的充足的社会资金来源。首先表现在预算外资金方面。据统计，1981 年到 1984 年预算外资金收入达 3560 亿元之多，预计“六五”时期预算外总收入近 5000 亿元，平均每年增长 20.3%（同期国民收入平均每年增长速度只有 12.5%）。在预算外总收入中，国有企业及主管部门管理的各种专项基金占 82.1%，预算外收入相当于国家预算收入的 78.3%。“七五”期间，如果预算外资金仅保持 10% 的增长速度，1990 年预算外总收入将达到 2250 亿元。其次是居民储蓄存款。从 1978 年到 1983 年，城乡居民储蓄余额由 210.6 亿元，增加到 892.5 亿元，平均每年增长 33.5%，其在信贷资金来源总额中占的比重，从 10% 左右增加到 20% 以上。据估计，居民储蓄存款中用于当年发放的基本建设贷款，1984 年约 124 亿元，1985 年约 157 亿元。居民储蓄存款余额中可用于技术改造贷款和流动资金贷款的部分，1984 年约有 850 亿元，1985 年约有1000亿元。根据预测，到 1990 年，城乡居民储蓄存款余额将至少达到 2760 亿元，乐观地估计将达到 3500 亿元，比 1980 年增加 7 ~8 倍。“七五”期间，居民储蓄存款中可用于发放的基本建设贷款约1480亿元，可用于流动资金和技术改造贷款的部分约有7000亿元。居民储蓄存款足以形成一个购买股票证券、创办股份企业的巨大的资金流。

第二，建立股份制经济，要有平等的竞争环境，使各企业处于统一的起跑线上。这里所讲的平等的竞争环境和统一的起跑线，主要包括企业的法人地位、价格的合理性和资金盈利率的均等性。只有平等的竞争环境和统一的起跑线，才能保证各股东资金的投向不致涌向少数几个行业，也不致因外部条件的制约而影响各股东的经济利益。目前，我国基本上具备了这方面的条件：

1. 经济体制改革后，企业有了生产经营的自主权，同时，企业对企业行为后果承担一定的经济责任，企业是独立核算的经济实体，在生产、分配、流通领域具有法人地位。

2. 各种商品的价格不断趋于合理。随着价格体制的深入改革，商品价格的不合理状况将有较大的改观。同时，由于实行了税制改革，由价格的不合理所带来的收益分配的不合理，得到了调整，在相同经营水平和技术装备条件下，各企业自身的经济利益不会有太大的差距。

3. 资金盈利率的均等性，是商品经济的一个原则，也是建立股份制经济的一个必备条件。由于进行价格税制改革，除了少数行业外，我国各行业之间资金盈利率的差距不断缩小。1981 年，资金利润率，全国工业生产企业为 15.4%，其中重工业部门为 12.1%，轻工业部门为 23%，轻工业部门比重工业部门高出 1.6 倍；而 1983 年，全国工业生产企业资金利润率为 14.6%，其中重工业部门为 13.8%，轻工业部门为 18%，轻工业部门较重工业部门约高 37%。与 1981 年相比，轻、重工业部门资金盈利率的差距已大为缩小。

（四）几点具体设想

为了保证股票证券市场活动正常进行，促进股份制经济的发展，首先要求建立一个统一管理股票等有价证券发行、承兑，交换业务的专门机构，如股票证券管理委员会。这个专门机构应该是中央银行（即中国人民银行）所辖的专设组织，与各专业银行是平行关系，但在专业业务上不能交叉经营。股票证券管理委员会的职能是：1. 对股票证券发行者的资格进行审查并定期检查公布股份企业的经营财务情况。2. 履行股票证券交易经纪人的职能。3. 履行股票证券发行、交易公证人的职能。

其次，需要制订股票证券市场管理法和系列条例，从立法上对以下内容加以明确规定：1. 规定股票证券所筹集的资金只能用于短线产品、短线行业和有盈利的项目的投资，严格禁止用股票证券进行买空卖空的非法活动。2. 规定购买股票证券的资金来源，禁止用银行贷款资金和应交纳国家财政的税利进行股票证券交易。3. 规定股票证券的最高贴现率和最低贴现率，应根据银行信贷资金的供求状况和银根松紧程度，规定股票证券的买卖价格，限制信用膨胀。4. 国家应规定年度股票证券发行量，有计划地发行股票证券。确定合理发行量的依据：一是根据上年度国民收入（或国内生产总值）的增长额和分配情况，当国民收入或国内生产总值增长较快，而财政收入增长较慢时，表明国家财力分散程度较大，预算外资金数量多，因而可扩大股票证券发行量，以吸收较多的预算外资金和居民储蓄用于国家的经济建设。二是银行信贷银根松紧程度。当银根抽紧时，减少股票证券发行量；银根放松时，扩大股票证券发行量。5. 制订股份企业的收益分配政策，利用税收、价格、工资等经济杠杆对股份企业的生产经营活动加以引导和控制。

再次，实行股份制经济，建立股票证券市场大体上可以为两步走：第一步为一级市场。第二步为二级市场。一级市场是半开放型的市场，有三个基本标志：1. 变短期资金为长期资金，而不允许将长期资金变为短期资金。即只允许发行股票证券筹集社会游资用于建设投资，建立新企业，而不允许将现有生产企业折成股票，拆零出售。2. 股票证券的发行、交易限于乡镇（村）企业、城乡居民、集体企业和国营小型企业。3. 股票证券的发行流通范围限于国内市场。

二级市场是完全开放型的市场，也有三个基本标志：1. 允许变短期资金为长期资金，同时也允许变长期资金为短期资金。就是说，既允许发行股票证券，筹集建设资金；同时也允许将现有某些企业折成股票，拆零出售，组成新的股份企业。2. 股票证券的发行、买卖者包括国有大中型企业。3. 股票证券的发行流通范围包括国内国外两个市场。

建立股票证券市场分两步走的根本目的，是为了逐步探索出建立符合中国国情的股份制经济的经验，第一步是第二步的必要准备阶段，第二步是第一步的进一步完善和深入。

（原载《投资与建设》1986 年第 2 期）

关于股份经济的若干问题

目前，我国经济理论界和企业界，对发展我国社会主义股份经济，毁誉参半。笔者认为，社会主义股份经济的产生，具有其客观必然性和可行性。我们的首要任务是，充分认识在我国实行企业股份制积极作用和现实意义的同时，努力探寻对发展股份经济进行正确引导和有效管理的方法和措施。

一、社会主义股份经济的意义和作用

（一）资本主义股份制是社会资本对资本私人产业的扬弃；社会主义股份制是投资经营制对投资分配制的传统投资体制的扬弃

股份企业是相对于独资企业和合伙企业而言的企业组织形式和生产资料所有制形式。在资本主义条件下作为资本所有制形式，股份公司是对独资企业和单个资本的否定，这正如马克思所写到的，股份制度“是在资本主义体系本身的基础上，对资本主义私人产业的扬弃”（《马克思恩格斯全集》第25卷第496页），尽管“这是作为私人财产的资本在资本主义生产方式本身范围内的扬弃”（同上，第493页）。所以，资本主义股份公司适应了生产力发展的要求，并且促进了生产力的进一步发展。

资本主义商品经济高速发展，要求资本的高速集中和积累，因而要求发展企业股份制，以创造出使资本能够赖以高速集中和积累的新的企业组织形式。

在社会主义条件下，股份经济在积聚资金过程中的这种积极作用和优越性仍然存在。建立和发展社会主义股份经济，是投资经营制对以投资分配制为特征的传统投资管理体制的扬弃。

长期以来，在产品经济模式下建立起来的旧的投资管理体制，是以投资分配制作为其基本管理手段。目前实行的“拨改贷”办法，仍然是沿袭了原来高度集中计划和财政统收统支的旧体制，把过去计划主管部门定项目、分投资，换成了由计划、主管部门定项目分贷款，财政将资金无偿拨给建设银行，银行按计划供应资金，“奉命贷款”。企业对投资不能自主决策，银行对企业不能自主贷款，投资决策者不承担决策责任，投资经营者不承担经营责任，银行吃财政的“大锅饭”，企业吃银行的“大锅饭”，在客观上违背了商品经济内在规律的要求，以至我国投资管理体制中不适应有计划商品经济发展的成分，尚未从根本上改变过来。这种投资分配制窒息了企业的发展机制和竞争机制，颠倒了投资关系，造成争项目争投资的“饥饿症”。

与此不同的是，以发行股票筹集资金，建立股份企业的投资方式，则是一种直接融资方式。这时资金所有权、投资决策权和资金经营权结合为一体，资金所有者既是投资的决策者，又是企业经营者。企业通过按股分红方式，把资金的使用效果与各个股东的切身利益紧密地联系在一起。在投资决策中，各个股东即资金所有者享有充分的自主权，它一般地不受政府和部门的行政干预，而是以投资的最大增值作为投资决策的最大追求目标。因此，进行投资决策时，必然谨慎从事，科学论证，以减少决策失误，避免投资浪费。这种积极功能，在以投资分配制为特征的旧的投资管理体制内部是不可能产生出来的，而必须借助于新的投资方式。从这个意义上来说，社会主义股份经济扬弃了旧的投资管理体制中不适应发展社会主义商品经济的消极成分。

（二）社会主义股份制是在要求投资资金相对集中使用和国家财力分散、重点建设资金不足的两难中的有效选择

目前，我国处在新旧经济体制相互交替、相互对峙的阶段。旧的体制没有破除，强有力的新的经济机制没有培育出来。在固定资产投资领域，我们面临着国家财力分散，重点建设资金不足和固定资产投资资金要求相对集中使用这两难中的选择。

党的十一届三中全会以来，由于实行了财经体制的改革，中央和地方财政“分灶吃饭”，企业扩大自主权，资金运动朝着多元化、多流向、分散化方向发展，国家预算内资金比重下降，预算外资金比重上升，资金分配具有分散性的特点。在金融体制方面，直至目前为止，银行界的信用业务仍主要局限于“存放汇”老三样，“存放汇”的方式也模式化、单一化，不同的闲散资金拥有者，不能获得他们各自所喜欢的金融商品，银行信用不能广泛地动员吸收社会闲散资金和预算外资金，而不能形成对投资资金和消费资金的有效引导，使社会结余资金增多，对市场形成很大的压力；另一方面，由固定资产投资活动和社会化大生产的特点所决定，客观上要求资金分配和运用相对集中。由于我国目前还没有建立健全的资金市场，分散的资金不能相对集中使用，导致投资决策分散化，项目规模小型化。

这就说明，我国目前的经济机制还不具有使单个资本积累“转瞬之间”“增长到能够修筑铁路的程度”这样一种功能。这就要求我们在破除传统的落后的投资分配制和金融体制的同时，建立起与商品经济高速发展相适应的新的经济机制，其中包括建立和发展社会主义股份制。发展股份经济，资金能够购买股票、直接投资办企业，从而使分散的资金集中为一个巨额，创办单个企业财力所难以承担建设的项目，扩大企业规模。

（三）社会主义条件下，发展股份经济，是实现按劳分配与按资分配相结合的分配制度的有效途径，同时也为劳动工资制度改革注入了新内容

建立社会主义公有制度以后，每个劳动者都是生产资料共同占有者的一员，按劳分配是实现社会产品分配的一种可取的方式，而且按劳动贡献而获得的个人报酬，除了生活消费外，所剩余积蓄的部分，也可以转换为劳动者个人占有的生产资料。这种生产资料的个人占有为在社会主义条件下实行按资分配提供了经济基础和物质保证。

人们的经济地位不同，消费心理和储蓄心理也不一样。有的人，积蓄的目的是为了使资金得以增殖，因而他们不仅要求通过储蓄获得银行存款的利息收益，更希望能够将积蓄直接投入生产领域，或者通过入股投资，参与红利分配，以获得更多的利润。这就说明，在社会主义条件下，仍然存在着实行按劳分配和按资分配的经济基础和心理因素。发展社会主义股份经济，为在公有制条件下，实现按劳分配和按资分配的分配制度的有效结合，提供了有效途径。

随着社会主义生产力的不断发展，劳动者的报酬水平将会逐步提高，在消费水平不断提高的同时，劳动者的消费结余也将会越来越多。劳动者将个人积蓄的资金用于购买股票，以获得他们所喜欢的金融资产。建立和发展社会主义股份经济，使企业职工从社会取得一份与其劳动贡献相适应的劳动报酬的同时，也按其股份占有额的多少参与企业的红利分配，将为我国劳动工资制度改革注入新的内容。

（四）建立和发展社会主义股份经济，有利于促进经济结构的合理化

长期以来，我国的经济结构不合理，主要来自于两个方面的原因：一是由投资结构的不合理造成的。我们知道，经济结构（包括产品结构、行业结

构、企业结构等）都是以合理的投资结构维系和支撑的。不合理的投资结构必然形成不合理的经济结构。二是，由于缺乏有效的调节机制，企业部门所有制，“隔行（业）如隔山”，企业建成投产后，生产经营方向“终身制”，有些企业明知生产方向不对，产品不适应市场需求，也不善于“转向”，适时适势地调整企业生产经营方向。建立和发展社会主义股份经济，利用长期资金市场对投资引导功能，正确有效地引导投资资金在部门、行业、地区之间进行合理分配，形成合理的投资结构，从而达到建立合理的经济结构的目的。

随着企业股票的转让和企业产权的转移，使企业能够适时地转变生产经营方向，从而达到调整经济结构的目的。

（五）建立和发展社会主义的股份企业有利于投资、经营风险社会化，促进企业改善经营管理，提高投资效益

投资、经营风险与投资效益是同一事物的两个方面，没有风险观念，也就不会有效益观念。

实行企业股份制以后，股份企业只有经营效果好，经济效益较高，才能确保股东获得较多的红利，企业的股票才能在市场上有较好的销路和较强的竞争力，对购买者才具有吸引力，企业才能在竞争中取胜、生存和发展。而那些技术落后，经营管理水平低，经济效益差的企业，在市场竞争中不可能筹集到建设所需要的资金，其股票价格也会跌落，最终结局只能是被淘汰、被吞并，以致倒闭破产。这样，企业既是效益的获得者又是风险的承担者。

二、加强对发展股份经济的正确引导和管理

第一，建立和发展股份经济，要因时因地制宜，切忌“一刀切”和一哄而起。企业股份制是在以生产资料的社会主义公有制为主体的条件下，多种经济形式之一，但绝不是所有制形式和企业组织形式的唯一选择。在我国今后一个较长的时期内，股份制应该与生产资料全民所有制、集体所有制等多种形式并存，股份企业应该与独资企业、合伙企业、合作经济、租赁制等多种企业组织形式并存，我们不能只强调搞单一的股份企业，而忽视甚至否定其他几种所有制形式和企业组织形式。对于关系国民经济命脉的铁路、邮电、通讯、电视、广播等行业企业应实行国家全民所有制，而不宜实行股份制。集体所有制、个体所有制，合伙合作经济也都有各自的适应范围。在推行试

行企业股份制的过程中，应切实消除目前有些地方硬派任务分指标的做法，因时制宜，因地制宜地建立和发展社会主义股份经济。

第二，发展社会主义股份经济，要坚持先试点，逐步推行的原则。做到四个先行：

（1）引进外资企业要先行。近几年来，我国吸收引进的外资贷款数额逐年扩大，利用外资贷款的企业也逐年增多。利用外资贷款应按期偿还本息，外资方一般不承担企业的投资经营风险。如果实行股份制，可以使中外合资双方共同承担投资和经营风险，而改变由国内出资方独家承担风险的状况；更有利于引进学习外国的经营管理技术，调动外资方参与企业经营管理的积极性。

（2）新建企业要先行，现有生产企业要滞后。这主要考虑到对现有企业实行股份制，首先涉及对企业现有资产如何核定重置价值及现有股份分配的归属问题，因而比新建企业实行股份制，困难要多得多，情况也较复杂。

（3）国营中小型企业，集体所有制企业要先行，大型企业和骨干重点企业要滞后。

（4）传统产业企业、资金密集型、劳动密集型企业要先行，新型产业企业和技术密集型产业企业要滞后。

第三，建立对股份企业的审计制度，制订审计标准。企业发行股票，首先要由审计部门对企业的资产目录、资金周转情况，负债、损益、成本、开支及主要经营管理负责人等情况，进行经常性审计，定期公开发布。只有当企业具备一定的资格时，才能准予发行和出售股票。同时，要尽快制订公司法、票据法、投资法以及资金市场管理法等法规，使股份经济活动受到法律保护，又受到法律的约束。

第四，成立集中管理股票发行和交易的专职机构。为了保证股票证券市场活动的正常进行，首先要建立一个统一管理股票发行、承兑、交换、转让业务的专门机构，如股票证券委员会。其基本职能：

协同审计部门，对股份企业的资格进行审查，并定期检查、审核、公布股份企业的有关情况；履行股票发行公证人的职能；履行股票交易经纪人的职能。同时，建立和开放长期资金市场，尽快改变目前“证券无市场”的状况，扩大股票证券流通规模。短期资金的长期化要以长期资金的短期化为前提。

实行企业股份制，客观上要求建立以股票证券市场为核心内容的长期资金市场，使股票的出售、承兑买卖有一个适宜的场所的环境。开放长期资金市场，大体上可以分两个阶段进行。第一阶段为半开放型的市场，变短期资金为长期资金，而不允许将长期资金为短期资金；股票证券的发行、出售、买卖对象限于乡镇企业、城乡居民、集体企业和国营中小企业；股票证券的发行流通范围限于国内市场。第二阶段是完全开放型的市场，既允许变短期资金为长期资金，同时也允许变长期资金为短期资金；股票的发行、买卖对象包括某些国有大型企业和骨干企业；股票证券的发行流通范围包括国内国外两个市场。

此外要有一个专门机构统一管理股份企业中的国家股份。可以考虑由建设银行承担这项任务。建设银行是管理固定资产投资的国家专业银行，在长期的业务实践过程中，与企业建立了广泛的联系，初步积累了管理投资和经营投资的丰富经验，这正是建设银行管理国家投资股份的优势所在。建设银行统一管理国家投资股份以后，要参加企业董事会，参与企业经营管理，帮助企业制定发展战略。

第五，建立和发展股份经济，还要进一步理顺价格体系，使商品的价格真正反映市场供求状况、资源的稀缺性和社会平均必要劳动消耗量。在股份制条件下，社会资金将随着资金盈利水平的高低而转移。价格体系的不合理必然带来不同部门、不同行业之间资金盈利率的高低悬殊，而最终导致社会资金集中涌向资金盈利水平较高的部门和行业。这显然不是建立股份企业所企望的。合理的价格体系是发挥股份经济积极作用的重要前提条件。

（原载《吉林投资研究》1987 年第 1 期）

浅议社会主义资金利息率的作用

社会主义条件下，资金利息存在的客观必然性，是由社会主义经济的本质属性所决定的。社会主义经济是有计划的商品经济，各个企业都是独立核算的经济组织，是有着不同经济利益诉求的经营主体，与之相联系的各个企业都有着独立的经济利益和经营自主权。企业及其职工所具有的物质财富都是通过货币的价值尺度去衡量考核的，一定量的物资表现为相应数量的货币资金。这些资金运动和转移，在企业内部，与外部均有着广泛的联系；与银行和别的企业均会发生信用关系，相互之间借贷资金，使资金的使用权与所有权相分离。甲企业因使用乙企业的资金而支付利息，作为对乙企业资金所有权的报酬，乙企业通过让渡资金的使用权，向甲企业收取利息，使在本金之外又附赠了一个资金量。因为这种资金的让渡，就其本质意义来说，是乙企业所占有的生产资料（或生活资料）使用权的让渡和转移。如果毫无所获地让渡这种资金的使用价值，是对乙企业的经济利益的损害。

我国各专业银行是经济实体，作为经营货币资金这个特殊商品的企业，是资金存贷关系的中介人，在社会主义再生产过程中起着不可或缺的作用。一方面，它吸收企业、居民个人的暂时闲置资金，形成银行的存款资金，并按照既定的利息率，依据存款数量及存储时间支付利息。对于储蓄者来说，货币资金存入银行，得到增殖，在本金之外，多了一个利息。另一方面，银行根据国家经济发展和技术发展规划的要求，给企业发放固定资金贷款或流动资金贷款，并按照资金有偿使用的原则，向借款企业收取本金和利息。当借入的资金量、利息率一定时，企业占用贷款资金时间与所付出的利息成正比，占用的时间越长，支付的利息也就越多。

银行经营的用于基本建设的投资资金，其所有权属于国家，但其使用权却分属于不同的经营主体，企业在使用银行贷放的基本建设资金时，向银行支付一定的利息，是社会主义商品经济属性的客观要求，也是企业经济利益和经营自主权的体现，使用建设资金与支付建设资金利息是权利与义务的结合。应该说，如果不承担支付利息的义务，使用经营建设资金的自主权也同样是不能存在的。

我国实行对外开放政策，要引进国外市场一部分资金，允许外国企业在我国进行投资，向国外银团借款，这些投资和借款，其中绝大多数都是有偿使用，必须签订合同，向贷款方支付利息。

资金计算利息，表现在多方面，既表现在流动资金方面，又表现在固定资金方面，既表现在资金的货币形态方面，又表现在资金的实物形态方面。马克思提出：作为资本贷放的商品，“不管它们的形态如何，也不管它们的偿还会怎样受他们的使用价值的影响，都永远只是货币资本的一个特殊形式。因为这里贷放的总是一定的货币额，并且利息也是按这个金额计算的。如果贷出的既不是货币，也不是流动资本，它就会按照固定资本流回的方式偿还。贷出者定期得到利息，并得到固定资本自身的一部分已经消耗的价值，即周期损耗的等价物。贷出的固定资本中尚未消耗的部分，到期也以实物形式还回来”（《资本论》第三卷第384—385页，人民出版社1975年版）。在这里，马克思还明确地指出，房屋、船舶、机器等都可以作为固定资本贷放。

马克思所讲的虽是资本贷放不是资金贷放，资本与资金所体现的是不同生产方式下的生产关系，但就其增殖职能来说，资本所具有带来剩余价值的职能，而资金也能够带来剩余产品。不论是剩余价值还是剩余产品，衡量价值一般都表现为一定的货币量。因此，马克思关于资本利息的理论对我国目前经济建设的实践也是适应的。

利息率由平均利润率来决定，利息率的最大值以不超过平均利润率为限，其最小值为零，且受着借贷资本供求关系的影响。

社会主义条件下，资金利息率除了受资金利润率和资金供求关系的制约外，还受着以下因素的影响：

一是受国家政策的影响。属于国家需要鼓励发展的产品行业，利息率就低；属于应该抑制、限制的长线产品行业，利息率就高。例如，我国对长、短线产品行业建设项目的固定资产投资贷款利率的高低就有明显的区别：农林牧、煤炭、建材、节能措施项目等，年利率为2.4%；电子、纺织、轻工、原油加工、石油化工等项目，年利率为4.2%；而长线产品的建设项目和在能源紧张地区搞的耗能高的产品的建设项目，年利率为12%。

二是受投资风险大小的影响。投资风险越大，所承担的潜在的损失也就越大，资金贷出者所要求的利息率也就越高。反之，就会相应地降低，投资偏好也就大。像大庆油田开发，风险小，世界银行愿意低息贷款，帮助开发；沿海油田勘测开发，风险性大，借贷资本家和国外银团就要求提高利息率。

三是受借款人信用的影响。过去一段时间内，我们在经济建设中，对建设资金的利息重视不够，带来了许多消极的影响。

在固定资产投资领域，未实行“拨改贷”以前，资金不计利息，企业吃国家的“大锅饭”，国家财政资金无偿拨付使用，地方、企业向国家盲目争项目、争投资，而忽略投资资金的使用效果，不搞经济核算，不计建设工期，投资实报实销，致使建设周期延长，固定资产交付使用率低，资金使用效果差。固定资产交付使用率，“一五”时期为83.6%，“二五”时期为71.5%，“四五”时期降到61.4%（“三五”时期统计数字出入误差大），“五五”时期为74.6%。近几年来，在一些部门行业搞了拨款改贷款，实行基本建设投资资金的有偿使用，固定资产交付使用率有所提高，1982年为74.4%，1983年为76.3%，仍没有达到历史最好水平。全民所有制工业企业，每百元资金（固定资产原值与定额流动资金之和）提供的税利，1957年是27元，1965年是24元，1976年下降到15元，1981年以后的情况虽然有所好转，但一直是在17.5元左右徘徊。

在国际交往中，吸收引进国外贷款资金时，缺乏利息观念和资金时间价值观念，往往是工程未上马，或是项目前期准备工作不充分时，甚至项目根本未进行可行性研究论证，就过早地与外商签订贷款合同，支付大量不必要的利息，造成经济上的损失。

以基本建设项目来说，投资资金计不计算利息，经济效果评价的结论大不一样。假设有一个建设项目，基本建设投资总额为五亿元，项目建设围期为三年，投资资金支出数，第一年、第二年均为二亿元，第三年为一亿元，第四年竣工投产，达到设计生产能力，当年及以后各生产年度每年实现净税利1亿元。如果投资不计利息，该项目的投资回收期（包括建设期）为8年，投资税利率为20%。如果实行有偿使用，按10%利率进行复利计算，建设项目竣工验收时，项目投资的本利和为5.9亿元，其中利息为9000万元，若每年用于偿还贷款的资金为1亿元，该项目的贷款回收期则为11年半（包括建设期），而不是8年。投资税利率为17%，而不是20%。显然，后者的评价结论更为合理。反映了社会主义经济核算制的客观要求。

目前我国建设资金不足，我们需要办的事情很多，故不论是企业生产领域还是基本建设领域，实行资金有偿使用，节约使用建设资金，减少生产过程中的资金占用，加快资金周转速度，显得尤为必要。它对于国民经济的稳步增长，缓和资金供需矛盾，平衡财政收支，有着重大的现实意义。

另一方面，随着我国对外合作领域不断扩大，国外工商业者、银团以及外国政府在我国投资资金将与月俱增，而国际金融市场贷款利率多在10%左右，有的高达14%以上。因此，我们更应该学会算经济账，在与外商打交道时，脑子里要有个利息观念。否则，就会上当吃亏，于国于民于己都不利。

（原载《广东金融》1985年第7期）

社会主义资金市场的构思

（一）资金管理体制改革的总体趋势是建立资金市场

目前，我国还没有建立起真正的资金市场，现行银行管理体制还没有履行资金市场的职能作用。这种情况，与有计划的商品经济发展和经济体制改革对资金运用、分配提出的新要求不相适应。我们认为，资金管理体制改革的总体趋势，就是要适应有计划商品经济发展的需要，适应经济横向联系的要求，建立起与国情相适应的有中国特色的社会主义资金市场。

有中国特色的社会主义资金市场，就是与有计划的商品经济相联系的，多种信用形式并存、多层次结构的信用组织、金融业务多样化、开放型的资金市场。这种资金市场是经营货币资金，组织资金的积聚与再分配，组织货币资金及其他有价证券流通的场所及与之相联系的方式方法。这种资金市场对现行资金管理体制有两个主要突破点：一是对银行经营的财政拨款投资无偿使用的突破。一切建设资金的使用应该是有偿性的，资金使用方应该向资金所有者支付利息，不论资金所有者是个人、企业、银行还是国家。二是对现行资金融通方式的突破。即突破现行的缺乏资金横向融通渠道、资金分配条块分割、资金垂直调拨的管理体制，打通资金横向融通渠道。有中国特色的社会主义资金市场的基本组织形式是中央银行与各专业银行相结合，储蓄银行与投资银行相结合，股票、证券、债券发行交易市场与民间信用组织相结合的完整的资金市场机制。

（二）银行体系及其金融业务是资金市场的主体

讲到建立资金市场，有些同志不恰当地把银行及金融活动排斥于资金市场之外，认为资金市场就是指股票证券交易活动，它与银行金融活动不发生任何关系，似乎这两者是毫不关联的两张皮。其实，这是一种误解。正确的理解应该是，资金市场并不就是指银行金融，但银行金融活动与资金市场是一个有机的整体，银行体系及其金融业务不仅是资金市场的当然组成部分，而且是资金市场的主体。这是因为：

第一，银行金融活动与资金市场都是以资金和其他有价证券作为经营对象。

第二，银行金融活动与资金市场活动的目的一致，都是为了积聚、融通和再分配社会生产活动所需要的建设资金，提高资金使用效果，促进经济发展。

第三，银行金融与资金市场赖以存在的前提条件都是商品生产。

以银行金融作为资金市场的主体和当然组成部分，是由银行自身在社会经济生活中的地位和职能作用所决定的。马克思在论述银行的作用时指出，把社会上的“货币积蓄和暂时不用的货币”汇集起来，“结合成为巨额，就形成一个货币力量”，是“银行制度的特殊作用。”① 马克思还指出，银行具有“资本分配这样一种特殊营业，这样一种社会职能”②。银行制度的这种特殊职能作用，不仅是商品经济发展所必需，而且促进着商品经济的发展。正如列宁所指出的，银行已经成为现代经济生活的中心，是全部资本主义国民经济体系的神经中枢。

社会主义经济的本质特征是在生产资料公有制基础上的有计划的商品经济，我们不仅不能削弱和忽视银行的特殊职能作用，而且应该更加重视和不断完善银行在社会主义经济生活中的调节功能和宏观控制功能。这就要求社会主义的银行政策不限于把银行变为统一的核算机构和调节机构。

改革和完善现行银行管理体制，是建立社会主义资金市场必须先行的工作。银行金融体系作为社会主义资金市场的主体和当然组成部分，它的模式应该是：

1. 中央银行是资金市场的神经中枢

有关资金市场一切重大方针政策法规，必须由中央银行制定或由其授权单位制定，资金市场一切涉及宏观经济的重大决策问题，必须接受中央银行的监督指导。要充分发挥中央银行的宏观调节，控制货币发行，搞好信贷资金的总供应量与总需求量的平衡，通过明确的信贷政策和有力的经济手段，使信贷资金的投向与国民经济整体发展要求保持一致。首先需制定出金融基本法和资金市场管理条例等法规，然后在调查研究的基础上，不断制定出资金市场系列法规条例，以保证资金管理体制改革在有法可依的条件下，有条不紊地进行，保证资金市场活动有章可循。

① 马克思：《资本论》第三卷第453～454页。

② 马克思：《资本论》第三卷第686页。

2. 完善、加强现有专业银行的职能作用，搞活资金横向融通

我国现有各专业银行的金融业务虽然都是在中央银行指导下，但基本上是互不相关联、条块分割、资金垂直调拨、切块分配进行的。各专业银行之间的资金不能相互横向融通使用，银行之间的信贷竞争和各自经济利益的矛盾，往往造成资金的分散使用，不能保证建设资金的合理分配，影响资金的使用效果。同时，各专业银行自身的经营资金也缺乏横向融通，其活动范围限于经营行所辖区域内。从这个意义上说来，又造成建设资金的平均分配。重点行业、重点地区发展所需要的建设资金得不到满足，某些部门某些地区的多余资金也不能流向最急需的地方，这是在另一种形式上所派生出来的资金分配中的“大锅饭”。

另外，专业银行多种投资业务混合经营，名义上，工商银行经营流动资金投资业务和限额规定以下的更新改造投资业务，建设银行从事长期投资业务，即基本建设投资和限额规定以上的更新改造投资，其他专业银行也有各自的投资经营范围。而在实际工作中，有些专业银行与其他专业银行争“地盘”，抢“生意”，经营职责范围以外的投资业务。

投资业务的混合经营，违背了社会化大生产活动对资金运动的客观要求。我们知道，不同形式的投资经营业务都有其自身的特点，资金运动也有各自的特点。长期投资经营资金占用时间长，周转速度慢，一次性投入的资金数额大，而短期流动资金投资则具有周转速度快，连续投资连续收回的特点。投资业务混合经营，既不能充分利用各专业银行在从事投资管理过程中长期积累起来的经验，发挥其长处，也不利于促进专业银行改善和提高自身的经营水平。

建立社会主义资金市场，有必要强调各专业银行的职能作用，要求各专业银行恪守自己的职责范围，在国家规定的笼子里面飞。明确地说，国家预算内的基本建设投资、规定限额以上的更新改造投资，以及地方、部门、企业自筹资金基本建设投资，应由建设银行统一管理，统一经营，其他专业银行不应与它搞信贷竞争。同样，建设银行、农业银行、中国银行也不应从事国家规定的工商银行经营业务。

各专业银行的投资经营职责进一步专业化以后，为了调剂各专业银行之间信贷资金的盈余短缺，适应横向经济联系发展对资金运动提出的新要求，应允许各专业银行利用银行债券、地区债券、商业信用券及银行之间的贴现等方式，打通专业银行之间的资金横向融通渠道。一个地区的专业银行之间，以及不同地区的各专业银行之间，也应通过恰当的形式，互相拆借贷放，搞活资金流通。

3. 建立区域性的地方开发投资公司，是技术、经济发展不平衡的客观要求

我国幅员辽阔，由于历史的社会的自然的等多种原因的影响，各地区之间的发展很不平衡，有的地区技术、经济基础条件较好，底子厚，经济发展速度较快，建设资金充足，但自然资源缺乏；有些地区情况则正好相反，有自然资源优势，但在技术和建设资金等方面处于劣势地位，制约着自然资源优势的开发利用，因而影响了整个区域经济的发展。建立社会主义资金市场，要求在具有特别优势（不论是自然资源优势，还是技术、人才、资金优势）的地区，建立区域性的地方开发投资公司，为发挥本地区的优势提供投资服务。可考虑首先在上海、武汉、广州等市建立地方开发投资公司，在内蒙古、陕西、云南等省区建立西部地区开发投资公司。

地方开发投资总公司是一个跨地区的或地区性的经济实体的金融组织，它需要的投资资金（或叫开发投资基金），由中国人民银行总行和建设银行总行共同核定一个额度。开发投资基金的使用是有偿性的，并实行优惠利率。地方开发投资总公司按开发投资基金数量的大小和综合利率向建设银行总行交纳利息，并承担开发投资基金使用效果的全部责任。

可以把地方开发投资总公司看成是建设银行总行所属的一个分支机构。地方开发投资公司与建设银行各分行的投资经营有四个不同之处：

（1）地方开发投资公司的经营资金来源，限于人民银行总行和建设银行总行共同核定的基本投资资金，它不能吸收社会闲散资金，经营存款业务。

（2）对投资项目的决策，享有比其他分行更大的自主权，凡是由地方开发投资公司的投资项目，项目决策权完全由总公司决定，上级主管行通过综合利率的高低和核定投资额度，对公司的投资活动进行控制和调节。

（3）地方开发投资公司的投资经营不限于基本建设投资和规定限额以上的更新改造投资，它可以从事除了流动资金投资以外的一切投资业务。

（4）地方开发投资基金的使用方向，只能是有盈利性的投资项目，资金的使用是有偿性的，它一般不从事非生产性建设项目的投资经营。

地方开发投资公司的根本任务是通过开发本地区的优势，使资源利用和资金使用取得最佳经济效果，使资金的使用效果对其他地区、其他部门的建设资金具有吸引力，达到集中更多建设资金的目的，形成资金——效果——资金的良性循环。

4. 建立储蓄银行和邮政储蓄所，适应不同经济状况储户的不同心理特点，开展多种多样的储蓄业务，储蓄银行以经营长期储蓄为基本职能，邮政储蓄所以经营短期储蓄为基本职能

人们的经济状况决定人们的储蓄心理，不同经济状况的储户有不同的储蓄目的。有的人储蓄是出于安全的需要，其他目的则是次要的，有的储户是为了集零为整，变小额资金为大额资金，以备将来购买需要。随存随取，方便使用，安全可靠是这部分储户的主要出发点，通过储蓄谋取利息则是次要目的。与此不同的是，另一部分有大额储蓄资金，近期内不需要支用资金的储户，经济条件较富裕，储蓄目的除了出于安全需要外，更主要的是通过存款储蓄取得利息。一般来说，利息率越高，储蓄期就会越长，存入数额也就越多。这样，居民手中的短期闲置资金通过储蓄的中转环节，可以转变成长期投资资金。

长期储蓄业务与短期储蓄业务独立经营，储蓄银行和邮政储蓄所可按照自身经营的特点，开展多种多样的专项建设储蓄和专项购买储蓄。例如，对某些长期耐用消费品、紧俏商品等开展商品待购储蓄业务，用专项储蓄资金去支持短线产品、短线行业的发展，以满足人们的需求。长期储蓄业务与短期储蓄业务独立经营，有利于促进银行更好地为储户服务，吸收更多的闲散资金，正确地引导居民把一部分消费基金直接转化为生产资金，这样于生产和人民生活都有好处。

此外，我国储蓄柜台设备落后，长、短期存款存取手续一样烦琐，不便于顾客的存取，这在一定程度上堵塞了积聚资金的渠道。机构分立后，储蓄银行和邮政储蓄所也有一个业务手段、柜台设备现代化的问题，要采用电子设备使储蓄经营手段现代化，方便顾客。

（三）股票证券市场是资金市场的重要组成部分，是社会主义资金市场的最新组织细胞和生命因子

股份制经济的产生是有计划商品经济的合乎逻辑的发展。通过发行股票证券，组织股票证券的交换承兑流通来调剂地区之间、部门之间、企业之间及个人之间的资金盈余短缺，促进资金的横向融通，推动经济的横向联系和商品生产的发展，鼓励地区、部门、行业之间的渗透投资，正是股份制经济的第一个明显作用。

另一方面，部门合伙办企业、地方合伙办企业、农民合伙办企业，部门、地区、企业、个人、全民与集体、集体与个体、全民与个体之间的资金协作

关系，客观上自然而然地提出了组织股份经济的要求，以确立合资企业的产权和必要的资金转移。

国家财力分散，预算外资金增多，也要求建立股票证券市场，以积聚和集中建设资金。现在许多地方有一种摊派风，有些部门、地方政府和企业建电站，修铁路公路，搞企业更新改造，上新项目需要建设资金，以各种名义向企业甚至个人摊派抽调。如果撇开主观原因不论，究其客观因素，正是源于商品生产发展对资金横向融通的客观要求。他们要办企业，开发自然资源，搞商品生产，有技术优势，商品有销售市场，但资金缺乏，而国家、银行又不能提供足量的贷款，又没有名正言顺的能保证资金横向流通和积聚的合法形式手段，也就只好自定主意，通过摊派筹集资金。

资金的高速集中与积累是商品经济高速发展所必需，同时也孕育出新的企业组织结构即股份企业。马克思曾经指出："假如必须等待积累去使某些单个资本增长到能够修筑铁路的程度，那么恐怕直到今天世界上还没有铁路。但是，集中通过股份公司转瞬之间就把这件事完成了。集中在这样加强和加速积累作用的同时，又扩大和加速资本技术构成的变革，即减少资本的可变部分来增加它的不变部分，从而减少对劳动的相对需求。"① 在社会主义条件下，股份经济的这种作用和优越性仍然存在。

一提到股份经济制，有的同志自然地把它与资本主义的股份企业联系起来，认为它是资本主义生产方式的外壳，是生产资料资本主义私有制的产物，建立社会主义股份企业，开展股票证券交易业务，就意味着改变企业生产资料的公有制性质。这也是一种偏见。

股份企业与生产资料的所有制性质并没有必然的依存关系。马克思在区分工人合作工厂与资本主义股份公司的不同性质时指出："工人自己的合作工厂，是在旧形式内对旧形式打开的第一个缺口，虽然它在自己的实际组织中，当然到处都再生产出并且必然再生产出现有制度的一切缺点。但是，资本和劳动之间的对立在这种工厂内已经被扬弃，虽然起初只是在下述形式上被扬弃，即工人作为联合体是他们自己的资本家，也就是说，他们利用生产资料来使他们自己的劳动增殖。"② "资本主义生产的全部性质，是由预付资本价值的增值决定的，就是说，首先是由生产尽可能多的剩余价值决定的；其

---

① 马克思：《资本论》第一卷第688～689页。

② 马克思：《资本论》第三卷第497～498页。

次……是资本的生产，即由剩余价值到资本的转化决定的”。[1] 而股份制度则“是在资本主义体系本身的基础上对资本主义的私人产业的扬弃”[2]，是“资本再转化为生产者的财产所必需的过渡点，不过这种财产不再是各个互相分离的生产者的私有财产，而是联合起来的生产者的财产，即直接的社会财产”[3]。

由此可以看出，股份制经济有两种形式，一种是个人股份经济企业，即马克思所说的“工人自己的合作工厂”。在我国由个人集资建立的企业，大体上是属于这种性质的企业。不能否认，这种个体股份企业的生产资料是属于股东私人所有的。但我们绝不能因为它的私有性而限制它的存在和发展，相反地我们应该支持鼓励引导他们朝正确的方向发展。个体股份企业的存在和发展，不但不会对社会主义经济造成危害，而且是社会主义经济的必要补充。

股份经济的另一种形式是大的托拉斯股份企业，即马克思所讲的铁路运营这类股份企业。在我国，由部门、地区、企业之间联合投资及跨部门、跨地区投资所创办的企业大体上属于这种形式。这类股份企业投资资金来源是各部门、企业的资金（个人股份可以通过一定的形式排斥于这类股份企业之外）。显然，由此所创立的股份企业的生产资料是分属于不同股东所有，它绝不具有私有性质。因而，那种认为开放资金市场，通过发行股票证券创立起来的股份企业，会改变企业生产资料的公有制性质是没有任何理论根据的。

况且，我们并不主张对所有企业实行股份制，它只限于小型企业、乡镇集体企业和某些大中型企业，这怎么会改变企业生产资料公有制性质呢？如果说，实行股份经济对生产资料所有制性质会带来某些变化的话，也只不过会扩大集体经济成分在国民经济中的比重，绝不会使私有制企业在国民经济中占支配地位。

有一种意见认为，通过发行股票证券所形成的资金市场，会分散建设资金，影响国家重点建设，造成盲目建厂、重复建厂，使投资规模不易控制，因而主张用银行金融去替代股票证券市场的作用。

诚然，我们不能否认银行在积聚和再分配社会资金的过程中的资金市场作用。这一点，在前面已经论述。同样，我们也不能抹杀股票证券市场等形

① 马克思：《资本论》第二卷第92页。
② 马克思：《资本论》第三卷第496页。
③ 马克思：《资本论》第三卷第494页。

式的资金市场有着其他信用形式所不可替代的作用。马克思也没有把银行制度作为信用制度的唯一形式，而是将两者并列论述。他写道："信用制度和银行制度把社会上一切可用的甚至可能的尚未积极发挥作用的资本交给产业资本家和商业资本家支配。"[①] 信用制度包括哪些形式，他没有解释。笔者理解，这里当然包括股票证券市场信用形式。

以股票证券发行交易所形成的资金市场会不会使投资规模不易控制，造成盲目建厂、重复建厂，形成投资浪费呢？不会的。

我们知道，现行银行融资是间接融资方式，即由银行通过储蓄积聚资金，或由财政资金拨付银行，再由银行贷放。这种融资形式的主要特征是"三权分立"，即资金所有权、资金投资权和资金经营权相分离。资金所有者将钱存入银行，银行给资金所有者支付利息，国家投资办企业，然后交给企业经营。经营企业对投资主体（国家）的责任是依法交纳税利。在这里，银行充当资金所有者与资金经营者的中介人。"三权分立"的弊病在于：资金使用的经济效果与资金所有者的经济利益没有直接联系，资金使用权在银行，资金经营风险由国家承担。银行只是通过资金存放利息差获得收益，资金所有者也只是享受存款利息，资金所有者和资金经营者不承担资金使用效果的任何风险和责任，也不享受资金使用效果好所带来的高额利益。也就是说，资金使用效果如何，对资金所有者和经营者既没有经济利益的诱惑力，也没有承担风险的压力。这就不能促使资金经营者和资金所有者从自身的经济利益去关心资金的使用效果。

与此不同的是，以股票证券交易流通所形成的资金市场是一种直接融资方式，"三位一体"是这种方式的显著特征，资金所有权、资金投资决策权和资金经营权结合为一体。资金所有者既是投资的决策者，又是企业经营者，它既享受资金使用效果好的巨额利益，也承担资金使用效果差的风险。企业通过按股分红方式，把资金的使用效果与各个股份所有者的切身利益紧密地联系在一起。各个资金股份所有者为了将资金经营风险降低到最低程度，提高资金的使用效益，进行投资决策时，他们不能不谨慎从事，减少决策失误，避免投资浪费。从这个意义上说，股票证券市场有利于控制投资规模，避免重复建设和盲目建设。

通过发行股票证券筹集建设资金，会不会使银行存款来源减少，加剧银行信贷资金的供求矛盾？我们认为，只要我们掌握银行信贷资金、股票证券

---

① 马克思：《资本论》第三卷第686页。

所筹集的资金的正确使用方向，银行存款资金的减少不会加剧信贷资金的供求矛盾。因为，不论是银行包揽信贷，还是银行信用与其他信用共同存在，市场上资金总需求量不会发生太大的变化，企业通过采用股票证券等方式筹集到了所需要的建设资金后，必然会减少对银行信贷资金的需求，相应地也就缓和了银行信贷资金的供求矛盾。

由股票证券的发行流通所形成的资金市场会不会与国家重点建设项目争投资、争物资，造成建设资金的分散使用呢？也不会。购买股票证券的资金来源主要是社会闲散资金和预算外资金，只要通过合理的方式严格规定购买股票证券的资金来源，引导其使用方向，它不会导致重点建设项目投资资金的转移。相反，国家也同样可以通过发行股票等有价证券，筹集国家重点建设所需要的资金，将大量的国家预算外资金积聚到国家手中，这反而会促进重点建设的发展。客观上，国家重点建设项目在股票证券市场上具有更大的吸引力和更强的竞争力。

另外，股票证券市场的建立还有利于控制消费基金的增长，缓和市场压力。在物价上涨速度高于储蓄利率的情况下，银行居民储蓄对市场是一个潜在的威胁。居民手中的待购货币，一有机会就会从银行抽走，而投入消费市场，潜在的购买变成现实的购买。因为，依存款利率而获得的利息收入远远不能抵补因物价上涨所造成的货币贬值。建立起股票证券市场后，资金所有者能够直接投资办企业，并且按股份的多少参与企业盈利分红。这种资金的可盈利性，对资金所有者具有更大的吸引力。当资金用于入股投资所获得的收益高于存款利息和物价上涨幅度时，资金所有者为了获得更多的收益，将会抑制暂时的近期的消费欲望，将消费资金转化为生产建设资金。

再者，即使市场物价不上涨，只要有证券股票市场，资金所有者也还是乐于将消费资金转化为投资资金的。按照马克思的理论，利息率的最上限只能是资金平均利润率，绝不可能突破这个“警戒线”。资金所有者将钱存入银行，最多的盈利也只能是资金的平均利润率，而资金用于建设投资，完全有可能获得超过资金平均利润的超额利润，这种超额利润对于资金所有者来说是一种莫大的诱惑力。对资金最大盈利率的追求，也会使持币待购者放弃暂时的购买行为，将消费资金投向生产建设领域，不管投资者的主观愿望如何，他的行为在客观上起到了控制消费基金增长，缓和市场压力的作用。

当然，股票等有价证券的发行流通，会派生出投机、诈骗等危害社会主义建设的消极现象。对此，我们不能忽视。但是，只要有相应的法律约束、措施得力、管理有方，这些消极现象是完全可以避免和克服的。

为了保证股票证券市场活动正常进行，首先要求建立一个统一管理股票等有价证券发行、承兑、交换业务的专门机构，如股票证券管理委员会。这个专门机构应该是中央银行所辖的专设组织，与各专业银行是平行关系，但在业务上不能交叉经营，股票证券管理委员会的职能是：

（1）对股票证券发行者的资格进行审查，并定期检查公布股份企业的经营财务情况；

（2）履行股票证券交易经纪人的职能；

（3）履行股票证券交易、发行公证人的职能。

其次，需要制定股票证券市场管理法和系列条例，从立法上对以下内容加以明确规定：

（1）规定股票证券所筹集的资金用途。通过发行股票证券及其他有价证券所筹集的资金，只能用于短线产品、短线行业和公共设施建设的投资，严格禁止用股票证券市场进行买空卖空的非法活动；

（2）严格规定购买股票证券的资金来源，禁止用银行贷款资金进行股票证券交易；

（3）规定股票证券的最高贴现率和最低贴现率，根据银行信贷资金紧张状况和银根松紧程度，规定股票证券的买卖价格，制止信用膨胀；

（4）制定股份企业的收益分配政策，利用税收、价格、工资等经济杠杆对股份企业的生产经营活动加以引导和控制。

再次，国家规定年度股票证券发行量，有计划地发行股票证券。确定合理发行量的依据：一是根据上年度国民收入或国内生产总值的增长量和分配情况。当国民收入或国内生产总值增长较快，而财政收入增长较慢时，表明国家财力分散程度较大，可扩大股票证券发行量。二是银行信贷资金银根松紧程度，当银根抽紧时，减少股票证券发行量，银根放松时，扩大股票证券发行量。

最后，在实施步骤上，建立股票证券市场，大体可以分两步走，第一步为一级市场，第二步为二级市场。

一级市场是半开放型的市场，有三个基本标志：一是变短期资金为长期资金，而不允许将长期资金变为短期资金。即只允许发行股票证券筹集社会游资用于建设投资，建立新企业，而不允许将现有生产企业折成股票，拆零出售。二是股票证券的发行出售买卖限于乡镇企业、城乡居民、集体企业和国营小型企业。三是股票证券的发行流通范围限于国内市场。

二级市场是完全开放型的市场，也有三个基本标志：一是既允许变短期资金为长期资金，同时也允许变长期资金为短期资金。也就是说，既允许发行股票证券，筹集建设资金，同时，也允许将现有某些企业折成股票，拆零出售，组成新的股份企业。二是股票证券的发行买卖者包括某些国有大中型企业。三是股票证券的发行流通范围包括国内国外两个市场。

（四）民间信用机构、集体信用机构及其信用活动是社会主义资金市场的必要补充

经济成分的多样性，生产资料所有制结构的多层次，客观上要求资金市场结构的多层次，民间信用机构、集体信用机构及其信用活动是社会主义资金市场的必要补充。

目前，我国集体所有制经济在国民经济中占有较大比重，个体经济的比重也在不断增长。但还没有一家从事集体经济、个体经济信贷投资业务的专门信用机构，因而不能从资金的供给上促进和保证集体所有制经济、城镇个体经济（农村集体、个体经济是农业银行的服务范围）的正常发展。现行的信用机构是以官代民，以大代小，即国家的大银行代替民间的集体的小的信用机构。结果往往是兼而不顾，前者挤掉了后者。

据有关部门调查，目前民间信用活动和信用组织已经是一种客观存在，尤其在乡镇企业和农村发展迅速，形式也多种多样，有企业之间资金拆借、企业发行股票债券等信用形式。这些信用机构和信用活动的存在和发展，比较广泛地动员了各方面尤其是农民的游资，使更多的社会闲散资金进入生产领域，帮助解决了农村“两户”、个体生产者及某些乡镇企业急需的资金困难，补充了银行、信用社的不足，对搞活经济、融通资金起到了积极的作用。资金管理体制改革不能忽视这一点，要求通过制定颁布《金融法》、《民间金融信用组织管理法》等法规，加强对民间信用机构、集体信用机构活动的引导和管理，通过税收、利率、贴现率等经济杠杆，对其信用活动实行宏观控制，使之在社会主义资金市场中发挥其应有的作用。

（原载《经济研究参考资料》1986年第42期）

建立以建设银行为中心的长期资金市场

一、投资体制改革要求建立长期资金市场

长期资金市场，是指经营长期投资资金，组织资金的积聚与再分配，调节投资需求，引导投资方向，组织投资资金及其他有价证券流通的机制。长期资金市场是社会主义资金市场的重要组成部分。开拓和建立长期资金市场，是固定资产投资体制改革的客观要求。目前，我国固定资产投资管理体制处在新旧体制相互交替过程中，在固定资产投资领域出现了两大基本矛盾：

（一）资金分配的分散性与固定资产投资资金要求相对集中使用的矛盾

实行中央和地方财政“分灶吃饭”后，企业自主权扩大，资金运用朝着多元化、多流向、分散化的方向发展，国家预算内资金比重下降，预算外资金比重上升，资金分配具有分散性的特点，使国家财力分散、重点建设资金不足。据统计，“六五”期间，预算外资金收入总额比“五五”时期增加1.5倍多，比“一五”到“五五”时期的二十八年的总和还多25%，平均每年增长20.3%。1985年，国家预算外资金达1430亿元之多，相当于预算内资金收入的81%。

另外，由固定资产投资活动和社会化大生产的特点所决定，客观上要求投资资金分配和运用相对集中，一是以保证国家重点建设的需要；二是以保证项目投资符合规模经济的要求；三是以利于引导投资方向，确定合理的投资结构。由于我国还没有建立健全的长期资金市场，缺乏资金横向融通的渠道和措施，分散的资金不能相对集中使用，导致了投资决策分散化、项目投资规模小型化。据国家体改委研究所1984年对二十三个城市3212个基本建设项目的调查，1000万元以上的项目仅占5.5%，50万元以下的项目占52.6%，平均规模仅为23.7万元，乡镇企业的平均规模只有3.5万元。建设项目达不到合理的经济规模，致使许多新建项目在低水平上重蹈“小而全”的旧辙，影响投资资金的使用效果。

（二）投资资金使用有偿性的客观要求与投资分配制的矛盾

投资资金使用的有偿性是发展社会主义有计划商品经济的客观要求。在商品经济条件下，固定资产投资活动与其他经济活动一样，必须树立商品生产观念、资金周转观念、利息观念和投入产出观念，依据市场法则和经济规律经营投资资金，讲求投资效果。但是，目前实行的“拨改贷”办法，仍然沿袭了原来集中计划和财政统收统支的旧体制，把过去的计划、主管部门定项目、分投资，换成了由计划、主管部门定项目、分贷款，财政将资金无偿拨给建设银行，银行按计划供应资金，奉命贷款，企业对投资不能自主决策，银行对企业不能自主贷款，投资决策者不承担决策责任，投资经营者不承担经营责任，银行吃财政的“大锅饭”，企业吃银行的“大锅饭”，在客观上违背了商品经济的内在规律的要求。

固定资产投资领域的两大基本矛盾，集中地反映了发展有计划的商品经济的客观要求与在产品经济模式下建立起来的传统管理体制的矛盾；反映了经济体制改革时期新体制的积极功能与旧体制消极影响的矛盾。长期以来，在固定资产投资领域，我们被投资结构不合理和投资效益低所困扰。其中一个主要原因是经济体制不健全，没有一个完善的长期资金市场，忽视资金市场在调节投资需求、引导投资方向、提高投资效益方面的积极作用。

近两年来，适应商品经济发展的要求，各地出现了许多新的投资形式和投资协作方式，通过发行股票债券，来调剂地区之间、部门之间、企业之间及个体之间的资金盈余短缺，部门合伙办企业，地方合伙办企业，农民合伙办企业以及部门、地区、企业、全民与集体、集体与个体，集体之间的相互渗透投资，促进着资金的横向融通，推动横向经济联系的发展，孕育着长期资金市场的“胚胎”。

二、建立以建设银行为中心的长期资金市场

建设银行是管理固定资产投资的国家专业银行，投资体制的改革要求建设银行成为长期资金市场的中心。建立以建设银行为中心的长期资金市场，关键是要求建设银行在国家计划指导下，统一协调经营全社会的固定资产投资，建立长期稳定的信贷资金，用有限的国家资金来调度组织大量的社会资金，引导投资方向，调节投资需求，提高资金利用效率。

建设银行作为长期资金市场的中心，基本职能如下：

（一）建设银行是积聚、融通长期信贷资金的中心

建设银行应拥有长期稳定的信贷资金来源。其主要来源有以下几方面：

（1）国家财政预算安排的基本建设投资资金。一般占国家财政支出近三分之一。根据“七五”计划安排，五年内，国家财政预算基建拨款（包括国外借款）3499亿元，占财政支出的31.3%，占全民所有制固定资产投资总额的39%，占全社会固定资产投资计划数的27%。由此可见，国家财政预算基本建设投资资金是建设银行长期信贷资金的主要来源。

（2）建设银行发行金融债券，筹集长期信贷资金。

（3）必要时，代理中央和地方政府发行公债和政府债券（不是现行意义上的国库券）。

（4）接受委托，代企业发行股票或公司债。

（5）继续吸收企业的资金存款和企业更新改造资金存款以及地方部门的自筹资金存款。

（6）开办电冰箱、电视机、收录机、摩托车、洗衣机等耐用高档名优消费品及住宅等定向购买储蓄业务。

（7）接受委托，在一定额度内发行国际金融债券，向国际金融市场筹措建设资金。

以上七个方面的长期信贷资金，有些本身属于积累性的长期投资资金，有些则是属于消费基金，是社会购买力的结余，但在使用时间上则有期限长的特点，属于可转换为长期投资资金的消费资金。

（二）建设银行是全国统一经营、统一协调长期投资资金的中心

建设银行作为长期资金市场的中心，客观上必然要求建设银行把全社会的固定资产投资统一管起来，使建设银行成为经营投资的中心。但是，统一管理的办法，并不是现在人们通常所理解的不论项目投资额大小、不论投资项目的所有制性质，统一由建设银行去经办贷款。事实上，在投资主体多元化，投资资金渠道多元化的情况下，固定资产投资不论由哪一家专业银行或哪一个部门去独家经营，都不可能真正管理好，其结果只能是适得其反。

建设银行作为经营固定资产投资的中心，统一管理全社会的固定资产投资，其主要措施和手段是，按照专业银行一业为主、交叉经营的原则，建设银行具体经办一定限额以上的基本建设项目和更新改造项目的投资和贷款业务，一定投资限额以下（以多少为限有待进一步研究）的建设项目划给建设

银行系统以外的金融组织（包括投资信托公司等）去经营。

建设银行按照一定的原则，将积聚起来的长期信贷资金进行再分配，建设银行系统以外的金融机构从事固定资产投资，可以向建设银行申请再贷款基金，并由其负责周转，向建设银行支付利息。再贷款利率的高低，则由建设银行根据中央银行规定的最高贷款利率和各个投资金融组织的资信等级予以确定。商业银行用短期储蓄存款投资于国民经济的短线行业和国家重点建设项目，也可以从建设银行获得再贷款资金。其他专业银行和金融组织从建设银行获得再贷款资金，从事固定资产投资，有义务按时向建设银行报送固定资产投资统计报表，提供再贷款资金的使用方向等情况。这样，既可妥善处理各专业银行之间的业务交叉与建设银行统一管理全社会固定资产投资职能的关系，有利于发挥其他专业银行和金融组织从事固定资产投资经营的积极性；又能增强建设银行对全社会固定资产投资和宏观经济状况的透明度，从而有利于实现在投资规模、投资布局、投资方向上的宏观控制和引导。

国家预算基本建设投资资金作为建设银行的长期信贷资金以后，为了保证国家重点建设对资金的需求，保证国民经济发展规划、行业发展规划得以贯彻实施，国家对建设银行实行资金投入产出包干，即国家根据拨给的信贷资金数额，核定建设银行在五年、十年内，主要产业部门生产能力的交付使用额。当建设银行的经济行为（确切地说是投资和贷款行为）为追求自身的局部短期利益，而背离国民经济整体发展规划的要求，不能保证国家的经济政策和宏观控制措施贯彻执行时，国家则通过提高财政预算投资资金的使用利率和征收投资控制税办法，约束建设银行的经济行为。

（三）建设银行是全国投资信息调查和投资咨询服务的中心

建立以建设银行为中心的长期资金市场，把建设银行办成真正的长期投资信用银行，可以考虑在建设银行现有调查部门的基础上，由国家主管部门共同参加，建立全国投资信息系统和信息网络，经常而广泛地进行投资信息调查，掌握产品的市场供求变化动态和现有企业的生产能力，预测发展趋势，定期公布市场动态、投资动态、价格状况等各类信息，并对相关的价格、税收、外贸、补贴、金融政策、投资政策、产业政策进行研究，为国家实现投资的宏观控制提供依据，为各专业银行和其他金融组织的投资和贷款决策提供信息，对全社会的固定资产投资进行定向定量引导。

建立以建设银行为中心的长期资金市场，把建设银行办成经营长期投资的专业银行。这是由固定资产投资资金运动的固有特点和建设银行所固有的职能所决定的。固定资产投资，尤其是基本建设投资活动的生产周期很长，少则三五年，多则十来年甚至十多年。在这个时间内，它只从社会取走大量的活劳动和物化劳动，而不为社会提供有效用的产品。这种长期投资经营事业，具有资金占用时间长、周转速度慢、一次性投入资金数额大、风险大等特点，一旦出了问题，不像短期信贷、流动资金那样易于调整。长期投资业务的专业化经营，就有利于把握住社会化大生产活动中长期投资资金运动的客观规律，因势利导，完善经营管理水平，提高投资资金的使用效果。

建设银行作为管理固定资产投资的国家专业银行，从1951年到1983年，按照国家计划确定的投资方向和投资政策，通过拨款和贷款以及委托代理投资等方式，负责组织供应的基本建设投资、更新改造投资资金、地质勘探事业费和建筑安装企业流动资金等，总数达到11300亿元。建设银行在管理固定资产投资的过程中，通过实践和探索，已为今后经营长期投资和管理好固定资产投资，积累了可资借鉴的宝贵的经验。

在改革、开放、搞活的新形势下，建设银行适应经济体制改革的要求，努力搞好自身的业务改革，不断开拓新的业务领域，在全社会范围内，广泛开展了建设项目可行性研究和评估，投资信息调查和投资咨询服务，经办委托信托投资等工作，积极筹集引进国外投资资金，广泛吸收投资领域的资金，接受部门、企业的委托，开办了发行股票、产品债券、住宅有奖券等新业务，积极支持城市开发，发放商品房贷款，为地方和企业筹集建设资金。这些新业务，也是朝建立以建设银行为中心的长期资金市场，把建设银行办成长期投资银行的方向迈出的重要一步。

三、长期资金市场的特点和基本功能

建立以建设银行为中心的长期资金市场，必须对现行的投资管理体制有三个突破：一是对银行经营的财政拨款投资无偿使用的突破，即一切建设资金（非盈利经营项目投资除外）的使用应该是有偿性的，资金使用者在占用建设资金时，应向银行承付利息。二是对现行资金融通方式的突破，即突破现行的缺乏资金横向融通渠道、资金分配条块分割、资金垂直调拨的管理，打通资金横向融通渠道。三是对投资分配制的管理体制的突破，即突破现行的由国家计委按部门归口切块分配投资和项目，将企业对投资不能自行决策和银行对项目不能自主贷款的投资分配体制，转变为在国家宏观发展规划和经济政策指导下，由企业自主确定项目和银行自主选择贷款项目的投资经营体制。由上述三个特点所决定，以建设银行为中心的长期资金市场，具有五大基本功能：

（一）资金转换功能

建立以建设银行为中心的长期资金市场，有利于将短期资金尤其是消费基金转换成长期投资资金，引导消费方向，控制消费基金膨胀。通过建立长期资金市场，开办定向购买储蓄存款业务，可以将一部分消费基金，尤其是社会结余购买力的那部分消费基金转换为长期投资资金，建立起生产与消费的定向联系，避免盲目生产。建立以建设银行为中心的长期资金市场，建立起股票证券市场后，资金所有者能够直接投资办企业，并且按股份的多少参与企业盈利分红。这种资金的可盈利性，对资金所有者来说具有更大的吸引力，当资金用于入股投资所获得的收益高于存款利息和物价上涨幅度时，资金所有者为了获得更多的收益，就会抑制暂时的、近期的消费欲望和购买行为，将消费资金转化为生产建设资金，投向生产建设领域。

（二）投资引导功能

建立以建设银行为中心的长期资金市场后，就能够通过市场的作用，把分散的社会资金集中起来，银行采用利率、贴现率、配合价格、税收等经济杠杆的调节作用，对这部分资金进行再分配，促进资金的横向融通，用有限的国家资金调度广泛的社会资金，把资金引导到国家建设需要的方面来。以建设银行为中心的长期资金市场，引导投资方向，主要通过两条途径：

（1）改善投资环境，引导投资方向。建设银行用长期信贷资金投资于交通运输、邮电通讯、社会公共设施等低盈利和国家急需发展的短线行业，用以改善投资环境。基础设施和投资环境改善后，就能够使企业投资者减少和节约基础设施方面的投资，从中得到实惠，并以此去激发吸引企业和国外投资者的投资积极性。同时，建设银行通过投资和贷款活动，改善不同地区和经济区域的投资环境，把广泛的社会资金引向国家所支持的经济地区，促进投资资金在地区间的战略转移和合理分布。

（2）通过控股投资和贷款引导投资方向，调节投资需求。对于申请贷款的项目，建设银行通过评估论证，根据项目经济效益的高低和国民经济整体发展规划与宏观控制的要求，选择投资方式，决定是否入股投资或贷款，以及入股投资或贷款的额度、贷款利率等，将投资引向短线行业和国民经济急需发展的产业，抑制长线产品的发展。一般来说，如果申请贷款的项目，社会效益和企业财务效益都好，属于国家支持发展的行业和产品，建设银行则及时给予贷款支持，或者投入较多的股份；对于一些企业财务效益不好，投资风险大而社会效益较好的项目，建设银行通过优惠利率，由财政贴息给予贷款支持，也可以由建设银行的风险投资公司入股经营，扶植其发展。

（三）投资风险分散功能

在过去很长一段时间里，我国固定资产投资都是国家独家经营，投资由计委分配，建设项目由计委批准，资金由财政拨付，银行“奉命”贷款，企业不承担投资经营责任，投资风险由国家承担，投资效益高低与经营成败，与银行和企业的利益没有直接联系。开放长期资金市场，实行股份制经济以后，资金所有者、投资决策者和投资经营者三位一体，企业作为相对独立的商品生产者，拥有投资决策权，银行具有贷款自主权。与之相联系，银行和企业都要自负投资和贷款的决策责任，承担投资风险，从而使投资风险社会化。另一方面，开放长期资金市场以后，股票在证券交易所的不断流通转移，从而使企业股权也经常不断的转移。股权的转移，既是投资资金获利权的转移，也使投资风险随股权的转移而不断分散，谁握有企业的一份股权，就既取得了按期向股份公司领取股息的权利，同时也要承担与股份相适应的风险。

（四）经济结构调整功能

合理的经济结构（包括产业结构、行业结构、产品结构、消费结构、企业结构等），都是以合理的投资结构来维系和支撑的。通过长期资金市场的投资引导功能和资金转移功能，正确有效地引导投资资金在部门、行业、地区之间进行合理分配，建立起合理的投资结构，从而达到建立起合理的经济结构的目的。长期资金市场对经济结构调整的另一个方面，则表现为：随着企业产权的转移，而使企业转变生产经营方向，从而达到调整经济结构的目的。因为，在商品经济条件下，企业若想在竞争中取胜，除了提高经营管理水平以外，还必须有正确的生产经营方向，使企业生产的产品符合市场需求。

（五）效益促进功能

以股票证券交易流通为基本特征所形成的长期资金市场是一种直接融资方式，资金所有权、投资决策权和投资经营权“三位一体”是这种方式的显著特征，资金所有者既是投资的决策者，又是投资的经营者，它既享受资金使用效果好的巨额利益，也承担投资使用效果差的风险，企业通过按股分红方式，把资金的使用效果与各个股东的切身利益紧密地联系在一起。各股东为了将投资风险降低到最低程度，提高资金的使用效益，进行投资决策时，他们不能不谨慎从事，减少决策失误，避免投资浪费。从这个意义上来说，建立以建设银行为中心的长期资金市场，有利于医治“投资饥渴症”，控制投资规模，促进投资效益的提高。另外，开放长期资金市场以后，建设银行通过设立公股部，统一管理国家在企业的公股，通过直接入股、控股，使银行成为企业股东，并参与企业董事会，帮助企业制订发展战略，改善企业经营管理，提高投资效益。

建立以建设银行为中心的长期资金市场，把建设银行办成长期投资信用银行，是建设银行体制改革的远期目标模式。达到上述目标，需要一个过渡时期，并采取相应的过渡措施，不可能一蹴而就；建设银行怎样从人员知识和素质、组织机构及业务经营手段等方面进行更新，真正担负起长期资金市场的职能任务，这些都是亟须研究探讨的问题。

（原载《财贸经济》1987 年第 2 期）

资金市场管理法浅探

近几年，随着商品经济的活跃，各地出现了以发行股票、债券、以资带劳、以劳带资、补偿贸易等多种形式的集资活动。资金市场的形成，促进了资金融通，推动了横向经济联系的发展。为了更好地发挥资金市场在宏观控制和微观搞活过程中的积极作用，制订资金市场管理法，对资金市场活动实行有效的法律控制和引导，是当前经济立法中的紧迫任务。

一、制订资金市场管理法的意义

资金市场管理法是调整参与资金市场活动的各经济法人组织之间的经济利益和经济关系的行为准则。广义的资金市场是指经营货币资金，组织资金的积累与再分配，组织货币资金及其他有价证券流通、运用的方式方法及与之相联系的活动场所。本文所讲的资金市场是一种狭义的资金市场，主要包括吸收投资资金、投资性贷款的发放，股票、债券的发行、贴现、流通买卖、合伙集资经营等投资活动。随着经济体制改革的继续深化，适应投资主体多元化，投资方式多样化的需要，资金市场的形成具有其客观必然性。

资本主义资金市场具有二重性，它有积聚社会闲散资金，加快资金周转速度，满足企业生产经营对资金的需求，促进商品生产等有利于生产发展的一面；又有助长投机诈骗，造成资金的急聚与速散，造成资金的盲目转移，冲击企业生产经营等消极作用的一面。社会主义资金市场与资本主义资金市场有质的区别，但如果缺乏必要的管理措施，引导不得法，也可能产生消极作用。这就要求制订资金市场管理法，借助于法律的强制力，利用和发挥资金市场的积极作用，限制它的消极作用。这也是制订资金市场管理法的根本宗旨。制订资金市场管理法的主要意义和作用有以下三点：

第一，制订资金市场管理法，有利于加强对资金市场的管理，协调各有关经济法人组织的经济活动，完善资金市场机制，使资金市场活动有法可依，有章可循，才能引导资金市场活动按照客观经济规律的要求，沿着正确、健康的方向发展。

第二，制订资金市场管理法，有利于正确处理国家、企业、职工三者之间的经济利益关系。通过对合资企业、股份企业、联营公司等企业的成本管理，收益分配、亏损与债务分摊等方面的立法，就能防止出了问题无处追究，防止乱计成本、挤占利润、偷税漏税、侵占国家利益的现象，保护国家、企业、职工以及各股东的合法权益。

第三，制订资金市场管理法，有利于解决企业的创立、联合、解散、破产、红利分配、亏损和债务的分摊等过程中出现的纠纷。目前，在资金市场活动中，有些出资人或股票、债券购买人经常由于各种原因，比如企业临时性的资金不足，或者出现了更好的投资机会，或者企业经营状况不佳等原因，便从合资、合营企业中抽走已投入的资金，自由退股，而不承担任何风险和损失，对企业的正常生产经营活动造成威胁。通过对股票、债券的发行、承兑、买卖等方面的立法，对企业的创立、联合、解散、破产倒闭、红利分配、亏损与债务分摊等方面的立法，就能够为顺利合理地解决这些问题提供法律依据。

二、制订资金市场管理法的原则

制订资金市场管理法，应坚持以下三项基本原则：

第一，协商自愿，相互平等的原则。在资金市场活动中，不论是借贷行为，还是股票、债券的发行、承兑贴现、流通买卖，对于经济行为中的任何一方来说，都只能是自愿的，任何一方都不能将自己的意志强加于对方，尤其应该禁止以胁迫行为硬派股金，强迫他人入股，或以行政命令推销股票债券；更不能在没有资金（或财产）作为股金的情况下，凭借权力参与企业的红利分配。在股份企业、合资联营企业的生产经营活动中，应根据各股东股份的多少参与企业的经营管理，享受与其股金相适应的收益分配，并承担相应额度的亏损与债务。

第二，收益与风险相结合的原则。在资金市场活动中，无论是通过发行股票债券，集聚投资资金，或是合资合作经营，其共同特点之一是，投资风险的分散化，出资人自己决定资金的使用方向并承担风险，同时获取盈利。因此，制订资金市场管理法时，应坚持投资风险与投资收益相结合的原则。任何一家股东（或出资人）不应该是企业盈利时入股，亏损时退股。坚持投资收益与投资风险相结合的原则，能够促使出资人认真考虑集资项目的经济效益。

第三，资金市场管理法必须以国家信贷政策为依据，坚持金融宏观控制的总方针，银行投资性贷款必须执行国家信贷计划，保证投资资金正确的使用方向，使之有利于保证国家信贷计划的贯彻实施。企业发行股票债券，也应该服从宏观控制的总要求，并将其纳入国家信贷计划总规模之内，全国每年股票债券发行总量是多少较为适宜，国家应有一个量的规定界限。对此，资金市场管理法应制订出相应的原则。

三、资金市场管理法的内容

根据资金市场管理法的基本原则的要求和它在资金市场活动中的作用所决定，资金市场管理法应包括以下基本内容：

（1）保护资金所有者的合法权益，一切生产性投资贷款必须实行有偿使用，有借有还的原则，资金借贷双方的借贷行为必须是自愿的。资金借入方必须按合同或协议规定按期偿还本金，同时，根据借款数量、利息率以及资金使用期限向贷方支付利息。我们知道，社会主义国家的各个企业，都是独立核算的经济组织，是有着不同经济利益的经营主体。企业及其职工所具有的物资财富，都是通过货币价值尺度去衡量考核的，一定量的物资表现为相应数量的货币资金，这些资金的运动和转移，在企业内部与外部均有着广泛的联系，与银行和别的企业均会发生信用关系，相互借贷，使资金的所有权与使用权相分离。这种资金的让渡，就其本质来说，是企业所占有的生产资料（或生活资料）使用权的让渡，如果让渡者毫无所获地让渡这种资金的使用价值，对于使用者来说，就是对让渡者经济利益的损害。因此，资金市场管理法必须制订资金有偿使用的法律条款。

（2）资金市场主体的法律地位。资金市场的一切活动都是由具体的法人经济组织所实施的，资金市场管理法应对参加资金市场活动的经济法人组织所必备的资格加以规定。目前，资金市场主体的法人资格可参照《工商企业登记条例》办理。需要特别指出的是，国家行政机关不是盈利性的经济组织，因而不能成为资金市场主体，不具有资金市场主体的法人资格，它既不能发行股票也不能购买股票，更不能入“权力股”，凭借行政管理权参与股份企业的红利分配。

（3）规定贷款资金的审批，申请手续和用途以及利息支付办法，规定贷款利息率的上下限和浮动，规定股票债券利率的幅度范围。据有关部门调查，目前有的地方集资资金利率大大高于银行存款利率，有的高出一倍以上，最高年息达25%。这种高利率从长远发展计议，将会助长消费基金的过渡膨胀，如果不加制止，不利于实现金融宏观控制，会干扰资金市场的正常活动。从本质上说，集资资金利率就是股票价格，其利率的确定应根据集资企业的经营效果好坏和资金盈利率的高低而确定。

（4）规定股票发行企业的必备资格和发行股票的条件。一般说来，股票、债券的发行企业必须是实行独立经济核算的、自主经营的经济实体，股票、债券的发行数额必须与发行企业的注册资本数额相适应，即根据企业注册资本的多少确定企业股票、债券的发行数量；股票发行企业的经营管理状况、盈亏状况和财务账目应该公开，以使投股人或购买人决定股票的取舍。

（5）规定股票、债券的发行、承兑、转让办法、流通范围；规定购买股票、债券的资金来源，禁止用银行贷款资金进行股票交易。

（6）资金市场管理法应对合资企业、联营企业的创立、联合、解散、破产倒闭等所必备的条件和应办理的手续等做出相应的规定。

（7）合资、合营企业、股份企业等企业的收益如何分配，经营亏损如何分摊，企业破产后债务如何分摊偿还等问题，资金市场管理法中应有相应的法律条款。

（8）资金市场管理法应对股票流通转让的条件、转让的时间及交易方式等做出相应的法律规定。一般情况下，股票转让时应是现货交易，而不允许采用期货交易；股票的流通转让必须在股票交易所进行，并接受经纪人组织的监督和控制；等等。

（9）在资金市场要承担风险、特别是资金巨额的交易中，少数不法分子会钻改革的空子，利用管理措施中的一些不完善之处，进行投机、诈骗、赖账等违法活动。为了保证资金市场的各项业务活动正常进行，资金市场管理法应制订对投机、诈骗、赖账等违法行为的处罚条款。

（10）股票证券交易所的建立和管理，经济人组织的资格审定，也要在资金市场管理法中加以规定，逐步建立有力的股票证券交易的管理机构和符合条件的经济人组织，保证资金市场活动有条不紊地进行。

（原载《福建论坛》1986 年第 8 期）

发展我国金融产业的初步研究

一、我国金融产业的现状与发展商品经济的要求不相适应

目前，我国的金融产业很不发达，与发展社会主义商品经济的要求不相适应。具体表现为：

（一）金融产业观念淡薄

我国传统的经济模式，在否定社会主义经济是商品经济的同时，也否定了金融作为产业部门的属性，从而使金融业蜕变为仅仅是国家管理经济的行政机关。表现在机构方面，银行的机构完全按行政区划设置，银行的大小按行政级别区分等。在银行业务方面，长期以来，我国银行肩负支持和促进企业发展生产，扩大购销，供给投资资金的责任，并通过其业务代表国家承担着管理、监督、调节宏观经济，服务于国民经济发展的任务。在这种职能任务下，银行同工商企业，信用提供方与信用接受方，不可能形成真正平等的商品经济关系，而只是一种虚假的借贷形式，实质上是一种管理与被管理的关系。国家把银行作为管理和调节国民经济的工具，并直接干预和操纵银行决策和经营行为。由此带来的结果是，各专业银行也就不能按照自身经济利益去决定业务活动，其自身也没有独立经营的自主权，而只能听命于各级政府的指令。这些都制约和影响着金融产业的发展。

党的十一届三中全会以来，虽然对原来人民银行大一统的金融模式作了几次较为重大的改革，并取得了一定的成效：实行了中央银行和专业银行的职能分工，固定资产投资实行了拨款改贷款，和企业流动资金全额信贷制。但是，这些改革的措施仍然跟不上整个经济体制改革的步伐，仍然存在着诸多不完善的地方。如固定资产投资实行“拨改贷”以后，专业银行的贷款仍然是受命于“行政指令”，银行也没有稳定可靠的长期信贷基金来源，没有贷款决策的自主权，企业吃银行的“大锅饭”，银行吃国家财政的“大锅饭”，专业银行吃中央银行的“大锅饭”，专业银行下级行吃上级行的“大锅

饭”，银行的经济利益与其经营成果脱钩。产生这些问题的原因，源于我们还没有树立金融产业的思想，以及我国金融体制中不适应有计划商品经济发展的成分尚未从根本上改变过来。

（二）银行信贷对企业的约束软化

由于我国金融产业不发达，还没有建立起完善的资金市场，缺乏资金横向融通的渠道和措施，资金市场功能乏力，导致资金使用分散，重点建设资金不足，项目规模小型化。据国家体改研究所1984年对23个城市3212个基本建设项目的调查，1000万元以上的项目仅占5.5%，50万元以下项目占52.6%，平均规模仅为23.7万元，乡镇企业的平均规模只有3.5万元。据建设银行1986年上半年对全国59个市县（其中，10个大城市，28个中小城市和21个县）第一季度的36794个在建项目的调查统计，大中型项目只占1.05%，投资额1000万元以上的更新改造项目只占0.96%，小型项目占98%，平均规模335.9万元。这59个市县1986年投资468亿元，分散在36000多个项目上，平均每个项目年度投资只有127万元。扣除大中型基建项目和总投资在1000万元以上的更新改造项目，一般小型项目平均每个只能分到85万元。资金使用分散和建设项目达不到合理经济规模的结果，既拖长了项目建设周期，同时，又使得许多新建项目在低水平上重蹈“小而全”的旧辙，影响投资资金的使用效果。

（三）银行信用对消费基金使用的引导力疲软

金融产业不发达，资金市场功能乏力的第二个表现特征是，银行信用不能广泛动员、吸收社会闲散资金，致使社会结余资金增多，居民手中持币待购的资金增多，而不能形成对消费基金的有效引导。

由于我国的消费品价格不合理，房租在职工家庭生活费支出中所占比重太低（详见表1），使国家、企业用于住宅建设的投资资金转化成了职工看不见的工资收入，再加上消费者近期消费欲望的驱动，以及对未来个人生活风险的过低估量和资金市场机制不健全，促成了消费早熟和不合理的消费结构：电视刚进入千家万户，就迈进了彩电阶段；电冰箱尚未普及就已使单门冰箱近乎淘汰；短短几年，家用洗衣机已由单缸发展到双缸，并向全自动前进，但在家庭消费的其他方面却仍停留在20世纪50～60年代的水平上。相当一部分居民盲目地向发达国家建立在较高生产水平和收入上的高消费方式看齐，持币、储币购买“一车一彩三双”（即摩托车、彩色电视机、双门电冰箱、双桶洗衣机、双卡录音机)，社会结余购买力从1980年的804亿元增加到1985年的2500亿元。除银行存款外，还有近900亿元的游资分散在城乡居民手中，大量的资金并未通过合理的消费投入建筑、交通、社会公用事业、第三产业以及工业企业，而是涌向耐用消费品市场。1985年末城镇居民储蓄余额达1057.8亿元，为1980年末的3.75倍，大大快于同期全体职工工资总额增长79%的幅度。1985年与1980年相比，在全国全体居民消费水平增加79.3%的情况下，1985年末全国城乡储蓄余额比1980年增加3.06倍。大量的社会结余购买力，对市场形成很大的压力。

表1 六国职工家庭生活费支出构成(%)

项目	中国(1984年)	英国(1981年)	苏联(1980年)	美国(1979年)	日本(1979年)	联邦德国(1979年)	说明
生活费支出	100	100	100	100	100	100	①包括文化娱乐费、学杂费、书报杂志、文化用品 ②不包括水电费 ③包括药费及医疗费 ④包括文化生活费、医疗卫生费及其他费用
1. 食物费	57.97	35.9	39.8	26.1	32.8	39.3	
2. 衣着费	15.53	9	20.5	9.6	10.9	12	
3. 居住费(房租)	1.39	19.9	3.4	19.6	6	21.9	
4. 燃料、水电费	2.78	6.8	0.4④	3.96	4.5	9	
5. 文化生活费	6.62①		8.1	10	13.4	12.9	
6. 医疗卫生费	3.14②		18.2	11.9	2.9	1.3	
7. 其他	12.57	28.4④	9.6	18.84	29.5	3.6	

资料来源：根据《国际经济统计资料(1950～1981)》,《中国统计年鉴(1985年)》整理。

(四)金融资产单一

长期以来，我国银行界进行的是“存放汇”老三样信用业务，“存放汇”的方式也是模式化、单一化。近几年来，随着经济体制改革和金融体制改革的逐步推进，我国金融资产品目有所增多，不少地方、企业和金融机构试办了发行股票、债券、金融债，办理邮政储蓄、信托投资、商业票据、抵押贷款等多种新业务。但是，这些新业务基本上处在试点探索阶段，其中许多新业务是由企业自发地组织进行的，还没有走上正轨。银行和其他金融机构在其中起的作用很有限。这些金融资产流通的范围也不广。与发达国家相比，我国金融资产品目显得过于单一。以日本为例，截至目前，日本政府和金融界创立的金融资产商品已达近百种，仅按大类划分，银行存款有17种，邮政储蓄有9种，信托投资有9种，生命保险有5种，债券有17种，股票有3种，证券投资信托有12种。譬如，在17种债券中，就有不同期限的国家债券、地方政府债券，政府担保债，金融债、公司债、日元外债等。

（五）银行经营手段陈旧，柜台设备落后，不适应顾客对银行业务的新要求

银行业务的容量不足和效率不高，已经成为商品生产和商品流通的重大障碍。据有关资料介绍，到1985年底，我国银行系统只安装有小型计算机14台，而美国金融业却拥有大、中、小型计算机16500台，日本有4477台。

银行经营手段落后，严重地制约着资金周转速度，银行信息不灵，柜台作业效率低、质量差，银行职工的劳动强度大，与发展社会主义商品经济的要求很不适应。一是现金支付比例大。1984年，美国全国结算系统在途资金只有5亿美元，而我国在途资金高达300亿元左右，相当于当年城乡储蓄比上年的增加额。1984年现金在流动资产中的比重，美国只占7.1%，日本只占7.8%，而我国却高达22%。二是资金周转速度慢。我国工业企业的流动资金周转一次平均100余天，而有些发达国家工业企业流动资金周转一次只有40天左右。我国现金收付，一笔交易占钞8次左右。

（六）银行金融机构数量和职工队伍素质，适应不了银行业务量增长的需要

随着工农业生产的发展和居民收入的增长，银行业务和银行资金增长较快。1984年与1952年相比，工业贷款余额增长118.4倍，商业贷款余额增长23.2倍，国营农业贷款增长50倍，全民所有制固定资产投资额增长26倍，城乡储蓄和农村存款增长244倍，而同期全民所有制金融保险业职工人数只增长1.44倍，慢于全国全民所有制部门职工人数增长4.5倍的速度。1985年与1979年相比，全民所有制固定资产投资总额增长1.36倍，建设银行经办的各项贷款总额增长87.8%（1984年与1980年相比），而同期建设银行职工人数只增长73.8%，机构数只增加10%。1985年与1981年相比，银行储蓄业务量增加2.1倍，而储蓄所只增加28.3%。

（七）在就业总人数中，金融保险业职工所占比重太小

就业总人数中，金融保险业职工人数所占比重，1980年美国为6%，联邦德国为5.6%，法国为7.3%，苏联为0.58%，1975年日本为3.3%，1984

年台湾地区为2.5%，而我国仅为0.24%（见表2、表3），既低于发达国家（地区）的比重，也低于发展中国家印度的0.6%和巴基斯坦的0.7%的比重。我国大城市中金融保险业职工在总就业人数中的比重，与世界上一些大城市相比，差距更大。如1981年纽约和伦敦均占11.5%，巴黎占8.4%，新加坡和新德里（1977年）也占7.5%和7.2%，而1984年北京市和上海市仅占0.3%和0.4%。

表2 欧美五国金融保险业职工占总就业人数比重（%）

年份	美国	苏联	联邦德国	英国	法国
1970	4.9		4.2	5	4.8
1971	6.9	0.4	4.5	5.2	5
1975	7.5	0.50	5.3	5.7	6.3
1976	7.5	0.52	5.2	5.8	6.4
1977	7.7	0.53	5.2	5.9	6.6
1978	8	0.55	5.3	6	6.8
1979	8.2	0.57	5.5	6.2	7.1
1980	6	0.58	5.6	6.4	7.3

说明："美国"一栏中不包括保险职工；"联德德国、英国、法国"栏中包括不动产业职工。

资料来源：国家统计局编《国际经济统计资料1950—1981》。

表3 我国历年全民所有制金融保险业职工数占总就业人数比重

年 份	金融保险业职工占总就业人数比重（%）	金融保险业职工占全民所有制职工数比重（%）
1952	0.2	2.2
1957	0.15	1.5
1965	0.13	1
1978	0.1	0.5
1979	0.12	0.65
1980	0.15	0.8
1981	0.16	0.85
1982	0.17	0.86
1983	0.17	0.88
1984	0.18	1
1985	0.25	1.4

资料来源：根据《中国经济年鉴（1982）》和《中国统计年鉴（1985年）》及有关资料整理。

（八）各专业银行没有真正成为自主经营的经营企业，缺乏贷款决策自主权，加之银行信息不灵，投资决策科学化程度不高，从而使其成为盲目投资、重复建设的资金供应渠道

目前，由于我国计划管理体制还没有进行实质性的改革，在投资分配方面没有彻底改变企业同国家、银行的关系，企业对投资不能自主决策，银行对项目不能自主贷款，连银行利用短期存款安排的基本建设投资，也被计划部门切块分配给主管部门去包干使用。银行基本上是“奉命贷款”，但却要承担风险和责任。决策者不承担投资风险，花钱者不承担投资责任，在客观上助长了地方和企业向国家争贷款、争项目，从而导致投资结构不合理，投资效益下降，而银行显得无能为力。据建设银行对59个市县1986年第一季度36794个在建项目的调查发现，用于修建楼堂馆所的投资总数约在83亿元左右，占这些市县1986年当年已安排投资总额的20%左右。固定资产交付使用率1984年下降到71.8%，低于1981年的86.6%，1982～1984年建成投产的217个大中型项目，不能正常发挥效益的在1/3以上，“六五”期间施工的大中型项目平均建设周期长达9～10年。

二、发展我国金融产业的建议

（一）树立金融产业观念，转变仅仅把金融业作为行政管理机关的思想

金融业是适应商品经济发展需要而产生的一个产业。现代商品经济本质上是一种信用经济，金融业处于社会经济生活的中心。在西方资本主义国家，银行已成为经济发展中灵敏度最高的控制阀，金融业已成为百业之首。

金融产业是商品交换和货币流通的产物，社会主义金融产业是相对独立于物质再生产部门，同时又与物质再生产过程相互渗透、融为一体的产业，是社会主义国民经济产业体系的一个有机组成部分，它对国民经济的发展起着积极的促进作用。在商品经济条件下，信贷资金已不是单纯的货币，而是处于生产和再生产过程的整个运动的紧密联系之中。金融业与交通运输业、商业服务行业一样，虽然本身并不生产有形的物质商品，但它却服务于并推动着商品生产，是整个商品经济能够健康发展的重要产业部门。发展社会主义的商品经济，要求我们树立金融产业的观念。

（二）专业银行实行企业化经营，是发展我国金融产业的重要条件

银行是经营货币资金的组织。在社会主义商品经济条件下，银行所从事的货币保管、支付、清算以及信贷等业务活动，都是属于直接商品生产者经营活动的一部分，都是商品生产者从事商品生产、交换、分配、消费所不可缺少的环节。专业银行与其他经济法人的关系，是一种劳务关系，是真正平等的商品经济关系，受到价值规律的影响和制约。因此，发展我国的金融产业，需要改变专业银行仅作为国家财政“出纳员”的地位，使专业银行和其他工商企业与经济组织一样，成为独立的商品经营者和具有法人资格的经济组织，并实行企业化经营。

首先，专业银行实行企业化经营的前提条件是，各专业银行要在“一业为主、交叉经营”原则的指导下，实行明确的业务分工，理顺各专业银行之间的业务关系。

按照国务院有关文件的规定，各专业银行都有各自的经营业务范围。譬如在投资业务方面，工商银行经营工商企业流动资金投资和规定限额以下的更新改造投资业务，建设银行从事长期投资业务，即基本建设投资和规定限额以上的更新改造投资，其他专业银行也有各自的经营范围。但是在实际工作中，专业银行的多种投资业务是混合经营的，有些专业银行与其他专业银行争“地盘”，抢“生意”，经营职责范围以外的业务。以“六五”期间前四年各专业银行贷款在全国基本建设投资完成额中的比重为例，1981 年，建设银行贷款为 7.2%，人民银行贷款（即现工商银行系统贷款）占 2.4%，其他银行贷款为 0.4%；到了 1984 年，建设银行贷款降为 4.9%，工商银行贷款为 3.4%，其他银行和地方财政贷款为 2.3%。1981～1984 年，全国基本建设投资完成额平均每年递增 14.8%；同期，建设银行贷款用于基本建设投资资金，平均每年递增 4.3%；工商银行（包括原人民银行统计口径）贷款用于基本建设投资资金，平均每年递增 25.6%；其他银行和地方财政贷款每年递增 47.8%。

银行业务的混合经营，既不能充分利用各专业银行在长期的业务实践中积累起来的经验，发挥其经营管理的优势，也不利于促进专业银行改善和提高自身的经营管理水平，促进整个金融产业的发展。专业银行企业化经营，仍有必要强调专业银行的职能作用。明确地说，国家预算内的基本建设投资，规定限额以上的更新改造投资，应由建设银行统一管理，统一协调经营；同

样，建设银行、农业银行、中国银行也不应从事国家规定的工商银行业务内容。

有的同志认为，专业银行职能范围的合理分工，会窒息专业银行企业化的竞争性机制。这是不正确的。银行信贷竞争主要的是通过信贷资金使用效果来实现的，而不应表现在业务范围的竞争上。合理的业务分工，更有利于发挥各专业银行在经营业务方面的优势和长处，这正是降低资金成本，提高信贷资金使用效果的有效途径，因而更有利于促进信贷竞争机制的形成，更有利于促进专业银行的企业化经营。

其次，理顺利率体系。利率是资金的“价格”，合理的利率结构能正确地反映资金的供求状况，引导资金的合理流向，促进提高资金的使用效果，并保证金融机构微观利益与社会宏观效益的一致。理顺现行利率体系，一是要使中央银行的再贷款利率成为利率体系中的基准利率，允许各专业银行和其他金融机构的存贷款利率，以中央银行的再贷款利率为轴心，在一定的幅度内上下波动，使利率体现筹资成本、期限、风险和收益，破除目前实际上存在着的各种存贷款利率听从于人民银行的“一言堂”状况。二是要放开银行间的同业拆放利率，使其成为资金市场供求的指示器。三是逐步取消优惠贷款利率，某些行业由于产品价格不合理而影响企业还贷能力时，应通过财政贴息或免税的办法去解决，而不应通过降低银行贷款利率，损害银行利益的方法去解决。

再次，各专业银行及其他各类金融机构有权决定本系统企业职工的收益分配水平和报酬方式。基层行对自行决策的贷款要承担决策责任。可以考虑某种有条件的存贷挂钩、收支挂钩，把银行业务发展同基层行利益和职工利益联系起来。

（三）金融产业要由面向国内市场的内向型，转变为面向国内外市场的外向型，开拓筹资渠道，加快吸收引进外资的步伐

1981～1984年，全国基本建设投资完成额中，利用外资额平均每年增长17.8%。这个数字，虽然高于同期全国基本建设投资完成额平均每年递增14.8%和国内贷款平均每年递增15.2%的增长速度，但却远远低于同期工商银行用于基本建设投资贷款平均每年递增25.6%，和其他银行与地方财政用于基本建设投资贷款平均每年增长47.8%的速度，也低于地方自筹投资每年增长17.4%的速度。这从一个侧面反映出我国银行金融机构，在利用引进外资工作中，没有充分地发挥作用。

建设银行是管理固定资产投资的国家专业银行，理应成为筹集国外资金的重要工具。在利用引进外资方面，要改变单纯地利用国外贷款、来料加工和补偿贸易等单一的筹资方式，广泛建立银行与国外金融界的联系窗口，充分发挥银行金融组织在引进外资中的优势作用。要通过发行国际金融债券筹集国外资金，利用人民币币值较稳定，在国际金融市场上信誉高的优势，在国际金融市场有选择地发行一定的人民币外债；同时，要结合我国某些有竞争力的技术、设备和商品出口，有选择地向一些发展中国家和发达国家提供一定数量的有利可图的贷款，建立中国的跨国公司。银行在筹资过程中，要由两只眼睛向内，转变为一只眼睛向内，一只眼睛向外。

（四）发展我国的金融产业，应当将专业银行资金分配的封闭型转变为资金横向融通的开放型

目前，我国各专业银行的金融业务，虽然都是在中央银行指导下开展工作，但基本上是互不关联，条块分割，资金垂直调拨，单一纵向分配进行的。各专业银行之间的资金不能相互融通使用，银行之间的信贷竞争机制不完善和各自经济利益的矛盾，往往使资金分散使用，影响资金的使用效果。同时，各专业银行系统自身的经营资金也缺乏横向融通。从这个意义上来说，又造成建设资金的平均分配，重点项目、重点行业、重点地区发展所需的建设资金得不到满足，某些部门某些地区的多余资金也不能流向最急需的地方，这是在另一种形式上所派生出来的资金分配中的“大锅饭”。发展金融产业，应适应商品经济发展对资金运用提出的要求，建立有效调剂各专业银行之间，及专业银行系统内部各基层行之间信贷资金盈余短缺的措施和方法，各级行要积极利用金融债券、地区债券、商业信用券、贴现、同业拆借和抵押贷款等方式，打通专业银行之间资金横向融通渠道。一个地区的专业银行之间，以及不同地区的各专业银行之间，也应通过恰当的形式，互相拆借贷放，搞活资金流通。近期内，应把搞活同业拆借的短期资金市场作为开放资金横向融通渠道的突破口。

（五）发展我国金融产业，应把建设银行办成像世界银行那样真正的长期投资银行，使之由单纯的资金供应型转变为投资经营型，成为投资经营型的金融集团企业

建设银行是金融产业的重要组成部分，它作为管理固定资产投资的国家专业银行，从1951年到1983年，按照国家计划确定的投资方向和投资政策，通过拨款和贷款以及委托代理投资等方式，负责组织供应的基本建设投资资金、更新改造投资资金、地质勘探事业费和建筑安装企业流动资金等，总数达到11300亿元。建设银行在管理固定资产投资的过程中，通过长期的实践和探索，为今后经营长期投资资金，积累了可资借鉴的宝贵经验。

党的十一届三中全会以来，在改革、开放、搞活的新形势下，建设银行努力搞好自身的业务改革，不断开拓新的业务领域，在全社会范围内，广泛开展了建设项目可行性研究和评估，投资信息调查和投资咨询服务，经办委托信托投资等业务，接受部门、企业和地方政府的委托，开办了发行股票、产品债券、住宅有奖券等业务，积极支持城市开发，发放商品房贷款，为地方和企业筹集建设资金。这些新业务是建设银行由单纯资金供应型向投资经营型方向转变而采取的具体措施。

今后，建设银行作为完善的全面的经营投资型金融集团企业，应在国家计划指导下，统一协调经营全社会的固定资产投资，建立稳定的长期信贷基金，主导长期资金市场，用有限的国家资金来调度组织大量的社会闲散资金，引导投资方向，调节投资需求，提高资金利用效率。建设银行经营长期投资资金的方式主要表现为：

首先，按照专业银行“一业为主、交叉经营”的原则，建设银行具体经办一定限额以上的基本建设项目和更新改造项目的投资和贷款业务，一定限额以下（以多少为限有待进一步研究）的投资项目，划给建设银行系统以外的专业银行和其他金融机构去经营。

其次，建设银行按照一定的原则，将积聚起来的长期信贷资金进行再分配，建设银行系统以外的专业银行从事固定资产投资，可以向建设银行取得再贷款资金，并由其负责周转，向建设银行承付利息。贷款利率的高低，则由建设银行根据中央银行规定的基准利率和各个投资金融组织的资信等级予以确定。其他专业银行和金融组织从建设银行获得再贷款资金，从事固定资产投资，有义务按时向建设银行报送固定资产投资统计报表，提供贷款资金使用方向等情况。这样，既妥善地处理好了专业银行之间的业务交叉与建设银行统一管理全社会固定资产投资职能的关系，有利于发挥其他专业银行和金融组织从事固定资产投资经营的积极性，又有利于增强建设银行对全社会固定资产投资和宏观经济状况的透明度，有利于实现在投资规模、投资布局、投资方向上的宏观控制和引导。

（六）建立多种多样、多层次的民间和集体金融机构，完善信贷竞争机制，促进金融产业发展

经济成分的多样性，生产资料所有制结构的多层次性，要求在以中央银行为中心，各专业银行为主体的前提下，建立和发展多种多样的民间和集体金融机构。党的十一届三中全会以来，我国集体所有制经济成分在国民经济中占有较大比重，个体经济成分的比重也逐年增加。但在金融产业结构方面，除农村信用社外，目前我国还没有一家从事集体和个体经济组织信贷业务的专门信用机构，因而不能从资金的供给上促进和保证城镇集体所有制经济和个体经济的正常发展。现行的信用机构是以官代民，以大代小，即国家的大银行代替了集体的小的信用机构，结果是兼而不顾，前者挤掉了后者，同时，也使国家的大银行失去了竞争对手和竞争的原动力。

目前，无论是在农村、乡镇，还是在大中城市，民间的和集体的信用活动和信用组织，已经是一种客观存在。它比较广泛地动员了社会各方面的闲散资金，使之进入生产领域，弥补了银行信用的不足，为发展我国的金融产业注入了新的“活力剂”。“七五”期间，在继续改革和完善农村信用社的同时，要有步骤地建立集体所有制性质的城市信用合作社，建立农村开发信贷公司，在具有特别资源优势和技术优势的地区，设立区域性的开发投资公司，以及某些新技术新产业开发信贷公司和房地产开发信贷公司等；应有步骤有限制地扶持鼓励个体金融组织的建立和发展。

（七）加强和改善专业银行各级机构内部核算和经营管理，把信贷资金使用效果好坏与企业职工利益联系起来

首先，采用银行职员入股制，即由专业银行各级经营机构的职员以一定的资金购买本单位的股票，以此建立银行自有资金职工股份，使各级经营机构的职员成为本单位资产的所有者。金融企业的股金与工商企业的股金一样，根据本企业经营效果的好坏，决定股息率的高低。资金使用效果好，股息率高，职工就能获得较多的红利；反之，职工获得的红利就少。这样，就能促使银行职员从自身的利益出发去关心信贷资金的使用效果，提高工作效率，改进服务质量。

其次，实行银行自有资产经营有限责任制。具体方法，一是根据统一的方法和标准，核定各基层行（处、所）的自有资产，并由公证部门公证。二是根据自有资产的多少，制定相应的效益考核指标和标准及奖惩条款，并作

为行长任期目标。三是根据任期目标，在银行系统内外对行长进行竞争性的招聘。四是赋予受聘者以组阁权和财务处理权。五是根据行长在任期内，本企业经济效果的好坏决定其去留和报酬水平；任期满，由审计部门进行任期目标审计，没有达到任期目标者，应接受经济处罚；达到和超过任期目标者，可以给予与经营成果相适应的经济奖励和晋级。

再次，加快各专业银行劳动工资制度改革的步伐。银行工作政策性和综合性都很强，它要求每一个职工不仅要有金融知识，而且要有财会、经济理论、统计分析和工程技术等多方面的知识。专业银行实行企业化经营以后，在劳动工资制度方面，应改变目前单纯按行政职务决定工资级别的分配制度，并进行以下几方面的改革：一是实行行员等级制，除了按行政职务决定工资级别以外，还应根据行员等级的高低决定每个人的工资水平，以此去吸引更多的优秀全才。专业银行既然是企业，分配制度也不应完全照搬行政机关的分配制度。二是银行职员实行合同制，对于不符合条件，不适应银行工作的职员随时予以解聘。

最后，各专业银行的分支机构，应按照经济区域设置，而不是按行政区划设置。专业银行的机构设置，要与其金融业务相适应。要把各专业银行建设成灵活自如、分层次的组织系统。

（八）创造丰富多样的金融资产

金融资产为信用工具，它是由资金短缺部门亦即发行者向资金剩余部门亦即投资者借入资金时出具的借据。在商品经济条件下，没有一定的信用工具居中作为媒介，资金市场就无法进行交易。发展我国的金融产业，必须改变目前金融资产品目单一的状况，创造名目丰富、形式多样的金融资产，如保单、商业承兑汇票、银行承兑汇票、本票、国库券、大面额可转换存单、股票、公司债券、金融债券、工业债券、农业债券、建设债券、各种存款证、人寿保险单、财产保险单等，使闲散资金拥有者能够获得他们各自喜欢的金融资产，使资金供求双方利益挂钩，广泛积聚建设资金。

要进一步发展邮政储蓄业务，广辟聚资渠道。据有关资料介绍，世界上一些经济和金融产业比较发达的国家，都很重视发展邮政储蓄。譬如日本，邮政储蓄制度的创立，至今已有一百多年的历史。1981 年 6 月底，日本邮政储蓄存款余额达到 63 万亿日元，占全部私人储蓄的 29.6%，邮政储蓄机构多达 22810 家。我国尽管开办了邮政储蓄业务，但规模仍很小，发展速度不快。据有关方面统计，截止 1986 年 10 月底，我国开办的邮政储蓄点只有1400多个，只占1985年全国邮电局、所（处）总数的2.6%，邮政储蓄余额只有3亿元左右。

在我国发展邮政储蓄业务具有很多的优势，一是我国邮政机构点多面广，邮政人员直接同千家万户联系，具有吸收存款方便群众的优势，有利于解决目前城市居民存款难、取款难的问题。二是邮政部门可以利用自身业务的特点，同开展储蓄结合起来，扩大服务领域。三是利用邮政部门已有的网点和人员办理储蓄业务，花钱少，见效快，能收到事半功倍的社会经济效益。

（九）建立银行投资信息网络和信息系统

资金、技术和信息被认为是当代经济发展的三种最重要的资源，信息运动与资金运动一样，贯穿于生产、分配、交换和消费的全过程中，资金和信息同时是银行金融产业的两大主要产品，金融产业既应成为信用中介，又要成为信息中介。金融产业应充分利用自身业务与经济生活各方面的紧密联系和众多的分支网络，建立银行投资信息网络和信息系统，为社会提供多种信息服务。

准确及时的投资信息是正确进行投资和贷款决策的依据，也是改善金融产业服务质量和内容的重要方面。发展社会主义金融产业，丰富金融产业信息服务的内容，首先，可以考虑在建设银行现有调查部门的基础上，建立全国投资信息网络和信息系统，经常而广泛地进行投资信息调查，掌握产品的市场供求变化动态和现有企业的生产能力，预测发展趋势，定期公布市场动态、投资动态、价格状况等各类信息，并对相关的价格、税收、外贸、补贴、金融政策、投资政策、工业产业政策进行研究，为国家实现投资的宏观控制提供依据，为专业银行和其他金融组织的投资和贷款决策提供信息，对全社会的固定资产投资进行定向定量引导。其次，其他各专业银行也应建立各自相应的信息网络和信息系统，为顾客提供财务、金融、商品、科学技术、法律等方面的信息服务。再次，使银行信息服务商品化。

（十）采用电子技术装备，实现银行业务手段和资金运动方式的电子化

银行业务的操作方法直接影响到资金使用效率和资金周转速度，电脑化将在金融产业中引起一场革命，给我国整个经济生活带来深刻变化。金融产业应当率先采用电子技术装备，加快银行经营手段现代化的速度，积极建立

银行电子计算机网络，广泛开展社会服务，代发工资，代收电费、水费、煤气费、房租、卫生费、报刊杂志费、牛奶费，代收税款、保险费等，把现金流通、票据流通发展成为电子资金流通，使目前的“银行—企业—居民（工资）—商店—银行”的现金收付行为中的10次清点，转变为在电子计算机网络内流通。业务手段、柜台作业、资金运动方式和信息系统的电子化，是发展我国金融产业的出路所在。

（本文为1987年国务院发展研究中心产业政策研究报告的分项研究报告，全文原载《经济研究参考资料》1987年第32期。本次选摘其中的第二、第三部分）

关于国有金融资产结构的初步研究

在我国，对国有金融资产结构的研究是一个新课题。本文所提出的几个问题是笔者对该课题学习思考的几点体会。公之于读者，旨在引起同行的共鸣。

一、国有金融资产结构的划分依据和研究意义

国有金融资产是指以价值形态表现的属政府（国家）所有的财产和债权。国有金融资产结构是指国有金融资产相互联系、相互制约的各个方面构成的比例关系。具体地说，可以按照以下几种标准划分国有金融资产结构：

（1）按资产所有权可把国有金融资产细分为中央政府所有的、地方政府所有的和国家银行所有的金融资产。

（2）按金融资产形态可把国有金融资产划分为政府贷款、国家银行贷款、股权、债券、黄金储备、外汇储备等。

（3）按期限长短可把国有金融资产划分为国有长期金融资产和国有短期金融资产。

（4）按国境可把国有金融资产划分为境内国有金融资产和境外国有金融资产。境内国有金融资产是指在大陆境内的以价值形态表现的国有金融资产，境外国有金融资产是指在国外、港澳台地区的以价值形态表现的国有金融资产，如在国外投资办企业、建工厂，向国外政府、企业贷款，购买国外海外公司（企业）股票，购买境外债券；有时，国家财政收入还存入国外海外的有关银行和其他金融机构等。这些都是在境外的属国家所有的金融资产。

研究分析国有金融资产结构的意义和必要性主要体现在以下几个方面：

（1）研究国有金融资产结构是深化经济体制改革和金融体制改革的需要。

党的十一届三中全会以来，经济体制改革和金融体制改革取得的成效是多方面的，体现在金融资产方面，改变了过去长期存在的金融商品单一、信用工具单一的局面。但是，新发展起来的信用工具，其应用范围还不广泛，其作用范围也受到很大限制，有些筹资手段的管理措施和方法还很不完善；

在金融资产总量中，新价值形态的金融资产比重还比较小。这些问题，需要通过进一步深化金融体制改革而得以解决。通过研究金融资产结构及其演变规律，系统地分析影响制约金融资产结构的决定因素，分析各类金融资产形态的优缺点，有利于建立起符合我国国情的国有金融资产结构体系和管理机制；有利于制订和完善国有金融资产的管理方法制度，促进我国金融商品和信用工具的发展，为金融体制改革充实新内容，使金融体制改革在实践中不断得到深化。

（2）研究国有金融资产结构，有利于提高国有金融资产经济效益，加快国有金融资产的周转速度。

提高经济效益是一切经济工作的基本出发点和归宿，国有金融资产在我国金融资产中占有极为重要的地位。因此，提高国有金融资产的经济效益，加快国有金融资产的周转速度，是国有金融资产管理工作的根本任务。国有金融资产结构是否科学合理，对国有金融资产使用效益有着直接的制约和影响作用。通过对国有金融资产结构的研究，从中找出制约其结构演变规律的制约因素，探寻国有金融资产结构的演变规律，并根据其决定因素和演变规律，制定出相应的调整和管理措施，是促进提高国有金融资产周转使用效益必不可少的工作内容。

（3）研究国有金融资产结构，是深化投资体制改革的需要。金融资产是投资的载体。一般地讲，国有金融资产结构既是投资结构的反映，同时又反作用于投资结构。从这个意义上看，国有金融资产结构研究的对象和内容，本身也属于投资体制改革研究的对象和内容。目前，我国的投资管理体制还不能完全适应金融资产商品多样化的要求。通过对国有金融资产结构的研究，在明确了各类金融资产的特点及其管理方式的特点，弄清了制约国有金融资产结构演变的决定因素以后，才能更有效地采取与国有金融资产结构特点及其管理方式特点相适应的投资管理体制，使国有金融资产管理体制与投资管理体制相互协调发展。

（4）研究国有金融资产结构，有利于更好地实行对外开放的改革政策，为改革开放服务。长期以来，我国银行界采用的是“存放汇”老三样业务，“存放汇”的方式也是模式化、单一化，金融资产单一。近几年以来，随着经济体制和金融体制改革的逐步深化，我国金融资产品种有了增加。但是，由于各种相关配套改革措施和管理制度没有协调发展，许多新发展起来的金融资产流通使用范围极为有限，与发达国家相比，金融资产品目仍然很单一，极大地阻碍着我国的对外经济交往，也不利更广泛地吸收国外投资资金。通过研究分析国有金融资产结构，了解和掌握国有金融资产结构演变规律及其制约因素，探索发展金融资产的政策措施，使金融资产品目多样化，结构合理化，使用科学化，有利于进一步完善和发展金融市场，创造一个比较完备的、对国外投资者有吸引力的金融环境。

二、国有金融资产结构演变的决定因素

国有金融资产结构是经济结构、投资结构、贷款结构等经济现象的综合反映，其演变受着诸多因素的影响和制约。其中起主要决定作用的因素有：

（一）经济体制

金融资产既是财产所有权和债权的价值表现形态，同时也是信用工具和信用手段，其结构演变规律，受经济体制的制约和影响。党的十一届三中全会以前的较长一段时间内，基本上是用实物管理的方式来组织计划经济，指令性计划指挥一切，统收统支包罗一切。在这种情况下，无须资金的横向联系，当然也无须金融体系向经济活动提供多种金融工具和金融服务，“钱到地头死”，金融资产形式单调。

党的十一届三中全会以后，我国实行了对外开放、对内搞活的经济政策，注重发展商品经济，沟通商品生产者之间的横向经济联系，并广泛地引进国外资金和技术。这种横向经济联系和对外开放的新经济体制，必然要求金融体系为之提供适应资金横向流动的金融市场，必然要求金融体系为之提供适应对内搞活、对外开放需要的多种多样的金融资产和信用工具。经济体制改革促进和带动了金融体制的改革，同样地也促进和带动了金融商品的发展，增加和丰富了信用工具，使金融资产结构形式多样化，突破了过去银行只办贷款业务的传统模式。过去我们曾忌讳的被视为资本主义“专利”的金融商品如债券、股票等，也得到了较快的发展，贷款种类也逐年增多。

（二）经济发展水平和生产力发展水平

金融资产作为金融业的一个重要组成要素，同样是适应商品经济发展需要而产生的。商品经济越发达，越要求金融资产多样化。具体说来，经济发展水平和生产力发展水平对金融资产结构的影响和制约作用体现在以下几点：

一是从金融资金期限看，经济越发达，生产力发展水平越高，社会所提供的扩大再生产资金越多，中长期限的金融资产比重就会越大，而短期限的

金融资产比重则相对较小；反之，在经济不发达，生产力发展水平不高的情况下，社会所提供的扩大再生产资金就较少，中长期限的金融资产比重则较小，而短期限的金融资产比重则相对地大一些。

二是从境内金融资产和境外金融资产的相互比重来看，经济越发达，生产力发展水平越高，国家财力就越强大，政府在保证满足国内建设资金需要的前提下，还会有较多的资金用于境外国外投资。这样，境外金融资产则会相应地增多；相反，如果经济不发达，生产力水平低下，就会使国家财力匮乏，国库亏空，人们生活贫困，在这种情况下，为发展本国经济的需要，国家还需要向外国举债借款，何谈对外投资、增加境外金融资产呢?

三是从金融资产的流动性和风险性来看，经济越发达，生产力发展水平越高，风险性越大，流动性较大的金融资产则会相应的增多；反之，如果经济不发达，生产力水平低下，国家财政收入在扣除了维持简单再生产的投资费用以后所剩无几，很少甚至根本没有可用于扩大再生产的资金。这样，国有金融资产结构的构成比重则会向风险性较小、流动性较小金融资产方面倾斜。

（三）人们生活富裕程度

金融资产与金融负债总是相互联系在一起的，金融负债的结构制约和影响着金融资产的结构。人们生活富裕程度决定了人们储蓄存款的长短期结构，进而制约和影响银行贷款的中长短期结构状况。一般说来，人们生活越富裕，劳动者的劳动收入在扣除了自身及其家庭成员的物质和文化生活等方面的费用支出之后还有剩余的情况下，才会有储蓄存款。这种剩余额越多，用于长期存款的部分就越多。体现在银行的储蓄存款总额构成中，长期储蓄存款比重则大一些，因而银行可运用的长期信贷资金则多一些，可用于发放中长期贷款的资金额则多一些。这样，就会使得中长期限的金融资产比重则大一些。反之，在人们生活不富裕的情况下，劳动者的劳动收入在扣除了日常消费支出外所剩无几，这样，银行的中长期储蓄存款的资金来源就会较少，银行可用于发放中长期贷款的信贷资金额则少一些，短期限的金融资产比重则大一些。

（四）金融深化程度

金融资产结构是金融深化程度的外在表现形式，金融资产多样化是金融深化程度最直接最显著的标志之一。金融越深化，信用工具越是多样化，金融杠杆在经济生活中的作用就越大。金融资产商品越是多样化，金融资产构成也就会多样化。仅就贷款而言，党的十一届三中全会以来，我国银行就开办了信托贷款、租赁业务、买方信贷、卖方信贷、外汇贷款、外汇配套人民币贷款、商品房贷款、委托贷款、对外承包业务贷款、外汇抵押人民币贷款等多种新贷款业务，改变了过去长期存在的贷款种类单一化的局面。国有企业的股份化试点工作也已经起步，在这些股份企业的国有金融资产体现为股票。

（五）经济政策

金融服务于经济，经济反作用于金融，经济制约和影响着金融。因此，经济政策对金融资产结构有着重要的制约和影响作用。

一是利率政策制约和影响着金融资产形态结构。从信贷资金来看，以偿还为条件的付出和带着利息的回流，是信贷资金的显著特点之一。在此，利率的高低决定着信贷资金回流增值额的大小。在较高利率的情况下，同等数量的贷款，能够获得较多的回流增值额，因而会刺激银行增加贷款，使金融资产结构的构成比重朝贷款形态方面倾斜；而较低的利率，只能使同等数量的贷款资金获得较少的回流增值额，因而会抑制银行贷款的积极性，而转向寻求能获得较高收益的其他投资方式，从而会减少整个金融资产结构中的贷款比重。

从存款者角度来看，较高的利息率，可以刺激居民储蓄存款的积极性，增加银行信贷资金实力，相应地扩大了银行贷款资金来源；而较低的利息率则会抑制居民储蓄存款的积极性，从而会减少银行信贷资金来源。在这种情况下，当贷款利率与存款利率两者相互协调时，较高的存款利率也会导致金融资产结构向贷款形态倾斜，而较低的存款利率则会减少整个金融资产结构中的贷款比重。

此外，长短期限的贷款利率差和长短期限的存款利率差，也会对金融资产结构起着制约和影响作用。一般说来，长短期限贷款利率差别越大，就会抑制短期贷款而刺激长期贷款；长短期限的存款利率差别越大，就会刺激长期存款的增多，从而给银行提供较多的长期信贷资金来源。

二是分配政策制约和影响着金融资产形态的结构。这是因为，分配政策决定和影响着国民收入的分配结构，而国民收入分配结构决定和影响着金融资产形态的结构。其影响的结果主要体现在以下几个方面：①当劳动者个人收益较多时，就会在扣除了劳动者及其家庭成员的消费支出后，还会有较多的剩余额用于储蓄存款，从而使金融资产结构向贷款形态倾斜；②分配政策对企业自我发展能力、投资能力大小的影响结果作用于金融资产形态的结构。

当通过税收等经济杠杆的作用，使企业保留有较多的利润时，企业自我发展、自我积累的能力就较大，从而会减少对银行贷款的需求，进而会减少金融资产结构中贷款、股票、债券等资产形态的比重；当通过税收等经济杠杆的作用，弱化企业自我发展、自我积累的能力时，就会使企业对银行贷款资金及其他社会资金的需求增旺，因而使得金融资产结构中的贷款，股票、债券的资产形态比重增大。

三是投资方式制约和影响金融资产形态的结构。在我国实行的仍然是以间接投资即以银行贷款为主要形式、企业的间接融资即企业借款为主要方式的投融资方式。这样，我国金融资产结构中，以贷款形态表现的金融资产占绝对多数，而以股票、债券等价值形态所表现的金融资产为数甚少。在市场经济较为发达的西欧、美国、日本等国家，企业以直接融资为主，银行以直接投资为主。由这种投资方式所决定，在金融资产结构中，以股票、债券等价值形态所表现的金融资产比重则相对地多一些。

（六）国家对外开放程度

国家对外开放程度越高，外国投资者在我国直接投资的机会越多，中外合资合作经营企业就会越多，从而就会使我国金融资产结构中以股票形态所表现的金融资产相应地增多。国家除了广泛地吸收国外境外投资者来大陆投资办企业外，在国家财力许可的条件下，为了增加国家外汇收入，国家也有必要相应地扩大境外投资，其中包括在国外境外投资办企业，给国外境外企业、政府提供贷款，购买股票等。这样，也会增加境外金融资产比重，改变金融资产结构。

三、国有金融资产结构的演变规律

通过对新中国成立四十年以来，特别是党的十一届三中全会以来的历史情况初步分析的结果看，我国国有金融资产结构演变规律呈现出以下几个基本特征：

（1）在全民所有制固定资产投资贷款总额中，政府投资贷款比重下降，国家银行利用信贷资金发放的贷款比重逐年上升。党的十一届三中全会以前，在高度集中的计划体制、财政统收统支的情况下，我国的固定资产投资基本上是财政无偿拨付，企业无偿使用，资金来源渠道也单一化。党的十一届三中全会以后，随着经济体制改革和国内经济搞活，国民收入分配结构和资金关系发生了很大变化，国家预算内直接掌握的财力比重相对下降，部门、地区和企业留用的预算外资金逐年增多，加上城乡居民收入的增长，通过银行吸存的资金越来越多，为银行参与投资活动提供了条件。从1979年起，国家银行根据国家计划，开始利用一部分信贷资金发放基本建设贷款，基本建设贷款成为国家银行的一项重要资产业务，国家银行利用信贷资金发放的贷款在基本建设投资总额中的比重持续上升。与之相反，国家财政预算投资在基本建设投资总额中的比重则逐年下降。

（2）黄金占款总量增长平稳，比重相对下降。特别是1974年以来，黄金占款年末余额年度之间变化极小。但是，黄金占款在国家银行信贷资金运用总额中所占比重自1974年以后呈直线下降趋势。

（3）在国际金融机构的资产总量逐年增长，在国际金融机构资产占国家银行信贷资金运用总额的比重呈上升趋势。1979年以前，中国政府在世界银行的合法席位被台湾国民党政府所窃据，中国政府在国际金融机构中几乎没有资产。1980年，中国政府在世界银行等国际金融组织的合法席位得到恢复以后，国家银行在国际金融机构资产年末余额为36亿元，1981年上升为38.7亿元，1983年为57.3亿元，1985年为88.7亿元，1987年达到178.8亿元，比1980年增长了4倍。国家银行在国际金融机构资产占国家银行信贷资金运用总额的比重，1980年为1.4%，1987年上升为1.8%。

（4）金融租赁、票据贴现、信托委托贷款等价值形态的金融资产额逐年增长。1986年以来，在发展多种金融机构的金融体制改革方针的指导下，我国的信托投资机构得到了迅速的发展。与之相联系，信托业务也以较快的速度发展，金融租赁、票据贴现、信托贷款等价值形态的金融资产逐年增长，充实了我国金融资产的内容。

（5）长期性固定资产投资贷款在国有金融资产中的比重呈上升趋势。自1979年以来，国家银行利用信贷资金发放的固定资产贷款年末余额占国家银行各项贷款年末余额的比重，1979年仅有0.4%（不包括建设银行），1981年为4.60%，1985年上升为11.9%，（包括建设银行，下同），1987年又继续上升为14.2%。

此外，随着我国对外交往日益增多，国力日益增强，对外开放程度进一步扩大深化，我国对国外境外企业的投资也将逐年增加，国外境外金融资产也将逐年增多，这是一种必然趋势。

（原载《投资研究》1990年第12期）

金融竞争与“双赢”策略

目前，值得我们警醒和需要引起重视的是，金融体制改革带来的金融同业竞争，一方面使商业银行树立了风险意识、效益意识，对于激活金融市场，推进现代企业制度和市场经济体制的建立，促进经济发展起到了积极作用；另一方面，由于利益机制的驱动、市场机制的不完善及金融法制的不健全，金融领域类似于“囚徒困境”的非理性竞争行为也并不鲜见。根据新闻媒体所披露的各种事例和现象，至少可以将其归纳为以下几种表现：为了抓住几个经济效益较好的或因政策等因素获得暂时垄断优势的企业或行业，多家银行一哄而上，争相贷款。为了扩大存款市场份额，违规违纪，高息揽储。为了改善职工福利，增加经营效益，有的银行放弃主业搞副业，违规操作，没有贷款规模则绕规模发放；有的巧立名目，出具没有真实商品交易的银行承兑汇票；有的经不住股市“牛气”的诱惑，挪用信贷资金到股市上赌一赌、搏一搏；有的保险机构为了扩大保险份额，增加保险收入，竞相提高保险费率，或以高额回扣、公款旅游揽来保险客户。为了抢得企业结算资金，开展账户大战，只要企业同意开立账户，银行对企业资金的监督管理可以放弃；只要开户企业有存款，不管其账户性质如何，资金如何使用也不加过问。有的银行为了自身利益，置《票据法》规定于不顾，或压票退票，或延期付款。如此等等，还可以举出一些。

正当公平的竞争，会促进我国金融事业的发展，给金融界带来生机和活力，带来效益和信誉；而非合作、非理性竞争则给金融业的发展和金融企业自身利益带来多方面的危害，既损他人又不利己，使竞争双方两败俱伤，虽然各有所获，但却不是最佳结果。更为严重的是，非理性、非合作的金融竞争，干扰了金融秩序，造成国有资产流失。择其重点，主要有五个方面的消极后果：一是高息揽储，违规竞争，增加了银行自身的筹资成本，轻则降低了银行经营效益，重则形成利率误导，吊高了储户的胃口，使银行经营陷入恶性循环，扰乱了金融秩序；二是未经科学评审论证争相放贷，给一部分不符合借款条件的客户钻空子提供了机会，加大了银行贷款的隐性风险，不利于提高信贷资产质量。同时，客户打“银行牌”，也给银行对贷款资金的监管工作带来诸多困难；三是银行为了争办企业结算资金和企业存款而开展账户大战，导致企业多头开户，使那些信用度低的企业以滥开账户方式逃贷逃息，助长了企业吃银行资金“大锅饭”之风；四是腐蚀了意志薄弱者，助长了社会不正之风和奢靡之风，有的甚至诱发经济犯罪；五是非理性的竞争使金融企业容易忽视优质服务，影响员工积极性、主动性和创造性的发挥。

市场经济从本质上来讲是一种竞争机制。在市场经济条件下，商业银行之间、非银行金融机构之间以及商业银行与非银行金融机构之间，为了实现利润最大化目标，在资产业务、负债业务及中介业务领域开展竞争是必要的，也是必然的。但是，竞争双方所采取的竞争策略，应是以保证竞争双方实现最佳结果而采取的优势策略。即不论竞争的对方采取什么策略，自己所选择的策略应是最优策略。对于竞争双方而言，这种最优策略可以称之为既利己又不损人的“双赢”策略。为了使金融竞争双方达到“双赢”的目的，赢得实在的市场份额和经济效益，各金融企业都应避免采取非理性行为的“囚徒困境”，需要采取一些相应的对策。主要包括：

（1）制定金融业同业竞争公约，规范金融竞争行为，改善金融竞争环境，实行公平、公开竞争。随着商业银行经营体制的建立和逐步完善，商业银行不再有绝对归属自己的领地，各商业银行经营机制相同，经营产品和服务相似，客户可以自主选择银行。在这种新的竞争环境下，银企关系也将发生根本变化。金融企业要按照市场营销的思想开展经营活动，按照规则进行公平有序的竞争。

（2）建立完善金融管理法规，强化员工依法经营意识，提高竞争透明度。应积极向社会各界宣传各种金融法规，吁请客户监督金融企业依法经营，以实际行动抵制金融同业之间的不正当竞争行为。

（3）强化金融监管，加大执法力度。由于人类本性存在着惰性和侥幸心理，仅仅依靠“自律”是不够的，还需要给予“他律”。对于治理金融非理性竞争行为也是如此。中央银行的分支机构应不断加大对违法违规金融机构的检查力度，对违反金融法规的金融机构和个人给予制裁和惩处。

（4）强化金融服务意识，完善金融服务手段，提高金融服务质量。金融同业之间规范、合乎理性的竞争是我国金融业发展壮大的客观要求。金融企业之间的竞争不仅是资金实力、贷款数量的竞争，而且是经营效益、服务手段、服务技能、服务质量的竞争。各金融企业需要通过开拓新的服务领域，创新服务品种，增加对改进服务手段的投入，从改善服务质量、增加服务功能入手，提高自身的竞争力。从短期效果和局部利益看，这些措施未必那么立竿见影，但从长远效果和全局利益看，却有着无限的生命力和潜在效益，有利于树立银行形象，提高银行信誉。唯有如此，才能真正增强银行对客户的吸引力和凝聚力，巩固并扩大市场份额。

（与怡颖合作。原载《建设银行报》1997年5月23日第五版）

二、科学评估投资项目

建设银行固定资产投资预测刍议

建设银行固定资产投资预测是基于产品预测基础上的生产能力预测及其对策研究，是对某一行业，进而对整个国民经济全局的固定资产投资的发展方向、趋势和未来状况进行系统的、科学的论证、分析和推断。它是根据预测对象的已知条件和周围环境等因素，估计未来的经济结构、市场需求的变化，为制订完善的、积极可行的固定资产投资计划提供决策依据。本文借鉴建设银行近两年来开展投资预测所积累的一些经验，就建设银行开展固定资产投资预测工作应注意的几个问题，谈一点不成熟的看法。

一、要提高对建设银行固定资产投资预测工作重要性的认识

建设银行是管理固定资产投资的国家专业银行。固定资产投资，不论是新建项目，还是原有企业的改扩建，实质上就是一个配置生产能力的问题，在国民经济的发展中居于举足轻重的地位。建设银行开展投资预测，为制定合理的科学的投资决策以提高固定资产投资效果提供依据，对于促进国民经济的稳定健康发展，有着重要作用。

建设银行开展固定资产投资预测工作并不是一件新鲜事。在管理固定资产投资的实践过程中，建设银行的广大干部早在六十年代初期，就总结了“七次思量，一次剪裁”、“瞻前顾后”等一套行之有效的方法。所谓思量、瞻前顾后的过程，也就是调查、预测的过程；剪裁，就是根据调查预测的结果研究对策，制订决策。没有反复的思量，就不可能进行正确的剪裁。

过去，有些建设项目，建成投产之日，就是停产转产之时，除了“左”倾思想的影响，和建设项目缺乏可行性研究、仓促上阵、盲目上马外，与建设银行对固定资产投资管理只强调促进、服务，而放弃应有的监督职能，对固定资产投资缺乏中长期的战略预测也有关系。

近两年来，建设银行对“四大件”、木材综合利用等十四项产品开展了投资信息调查，并在产品市场需求预测的基础上，进行了生产能力和投资预测，结果发现有电视机、手表、缝纫机、自行车、涤纶长丝、啤酒、棉

纺、毛纺等八种产品，各个地方和企业自行安排的发展规模超过了国家下达的“六五”发展规模。超过规模的盲目建设，粗略估算大约要多花投资五十亿元。由于建设银行及时发出投资信息，各方面采取措施，财政及时停止拨款，银行及时停止贷款，使巨额资金的浪费得以避免。这是建设银行开展投资预测重要作用的具体体现。实践证明，投资预测工作做得好，可以减少和避免固定资产投资决策的失误。科学的投资预测如同天气预报对于一个出远门的人一样重要，是管好用好固定资产投资，提高投资效果所必做的基础工作。

二、要明确投资预测的目标

经济预测根据预测时间的长短来分，可区分为短期、中期和长期预测，或者说是一般的商情预测、战略预测。预测时间的长短不同，经济活动中起影响作用的因素不一样，同一因素起作用的程度也不一样，对于时间长短不同的经济预测有不同的要求。明确预测目标是保证预测准确性的一个重要条件。目标明确了，才能更进一步的确定预测方法，考虑影响预测的因素。由于固定资产建设投资量大，固定资产投资所形成的产品在社会再生产过程中，长时间起作用，建设银行投资预测不是一般的商情预测，而是中长期的、战略的预测。从建设银行近两年来投资预测的实践来看，预测的有效期一般都在三年以上。如对平板玻璃的市场需求和生产能力的预测，是以 1985 年作为第一个时间目标，1990 年作为第二个时间目标，“四大件”、涤纶长丝等产品的市场需求和生产能力的预测，都是以 1985 年作为时间目标的。一般的商情预测则不然，它是以月、季度作为时间目标。

建设银行投资预测要明确的第二个目标是在时间目标内，预测的内容和对象。即在条件许可的范围内，受市场需求制约和影响的生产能力的需求变化。

社会主义生产目的是为了最大限度地满足人民群众不断增长的物质和文化生活的需要。商品市场需求的增减变化，反映了人民群众对商品的生产能力需求的增减变化。生产和消费是对立统一的辩证关系，生产决定消费，消费也产生生产，没有生产就没有消费，同样，没有需求和消费，就不可能产生供给和生产。建设银行投资预测既然是基于产品预测基础上的生产能力的预测，那么预测的目标首先是，在未来一段时间内，产品市场需求的状况及其发展趋势；其次是生产能力的预测。若发现生产能力超过市场需求水平，产品滞销积压，则应采取有效的对策，建议计划部门和资金供应方面对规模加以控制和限制，调整既定规划；若发现生产能力小于社会需求水平，产品短缺，建设银行则应建议有关部门给予安排，并从资金上给予支持。

三、投资预测要以综合平衡为基础

社会生产是具有整体性的复杂体系，构成生产的每一个因素相互依存，相互制约。同样地，任何一种产品的预测也不是孤立地进行的，它受周围许多相关因素的影响和制约。投资预测不仅要考虑某一产品市场需求变化的情况，同时还要预测构成该产品的每一个元素产品的市场需求变化的情况，考虑上下左右、前后纵横之间各项投入产出因素的综合平衡，以此确定各行各业能够配套发展的生产能力的规模。

例如，生产一吨啤酒需要400斤大麦、一吨玻璃瓶，耗水18.1吨；玻璃瓶的生产又受着纯碱、矿石原料生产能力的制约。因此，啤酒需求量的预测，不能光考虑需要上多少啤酒厂，啤酒生产能力有多大，同时应考虑发展大麦、啤酒花、玻璃瓶，水资源、纯碱等因素。

每生产一百万标箱的平板玻璃，需耗优质煤三万至四万五千吨，或耗重油二万吨，耗纯碱一万吨。因此，煤炭、纯碱、重油产品市场需求的变化必然要引起平板玻璃生产量的变化。

总之，各种产品之间有着一种锁链关系，一种产品的生产和消费受着与之相关的众多产品的影响，他们之间的关系就像大树一样，有树根、主干、分十、枝口，枝繁叶茂才组成一棵富有生命力的大树。商品预测如果看不到构成一种商品的众多的相关因素的影响，违背了综合平衡的要求，只能把复杂问题简单化，不能使商品预测为投资预测服务，起不到它应有的作用。

综合平衡的另一个要求是，投资预测要以宏观原则为出发点。经济有宏观经济和微观经济之分，投资预测也有宏观预测和微观预测之分。宏观预测是建立在微观基础上的全国范围内的预测，微观的预测则局限于一省一市一县内的预测。由于经济发展的不平衡，某些产品在一省一县是短线，而在全国范围可能是长线；某种产品在全国来说是短线，在某省某市可能存在过剩积压的现象。如果缺乏宏观原则的指导，就会使预测得出错误的结论。依此去确定固定资产投资计划，使之成为决策的依据，就会产生重复建设，造成浪费。

社会主义经济是建立在生产资料公有制基础上的计划经济，各企业各部门的根本利益是一致的。国家通过指令性、指导性计划，依靠经济杠杆作用对全社会的经济活动进行全面调节，指导生产和消费。我们讲经济效益是宏观的经济效益与微观经济效益的统一，或者说是受社会宏观经济效益制约的微观效益。投资预测的最终目的在于提高投资的社会效果。因此，投资预测必须是全社会的宏观的预测，反映综合平衡的要求。

四、投资预测要考虑生产力水平和生产资料所有制结构多层次的实际情况

在我国，生产力的发展还极不平衡。有技术水平较高，机械化和自动化程度较高的生产力类型；有技术水平中等，机械化程度不高的生产力类型；同时还有技术上简单、手工操作或半手工操作为主，劳动形式较为分散的生产力类型。由这种生产力多层次结构所决定，生产资料所有制形式也存在着多层次，如全民所有制企业、集体所有制企业、中外合资经营所有制企业和个体所有制，等等。这种多层次的生产力和生产资料所有制形式，综合形成了生产能力的总体和市场需求的总和。

全民所有制企业，尤其是在国民经济中居于举足轻重地位的大中型骨干企业，它们的生产活动具有计划性强、规模大而且集中等优点，比起其他几种所有制形式的企业来，较为容易预测、分析和估计。集体所有制企业的生产活动，较多地受市场调节，中外合资经营企业还受着国际市场、国际金融形势较大的牵制和影响，相对于全民所有制企业来说，灵活性较大，就难以预测、分析和估计。建设银行在进行产品和生产能力的需求变化预测时，必须重点抓住大中型骨干企业和新建拟建项目，同时又不忽视小企业、地方企业。

五、投资预测要考虑政策因素对生产和消费的影响

任何一项经济活动首先是社会的活动，不仅受着自然因素的制约，而且也受着社会因素的干预，受着价格、税收、关税、利润分配等政策因素的影响。在通常的情况下，政策因素对中长期战略预测影响面更广、程度更深。当我们设想的某一投资方案与将来可能采取的政策相一致时，实际上也就是对政策的影响进行了动态的分析。

在实际生活中，政策因素对产品的供需增减变化状况发生影响的事例并不少见。炼油厂盲目建设，小炼油厂限不住，停不下来，是由于原油价格过低，炼油企业盈利率高。小酒厂的重复建设，是因为税收政策上，议价粮酿酒税率减半，用代用品酿酒税率再减半，税低利厚，助长了县社小酒厂和低质白酒厂的盲目发展。此类事例在现实生活中很多。

六、要重视数据、资料的积累和处理

预测是建立在客观事实基础上的一种有科学根据的论证、分析和推断。所谓科学的根据，是对调查到的第一手材料通过去粗取精、去伪存真的处理、归纳后，所积累的各种经济数据和信息资料。调查是预测的基础和前提条件。不通过广泛深入的全面调查，不积累大量的历史和现实的数据资料，并对其进行分析处理，以把握产品和生产能力供求变化的规律，投资预测就会成为无源之水，无本之木，就会陷入盲目性。

对数据和资料的积累处理，要排除偶发事件。对于只出现过一次而且今后可能不会重复出现的事件，不应列入历史数据资料中。如近几年来，大量的走私手表影响到我国手表市场需求变化等情况，在收集、整理数据资料的过程中应当排除。偶发事件本身没有必然性和发展的规律性，它只是在某一特殊情况下的特殊产物。

七、固定资产投资预测是科学性与艺术性、客观性与假设性的统一

预测是根据过去和现在预计未来，根据已知推测未知。预测具有未来的性质，其中必然会包含有许多未知的不肯定的因素。预测的准确可靠程度，一方面取决于数据和资料的准确可靠程度，另一方面是预测人员根据其学识和以往的经验和教训，对现有资料进行判断、分析，对未知的不肯定的因素，根据预测对象供求变化的规律，进行科学大胆的假设。如假设某一产品在将来的某个时间是否有调整价格和税收的可能性，某项新的工艺技术的采用推广，对某产品的生产将会带来那些影响，以及由此可能会引起的市场供求关系的变化，等等。建设银行在预测手表市场需求时，就假设今后手表降低售价，将会引起在校中学生和农民对手表购买量的增加，对平板玻璃、涤纶长纶、化纤布的预测，都假设了价格调整的可能性。

投资预测过程，科学性与艺术性、客观性与假设性的相互补充，有利于减少预测对未来事件的盲目性，不论是社会因素还是自然因素，都是在不断发展变化着。由于建设银行投资预测具有预测期较长的特点，是中长期的战略预测，未知的不肯定的因素更多，合理的假设更为必要。

（原载《投资研究资料》1983 年第 14 期）

价格对固定资产投资的调节作用

一、价格不合理会对固定资产投资产生消极影响

目前，由于有许多产品定价不合理，致使许多行业的固定资产投资膨胀，新增和拟建、在建的生产能力超过国家安排的发展规划，投资使用不当、造成了许多重复建设和盲目建设。价格杠杆对固定资产投资产生了消极的影响。

（1）产品定价不合理，某些产品价高利厚，对固定资产投资产生“吸引力”，有些产品虽属长线，而地方和企业仍热度于上项目，铺摊子。这些项目，从全局看，属重复建设和盲目建设，但投资者却从价格中捞到了不少好处。

例如，棉纺行业，棉布调价以前，国家提高棉花收购价，为了不使农产品的提价影响到消费品价格的上涨，采用了价格补贴的办法，对棉纺厂生产用的棉花仍按平价供应，从国家的角度看，这本来是一项鼓励生产，保护消费者利益的合理措施，但由于购销价格倒挂，产生了一些消极的作用。由此带来的是纺织工业利润率太高，不能正确反映企业生产经营管理的实际水平。每百元固定资产提供利润 54.25 元，比一般工业高出二三倍。各地为了取得财政收入，产棉区和非产棉区都纷纷争上棉纺厂，盲目发展棉纺织加工企业。国产长丝价格不合理，长丝纤维工业盈利高，也是造成涤纶长丝厂盲目发展的主要原因。这方面的例子，还可以举出很多。

（2）某些产品的价格长期偏低，生产过程中的物化劳动和活劳动的消耗得不到必要的补偿，或者在扣除补偿后得不到应有的盈利，价格对固定资产投资产生了一种排斥作用力，影响了短线产品的生产发展。

以煤炭为例，1981 年，我国每吨原煤平均售价为 21.45 元，但据典型调查，全国半数以上的国统矿企业，吨煤生产成本却在 25 元以上，吨煤成本在 20 元以下的企业只占 30%。当年原煤产量 6 亿多吨，扣除营业外支出和固定资产占用费等，全行业亏损近三亿元。由于经济效益表现为负值，必然会影响地方和部门开发煤炭资源的积极性，造成了能源发展被动落后的局面。新中国成立以来，我国煤炭工业投资占国家投资总额的比重，除“二五”时期

达到7.9%外，其他时期只有5% ~6%左右。从产值增长速度看，主要工业产值中，1953 ~1982年的平均增长速度，冶金工业为11.6%，化学工业为16.8%，机械工业为主14.6%，而煤炭工业只有8%，其他采掘工业品的价格也存在着类似的问题。

（3）产品定价没有体现优质优价，影响了更新改造资金的合理使用，促使投资偏离以内涵为主扩大再生产的方向，致使新的科研成果、新技术、新工艺、新产品长期停留在样品、礼品和展品阶段，而得不到及时的推广应用。有的企业为了维护其既得利益，甚至仍然生产社会不需要的产品和低质品。

我国节能机具的技术改造，进展很缓慢，与价格政策有很大关系。以风机为例，目前我国大多数风机是20世纪四五十年代的技术水平，效率一般只有60% ~70%，有的还不到50%，浪费大量的能源。在现有的风机中，如果用国家推广的九种节能风机代替其中的26万台落后风机，一年大体上可以节约用电30亿度，而实际上，大批企业生产的仍然是效率较低的老旧风机，有的是国家明令不准再生产的淘汰产品。原因在于，新旧风机在价格上没有多少区别，生产企业得不到相应的好处。

高效优质产品与低效劣质产品在价格上一个样，必然会使企业挖革改的积极性受到影响。据有关部门估计，1967年以前，中央集中的折旧基金有70% ~80%搞了基本建设。1978年以来上收的部分也有三分之一用于补了基本建设窟窿。近几年来，在挖革改措施投资中，用于基本建设性质的投资占相当大的比重。据统计，1981年全民所有制企业挖革改措施投资中，用于更新改造的部分只占45.6%。

（4）近几年来，某些产品允许地方自行定价，由于相应的管理措施没有跟上，自行定价变成了漫天要价和乱涨价，助长了一批高消耗低效率小厂的盲目发展。例如，在石油行业，政策上允许小炼油厂对商品自行定价，70号汽油国家定价每吨580元，小厂自销一般卖700 ~800元，高的卖到1000元以上，小炼油厂的经济效益指标虽然比大型厂低35%，而平均每吨产品销售收入却高于大中型炼油厂。加之原油价格过低，汽油价格偏高，这样，办个小炼油厂就能赚大钱，因而各地都争着办小炼油厂。

再如，平板玻璃工业，目前国际上普遍采用的是浮法和九机窑生产工艺。而据1982年的调查，我国则新上六机窑以下的小平拉落后工艺的小玻璃厂多。这是因为，价格政策上允许地方对小玻璃厂产品自由定价，自产自销。小厂生产的玻璃，平均每标准箱售价24元，超出国家牌价的一倍，价高利厚。

（5）产品比价不合理，妨碍现有生产能力的合理利用，影响了原有建设项目的投资效果。

譬如，山西是我国煤炭生产基地，为了减轻晋煤外运的压力，在煤炭产地投资办电厂向华北输送，从国民经济的全局来看是经济合理的。但是电厂就地供电，每度6分钱，而外输河北，每度只有4分钱，另外还要承担输电的线路损失，结果国家在山西建了250万千瓦的电厂（1981年数），却有三分之一的新建机组停机窝工，不愿向华北输送。另一方面山西煤炭外运压力却更趋紧张。1982年全省原煤产量14500万吨，积压不能外运的就有2500万吨；河北因为缺电，又花了近二亿元的投资扩建邢台电厂，新上40万千瓦的发电机组。

再如，据去年建设银行的调查，到“六五”期末，黑龙江、内蒙古等八省区甜菜制糖能力将超过国家规划指标的37.7%。原因在于绵白糖与砂糖的比价不合理，一吨绵白糖可以比砂糖多卖78元，砂糖改制绵白糖，每吨只需增加成本20元左右。由于价格不合理，促使糖厂为追求每吨多得58元的好处，向银行贷款盲目增加砂糖改制绵白糖的措施项目，目前已经造成绵白糖积压。

二、利用价格杠杆指导固定资产投资

利用价格杠杆的作用，调节指导固定资产投资，避免重复建设和盲目建设，推动企业的更新改造；把投资引导到国家宏观经济发展要求的方向，既是切实可行的，也是非常必要的。这是因为：

首先，利用价格杠杆调节指导固定资产投资，适应了社会主义经济核算制的要求。

在社会主义条件下，价格杠杆对固定资产投资起不起调节作用？长期以来，一种比较有影响的理论认为，价格杠杆只是对商品的流通起调节作用，而固定资产的投资通常是由国家计划控制和安排的，也就是说，它主要由国民经济有计划按比例发展规律调节，而不受价值规律调节，价格杠杆对固定资产投资似乎不起指导作用，或者作用的范围极其狭小。事实已经证明，这种认识是片面的，以此指导我们的实际工作也是有害的。

人所共知，一切生产性固定资产投资，是建立和维护生产能力的投资，目的在于形成生产能力，生产预定产品。从价值运动的角度看，就是通过资金投入，形成固定资产，进而生产商品，经销售取得盈利。盈利多少直接反映了投资效果的高低，对国家、企业和企业职工的利益产生直接影响。一方面，社会主义社会实行的是企业经济核算制，它要求企业以收抵支，保证盈利。另一方面，按照我国目前的财政分配形式，企业盈利除了以税收形式和其他形式上交国家的外，其余部分留给企业，作为企业的生产发展基金、职工福利基金和职工奖励基金等，这就要求产品的价格能够在补偿劳动消耗和占用后，还有一定的盈利。如果一种商品的价格长期低于价值，投资形成的生产能力体现不出应有的效果，财政收入减少，企业职工福利基金和奖励基金没有保证，这样，不仅会影响企业生产的积极性，而且从长远看，势必影响地方和部门进行固定资产投资的积极性。在这里，价格杠杆对固定资产投资的影响表现为一个迂回的过程：商品价格通过调节商品生产进而调节着固定资产投资。

其次，利用价格杠杆影响指导固定资产投资，是与我国目前财政分配体制改革和计划管理体制改革协调一致的。

近几年来，财政“分灶吃饭”后，地方和企业手中的钱比过去多了，而这部分资金的投放权掌握在地方和企业手里，投向何方，投资多少，由地方和企业决定。地方和企业在进行投资决策时，考虑得较多的是本地区本企业的局部利益，因而容易忽略宏观经济的要求。国家为了使这部分资金的投放能够符合国民经济全局发展的需要，使微观经济效益受约于宏观的经济效益，不使地方、企业的固定资产投资成为国民经济发展的消极力量，必须通过价格杠杆的作用，调节固定资产投资收益率，使投向短线产品的行业比投向长线产品的行业能够得到较多的盈利。只有这样，才能保证地方和企业建设资金的正确合理的投向。

此外，我国目前还存在着国外投资、补偿贸易和个人集资等固定资产投资方式，价格杠杆对这部分投资的调节作用，是国家计划所不能代替的。

（原载《价格理论与实践》1984 年第 6 期）

固定资产投资咨询之我见

开展固定资产投资咨询业务，是建设银行管理固定资产投资的一项新的工作，本文对此谈一点肤浅的认识。

一、固定资产投资咨询的特点

固定资产投资咨询是指由经验丰富的、掌握先进科学技术和先进管理知识，谙通固定资产投资管理业务，了解国内外市场行情的经济专家、工程技术专家，以公正独立的行为为固定资产投资活动提供智力服务，为工程建设项目寻找最经济的实施办法，以达到最好的经济效果。在实际工作中，固定资产投资效果的高低，与固定资产投资咨询工作有着一种内在必然的联系。固定资产投资咨询是提高固定资产投资效果的重要措施，是避免盲目建设和重复建设，减少投资决策失误的有效手段。

从我国三十多年来固定资产投资工作的实践看，不搞投资咨询，固定资产投资效果就差，搞了投资咨询，固定资产投资效果就好，工作就顺利展开。“一五”时期，我们有了成功的经验。“大跃进”和十年动乱期间，固定资产投资工作违背了客观规律，不搞投资咨询，不搞建设项目的可行性研究和综合经济论证，盲目投资，造成了极为严重的损失浪费。有的项目建成以后，由于原材料、燃料，动力、运输、产销平衡等都有问题，不能正常发挥经济效益。前几年，许多地方重复、盲目地建设了一大批的小烟厂、小酒厂、小炼油厂、小棉纺厂，这与行情不明、信息不灵，缺乏必要的投资咨询工作有一定关系。

最近几年，在总结三十多年来管理基本建设资金，进行固定资产投资管理的经验和教训的基础上，建设银行对缝纫机、自行车、手表、电视机、风机、氮肥等三十多个行业产品进行了投资信息调查和市场预测，及时发出投资信息，避免了数十亿元的盲目投资损失，限制了长线产品，促进了短线产品的发展。与此同时，对立式旋风炉、煤矸石发电等数种新技术、新工艺的推广应用，开展了投资咨询服务，对推动新工艺、新技术、新设备的广泛应用，起了积极的作用。自去年以来，对一批列入建设前期工作计划的重大规划项目，进行了可行性研究评估，提出了不少很有价值的意见和建议，对建设的必要性、技术的先进适用性以及经济上的合理性做出了科学的论证，使投资咨询工作从一般的投资信息调查延伸到了投资决策研究领域，使投资咨询工作在范围的广泛程度和咨询服务质量的深度上有了长足的进展，引起了中央领导同志的重视，得到了有关方面的好评。

目前，整个世界正面临着新技术革命浪潮的冲击，它对社会经济生活的各个方面起着直接或间接的干预和制约作用。与之相联系，必将对固定资产投资领域中的技术结构、产品结构、企业结构、部门结构、工艺技术结构、资源应用等方面发生影响。正因为如此，固定资产投资活动不能不受国际国内市场信息的掣肘。通过投资咨询活动就能够及时了解国内外市场行情和发展趋势，以及工艺技术水平现状，等等。准确地预测和估计未来经济发展中的新情况、新问题，做出相应的决策，以达到固定资产投资的技术装备政策和技术发展政策与世界新技术革命进程同步发展。

当前固定资产投资决策的新特点主要表现在以下四个方面：一是制约投资决策的因素增多了，不仅要考虑项目本身的投资，而且应该考虑到与该项目相联系的一系列配套项目的投资。有些工业项目不仅要考虑原材料、燃料的综合利用效益，而且也要考虑排泄废物的综合利用效益和治理情况。二是重大建设项目的投资额大了，建设周期长了。三是投资资金来源的多渠道和投资决策的多层次的特点。四是固定资产投资多种方式并存，如技术引进、合资经营、补偿贸易，等等。

上述特点决定了，每一次固定资产投资活动必然涉及多方面的知识：如工艺技术、财务经济、法律、消费、销售、财政税收、价格等多方面的知识。尤其是涉及外资的投资，承担的风险性则更大了。这就在客观上要求有一个专门的机构和一批专业人才，为每一笔投资资金的投向，每一个建设项目的决策研究提供咨询服务。通过投资咨询活动，建立起生产企业和用户，生产领域与消费领域、现在与未来、近期与远期、局部与整体的经济联系，使每一个企业、每一个建设项目都能够博采众长，加速我国国民经济的发展，充分发挥投资效果。如果忽略了这一点，就难免不建设一些技术落后的工厂。过去，这方面的教训是深刻的，应当记取。

二、做好投资咨询工作需要注意的问题

为了使投资咨询更好地为固定资产投资服务，投资咨询工作需要做到：

（一）要明确不同时期内投资咨询服务的重点

投资咨询的对象是固定资产投资活动的整个领域。具体地说，是对新建项目、改建、扩建项目，技术改造项目，以及与之相联系的社会经济发展规划、区域开发规划的论证等所进行的投资咨询。在不同的时期内，随着国民经济和生产力发展水平的变化，固定资产投资重点也是不断变化的。“一五”时期以及后来一段时间内，国家建设的重点是恢复和发展国民经济，改善不合理的地区工业布局，发展新兴工业等等，投资咨询的重点放在新建项目上。

我国经过三十多年来的经济建设，已经形成了一个比较完整的、有一定的技术装备水平的工业体系，生产力的布局趋于合理。在目前和今后一段时间内，固定资产投资的重点不是铺新摊子、上新项目，而主要是对现有生产企业进行技术改造和改建扩建，提高现有企业的技术水平，增加生产能力。因此，固定资产投资咨询的对象除了新建项目外，主要是技术改造和改建扩建项目。

（二）要适应固定资产投资咨询服务内容的广泛性

固定资产投资是一项涉及面广、内容比较复杂的物质生产活动，因此咨询内容也就广泛和形式多样。既有长远的和近期的投资咨询，也有宏观的综合性的和微观的单项性的投资咨询。在社会主义条件下，微观的单项性的投资咨询一定要受宏观制约。

总结建设银行近几年来投资信息调查和投资咨询工作的经验，可以看出，不论是新建项目还是技术改造、改建扩建项目，投资咨询服务的内容主要有以下九个方面：

（1）市场需求咨询，包括对产品的国内外销售市场，生产能力，产品性质、质量等方面的咨询；

（2）合理建设规模的咨询；

（3）工艺技术结构、设备选型的咨询；

（4）原材料、燃料动力来源的咨询；

（5）产品价格咨询；

（6）财务经济分析和技术经济指标的咨询；

（7）“三废”治理、环境保护方面的咨询；

（8）资金筹措方式及资金偿还的咨询；

（9）政策研究及有关体制改进的建议。

对技术引进项目的投资咨询，除必须对上述多方面的内容提供咨询服务外，还需要对技术引进项目的选择、引进方式、合作对象、项目资金的筹措、引进项目的商务谈判、专利转让、签订合同等方面的工作提供咨询服务。固定资产投资咨询工作的关键是需要针对咨询对象的不同特点，提供周到、细致、全面、具体准确、可靠的咨询服务。

（三）服从宏观经济发展需要，提高投资的宏观经济效果是投资咨询工作的出发点

社会主义经济是以公有制为基础，多种经济形式并存的有计划的商品经济。在以全民所有制经济为主导力量的前提下，还存在着全局利益与局部利益、国家利益与地方利益两者之间的矛盾。我们衡量一个建设项目投资效果好坏的根本标准，是考核它在为满足整个社会日益增长的物质和文化生活方面所提供的有用财富，即衡量宏观投资效果的高低。在社会主义条件下，宏观投资效果对整个国民经济的发展起着主导的决定性作用，宏观投资效果制约和影响着微观投资效果，微观投资效果处于从属地位。只有建成后符合全社会需要的建设项目，才能发挥最好的投资效果。但是，宏观投资效果与微观投资效果有时又是矛盾的，有些建设项目在地区内可能是有用的，但从全局看并不需要，所以两者的关系，实质上是全局和局部的关系。固定资产投资咨询工作不能单从一个企业一个地区的利益出发，而必须把投资咨询的对象置于国民经济的整体中，从全局出发，去衡量评价其经济的合理性和技术的先进可行性，尤其应该反对那种借投资咨询工作之名，行为地方、为局部争项目之实，不顾整体和全局利益等错误的投资咨询倾向。在对每一个建设项目进行投资咨询时，在开展每一项投咨询业务时，切不可离开提高投资宏观经济效果的总原则。

三、如何做好投资咨询工作

为适应固定资产投资咨询业务工作的需要，提高投资咨询服务的质量，目前应具体抓好以下几项工作：

（一）要有一支知识广博、熟悉投资咨询业务的专业队伍

固定资产投资咨询具有内容广泛性、咨询服务对象多样性的特点，如果没有一支知识面广的、具有多种专业人才的咨询队伍，投资咨询工作将难以

保证质量。在国外，一个有威信有声誉的咨询机构，一般都有“二高”、“四师”，即高级工程师、高级经济师，和工程师、会计师、经济师和律师。就建设银行的现状来说，离这种要求还有很大的差距，无论是专业咨询人才的数量还是质量，都难以适应投资咨询业务的要求。目前，我们缺少的是精通经济科学的工程师和懂得工程技术的经济师，缺少懂得成本核算和企业财务分析的会计师，缺少懂得经济法的律师。为了保证投资咨询工作质量，应当通过各种途径，尽快发掘和培养专业咨询人才，建立健全的组织机构。

（二）建立电脑化的经济、技术信息网络，收集、整理、分析、研究经济信息情报，以保证投资咨询的信息来源

信息作为经济发展中的一种战略性资源，已经引起人们的广泛重视，许多事实已经证明，信息出效益，信息出金钱。对于投资咨询工作来说，信息对投资咨询的作用，犹如天气预报对一个出远门的人一样重要，信息资料是投资咨询研究的基础。没有准确可靠及时的信息，投资咨询就会产生盲目性，使之处于被动的地位。

最近几年，建设银行进行的产品、行业的投资信息调查，从全局来看，仍然是采用一把算盘一支笔的落后方法进行的，暴露了一些问题，主要表现在占用的人员多、重复劳动、效率低、不及时等方面，很不适应形势发展的新要求，也不利于搞好投资咨询业务，提高咨询服务质量。采用电子计算机技术，建立电脑化的经济技术信息网络，采用现代化的科学方法进行市场信息调查和市场预测，使国内各地区行业的信息网络连成一体，并发展同国外市场信息网络的联系，掌握国内外的经济技术等方面的信息，已经势在必行。也只有这样做，投资咨询才能做到言之有据。

（三）建立多种形式并存的投资咨询结构

投资咨询服务对象的多样性，投资咨询内容的广泛性，决定着投资咨询形式的多样性，而不能仅仅限于一种咨询形式，它必须广泛依靠社会各方面的力量，利用专业投资咨询机构以外各方面的专家、学者、工程技术人员为投资咨询工作服务。初步设想，可以采用以下三种形式：

一种是直接投资咨询形式。它是专业投资咨询机构依靠自身的力量，对被咨询的建设项目所进行的投资咨询。

另一种形式是聘请咨询。它是根据具体咨询任务的需要，采用留职停薪的办法，将投资咨询机构以外的工程技术人员和经验丰富的专家学者聘请到

本单位进行工作，被聘请人员的报酬由聘请单位支付，咨询任务完成后，被聘人员仍回到原单位。

再一种形式是委托咨询，或者叫转托咨询。它是指咨询单位接受投资咨询任务后，将咨询项目或咨询课题，转托给其他有承担咨询任务能力的专业咨询单位以及有关人员。委托咨询又可分为全委托和部分委托咨询。全委托指将投资咨询对象的整个建设项目委托给另一方，部分委托则指将咨询对象的某一部分内容委托给另一方。委托投资咨询有利于更好地发挥各个专业咨询单位和专业科研部门的作用，做到集思广益、各取所长。

（四）投资咨询应纳入固定资产投资决策的法定程序中

我国现行基本建设程序中，只是在过去的不完善的程序中增加了一个建设项目可行性研究阶段，将其作为建设前期投资决策研究的一部分，而没有包括投资咨询。我们认为，建设项目的投资咨询是投资决策阶段一个极为重要的组成部分和决定性环节，是其他任何工作所不能替代的，它是进行建设项目投资决策研究，开展可行性研究的基础工作，因而有必要将投资咨询纳入固定资产投资决策研究的法定程序中。这样做，一方面使咨询取得社会的承认，另一方面可以加强和改进现有投资咨询机构的管理，并促进这一工作的开展，使投资咨询在投资决策研究中真正起到参谋的作用，使投资咨询机构真正成为项目投资决策研究的智囊团，使投资咨询报告成为投资决策的依据之一。

因此，在确定建设项目时，不能把投资咨询当作一件可有可无的事，国家在制订投资决策程序时，有必要明确规定：确定建设项目时，没有投资咨询部门的咨询报告，计划部门、主管部门不予以审批列入计划，资金供应部门不予以贷款供应资金。

（五）建立投资咨询岗位责任制

投资咨询作为投资决策法定程序的组成部分，不可置疑地加重了投资咨询单位的责任。委托方与投资咨询方签订咨询合同后，投资咨询单位对其所提出的投资咨询报告，必须对原始数据、工艺方法、计算方法、经济分析和最终结论的科学性、可靠性负责，也就是说，当投资决策部门根据投资咨询报告进行决策后，投资咨询单位应对投资决策的正确性负责。一个重大建设项目的投资咨询报告，除了由咨询负责人签字外，还必须按咨询的内容分专题，如市场预测专题、工艺技术设备选型咨询专题、价格咨询专题、经济效益分析咨询专题，等等，由各个专题咨询人员签字，哪个咨询环节出了问题，就追究哪个咨询环节的责任，对因投资咨询错误导致投资决策失误所造成的重大经济损失，应由提供咨询服务的一方赔偿一定的经济损失。

（六）关于投资咨询的报酬问题

投资咨询服务是投资咨询单位和个人向被咨询单位提供“智慧产品”和“信息产品”。它是一项高度智力和体力相结合的复杂劳动。咨询方与委托方两者之间是一种商品交换的经济关系，投资咨询方应按劳取酬，被咨询单位也有提供咨询费的义务。通过支付和收取咨询费，有利于加强双方的联系。

（原载《投资研究资料》1985 年第 5 期）

关于制订固定资产投资法的探讨

一、现有固定资产投资法的局限

我国的固定资产投资立法工作与固定资产投资活动是同步进行的，而随着投资体制的不断改革，投资立法的内容也不断完善。早在五十年代，国家先后颁发了《基本建设工作程序暂行办法》和《基本建设工作暂行办法》。随后又陆续制订了计划、设计、施工、拨款等工作的若干具体实施办法，对于改善固定资产投资工作的经营管理，提高投资效益，起到了积极的作用。

党的十一届三中全会以来，我国总结三十多年来经济建设的经验教训，由国家制订并颁发了一系列有关固定资产投资的法规、条例和规章制度，对于协调投资领域内各经济主体的经济关系，控制固定资产投资规模，调整投资结构，推动投资体制的改革，促进社会主义建设事业的发展，起了重要的作用。

但是，现有的固定资产投资立法还不能适应投资体制改革深入发展的要求，尤其是还没有一部完善的固定资产投资法，因而在某种意义上阻碍了投资体制改革向纵深方向发展。其消极影响至少有以下四种表现：

（1）企业是独立核算的经济实体，具有独立的法人资格，是投资的主体。但目前还没有从法律上明确规定企业如何积累资金，企业有了资金又如何使用。因而，一些地方政府主管部门向企业摊派名目繁多的各种费用，挤占企业的资金，削弱了企业的投资能力，企业的自我发展和自我改造能力受到限制，企业投资经营的积极性也受到抑制。

（2）由于没有从立法方面对国外投资者、个体投资者、集体所有制投资者、国家投资主体，以及国家投资主体中不同层次的投资主体的资金投向范围加以法律规定，加之价格体系又没有完全理顺，经济杠杆的调控功能没有充分发挥，一方面使得各个投资主体的资金投向集中涌向少数几个价高利厚的“长线”产品和加工工业，形成重复建设；另一方面又使得在国民经济全局中起决定作用的交通运输、能源工业和原料工业得不到相应的投资资金。

对市政基础设施建设、文化教育事业、通信设施建设等需要的资金，也未予应有的重视，导致投资环境难以迅速改善。

（3）商品经济的发展，要求加强各经济主体的横向联系，使企业向集团化、联合体发展，投资向集中化方向发展。但由于缺乏相应的投资立法，投资资金横向融通的功能乏力，使大量的社会闲散资金、国家预算外资金不能通过合法的集资方式积聚起来，集中用于重点建设，而导致投资分散化、投资规模小型化。有些地方、企业的集资也是自发地进行，缺乏有效的管理措施和必要的引导，使固定资产投资规模难以控制，造成盲目投资，盲目建设。

（4）由于没有对集体和个体投资主体的投资活动做出法律规定，在城乡集体企业的投资活动对国民经济发展起着推动作用的同时，也造成了不少的盲目建设，使投资规模膨胀，形成投资浪费，影响国家重点建设。

二、制定新的固定资产投资法的目的

制定固定资产投资法要达到以下六个目的：

（1）投资体制的改革是整个经济体制改革的重要方面，投资体制改革成功与否对经济体制改革全局影响很大，与整个国民经济的发展关系极大。因此，制订投资法的根本目的，在于将投资体制改革的各项政策措施、办法以法律的形式固定下来，使之具有法律的约束力，而不致朝令夕改，使投资者难以适从。

（2）制订投资法是为了维护全社会的公共利益，保护社会主义的公有制和个体经济的合法权益，保护投资者的合法权益。

（3）制订投资法是为了明确各投资主体的主要投资范围，使国民经济各部门、各行业协调配套发展，加强基础设施建设，促进短线行业的发展。

（4）制订投资法是为了维护投资计划的严肃性。社会主义国家的固定资产投资活动，尤其是国家投资主体的投资，是在充分运用价值规律作用的前提下，有计划地进行的。因此，投资法必须赋予投资计划以法律权威，确保投资计划的贯彻实施。

（5）制订投资法是为了最大限度地提高决策的正确性，减少投资决策的失误，使投资决策科学化、程序化。

（6）制订投资法是为了广泛动员、吸引全社会的闲散资金用于社会主义建设事业，利用国外的资金、科学技术为我国的现代化建设事业服务。

三、新固定资产投资法应遵循的原则

固定资产投资法，是实施固定资产投资法制管理的基本法；是用以确定各投资主体的法律地位，保护投资者的合法权益，规定投资政策的基本原则和实施投资政策的步骤，确定固定资产投资规模和不同投资主体的投资活动范围的法律文件；是调整各投资主体在固定资产投资领域内关于投资方式、投资项目管理、投资资金的积累和投向、投资项目的决策权限和审批程序等投资经济活动和经济关系的行为规范的总和。制订固定资产投资法应当遵循以下基本原则：

（一）要体现投资主体多样性的原则

投资法不仅要保护国家投资主体的合法权益不受侵犯，也要保护集体所有制投资主体、个体投资主体和外商投资主体的正常投资活动，保护其正当的权益。

法律作为上层建筑的组成部分，决定于经济基础，并为经济基础服务。同样，投资法的制订决定于我国固定资产投资体制的现状和远期发展模式，并为投资活动服务。因此，投资法必须规定，不仅地方政府、国有企业和银行等国家投资主体是具有法人资格的投资主体，城乡集体所有制单位、个体生产者也是具有法人资格的投资主体。而且，国外资本家、外国政府、银行及国际金融组织在我国正常的投资经营活动，它们的投资收益也应当受到保护。国家要为外商的投资活动创造良好的投资环境。

（二）要贯彻统一计划、综合平衡的原则

社会主义经济是在生产资料公有制基础上的有计划的商品经济。对于全社会的固定资产投资，只有贯彻统一计划、综合平衡的原则，才能做到宏观上管住管好，微观上放开放活，保证重大经济比例关系适当，投资结构合理，使国民经济按比例地协调发展。因此，固定资产投资法必须制订统一计划、综合平衡的法律条款，规定固定资产投资计划的编制程序和审批程序，使固定资产投资计划与国家的财政信贷计划、物资分配计划衔接统一，使固定资产投资的长远规划、五年计划及年度计划衔接统一。

（三）要体现提高经济效益的原则

提高投资经济效益是经济工作的出发点，也是固定资产投资工作的中心课题。固定资产投资法应规定提高投资经济效益的途径、方法和措施。譬如，投资法应规定，列入投资计划的项目，应该是经过可行性研究评估论证并取得了施工许可证的项目，并规定建设项目的基准收益率和投资回收期，等等。

（四）要体现区别对待的原则

投资法的约束对象是多样性、多层次的投资主体，而不是单一的投资主体。因此，投资法必须坚持区别对待的原则，规定不同所有制性质、各层次的投资主体的不同投资活动范围和资金的主要投向。

1. 对城乡集体所有制单位和个体生产者的投资活动，首先应该规定这些投资主体的投资活动都是合法的，受社会主义国家的法律保护，任何单位和个人都不能无偿占用它们的投资资金和财产，都无权干涉它们正常的投资活动

国家只能通过利率、价格、税收等经济杠杆的作用，引导其投资方向，而不宜进行直接的行政干预，下达指令性计划。其次，投资法有必要对城乡集体所有制单位和个体生产者投资企业的规模做出量的规定。一般来说，只要他们的投资资金来源是正当的，不论投资所创办的企业规模如何，其财产所有权都归属于投资者，企业的经营权也属于投资者，任何单位和个人都不能以任何借口吞并、占有或限制其活动。再次，投资法还应对这些投资主体的投资决策程序和主要审批手续做出相应的规定。

2. 对国外投资主体的投资活动范围和资金投向，应着重从六个方面进行立法规定

（1）外资的主要投资方向。我们吸收引进外资的根本目的，在于利用国外的先进技术，学习国外的先进管理经验，增强我国出口能力和在国际市场上的竞争力。因此，外商投资应主要用来创办技术密集型、国内短缺的工业企业、交通运输、邮电通讯事业，购买国内不能制造但又是急需的先进的关键设备和软件技术资料，降低外资中用于非生产性建设的投资比重。要逐步改变用大量外汇购买组装零件、搞既非技术密集型又非资金密集型的服务行业、房地产业的现状。要使吸收引进的国外投资服务于宏观经济发展的要求，服务于控制投资规模、调整产业结构的要求。

（2）利用外资的方式和途径是多种多样的。投资法应对每一种方式的适

应范围做出规定。譬如，涉及重要技术机密和军事机密的某些行业和企事业单位，就不宜采用合作经营或合资经营方式。

（3）采用合资经营、合作经营等方式引进利用外资时，投资法应对企业风险的分担和利润的分配原则做出相应的规定。

（4）规定引进项目的国内生产建设配套能力和引进技术的消化吸收程度。在引进国外先进技术、进口国外先进设备的同时，要着重解决好国内生产建设的配套问题。要把外商帮助我国吸收消化引进技术作为一种义务和责任，以法律形式固定下来。

（5）投资法还应对合资企业的生产计划及其实施方案、销售计划及其实施方案、出口与内销的比例、会计制度、财务计划、储备金、固定资产折旧办法、企业经理的任务与权限、职工工资、解决争端的办法和程序等一系列问题做出相应的法律规定。

（6）吸收引进外资有个“量”的界线。外商投资达到多大规模才不致左右我国国民经济，才有利于我国经济建设的发展，而不致使偿还外资成为包袱和负担，等等，我们都应认真地研究，并在投资法中做出原则性的规定。

3. 地方投资主要是指用地方财政资金安排的投资。地方财政收入的增加，是我国固定资产投资资金的重要来源。如何使用好这笔资金，对于国民经济发展的全局与投资管理体制改革全局关系极大。

在投资资金的使用方向上，地方政府的资金应主要用于城市基础设施、公益事业、城市环境、文化教育艺术基地场所等方面，即把非生产性事业和第三产业的建设作为地方投资的主要目标。这样，就能够避免地方、企业、集体、个体投资竞相争利、城镇基础设施建设、公益事业无人过问的现象，以有利于改善投资环境。

4. 中央投资的重点应主要用于跨地区的国家重点建设项目、社会基础设施建设、能源、交通、邮电、通讯、科技教育卫生等事业，以及部分原材料工业等不盈利或盈利少的建设方面。

5. 企业特别是全民所有制企业，是一个十分重要的投资主体。投资体制改革的趋势和最后归宿，将是国家和地方将生产性的投资权按规模、按行业逐步转移给企业，中央和地方（包括主管部门）直接决策的项目将逐步减少，企业直接投资的项目决策权限将不断扩大。因此，投资法要适应投资体制改革远期目标的要求，从扩大企业投资自主权以搞活企业、增强企业自我改造和自我发展能力的要求出发，明确规定企业投资不限于本企业的更新改造和扩大再生产投资，也可以用于公益设施建设、第三产业的投资，还可以对本系统以外的企业、外省外市的企业进行投资，进行合资、合作经营等。总之，企业能力所及的一切经营范围，都应允许企业投资。

6. 对银行等金融组织的投资活动范围和主要投资方向，投资法中也应有相应的规定，以保证银行的投资活动符合宏观经济发展的要求，促进产业结构的调整。

此外，投资法还应针对不同投资主体，从价格、税收、利率、工资、成本管理等方面做出有区别的规定，扶持什么、限制什么、鼓励什么，应政策分明。

（五）要体现计划管理的原则

固定资产投资有计划地进行，使固定资产投资规模与国力相适应，达到既生产又建设的目的，是国民经济持续稳定发展的重要保证。因此，投资法还必须充分体现对固定资产投资实行有计划管理的原则。

这里主要包括三个方面的意思：

第一，国家应该按照国民经济社会发展战略规划的总体目标和五年计划的要求，制订固定资产投资的中长期计划、五年计划及年度计划。固定资产投资计划应该是经过科学论证的、切实可行的、符合国民经济整体计划、地区发展规划和行业发展规划要求的计划，而不是缺乏科学根据的、与国力相脱离的、凭主观想象制订的计划。

第二，固定资产投资五年计划及年度计划必须经过人民代表大会批准认可；计划一经确定，就具有法律的约束力，并利用国家的强制力加以贯彻实施，不得再增加规模和项目；确有需要变更调整计划时，必须经过原批准机关或其授权单位批准，并进一步进行评估论证。

第三，应根据不同投资主体的投资项目及项目投资额的大小，确定其决策审批权的归属，并采取有区别的计划管理措施。在单个项目决策方面，要逐步减少中央和政府直接决策项目，大量的项目由银行和投资者自己去管理。

（六）要体现投资项目立项工作程序的原则

投资项目立项，是投资体制改革的重要内容，是基建程序中前期工作的主要组成部分，是项目决策的起点和关键环节。投资决策的其他各项工作都是在此基础上继往开来的。没有项目的立项阶段，以后各阶段的工作就难以顺利进行。立项是否正确，对整个项目的投资效果有着重大的制约和影响作用。

项目立项工作应分两步进行：第一步，所有拟建项目必须取得立项许可证；第二步，只有取得了立项许可证的项目，才能取得项目施工许可证。投资法应对项目取得立项许可证和施工许可证所必备的条件和立项程序做出规定。

与此同时，投资法应规定项目立项许可证和施工许可证的资格审查单位。

（七）要体现项目决策权与项目决策责任制相结合的原则

项目决策权限的法律条款，是对建设项目决策审批权的法律规定。投资法应根据建设项目是国内建设项目还是合资或独资项目，是新建项目还是改扩建项目等不同性质，根据项目投资额的多少及资金来源渠道等不同情况，规定项目决策权的归属和决策程序。

投资主体的多样性，要求项目决策程序有简有繁、宽严结合，而不能简单划一。一般说来，个体、集体所有制投资主体的投资项目，决策程序应从简，决策权应适当下放；全民所有制投资主体的投资项目，决策程序应从严，决策权应相对集中。在全民所有制投资主体中，企业投资项目、银行投资项目的决策程序应从简，决策权应适当下放；地方政府投资项目、中央投资项目的审批程序应从严，决策权应相对集中；投资额小的项目，决策权应适当下放；投资额大的项目，决策权应相对集中。

建设项目投资决策是通过决策者的决策行为进行的，是决策行为的结果。项目投资决策是否正确，直接影响到投资效益的高低，影响到生产力布局和经济结构、产业结构是否合理。要增强决策者的责任感，避免投资决策失误，提高投资效果，仅仅有决策程序和决策权的法律约束是不够的。投资法还应对决策者的决策责任做出规定，即决策者应对自己的决策行为负责，决策失误应视为决策者的渎职行为，因决策失误而造成重大经济损失的，应追究决策者的经济、行政乃至法律责任。

（原载《经济管理》1987 年第 2 期）

改进和完善政府宏观调控体系，防止新的盲目重复建设

长期以来存在的盲目建设、重复建设是影响和制约我国经济建设持续、稳定、快速发展的一个毒瘤。由于原有投融资体制和经济体制存在的诸多缺陷，尽管政府在不同时期多次采取了一系列的治理措施，却未能从根本上使盲目建设、重复建设得到根治。党的十五大以后，按照建立社会主义市场经济体制的要求，政府加快了投融资体制改革、国有企业改革、金融体制改革的步伐。在新的变化了的情况下，回顾和总结重复建设的历史教训，认识和分析在市场经济条件下可能产生的盲目建设、重复建设的新特点，并研究探索与防止新的盲目建设、重复建设相适应的宏观调控措施，做到未雨绸缪，是投融资领域面临的一项新任务。

一、新旧体制转换时期的重复建设的历史教训不可忘记

重复建设是我国经济建设中的“常见病”和“多发病”，渊源已久。纵观我国经济建设近五十年的历程，严重的重复建设出现过三次。

第一次是“大跃进”时期。1958 年全国基本建设投资达到 267 亿元，比上年增长 97%。“大跃进”给国民经济正常发展带来极大的危害，而不得不从 1961 年开始，对国民经济进行艰难的调整、整顿。

第二次是 70 年代初期，我国小钢铁、小机械、小煤窑、小化肥、小水泥等“五小”工业建设非常突出。1970～1972 年 3 年中，“五小”工业每年新办企业在 1 万户以上。1970 年、1971 年两年仅县办工业就增加 400 万人，占全国新增职工 40% 以上。“五小”工业一哄而上，重复布点，导致生产能力严重过剩。

第三次是自 80 年代初起至今仍然存在的重复建设。进入 80 年代，重复建设迅速蔓延，成为经济建设中存在的普遍观象，并且呈现出生产资料建设项目与生活资料建设项目重复建设并存，加工业项目与原材料项目重复建设并存，“小而全”低水平重复建设与专业化高技术重复建设并存，生产性项目与非生产性项目重复建设并存，工业项目与基础设施项目重复建设并存，

重复建设项目投资规模日趋增大，重复建设时间效率加快，周期间缩短，延续时间长等许多表现特征。近二十年间重复建设几乎没有间断。

第三次重复建设对国民经济正常发展所形成的消极后果较之前两次更为严重，造成生产要素配置效率低下，社会资源严重损失浪费，加剧产业结构失衡，增加社会不稳定因素。据第三次全国工业普查对94种主要产品统计，1995年底生产能力闲置三分之一到五分之一的产品有26种，占27.7%；生产能力闲置一半左右的产品有17种，占18.1%；生产能力利用率不足半数，处于半停产或停产状况的有18种，占19.1%。

二、社会主义市场经济体系框架基本建立以后，防止新一轮的盲目建设、重复建设的任务将更加繁重和紧迫，对此不能掉以轻心

改革开放以来的近二十年中，我国重复建设存在的特点及政府采取的治理措施的实践表明，盲目建设、重复建设既不单纯是高度集中计划经济体制下，政府投资主体“过热”的投资意识的特有产物，也不单纯是在新旧经济体制转轨过程中，原有高度集中计划管理体制功能弱化和市场机制不完善所形成的调控真空的产物，而是发展中国家在工业化进程中，由于政府宏观调控措施不力和市场经济的激励机制相互作用而必然会出现的一种经济病态。

在党的十五大确立进一步深化经济体制改革，初步建立起社会主义市场经济体系框架后，在投融资体制改革和银行商业化改革以后，在由温饱型向小康型社会发展阶段，我们不仅不能期望完全依靠市场机制的调节作用，使盲目建设、重复建设会自行消失，而且由于随着经济生活中市场化程度的提高，商业银行、企业等微观经济主体投资决策、信贷决策经营自主权的扩大和投资活力的增强，政府只管宏观调控而不管项目审批决策等新机制的形成，重复建设将会由过去的地方政府在投资决策信息基本对称条件下，以追求局部利益和产值显政绩为动机的重复建设，转变为企业投资者以追求决策成功为目的，而因决策信息不对称，信息透明度低，而导致决策失误形成的盲目重复建设。这是真正意义上的盲目重复建设。在这种情况下，如果政府不能根据市场经济体系基本建立以后的新情况，采用与之相适应的宏观调控措施，新一轮的真正意义上的盲目重复建设将会比前三次的任何一次有过之而无不及。因而需要研究制定在社会主义市场经济条件下，改进和完善政府宏观调控措施，防止在社会主义市场体系建立以后新一轮的盲目重复建设重演。

资本主义市场经济的发展是以生产无政府状况和盲目性所造成的社会资源的巨大浪费和生产力被破坏为代价的，在早期的自由市场经济阶段是如此，到了向工业化进程的前期和中期阶段仍然是这样。只是到了垄断资本主义时代和工业化后期，即在发达的市场经济阶段，在总结以往发展过程的教训和经验的基础上，随着政府对经济生活的宏观调控措施的完善和政府干预的作用，才使得全社会生产的盲目性和无政府状况有所收敛，使资本主义市场经济在后期发展过程中走入有序和有规则运行状态，避免了严重和盲目的全社会生产无政府状态。

在实行投融资体制改革和银行商业化改革，建立现代制度以后，随着商业银行贷款自主权的扩大，企业成为独立的责权利相统一的投资责任主体，投资项目决策权和贷款审批权由高层次向低层次转变。在这种情况下，微观经济主体过分旺盛且分散的投资行为和贷款行为，尽管其出发点和原始动机是以追求资金使用效益最大化为目标，但由于受到信息导向不明、决策支持系统乏力等外部条件的限制，仍不可避免地出现投资决策失误，造成盲目重复建设，带来生产能力过剩。单纯的市场机制难以防止这种盲目投入。

在市场经济条件下，政府对投资活动的宏观调控功能不是减少了，而是要求更高了，作用更大了，因而要求政府走出过去集中计划体制下，单纯依靠行政手段治理重复建设的老路。应通过政府职能的转换，转向采取行政手段与经济手段相结合的方式，充分发挥产业政策的导向功能，发挥价格、基金、资本市场等经济杠杆的调节功能，发挥税收、法律和项目后评价机制约束功能，使政府在防止可能产生的新一轮盲目重复建设的过程中，发挥独特的宏观调控作用。

三、强化产业政策对全社会投资活动的导向功能，防止盲目重复建设

产业政策是指根据某一目标或某些目标而对产业结构的全局或过程及其组成部分所实施的，为扶持具有将出现优势的产生，或限制已出现或将被淘汰的产业和技术的政策。在经济建设领域，产业政策是政府规定和调整全社会资金投向、改进资源配置机制的政策，是鼓励投资或促进技术发展的政策。市场经济条件下，制度科学的产业政策是引导微观经济主体投资活动的重要依据。

我国产业政策的制定始于 1989 年，1992 年又进行过一次小范围的修订，

1994年又发布了《90年代产业政策纲要》。但与实际需要仍有很大差距。为使产业政策在引导投资资金流向，防止盲目重复建设中起到应有的作用，根据存在的问题，需要从以下四个方面进行完善和调整。

（1）当前产业政策应与长远发展产业政策结合，以中长期导向为重点，发挥产业政策对中长期投资的导向功能。我国第一部产业政策具有政府目标的短期性，它只公布了当时近期国家支持或限制的行业、产品，而没有明确制定中长期的远期的产业发展导向目标，因而对中长期性投资导向没有发挥明显的作用。

产业政策对投资资金导向的着力点应主要放在中长期投资的引导方面。80年代，彩电、冰箱、洗衣机、录音机的迅速普及，既满足了人民日益增长的消费需要，又带动了经济的高速增长。但是，近期以至于90年代，还提不出能吸引广大人民购买力又能带动经济增长的消费品，这不仅使目前的投资有不少盲目性，还可能在某种产品消费高潮到来时，因供应严重不足，形成一哄而上的新一轮盲目重复建设。近几年来，VCD机市场盲目发展，重复建设严重，与产业政策的长远性指导作用不够不无关系。因此，需要认真研究人民生活由温饱型向小康水平发展时消费结构的演变和需求特点，应根据中国的具体国情和国际消费的一般规律，确定我国90年代乃至21世纪初前十年，中国的主导消费品和主导产业，使之成为我国经济新的增长点。

（2）产业政策应与行业规划相结合。行业主管部门在根据产业政策制定行业实施规划的同时，应研究市场需求和产业政策执行中的问题，制定相应的对策并通过一定形式转化为产业政策通告，付诸实施。

（3）地方产业政策应与国家产业政策相配套。我国重复建设一个重要特征是地区产业结构趋同，特别是一些高附加值加工工业，区域产业结构雷同的问题更为突出，资源配置极不合理。根据统计资料分析，我国工业行业新划分标准的40个行业中，食品、饮料、纺织、机械、黑色金属加工、化学、纤维、电子通信设备等八大行业产值（按当年价格计算），占我国独立核算工业企业总产值的比重1989年为39.5%。而在30个省、自治区、直辖市中，上述八大行业产值占本地区独立核算工业企业总产值比重在37%~43%区间的有10个省、直辖市、自治区。今后，国家产业政策不仅要确定全国总体产业发展的方向与重点，而且要明确产业发展的地区布局，突出产业发展的区域优势与区域组合。各地方政府应遵循国家产业政策的总体原则要求，根据本地区的优势条件，制定有利于发挥地区资源优势的区域产业政策。

（4）产业政策应与规模经济、企业组织结构调整结合。建设项目小型化，达不到规模经济要求，是我国重复建设的又一个重要表现特征。例如，电梯生产企业上百家，1990 年的平均年产量不足百台，而国外大企业年产近 2 万台。钢铁最佳经济规模一般年产量为 500 万吨或 1000 万吨以上，而我国钢铁企业平均规模为 5 万多吨；造纸企业世界平均规模为 5 万吨，而我国平均仅为 3000 多吨，棉纺企业合理经济规模 3 万～8 万吨；而我国 3 万吨以上的企业仅占 20%；乙烯生产装置，世界最大规模 90 万吨，平均规模 30 多万吨，而我国平均每套为 21 万吨。因此，我国产业政策的另一个重点是要研究颁布各类产品，尤其是对规模经济要求高的各类产品的企业规模标准，限制和禁止小规模低水平的重复建设。

四、发挥税收杠杆对企业投资行为、商业银行贷款行为约束功能，保证国家产业政策的贯彻实施，使税收政策与产业政策相结合，防止盲目重复建设

税收不仅是国家聚财、调节国民收入分配的杠杆，而且也应该成为促进社会生产要素的合理配置，对投融资活动进行宏观调控的杠杆。在防止盲目重复建设的过程中，税收杠杆可以发挥其许多独特的作用。其中主要包括：

（1）对国家产业政策中明确规定限制发展的产品，政府应适时地提高产品税率，限制企业继续生产被限制生产的产品，使税率对企业生产者起到警诫作用。

（2）开征产业调节税，约束微观经济主体的投资、信贷行为，保证国家产业政策的贯彻实施，防止盲目重复建设。在市场经济条件下，微观经济主体的投资行为都是自主进行的，企业投资是自主决策的，商业银行贷款是自主决策的。如果只有产业政策对投资资金的导向功能和对投资者的规劝作用，而没有相应的严厉的约束手段，产业政策仍难得到有效贯彻实施，盲目重复建设仍是不可避免的。

这里要谈及固定资产投资方向调节税的问题。1991 年 4 月，国务院发布了《中华人民共和国固定资产投资方向调节税暂行条例》，同时附发了《固定资产投资方向调节税税目税率表》和《国家禁止发展项目表》。国家开征投资方向调节税的目的旨在贯彻国家产业政策，引导投资方向，调整投资结构，动机是好的。而从几年来实践看，盲目重复建设依然存在，国家产业政

策也未得到不折不扣的贯彻落实。究其原因，除了投融资体制的弊端等原因外，就投资方向调节税而言，其本身所存在的缺陷，也使得国家开征投资方向调节税难以达到预期目的。主要缺陷是投资方向调节税纳税人范围太广，重点约束目标不明确。根据规定：凡是用各种资金进行固定资产投资的各级政府、机关团体、部队、国有企业工业单位、集体企业单位、私营企业、个体工商户及其他单位和个人都是投资方向调节税的纳税人。这种不加区别的、重点约束目标不明确的税收机制只能起到聚财的效果，而不可能达到促进产业政策贯彻实施的目的。

产业调节税对投资行为、信贷行为的约束目标限于那些违背国家产业政策规定的投资、信贷行为，而对于符合国家产业政策规定的投资、信贷行为则不征收产业调节税。产业调节税对投资行为的约束功能表现在以下方面：一是当企业投资者违背产业政策规定将自有资本（包括由从资本市场上筹集的股本金）投向国家产业政策明确限制的行业、产品，或投向不符合产业政策规定的起始经济规模的企业时，按总投资额的一定比例对企业征收产业调节税。二是当商业银行等金融机构将信贷资金投向国家产业政策明确限制的行业、产品，或投向不符合产业政策规定的起始经济规模的企业时，按贷款总额的一定比例对贷款银行征收产业调节税。

（3）开征新的资源税。即当企业、商业银行等微观经济主体，因违反产业政策进行盲目重复建设造成的资源浪费对，对企业投资者和贷款银行征收新的资源税。

在现代市场经济条件下，我们不能把企业投资行为、商业银行的贷款行为看成是单纯企业行为，而首先将其看成是一种社会行为。盲目重复建设，使投资资金不能发挥应有的效益，因此而产生的风险和损失应由投资者和贷款者自我承担，这是市场经济规律的最基本的准则。但是，因盲目重复建设而带来的资源严重浪费所造成的危害，则危及全社会的利益，危及国家的利益，尤其是因重复建设所造成的不可再生资源和短缺资源的浪费，还会影响到国民经济可持续发展战略。

根据第三次全国工业普查对我国大中型工业企业的技术经济指标的统计分析，每生产1吨铝锭需耗电16600度，采用联碱法每生产1吨纯碱需耗电356度，每生产1吨电石耗电3597度，每生产1吨粘胶短纤维耗标准煤2014千克，每吨纱耗电2229度，每生产1吨11°、12°的啤酒需耗用大米58千克，生产纸浆需耗用大量的木材，等等。因此，因啤酒厂、造纸厂、炼铝厂、电石厂的重复建设而带来的浪费，不仅是资金的浪费，更主要的是社会有用资源的浪费。因此，全社会应树立起大资源观念，凡是投入资源而没有形成效益的盲目重复建设而造成的资源浪费是最大的浪费。仅就此而言，提高投资资金使用的财务效益与其社会效益是一致的。对造成资源浪费者征收资源税，有利于防止盲目重复建设，可以达到合理配置社会资源，提高资源使用效率的目的。

五、发展产权资本经营市场，活化因盲目重复建设所形成的生产能力严重过剩的存量资产

80年代初以来所发生的第三次重复建设，已经导致国民经济的产业结构、企业结构严重失调，使相当多的产品生产能力过剩，生产设备等固定资产闲置浪费。而在这部分闲置的企业资产中，其中也不乏具有装备精良、性能先进、通用性强等优势的生产设备和使用价值较高的固定资产。对于这部分闲置过剩的企业资产，需要通过建立产权资本经营市场，开设产权交易场所，实现产权资本的转移和企业资产的重组，活化这部分生产能力严重过剩、却有使用价值的存量闲置资产，达到促进提高资源使用效率，实现社会资源有效配置的目的。这也是治理盲目重复建设所必需的措施。

六、建立治理重复建设专项基金制度，对因盲目低水平重复建设而形成生产能力过剩的存量资产采用“休克疗法”，或采用收购报废办法促使其尽快实现关、停、转

自改革开放以来，我国实行的“分灶吃饭”的财政体制改革，地方利益机制刺激了各地争上项目的积极性。但由于同时受到资金、技术等多种因素的制约，许多地方仍置国家产业政策的规定于不顾，竞相建设那些技术装备落后，投资额较少的小项目。于是不符合规模经济标准的工艺技术落后、设备陈旧的小酒厂、小火电厂、小烟厂、小棉纺厂、小毛纺厂、小造纸厂、小汽车厂、小钢铁厂等遍地开花。以下资料颇能说明问题的严重性。1995年末全国乡及乡以上独立核算工业企业主要生产设备技术构成状况是：国产工业锅炉（不含进口设备，下同）中，70年代及以前出厂的占9.9%；国产化铁炉中，70年代及以前出厂的占22.3%；12兆瓦以上至不足100兆瓦的汽轮发电机组占国产汽轮发电机组总量的73.7%；70年代及以前出厂的毛纺锭设备占国产毛纺锭设备总量的9%；70年代及以前出厂的棉布织机占国产布织机

的31.5%；等等。大量的低水平重复建设，不仅挤占了一部分应优先发展产业的建设资金，恶化了应优先重点发展的符合规模经济要求的大企业的竞争环境，而且也造成了严重的环境污染，对国民经济的可持续发展，带来了许多消极影响。

对大量的低水平重复建设而形成的过剩生产能力，需要采用强制性的休克疗法，限其关闭、停产或转产。在这方面，随着1998年1月23日上海浦东钢铁（集团）公司敲响的全国压锭第一锤声，拉开了纺织行业用休克疗法，淘汰陈旧落后的过剩棉纺设备的帷幕。纺织行业对低水平重复建设形成的存量资产实行强制性休克疗法，对其他行业治理低水平重复建设所形成的闲置资产也不失为是一个可资借鉴的好办法。

对大量的低水平重复建设所形成的闲置存量资产实行强制性的休克疗法后，政府应通过建立治理重复建设专项基金制度，设立专项基金，用于解决因企业关、停、转产而带来的企业职工失业、待业、再就业以及企业转产所需要注入资金等一系列问题，用于收购和报废过剩设备，做到专款专用。

七、建立对国有企业投资项目，国有商业银行贷款项目的后评价机制，考核和检验国有企业（国有商业银行也是国有企业）投资、信贷活动的经营效果和投资信贷决策成功率，并以此作为对国有企业领导干部进行奖惩的依据

英、美、瑞典、加拿大等西方发达的市场经济国家，在政府机关的一些职能部门设立有专门的项目后评价机构从事公共部门投资项目后评价工作，作为政府对投资活动进行宏观调控的措施之一。如英国政府把对投资项目后评价作为财政部的一项主要工作职能；英国会计总署作为英国的最高审计机构，有一个专门的部门专司公共部门投资项目后评价之职责；加拿大和瑞典也设置有类似职能机构。它们通过对公共投资项目进行后评价，总结公共投资项目审批决策、设计、采购、建设实施、经营管理等方面的经验教训，以达到改进和完善公共投资项目审批决策水平，提高投资效益的目的。有的国家还通过项目后评价，将项目决策不合理、管理不善等方面的问题向社会进行公开曝光，让社会舆论施加压力，而通过项目后评价发现投资项目决策中存在的资金使用不当、行贿受贿、以权谋私等违法行为时，则提交司法部门立案侦查。

我国在建立社会主义市场经济体系的过程中乃至建成以后，也应借鉴参

考西方市场经济发达国家对公共投资项目进行后评价的做法，在一些政府职能部门，如计委、审计署、财政部、人民银行等政府职能部门内部设立项目后评价机构，分别负责对公共投资项目、国有企业投资项目和国有商业银行贷款项目进行后评价，考核和检验公共投资部门、国有企业、国有商业银行项目决策的成功率和经营效果。项目后评价结果不仅应成为改进和完善项目决策和建设实施管理水平，制定宏观调控措施的依据，而且也应成为政府对国有企业、国有商业银行领导干部进行奖惩的依据。

八、开放咨询业市场，促进国内投资咨询业务的竞争，为实现投资信贷决策的科学化和民主化提供强力决策支持系统

改革开放以来特别是近十年来，我国的咨询业有了较快的发展，尤其是隶属于各部门各大公司企业的设计研究单位、投资咨询公司、工程咨询公司等研究咨询机构，为国家众多的大中型建设项目和国家重点项目提供可行性研究、评审论证、设计等咨询服务，对政府投资决策起到了较好的支持作用，使我国投资项目决策朝着科学化和民主化的方向迈出了一大步，功不可没。

但是，我国众多的投资咨询、工程咨询机构、设计研究单位与主管部门不仅在行政关系上，而且在经济利益关系上过于紧密，官方者居多，或者是以政府部门作为后盾的。加之缺乏投资工程咨询的竞争机制和责任约束机制，在开展业务过程中，实行的是部门垄断，独家经营，这样就使得投资咨询、设计研究机构提出的项目可行性研究报告、项目评估报告成为可批性报告，可行性研究结论、咨询结论唯"长官意志"是从，唯咨询委托者意志是从，失去了客观性，公正性和科学性，因而助长了重复建设、盲目建设之风。

在社会主义市场经济条件下，为了保证政府公共投资项目、企业投资项目、银行贷款项目等各类投资项目有强力的决策支持系统，有必要在进一步发展我国咨询业的同时，开放国内咨询业市场，允许国外工程咨询、投资咨询企业进入国内市场，在投资咨询、工程咨询领域建立起竞争机制，使咨询企业真正成为一个独立的企业，各咨询研究机构的咨询活动享有充分的独立性。具体内容包括：一是所有的投资咨询企业、工程咨询企业、设计研究单位都应是独立的法人，不隶属于任何权力部门；二是咨询企业与其他任何企

业在经营上、资本上和其他关系方面都是独立存在的，以保证咨询活动的独立进行；三是对工程咨询、投资咨询等咨询企业定期实行资信等级评定制度，做到优胜劣汰；四是凡是投资总额达到一定限额的投资项目的可行性研究、评估论证工作，都应像工程施工、设备选型那样，在市场上进行公开的招标，由咨询企业实行竞争性中标。

（原载《经济研究资料》1998 年第 90 期）

如何正确判别市场经济条件下的重复建设

“大而全、小而全”的低水平重复建设是我国固定资产投资领域难以治愈且易于复发的痼疾。重复建设不仅降低了投资的整体效益，浪费了社会资源，而且也给商业银行的经营带来了极大的风险。

治理和避免重复建设，其首要问题是，在进行投资项目评价和决策时，如何判别它是否属于重复建设。比较常见的观点是，以生产能力总量和国家规划、计划（包括地区规划和部门规划）作为参照系判别重复建设。即，凡是新增投资项目不在国家计划之列时，属于重复建设，凡是新增投资项目所形成的生产能力造成生产能力总量需求过剩时，属于重复建设。在计划体制下，这种参照系是可行的。但在社会主义市场经济条件下，由于市场机制的作用，还要充分考虑参与国际市场交换和国际市场竞争以获取比较利益这一因素。从这个意义上讲，“重复建设”是市场竞争中的一个动态过程。笔者认为，在社会主义市场经济条件下，判别重复建设的标准是，在“质量”标准前提下的“数量”标准，即在坚持“规模经济”、“技术进步”和“城市化经济”前提下的“生产能力总量标准”。具体地讲，要重点把握以下四点：

（一）正确认识生产能力总量过剩与增量生产能力重复建设的关系

一定时期内的生产能力总量由存量生产能力和增量生产能力两部分构成。人们通常所讲的制止重复建设是针对增量生产能力而言的。实际生活中，治理重复建设仅仅着眼于限制增量生产能力是不够的，也不完全可行。因为，在市场需求量既定的条件下，生产能力总量过剩的原因有两种可能：一是存量生产能力所产生的产品，其质量符合消费者需求，其数量也能满足消费者的需要。在这种情况下，增量投资形成的生产能力，尽管符合消费者需要，也符合技术进步的要求，但这种增量投资仍属于重复建设；二是存量生产能力所生产的产品，从数量上看有需求，但其质量不符合消费者需求，企业技术装备也不符合技术进步的要求，而增量生产能力从产品质量和技术装备看，都符合市场需求。在这种情况下，尽管增量生产能力和存量生产能力之和，超过市场需求总和，仍不能将增量投资贬为重复建设。所要治理的应是如何优化配置存量资产的问题，通过优化新增生产能力而淘汰落后的存量生产能力。

（二）用规模经济的标准判别重复建设

就多数产业、产品而言，搞项目建设都有一个合理经济规模的问题。低于一定的规模，会导致单位生产能力建设投资额过大，单位产品的生产成本偏高，不利于采用先进技术，导致产品升级换代缓慢、资源综合利用率低、经济效益差等不良后果。

长期以来，一些易于发挥规模效益的产品，生产企业数目过多，生产规模过小，集中度低。在这种情况下，仅仅根据存量生产能力总量是否过剩来判断新增投资是否属于重复建设是不够的。如新增投资项目规模小且分散，不符合规模经济要求，不论生产能力总量是否饱和，这种新增投资都是重复建设，应予以控制和治理。相反，即使存量生产能力已经饱和，但这种存量生产能力是由许多不符合规模经济要求、不符合生产专业化和社会化要求的小项目构成的，而新增投资项目是按规模经济和生产社会化、专业化要求建设的，其建设和生产有利于提高资源的利用效率，这种新增投资所形成的生产能力，不属于重复建设的范畴。

在这方面，突出的例子是汽车工业。据有关专家测算和论证，按照我国现有的生产水平，轻型汽车企业的起始规模为6万辆，合理经营规模为12万辆。1996年，我国“目录”内汽车制造厂有116家，而汽车总产量只有150万辆，不及美国通用汽车公司产量的1/5，平均规模只有1.3万辆，年产量超过10万辆的只有4家。显然，不能因为我国汽车生产能力目前能基本满足市场需求这一事实，把所有的新建汽车工业项目打入重复建设之列。而应通过行政、经济、金融等手段，支持和扶持符合规模经济要求的新建汽车工业项目，并以此通过市场竞争来淘汰那些不符合规模经济要求的小企业和落后企业。

（三）用技术进步的标准判别重复建设

技术装备陈旧、工艺落后，已成为制约国有企业竞争力和发展的主要消极因素。因此，在国家技术发展政策和技术装备政策的指导下，采用新工艺、新技术、新设备装备企业，是固定资产投资活动应当遵循的一项基本原则。判别一个投资项目是否属于重复建设，从技术进步的标准看，当新增投资项目按照国家技术发展政策和技术装备政策要求，通过采用新工艺、新设备、新技术，淘汰存量生产能力中落后陈旧的工艺和设备，促进产品升级换代，提高资源综合利用水平和产品质量时，尽管增量投资所形成的增量生产能力可能造成该产品生产能力总量过剩，也应视之为合理的、必要的建设。

与之相反，即使新增投资所形成的增量生产能力不会造成该产品生产能力总量过剩，但由于新增投资项目所采用的是陈旧落后的技术设备，并借助于不正当竞争手段保护、挤占市场，这种新增投资项目也应归入重复建设之列。

（四）用“城市化经济”原则判别重复建设

投资项目的建设不是孤立存在的，企业之间、行业之间有时存在外部经济，即一个企业、一个行业的发展，可能对其上游或下游企业、行业做出贡献；有时也存在外部的不经济，即可能对其上游或下游行业、企业带来损失和危害。因此，在进行投资项目建设时，要求把那些投入与产出、上游产品与下游产品、上游工艺与下游工艺相互间联系密切、交易成本关联度大的企业、行业，布局在同一城市、同一区域，使之同时发展。通过一个行业的地区集中化进而带动其他多个行业的平衡发展，使之产生城市化经济或区域化经济优势。这就是“城市化经济”原则。因此，在上游产品的产地、原材料产地建设一些与之关联度大的下游产品企业，从生产能力总量看，这些项目的建设可能进一步加剧这些产品生产能力总量的过剩，属于重复建设，但从“城市化经济”原则看，它有利于合理配置和使用社会资源，因而这种建设是必要的。与之相反，如果新增投资项目的建设不符合“城市化经济”原则的要求，尽管其生产能力的扩充不会导致总量生产能力的过剩，也属于重复建设。

（原载《建设银行报》1997 年 5 月 9 日第三版）

企业技术改造可行性研究评估若干原则的探讨

“七五”期间和“八五”前期，经济建设投资的重点是现有企业的技术改造。因此，技术改造投资在固定资产投资中所占的比重将会不断提高。加强对技术改造项目的生产工艺、技术装备和经济效益的可行性研究评估论证工作，是提高技术改造投资效果的必要措施。

技术改造项目的可行性研究评估论证，是一项政策性较强、技术性较复杂的工作。我们认为，对现有工业企业技术改造的可行性研究评估论证，应该遵循以下几个主要原则：

（一）技术改造项目的可行性研究评估论证要体现技术进步和以内涵为主扩大再生产的要求

根据马克思主义再生产的理论，技术改造是以内涵为主的扩大再生产，坚持科学技术进步，不断改造现有企业的技术装备和生产技术，以达到全面提高社会经济效益的目的。由此看出，技术改造的核心和基本点是，按照技术进步的要求，对现有企业进行技术改造。技术改造项目可行性研究评估论证，不可忽视技术改造本身的表现特征和客观要求。

当前，世界科学技术的发展速度越来越快，新的技术不断涌现，而技术改造又是一个不断用先进科学技术取代落后技术的永无止境的过程，要求用新的技术装备和生产技术替代落后的技术装备和生产技术。因此，对技术改造项目的评估论证，必然涉及用什么样水平的技术装备和生产技术去改造原有的落后技术的问题。

按照技术进步的要求，对技术改造项目进行可行性研究评估论证，应该防止、避免复制古董的改造。然而，在实际工作中，有不少技术改造项目出现陈旧落后设备的旅行转移。其表现形式是，大型厂更换下来的落后设备转移给中型厂、小型厂，当作先进设备去使用；国有企业更换下来的落后设备转移给集体企业使用；沿海企业更换下来的落后设备转移给内地企业使用。这样转来转去，许多本来性能差、浪费能源、原材料消耗高的淘汰设备经过改头换面后又继续使用，致使产品升级换代的速度缓慢，企业技术进步不快。

笔者认为，对技术改造项目进行可行性研究评估时，应抓住以下要点进行分析：

（1）所采用的生产工艺和技术装备是否先进适用，是否符合国家的技术发展政策和技术装备政策；是否有利于降低产品的能源消耗和有利于提高劳动生产率。

（2）所采用的设备结构、性能、质量是否标准化、通用化、系列化。

（3）所采用的生产工艺、技术设备是否有利于提高产品的质量和性能；是否有利于“三废”治理，减少和消除环境污染。

对于技术改造项目引进技术的可行性评估论证，不能片面地强调新技术，求洋求新，而应该与我国的国情相吻合。

注意研究改造项目所引进的技术、设备能否满足国家需要，填补国内生产的空白；是否符合行业改造规划的要求；与企业经营管理水平和技术素质是否相适应；与原有生产工艺、技术设备是否配套协调；是否有利于提高原材料和能源的综合利用水平；是否有利于工业经济结构的调整和企业改组。

企业引进技术的可行性研究评估论证，还必须强调引进技术结构的合理性，少引进成套设备，多引进生产工艺、单项技术和制造技术，提高技术引进外汇支出的经济效果。据有关资料介绍，1950～1979 年，我国引进技术使用的外汇总额中，用于进口成套设备的占 90%，用于引进先进工艺和制造技术的只占 1.4%。这种不合理的引进技术结构，必然影响到外汇支出的使用效果。

（二）技术改造项目可行性研究评估论证，要坚持企业经济效益与社会经济效益相结合，以社会经济效益评价为主

社会主义经济是在公有制基础上的有计划的商品经济，社会主义国家的各个企业是实行独立经济核算的基本单位。在其根本利益一致的基础上，各个企业有着其局部的经济利益，它表现为企业经济效益和微观经济效益，企业技术改造后的社会经济效益则表现为宏观经济效益和整体经济效益。在处理两者之间的关系时，企业经济效益、微观经济效益和部局经济效益应服从于宏观经济效益和整体经济效益。

依技术改造项目可行性研究的评估论证而言，现有企业的技术改造由于采用先进生产工艺和技术装备、提高了劳动生产率，单位产品的原材料、燃料减少，成本降低，收益增加等等，这些效益表现为企业经济效益；与此同时，由于企业所生产的产品质量提高、使用性能的改进和完善，提高了能源及其他资源的综合利用水平，改善了环境，减少了占地面积，等等，这些效

益则表现为社会经济效益。一般说来，现有企业通过技术改造所带来的企业经济效益和社会经济效益是统一的。但有时这两者也存在着一定的矛盾。这是因为：

一方面，现有企业采用新技术新工艺新设备进行技术改造，与“轻车熟路”的使用原有工艺设备、生产原有产品品种相比，要承担一定的风险，付出某些专门费用，如新产品试制过程中的损失费用等，在一定时间内，会使单位产品成本提高。加之现行价格政策的不完善，产品的销售价格并没有因为产品质量的改善而相应提高，这样就导致了企业技术改造后实际收益的减少。而产品质量和使用性能的改进，使用效果的提高，则体现在使用单位，表现为社会经济效益。这样，企业技术改造的企业经济效益和社会经济效益发生了矛盾。例如，据 1983 年对工业锅炉行业的调查发现，长沙锅炉厂生产的 LHG_0 · 5—7—AⅢ节能型锅炉，热效率达到 68%，比技术改造前原有产品的热效率提高将近一倍，但每台售价仍是 12500 元，生产这种节能型锅炉每台要亏损 873 元，企业经济效益与社会经济效益的矛盾显得十分突出。技术改造项目可行性研究评估论证过程中，当企业经济效益与社会经济效益发生矛盾时，应以社会经济效益的好坏作为项目取舍的主要准绳。

另一方面还表现在：企业经济效益好，社会经济效益并不一定好。例如，有的企业通过技术改造，只是更新了陈旧落后的设备，改造了生产工艺，降低了单位产品成本，但并没有搞产品的升级换代，所生产出来的仍然是劣质产品，使用性能差，有的甚至还是国家规定的淘汰产品。这类技术改造项目，企业经济效益再好，也是不足取的。

（三）现有企业的技术改造必须与城市发展相协调

工业企业与城市建设的发展紧密相连系，城市的发展是由于企业不断增加发展的结果。企业的发展与城市的发展存在着局部与全局的依存关系，二者互相牵制，互相影响。他们之间的关系协调好了，彼此就能促进。目前，我国工业的主要部分都集中在大城市里，置于一定的城市经济环境之中。现有企业经过技术改造后，对城市的供热、供电、煤气、给排水、住宅建设、交通运输设施、医疗卫生设施、文化教育设施、副食品基地及其他公用设施不断提出新的要求。如果城市不相应的及时的进行改造，必然会阻碍工业企业技术改造的进程。

目前，我国的老工业城市普遍存在着工业集中、城市臃肿、人口密集、住宅不足、电讯不灵、交通拥挤、供电紧张、煤气不足、商业服务网点少、环境污染严重等城市膨胀病症，已经给现有企业的技术改造带来一定的消极影响。因此，现有企业技术改造可行性研究评估，既要考虑到企业技术改造后对城市发展所提出的新要求，同时也要考虑到城市现状对企业技术改造方案是否符合城市发展整体规划的要求，分析企业技术改造对城市发展是否有同步改造方案。

当然，企业技术改造与城市发展相协调，并不是要求企业技术改造被动的适应城市现状，而是要求以企业技术改造推动城市改造，促进城市“膨胀病症”的解决，使城市建设为企业技术改造服务。在城市问题特别突出的地方，也可以通过老企业的搬迁，进行异地改造，这样既推动了企业的技术改造，又达到了技术的转移和扩散的目的。

（四）评价技术改造项目应分析它是否符合工业经济结构调整、企业改组以及专业化生产与协作的要求

目前，技术老化的周期越来越短，产品升级换代的速度越来越快，新技术新产品不断出现。产品结构的变化必然引起产业结构的变化。这就决定了现有企业的技术改造不仅是设备生产工艺更新改造的过程，而且与整个工业经济结构调整、企业改组和产品升级换代紧密相连系，互相交叉进行，有些企业的技术改革本身就属于企业改组和工业经济结构调整的范围。技术改造项目可行性研究评价，首先要分析产品更新后是否符合标准化、通用化、系列化的要求；其次，应该分析企业技术改造是否按照现代化生产的客观要求，打破地区、部门、行业的界限，在经济合理的原则下，调整和组建一系列专业化的企业，开展工艺和零部件的协作生产。

企业生产专业化协作与企业生产产品品种的多寡是相联系的，大而全、小而全的生产与专业化生产是背道而驰的，只有大而专、小而专才符合生产专业化与协作的要求。有的同志认为，企业技术改造后增加的品种越多越好，主张将产品品种增加的多少作为技术改造项目的评价指标之一。我们认为，这种评价方法是不足取的，它不符合生产专业化与协作的要求。殊不知，增加产品品种和规格，是对整个社会经济活动而言，也仅限于生活消费品生产领域。对工业企业来说，企业生产的产品品种多，规格齐全并不一定是好事。过去我们很少强调生产的专业化与协作，让企业生产搞自给自足，万事不求人。拖拉机厂、汽车厂生产拖拉机、汽车所需要的各种零部件，都是企业自己独揽。这种情况不能不说是品种多、规格齐全。但是其经济效果如何？产品质量又如何呢？我们已经吃了大而全、小而全的经营生产方式的亏，对技

术改造项目进行评价论证时，理应吸取教训。对单个生产企业来说，它所生产的产品品种越少越好、越专越好。只有专，才有利于产品质量的不断提高和产品使用性能的不断改善。一些经济发达国家，单个企业生产的品种一般都是少而专。

（五）盈利、投资差额计算的评价原则

技术改造项目盈利差额评价是把不进行技术改造或技术改造前作为一个投资方案，把企业技术改造后作为另一个投资方案。通过计算不进行改造与改造后两个方案经济效果的差额来衡量评价企业技术改造后的经济效果。如果用 Pn 代表企业进行技术改造前的盈利额，Po 代表企业进行技术改造后的盈利额，PΔ 代表企业技术改造后所新增加的净盈利，则有计算公式：

$$P\Delta = Pn - Po$$

采用差额法计算企业技术改造投资所增加的净效果，可以使相同数量的资金用于技术改造比用于新建有更好的经济效果，通过具体数字表现出来，使之更加明朗化。这也正是企业技术改造投资的优越性和经济合理性的具体体现。

有的同志认为，企业技术改造后所新增加的盈利，不完全是新追加的投资所带来的，而且还包括原有投资未形成综合生产能力的潜在投资，因而主张将新增加的盈利在旧厂原有投资与技术改造所新追加的投资之间进行分摊计算。这种评价方法，从表面看来，似乎公正，其实不尽然。不能否认，企业技术改造后所新增加的盈利，确实是利用了企业原有投资中没有发挥效益的一部分固定资产价值。但是，如果不对企业进行技术改造，这部分未发挥作用的固定资产价值仍然是闲置的。只是在追加新的投资对企业进行技术改造后，这部分未形成综合生产能力的原有投资的潜在效益才发挥出来了。我们经常所讲的，与基本建设相比，现有企业通过技术改造可以达到投资少、工期短、材料省、效果好的目的，正是包括了上述这种因素在其中起作用。否则，技术改造的上述优点是难以存在的。

与盈利差额计算相比，企业技术改造投资的差额计算要复杂得多。因为，企业的技术改造除了需要追加新的投资外，还需要利用一部分原有固定资产价值，拆除已报废淘汰的陈旧厂房设备并支付拆除费用，同时回收固定资产的残余价值等，有些企业在技术改造期间，还需要停产或部分停产。在这种情况下，企业技术改造投资额可以采用下述方法计算：

企业技术改造投资额 = 技术改造新追加投资 + 新增生产能力利用原有固

定资产价值 + 报废固定资产的拆除费用 + 企业技术改造引起的停产损失 - 报废固定资产的残值回收额

停产损失即指企业停产期内所减收的纯收益。应该强调指出的是，进行技术改造项目的评价论证时，将企业因技术改造而引起的停产损失计入技术改造投资额中，有利于促进企业缩短技术改造的停产时间，减少停产损失，提高技术改造投资的经济效果。

（六）技术改造项目的评价应该进行成本收益的现值分析

现值是指未来某一时刻某一特定货币资金的现在价值。对技术改造项目进行成本效益的现值分析，就是将技术改造项目在经济寿命期内每年的投资、成本费用以及收益的价值，按适当的折现率折现到技术改造实施初期时点上的一种分析方法。成本效益的现值分析是资金时间价值的反映。某一时点上一定数量的货币资金，如果用于贷放或存入银行，随着时间的推移，能够取得利息，从而获得比原先本金为多的本利和。在利率一定的情况下，经过的时间越长，获得的利息就越多，本利和也就越大；如果投入生产经营领域，就能获得一定的经营盈利。当资金盈利率一定时，生产经营的时间越长，所获得的盈利也就越多。

现有企业进行技术改造，作为资金借贷方，它需要从银行或国外借入投资资金，并相应的支付一定的利息。这些借款随着时间的推移，不断增大其数额，占用的时间越长，最初借款的将来时值也就越大，投产后返本期也越长，项目经济寿命期内各年所得的盈利相对地减少。另一方面，技术改造项目竣工投产后，企业作为生产经营者，每年又获得一定数量的盈利。这部分盈利资金存入银行或再投资，又可以获得利息和盈利。项目投产的时间越早，经济寿命期内所获的盈利现值也就越多。

技术改造项目评价是否进行成本效益的现值分析计算，其经济效益评价的结论大不一样。假设有甲、乙两个企业同时进行技术改造，技术改造的投资额均为 1000 万元，项目竣工投产后，各年的净收益均为 200 万元，甲企业比乙企业提前两年竣工投产，建设期为一年，投资一年使用完。乙企业的建设期为三年，第一年完成投资 400 万元，第二年、第三年各为 300 万元。按 10 年的生产经营期计算（包括技术改造的建设期，）如果不进行现值分析，扣除技术改造投资费用（为计算的简便起见，投资额未进行利息计算），甲企业的累计净收益为 800 万元，乙企业的累计净收益为 400 万元，乙企业比甲企业少收益 400 万元。如果按 10% 的折现率进行折现计算，在 10 年的生产经营期内，甲企业的累计净收益现值为134万元，乙企业的累计净收益现值为负105万元，乙企业与甲企业相比，净收益现值差不是400万元，而是239万元。显然，乙企业技术改造后的经济效益不如甲企业好。由此可以看出，成本效益的现值分析在技术改造项目的可行性研究评价中有着极为重要的现实意义，有利于促进企业的经济核算，合理安排建设资金，缩短企业技术改造的建设期，减少投资资金的占用时间，加速资金周转，使技术改造项目做到早投产少付息，早投产多收益，提高技术改造投资的经济效益。

（原载《投资管理与咨询》1985年增刊）

加强建设项目可行性研究与评估

近几年来，我国建设项目可行性研究和评估工作有了重大进展，在较大范围内开展了建设项目可行性研究和评估咨询业务，制止了一些项目的重复建设和盲目建设，在一定程度上对投资决策起到了“智囊”、“参谋”的作用。

但是，从更高层次的要求看，我国目前的建设项目可行性研究和评估工作还有许多不完善的地方，与经济体制改革和投资体制改革的要求不相适应，与实现投资宏观控制、微观搞活的要求不相适应。主要表现是：

第一，有些项目的可行性研究和评估报告缺乏充分的分析研究，工作深度不够。有的项目只搞企业财务分析，而没有进行国民经济效益和社会效益分析；有的只进行静态分析，而没有进行动态分析；有的投资估算不足，留有缺口。例如，国家计委要求可行性研究的投资估算与初步设计投资概算相比，出入不得大于10%。而据某化工设计院的统计结果，除个别项目未超过10%以外，多数项目的初步设计投资概算比可行性研究投资估算超过40%～50%，有的甚至超过一倍多。

第二，有的项目工艺技术不过关，某些设计研究部门对可行性研究质量不负责任，变不可行为可行。例如，某半硬质薄膜项目，产品厚度要求如一根头发丝，在20平方米内厚薄均匀一致，强度、韧性和光洁度等要求都很高。这种产品，目前国内只在大城市里试生产，要在一个边远山区的县办化肥厂内生产，是难以达到工艺技术要求的，而某设计单位的可行性研究报告仍认为是可行的。

第三，有的可行性研究和评估报告缺乏行业发展规划、地区发展规划的指导，注重局部效益、近期效益较多，从长远战略发展考虑较少；有些项目进一步开展工作以后，不得不对原批任务书的主要指标作较大调整，有的甚至造成决策失误。

第四，有些项目可行性研究和评估报告，缺乏公正、客观性，受地方政府和主管部门行政干预较多，肢解项目，以求通过审批关。某扩建工程，可行性研究报告的投资估算为11385.5万元，但上级主管部门和委托单位要求控制在项目建议书的1亿元以内，在可行性研究论证会上，限制减到1.03亿元。有的报告是“钓鱼项目”、“点头项目”、“人情项目”的点缀品，是“奉命研究”、“奉命论证”，把可行性研究和评估报告作为要投资的“敲门砖”、“通行证”。

第五，建设项目可行性研究和评估报告缺乏多方案的比较鉴别，使项目决策没有选择余地；部门之间项目可行性研究和评估工作的发展也不平衡。

第六，有关建设项目可行性研究和评估的基础工作，如评阶价格、社会折现率、基准收益率、外汇汇率等的修订调整工作没有相应跟上，在一定程度上影响了项目可行性和评估工作的全面推广和研究评估质量，制约着建设项目可行性研究和评估工作向纵深方向发展。

出现上述问题的原因是多方面的，但其中最重要的原因是不少同志，包括某些决策者（机关），并不是乐于进行这项工作，要他做，他不做，即使做了，并非自愿，而是迫不得已。这就难免不产生出上述诸多问题。因此，解决问题的根本办法，是要建立起一个完善的投资决策机制。

完善的投资决策机制主要包括以下三个方面：

（1）建立完善的投资决策责任制，将投资决策权与企业经营权结合为一体，使投资的效益和风险与投资决策者的责任和自身利益结合起来。

目前的投资决策机制，基本上是国家、主管部门投资办项目，项目建成后，交给企业经营，企业只是生产经营的主体，而不是固定资产投资的主体。项目建与不建，决策权在各级计委和主管部门，企业经营者无发言权，银行也没有贷款自主权。项目建成后，能否真正运转起来，能否充分发挥效益，对于项目决策者来说，是无关紧要的事。这种投资决策权与企业经营权相分离的机制，不能使投资决策者从投资效果的高低和企业经营状况去审慎考虑自己的决策行为，他们既缺乏搞好项目可行性研究和评估工作的动力，也没有压力。

建立起完善的投资决策责任制，将投资决策权和生产经营者的利益与风险相结合。项目建成后能否充分发挥效益，直接影响到投资者的自身利益，事关企业的生存和发展。因此，投资者就不能不采用科学的决策方法，搞好项目建设的前期工作，对项目进行认真的可行性研究和评估工作，而不至于使这一工作流于形式。

（2）建立项目投资贷款的抵押担保制度。

（3）建立完善的投资资金分配机制。改变国家计委直接分配投资的做法，把大量的投资资金拨给银行，作为它的贷款基金。投资资金贷给谁，贷多少，完全由银行按照国家投资政策、产业政策、行业发展规划和区域经济开发规划的整体要求，根据项目可行性研究和评估的科学结论，择优发放贷款，银行不接受奉命投资，不贷“人情款”，不投资“点头项目”。

为了提高建设项目可行性研究和评估工作质量，为投资决策提供准确可靠的依据。在建立起完善的投资机制后，还需要创造有利于搞好这一工作的基础条件：

第一，搞好投资信息调查，建立和健全投资信息系统和信息网络。

目前，就全国整体来说，投资信息调查工作仍不能适应建设项目可行性研究评估工作的需要。信息资料存在着“五多五少”的问题，即一般的市场供需信息多，投资信息少；近期信息多，远期预测信息少；国内信息多，国外市场信息少；局部的信息多，整体和全局的信息少；独立的条文式的信息多，而对信息进行政策分析，使之系统化的信息少。这种情况已经成为影响建设项目可行性研究和评估工作质量的重要制约因素，因而迫切需要搞好投资信息调查，建立和健全投资信息调查系统和信息网络，以便能够及时掌握国内外市场信息变化动态，分析、预测市场未来的变化，并通过信息网络渠道了解下情，迅速及时地反馈信息。

第二，加强建设项目可行性研究和评估的基础理论与应用理论研究。

第三，进行项目可行性研究和评估咨询立法，使这一工作有法可依，有章可循。

搞好建设项目的可行性研究和评估工作，提高研究和评估质量，除了建立完善的投资机制、创造必要的基础条件外，还需要采取一些切实可行的措施：

第一，改进项目前期工作管理办法，对建设项目进行多层次的研究论证，进行多方案比较，道道设防，层层把关。

企业投资者对拟建项目进行初步可行性研究，搞好建设项目研究评估，是提高研究、评估质量的第一道防线。为了使主管部门有选择余地，企业投资者须同时提供两个或两个以上的建设方案，供主管部门初选时参考。

主管部（委、局）对所属企业所提的若干项目，在行业规划的指导下进行筛选，从中择优挑选预备项目，委托给设计部门进行初步可行性研究，这是搞好项目可行性研究和评估工作，提高研究、评估质量的第二道防线。

咨询单位对建设项目可行性研究报告的评估论证，是提高项目研究、评估质量，保证项目决策正确的第三道防线。

建立贷款管理程序，银行对申请贷款的项目可行性研究报告和评估报告进行再评估，是提高项目研究、评估质量的第四道防线。

第二，由于扭曲价格信息的影响，建设项目局部效益和近期效益的高低，并不反映项目的国民经济效益和远期效益的高低，从某一方面来看是可行的项目，从多方面来看并不完全可行。因此，有必要对项目进行多方面的评估论证。

建设项目多方面研究评估的内容是，既要研究评估项目的企业效益和局部效益，又要研究评估项目的宏观社会效益；既要对项目资金筹措和资金可供性进行研究评估，又要对项目所需原材料、燃料来源的可靠性进行研究评估；既要研究评估项目的近期效益，又要研究评估项目的远期效益；既要对产品的质量和市场供求状况进行研究评估，又要对产品的创汇能力和在国际市场上的竞争能力进行评估研究，等等。通过这样多方面的研究评估，能使项目决策从多方面选择效果较大、风险较小的投资方案。

第三，建立项目可行性研究和评估责任制，加强项目研究评估人员的责任感和公正客观性。

项目可行性研究和评估单位应对项目可行性研究和评估报告的原始数据、工艺技术方法、经济分析方法及最后的研究评估结论的科学性、准确性负责。重大建设项目的研究评估报告，除了由项目研究评估机构的负责人签字外，还应对研究、评估专题，如市场预测专题、工艺技术设备选型专题、经济效益分析专题等，由各专题的研究评估人员签字负责，对因研究评估结论错误导致项目决策失误，应追究有关人员的经济、行政和刑事责任。

第四，搞好建设项目周期管理，建立项目总结评价制度和项目决策反馈系统。

项目建成投产一两年后，主管部门、计划决策部门和贷款银行要对建设项目的社会效益和财务效益等多方面的情况进行总结评价，据以检验项目可行性研究和评价工作的质量，总结项目建设实施过程中的经验教训，评价项目可行性研究评估人员的决策水平，以便发现问题，改进工作。

（原载《投资研究》1986 年第 6 期）

建设项目国民经济评价中的价格问题

一、两种不同的主张

对建设项目国民经济评价的价格标准，理论界和实际工作者有不同看法。主要是：

（一）以影子价格作为建设项目国民经济评价的价格标准

所谓影子价格，有多种说法："预测价格"、"计划价格"、"隐含价格"、"内在价格"，以及"机会成本"等等。天津人民出版社出版的《简明价格词典》把影子价格解释为：在某种经济结构中，以线性规划法计算的反映资源利用的价格。这种价格不是产品实际价格，而是以边际效用价值理论为基础的一种虚拟价格。上海辞书出版社出版的《经济大词典》则解释为：影子价格亦称"最优计划价格"、"记账价格"。指每增加一个单位稀缺有限资源选择最合理的分配方案提出的一种计算价格。总之，影子价格不是现行价格，而是反映某种资源合理利用的经济效果的价格。

主张以影子价格作为建设项目国民经济评价价格标准的同志认为，某种资源的影了价格反映了消耗或生产这些资源的代价，在评价中直接使用影子价格比较合理。

我们认为，将影子价格作为建设项目国民经济评价的价格标准，不可行。影子价格有各种解释，其共同点是以边际效用价值理论为基础，它不仅违反了马克思的劳动价值学说和生产价格理论，而且也脱离了我国现行计划价格的实际情况，如果采取影子价格，则会与现行的价格政策和价格理论形成两张皮，于实际工作和理论研究工作都不利。

其次，目前我国在制度上、技术上不具备准确测定影子价格的条件，难以制定一套理想的影子价格用于项目的评价工作。将它运用于建设项目的国民经济的评价是不现实的。

（二）建设项目的投入产出要素价格与国际市场价格挂钩，应以国际市场价格计算

我们认为，采用国际市场价格作为建设项目国民经济评价的价格标准，对于那些完全开放的国家是适宜的；对于我国利用外资项目、中外合资项目以及补偿贸易项目和投入产出要素以贸易产品为主的项目等涉外项目基本上也是可行的，但决不能作为国内所有建设项目国民经济评价的价格标准。

第一，我国国内市场价格是在我国范围内形成的，它的基础是国内生产该商品所耗费的社会必要劳动量；而国际市场价格是在国际集散中心某种商品的代表性市场价格，它不是取决于哪一个国家的商品生产的必要耗费，而取决于参加商品交换的所有国家商品生产的必要耗费，即国际市场价格是以“国际价值”为基础的。

第二，国内价格是根据我国资源条件、生产力发展水平以及政治经济形势的要求决定的，计划价格是它的主体，它所维护的是社会主义全体劳动者的物质利益。而国际市场价格是由参加商品交换各国，商品提供量与需求量之间的关系形成的，它受到卖主与卖主，卖主与买主，买主与买主之间竞争的影响，同时还受到国际垄断资本的影响。

第三，主张采用国际市场价格的同志队为，国际市场价格是在完全竞争条件下形成的，反映了商品供求关系，其价格接近于价值，因而比较合理。实际情况并非如此。国际市场价格不完全是自由竞争的产物，也并非天然合理。资产阶级政府总是利用权力对物价进行不同程度的干预和控制，为其一定经济、政治需要服务。美国从 1971 年 8 月起先冻结物价，然后控制物价；瑞典于 1970 年末冻结物阶；日本也采取了控制物价的措施。另一方面，即使是自由竞争市场的商品价格，也是变化无常的。以新加坡为例，每吨石脑油现货离岸价，1982 年 1 月 5 日为 293 美元，1983 年 2 月 28 日为 247. 19 美元，1983 年 3 月 17 日为 241. 8 美元。1982 年石油输出国组织规定的沙特标准原油价格每吨为 248 美元，现货平均价为 240 美元，1983 年规定下降为 211. 7 美元，现货平均价为 204 美元。这一点连资本主义国家经济学者也承认：“从个别的发展中国家或从整个世界的观点来看，并不认为世界价格是合乎理想的——相反，许多都是由于垄断和剥削而被弄得失真了的。”① “根据自由主

① 参见《投资工程项目的经济评价—在中国应用西方方法的可能性》（〔美〕艾德里安·伍德著 费仲虎译）——载《投资研究资料》1983 年第 3 期。

义的经济理论，最佳的物价水平是竞争的结果”。“但是在最讲自由主义经济的国家里，这种理论上的方案都不可能在任何地方以纯粹方式予以应用”。①

上述情况表明，如果不加区别地采用国际市场价格对建设项目进行经济评价，实际上是改变了建设项目行将所处的经济环境，使国民经济评阶变成了国际经济评价，以致会发生由国际市场价格因素左右国内建设项目国民经济评价的现象，因而是不可行的。

我们认为，在现阶段，比较切合实际而又简便的办法是，按照内外有别的原则，在我国现行价格和国际市场价格的基础上，从我国现行价格体系的实际情况出发，对某些产品价格不合理部分进行必要的调整，使评价价格趋近于社会价值，并同时满足以下三个要求：①涉外项目的投入物产出物的价格要反映国际市场价格的影响；②鼓励资源的有效利用和节约使用；③投入物产出物价格要反映市场供求状况和社会劳动耗费。

二、建设项目评价中价格体系的内容

建设项目国民经济评价的价格体系可以分为以下几种情况：

按资金来源和产品主要销售对象划分，将建设项目分为国内建设项目和涉外项目两大类；

按价格调整的类型划分，可分为国际市场价格、补贴产品的调整价格、稀缺资源调整价格、期望价格、工资和建筑物价格调整和国内现行实际价格等六种形式。涉外项目评价价格一般宜采用国际市场价格，对于这个问题本文不加以详论。国内建设项目投入物产出物的评价价格应根据情况区别对待，建立符合我国实际情况的评价价格体系。

（一）进出口贸易要素按国际市场成交价格计算

目前，我国实行的是对外开放经济政策，同时又面临着新的技术革命的挑战，国内建设项目的投入、产出要素不完全是关闭在国内市场内，它总要局部引进一些国外的先进技术和装备及国内短缺的原材料，同时也要出口某些国际市场短缺畅销，而自身又具有优势并有利可图的产品。对于国内建设项目引进的设备和进口的原材料，其评价价格应按实际支付的外汇量，然后

① 参见《投资工程项目的经济评价—在中国应用西方方法的可能性》（〔美〕艾德里安·伍德著 费仲虎译）——载《投资研究资料》1983 年第3 期。

按调整外汇汇率折算成人民币后，再加上从到岸港口到项目地点的国内运杂费及其他有关费用计算。国内建设项目的出口产品，其价格应按实际离岸所获的外汇量，再按调整外汇汇率换算成人民币以后，减去该产品从产地到离岸港口之间的运杂费计算。

（二）补贴产品的调整价格

这里所讲的补贴产品的调整价格，不是与价格补贴同义。它是指建设项目评价中，投入物、产出物的现行实际价格加上（或减去）现有的政策性补贴部分所得出的一种价格。

价格补贴是国家对计划价格低于产品价值或成本的一种补助，是对商品不等价交换给予的一种价值补偿。价格补贴是国家运用价值规律的一个重要经济杠杆。据资料介绍，1980 年，实行价格补贴的产品有粮食、棉花、南方木材、农用机械等 30 余种，补贴金额 198.97 亿元，1982 年达到 263.7 亿元（不包括外贸进口商品亏损补贴）。因此，建设项目的国民经济评价不能不考虑到价格补贴政策，并采取与之相适应的办法。

（1）补贴投入物的调整价格。建设项目国民经济评价过程中，当某种实行价格补贴的产品作为投入物要素时，该产品的价格补贴应作为费用的一部分计入生产成本，因为，对投入物的价格补贴表明该商品价格低于实际劳动耗费量。如果不将补贴计入成本，就会使生产企业实际占有的劳动耗费量与经济评价过程中所计算的劳动耗费量不相符，而不能准确地反映建设项目的成本和收益水平。通过调整后的价格较之调整前的价格要合理得多，更接近于价值或生产价格。例如，电厂用煤价格偏低，国家实行煤价补贴，煤作为火电厂投入物时，煤炭价格补贴应计入电厂成本费用。

（2）补贴产出物的调整价格。有价格补贴的产出物，其调整价格的计算方向，与有价格补贴投入物正好相反。建设项目国民经济评价过程中，应将价格补贴作为一种收入计入企业生产收益。如不将补贴部分加入生产收益，就会使生产企业的收益小于企业所创造的实际收益，甚至会因企业的劳动耗费，通过商品销售，得不到应有的补偿而出现亏损。

不同质量的同类产品，其现行的实际价格是有差异的，要求区别情况进行调整，而不能利用“快刀斩乱麻”的办法。同时，对价格补贴的投入物、产出物进行价格调整，并不容易。这就要求有关部门组织一班具有价格、财政、会计知识的专业人员，进行全面系统的调整和计算。

（三）稀缺资源调整价格

建设项目总是与一定的经济资源条件相联系，一个建设项目在建设过程中和建成投产以后，需要耗用一定量的资源。在丰富的资源中，有些资源属于不再生资源，用一点少一点；有些资源则属于不可替代资源。我国地域广大，有些自然资源分布很不平衡，各地区之间稀缺程度差异较大。因此，建设项目的经济评估应该分析项目投产后对项目所在地区资源稀缺程度的影响，并对稀缺资源的价格调整。

以水资源为例。水是一种有限的无可代替的宝贵资源，是工业生产的重要物质基础和原料，又是人民生活中不可缺少的生活资料。而我国水资源的地区分布极不平衡。按人均水量计算，地区间差别很大。如黄、淮、海、辽河流域的水资源相当贫乏，如果在这些地区建设高耗水项目，如钢铁厂、火电厂等，不能不考虑水资源的制约和对水资源供求关系引起的变化，因而也就有必要对其价格进行调整。再如，如果在我国煤炭资源比较贫乏的江南部分地区，如浙江、湖北、广西等地区，新建火电厂、炼焦厂、化工厂及建材厂等高耗能项目，就会进一步加剧这些地区能源供求的矛盾，甚至对经济生活带来极为消极的影响。这同样要求对其价格进行调整，使之能够反映能源的稀缺程度。

同是一种资源，在一个地区是丰富的，而在另一个地区则可能非常稀缺。建设项目经济评价中所讲的稀缺资源是指那些在工农业生产和人民生活中不可缺少或短缺的产品，它不说明该资源全国蕴藏拥有量的多少，也不能说明全国人均拥有量的多少。

（四）期望价格

期望价格，或者称为预期价格，指的是某些产品的现行价格明显不合理，由于受到一系列相关因素的制约，近期内进行调整的条件尚未成熟，而目前又没有实行价格补贴，期望将来条件成熟时再调增或调减的一部分商品价格。期望价格也是一种理想价格或预测价格，它应由价格部门或专门研究机构测算、制订或认可。上述产品作为投入产出要素时，其价格应采用期望价格计算。

（五）工资和建筑物预算价格调整

这里有必要将工资和建筑物预算价格单独予以论述。工资是职工劳动的报酬，是生产过程中活劳动消耗量的货币反映，并进入产出物的成本费用。建设项目的经济评价必然涉及工资，而目前职工的工资并不真正反映职工的实际所得和企业的活劳动耗费。实际上，职工的实际工资收入除了基本工资、奖金和各种津贴外，还应包括福利补贴、劳保费、公费医疗费、房租补贴、交通补贴等。因此，项目评价中的工资费用不应该按基本工资加奖金、津贴计算，而应按职工的实际所得计算。只有这种职工的实际所得才真实地反映产出物的活劳动耗费。

目前，建筑材料涨价普遍，而且幅度较大。据湖北、辽宁、内蒙古等六省区的实例调查，1982 年与 1979 年相比，材料预算价格上涨 13.5%，有的省高达 15% ~ 16%，其中钢材平均每吨上涨 18.4%，木材每立方米平均上涨 30%，水泥每吨平均上涨 40% 左右。建筑材料价格上涨，必然引起建筑产品造价的提高。此外，建筑厂房及其他建筑物的土地征用费未列入成本，致使建筑产品预算造价失真。因此，建设项目经济评价时，对建筑物造价也应作某些调整。

（六）现行实际价格

我国有数十万种产品，上百万种价格，形成了一个庞大的价格体系，其中尽管有许多产品价格不合理，但毕竟是我国经济生活中的现实情况。况且，在经过上述五种办法对某些不合理部分进行了初步调整以后，整个产品价格比较合理了。我们认为，进行建设项目国民经济评价时，不属于上述五种调价范围的投入物产出物的价格不予以调整，按现行的实际价格计算成本和收益。这样做，建设项目评估结论将比较符合我国的实际情况。

（原载《投资研究》1984 年第 6 期）

建设项目经济效益评价中的国家参数问题

在进行建设项目的经济效益评价时，为了决定其是否予以批准并进行投资，必须规定一些标准，作为决定建设项目取舍的临界线和评估时的计算参数，以便在对建设项目作经济效益评价时有所遵循。这些参数（标准或临界线）一般是由国家确定和颁布的，所以称为国家参数。

国家参数是独立于建设项目之外的一套衡量标准，它反映了国家合理地分配建设资金，取得最佳经济效益的意图和要求。确定和颁布国家参数应当遵循集中的原则。这是因为，建设项目经济效益评价指标是多方面的，既有定量指标，又有定性指标；既有反映项目建成投产后物质消耗和利用效益的指标，也有反映固定资产投资经济效果的指标；既有主要指标，又有辅助指标，等等。国家不能对所有的评价指标都设置相应的参数，也无法设置一种面面俱到的参数，它只能设置一些在项目评价过程中起主要作用的，并能集中反映其经济效益的参数。也就是说，设置国家参数要把提高建设项目的经济效益放在首位。通过参数的运用，能集中准确地反映建设项目建成投产后，给国家和企业能带来多少实际的好处，在扣除物化劳动和活劳动的消耗后，还有多少盈利。

依方法而论，确定国家参数应将社会统一性与行业性相结合。主要原因在于，我国现行的价格体系有许多不合理的地方，商品价格不能真实反映社会劳动的消耗情况，等量资金，投向不同的行业和部门，不能取得等量的利润（和税金），因而需要确定部门、行业参数，作为相应部门和行业衡量建设项目是否可行的参数。在当前情况下，而且应该以行业参数作为项目评价时的主要参数。当国内所有商品价格都能依价值或生产价格而转移，并能反映其社会劳动消耗量和平均利润率水平时，我们只需确定一个统一的、适应于各行业各部门建设项目评估的国家参数。那时，行业、部门参数则处于非常次要的地位，甚至可以完全取消。

从我国的实际情况出发，并便于实际的运用，我们拟采用投资国民收入率、投资税利率（即社会贴现率）、投资利润率和调整外汇汇率等四种国家参数。

一、固定资产投资国民收入率

该指标作为建设项目国民经济评价时的参数，是同国民经济评价指标体系中的固定资产投资国民收入率和国民收入现值指标相对应的。国民收入指标是衡量经济发展的综合指标之一。国民收入所反映的是在一定时期（通常一年）内，各物质生产部门劳动者新创造的价值总和，是社会总产品价值，扣除了生产过程中消耗掉的生产资料那部分价值后，所剩下的净产品价值的总和。国民收入数量的多少是衡量物质生产部门劳动者为社会所提供的剩余产品数量（即 m 部分）的标准。而以价值形态表现的活劳动占用（即 v 部分）的多少，则反映了劳动者自身在社会净产品分配过程中所得到的真正报酬和好处。不论是 v 的增加，还是 m 的增加，都直接地反映了人们物质文化生活水平的改善和提高。

国民收入对社会的进步有着极其重要的意义。恩格斯说："劳动产品超出维持劳动的费用而形成的剩余，以及社会生产基金和后备基金从这种剩余中的形成和积累，过去和现在都是一切社会的、政治的和智力的继续发展的基础。"（《马克思恩格斯选集》第三卷第 233 页）通过固定资产投资而增加的国民收入，是固定资产投资所取得的最终成果。设置固定资产投资国民收入率参数，它既是衡量建设项目宏观经济效益好坏的标准之一，也是计算国民收入现值时的折现率。

考虑到价格因素对固定资产投资国民收入率的影响，并由此所引起的各行业固定资产投资国民收入率的差异，应该确定综合固定资产投资国民收入率和行业固定资产投资国民收入率，在评价建设项目时，二者互为补充利用。

综合固定资产投资国民收入率和行业固定资产投资国民收入率两个参数的计算方法如下：

1. 综合固定资产投资国民收入率：

$$\text{综合固定资产投资国民收入率}=\frac{\text{国营工业企业国民收入总额}}{\text{国营工业企业固定资产原值}(1+12.4\%)}\times 100\%$$

2. 行业固定资产投资国民收入率：

$$\text{行业固定资产投资国民收入率}=\frac{\text{某行业国民收入总额}}{\text{某行业固定资产原值}(1+12.4\%)}\times 100\%$$

两点说明：

（1）固定资产原值是对固定资产投资完成额的近似反映，而不是投资的全部。因为，固定资产投资完成额中包括了一部分按照我国现行制度规定而不形成固定资产而应该核销的投资和费用。这部分投资费用不计入固定资产交付使用额中。上述式中，12.4%系指1950~1982年基本建设累计核销投资和费用与同期累计固定资产交付使用额的比率（下文各计算式中涉及的12.4%，与此处同理同义）。但是各行业的核销投资和费用数字不全，故未计算。计算行业固定资产投资国民收入率时，仍采用12.4%的比率。我们认为，为了比较准确地反映固定资产投资效果，并用作建设项目的评价参数，在上述计算式中，采用固定资产原值×（1+12.4%）的计算办法，将固定资产原值换算成固定资产投资额，是合理的，也很有必要。

（2）由于我们所掌握的现有统计资料中，未分别列出各行业国有企业的国民收入总额数，上述计算式中，对国民收入可以采用分配法进行计算得出，即采用工资总额加利税总额与固定资产投资额进行计算而求得参数。依此，上述公式则转换成：

3. 综合固定资产投资国民收入率：

$$\text{综合固定资产投资国民收入率}=\frac{\text{国有工业企业利税总额}+\text{国有工业企业工资总额}}{\text{国有工业企业固定资产原值}\ (1+12.4\%)}\times 100\%$$

4. 行业固定资产投资国民收入率：

$$\text{行业固定资产投资国民收入率}=\frac{\text{某行业国有企业利税总额}+\text{某行业国有企业工资总额}}{\text{某行业国有企业固定资产原值}\ (1+12.4\%)}\times 100\%$$

当新建项目正常生产年份（通常是项目建成投产后达到设计生产能力的年份）的投资国民收入率大于或等于相对应指标参数时，项目则可取；否则，就应该综合平衡，权衡得失，再行决定取舍。

二、固定资产投资税利率（即社会贴现率）

在论述投资税利率以前，有必要对社会贴现率作一些论述。社会贴现率是将建设项目未来的成本和收益的价值折算成现在的时值后，所进行的定量计算。人所共知，某一时点的货币资金随着时间的推移，用于储蓄或贷放，必定能够取得利息，如果用于建设投资，能够取得利润，从而成为比起点时本金为多的本利和。在相同的投资收益率的前提下，经过的时间越长，取得的利润或利息就越多，本利和也就越大。这种现象表明，现在某一时点的货币资金，随着时间推移，而逐渐增值。这种现象就是通常所说的“复利”。

同样的道理，由于时间的差异，尽管相同数的投资（或储蓄存款）所获得的增值时值相同，而现值却不会一样，同样数量的货币收益，近期的时值比远期时值的效益要好。例如，人民币100元，按复利率10%计算，10年到期，其复利值为259元；同理，10年后的259元，按复利率10%计算，其现值为人民币100元。很显然，货币资金时值的差异由贷款（存款）资金的利息，或建设资金所带来的盈利所引起的，即我们通常所讲的“早投资、早获利。”社会贴现率的主要经济作用是为了衡量建设资金投放后，能否获得的最佳经济效益，以利于将建设资金分配到最急需的用途上。

按照社会贴现率的基本含义，为了通俗起见，并便于项目评估时的实际应用，我们主张以投资税利率作为社会贴现率。投资税利率作为建设项目经济效益评价时的社会贴现率，要求比较准确地反映国家的经济发展水平和工艺技术装备程度，以及国家用于新建项目的物力财力可容纳程度。如果投资税利率定得太低，将会使过多的建设项目具有较大的净收益现值，一方面造成投资资金的需求量超过供应量，另一方面也不利于对建设项目进行科学合理的选择。反过来，如果投资税利率定得太高，在建设项目国民经济效益评价时，则会使较多的建设项目无法得到正的净收益现值，这也同样不利于对建设项目进行选择。

投资利税率可以采用两种办法进行计算确定：一是基数法，即根据银行规定的贷款资金利息率作为投资税利率的基数，再根据具体情况进行调整。二是统计分析法，它是根据对统计资料进行分析计算，求出某一年度的投资利税率，包括综合投资税利率和行业投资税利率。

综合投资税利率是在假设所有的投入产出物价格都是合理的前提下而予以颁布并运用的。在此情况下，各行业投资税利率是相同的，即等量资金可以获得等量利润（和税金）。从长远看，在对各种商品价格进行合理调整后，确定一个综合投资税利率，以适用于国内所有建设项目国民经济效益评价的需要就可以了。在目前的情况下，可暂根据最近年度国有企业财务统计资料所提供的数据进行计算投资税利率，并予以确定颁布，作为建设项目评估时采用的基本参数。

由于现行价格政策有许多不合理的地方，产品的价格既不能正确地反映其社会劳动消耗情况，也不能反映社会有限资源的最佳分配和利用程度，由价格因素所造成的不同行业之间投资税利率有很大的差异。对于那些投资税利率偏低的行业，在进行建设项目的国民经济效益评价时，如果采用综合投资税利率对其收益进行贴现计算，则难以做出合理准确的取舍。此其一。

其次，我国对固定资产投资管理是以计划调节为主，尽管投资税利率在行业和部门之间有悬殊，投资的分配和转移，从整体和全局看，不是由投资税利率的高低来进行调节的，而是由国家计划统一安排的。为了对建设项目的国民经济效益进行科学的评价并利于投资决策，也有必要计算并颁布工业部门各行业的投资税利率，作为相应行业建设项目评价时的社会贴现率。

综合投资税利率和行业投资税利率的计算公式分别为：

$$综合投资税利率=\frac{国有工业企业税利总额}{国有工业企业固定资产原值\times（1+12.4\%）}\times100\%$$

$$行业投资税利率=\frac{某行业国营企业税利总额}{某行业国有企业固定资产原值\times（1+12.4\%）}\times100\%$$

与投资税利率相联系的是贴现系数。贴现系数是社会贴现率和年数两者的递减函数，它表明一个单位货币在不同时期的价值。其函数关系式为：

$$R=\frac{1}{(1+r)^n}$$

式中 R——贴现系数，

r——社会贴现率，亦即投资税利率，

n——年数。

根据颁布的投资税利率可以计算出贴现系数，进而可以计算不同时期一个单位货币收益的现值。

这里有两点需要说明：

（1）有些同志主张采用基数法确定社会贴现率，即以长期贷款资金的实际利息率作为社会贴现率的基础，再根据具体情况进行调整。从理论上来说，这种观点是正确的。因为，利息率的高低反映了市场上货币资金的供求关系和投资在生产领域中所能带来的平均盈利。在资本主义国家，利息也是平均利润的一部分，它是资本的价格。但是，目前我国贷款资金的利率很不合理，它既不反映资金投资的盈利水平，也不反映固定资产投资领域中货币资金的供求关系。固定资产投资贷款年利率3%，流动资金贷款月息最高为6‰（相当年息7.2%），远远低于国有企业投资税利率（1982年为17%），也低于按定额流动资金全年平均余额与固定资产净值之和计算的资金利润率（1982年全国工业生产企业为14.3%）。显然，以国内现行的贷款资金利息率作为社会贴现率是偏低的，不可行的。

能不能以国际市场长期贷款资金的利息率作为国内建设项目评价时的社会贴现率呢？回答是否定的。我国固定资产投资资金绝大部分是国内资金，国外资金只占极小的比重（如1981年，固定资产投资总额中，外资仅占

5.4%），我们不可能以外资贷款利率作为国内建设项目评价时的社会贴现率。否则，也同样不利于对建设项目进行合理的筛选。

（2）对于利用外资贷款项目和中外合资经营项目，应按外资贷款利息率对费用和效益进行贴现计算。

三、固定资产投资利润率

投资税利率和投资国民收入率，是适用于建设项目国民经济评价时的参数。建设项目评价，除了社会宏观经济效益评价外，还必须进行企业微观经济效益评价，分析建设项目创办经营者在经济上的得失，考核建设项目在某个正常生产年份内，投资所能带来的纯收益。

对建设项目进行微观经济效益评价，有必要确定下限基准收益率和计算收益净现值时的折现率。该参数不能用投资税利率来代替，它只能采用投资利润率。这是因为，税收是按法律规定，企业向国家交纳的财政收入的一部分，它具有强制性和固定性的特征。在税率（或税额）确定以后，它一般不因企业盈利的多少而随意变更，税收不表现为企业的实际收益。因此，在评价建设项目的企业微观经济效益时，必须剔除税收而采用投资利润率。当新建项目投资利润率大于或等于下限基准收益率时，则可取；否则，就应该舍去。

正如前面论述到的两个国家参数一样，投资利润率分别采用某年度全国国有企业综合投资利润率和行业投资利润率两个参数作为下限基准收益率。其计算公式分别为：

$$\begin{matrix}\text{综合固定资产}\\\text{投资利润率}\end{matrix}=\frac{\text{国有企业利润总额}}{\text{国有企业固定资产原值}\times(1+12.4\%)}\times 100\%$$

$$\begin{matrix}\text{行业固定资产}\\\text{投资利润率}\end{matrix}=\frac{\text{某行业企业利润总额}}{\text{某行业企业固定资产原值}\times(1+12.4\%)}\times 100\%$$

四、调整外汇汇率

外汇汇率指的是一国单位货币兑换他国单位货币的比率。这里所讲的外汇汇率特指单位人民币与单位美元的兑换比率。

目前，我国实行两种外汇汇率，一种是牌价外汇汇率，另一种是贸易外汇汇率。牌价外汇汇率是根据单位货币的含金量进行换算而得出的兑换比率。在外汇收支不平衡时，这种汇率往往不能反映外汇的真正社会价值。在较长的时间内（比如15年），当外汇收入大于支出时，建设项目经济效益评价可以采用牌价外汇汇率。因为，在此情况下，外汇的取得并不十分困难。事实上，对于发展中国家来说，这种情况是不多见的。由于经济发展的需要，必须不断地引进先进工业国的技术与设备，因而需要较多的外汇支出，尽管在短期内，可能有一定的外汇收支顺差，但随着引进的增加，仍有可能出现外汇收支逆差。

另一种情况是，目前外汇入不敷出，对建设项目的国民经济效益评价时，要求另定外汇汇率。这种汇率就叫作调整外汇汇率。调整后的外汇汇率，反映了外汇的稀缺程度。

调整外汇汇率一般采用以下两种方法进行计算：

1. 收入支出逆差比例计算法

当外汇收支平衡表中出现赤字时，表明国家对外汇有较多的需求。这时牌价汇率不能起到吸收与节约外汇的作用，因而可以根据收支逆差比例，调整外汇汇率。计算方法如下：

$$P_F = R_F\left(1+\frac{M-B}{B}\right),\qquad \text{化简得：} P_F = R_F \times \frac{m}{B}$$

式中；P_F 为调整外汇汇率；R_F 为牌价外汇汇率；M 为国家年度外汇支出；B 为国家年度外汇收入；$\frac{M-B}{B}$为外汇收支逆差系数。

一方面，由于牌价外汇汇率不能反映外汇的真正社会价值；另一方面，我国的有关统计资料将向中国银行和国外贷款也列入外汇收入中，而不能准确地反映外汇收支情况，以此为依据求得的调整外汇汇率，对于建设项目的经济效益评价失去了实用的价值，因而不可取。

2. 贸易外汇汇率

我国外汇是由国家掌握的，并由中国银行负责管理。国家为了限制进口和鼓励出口，规定了贸易外汇汇率。这是一种对内不对外的汇率。基于国家规定贸易外汇汇率的目的，同时也考虑到今后较长时间内，随着引进技术和装备的增加，而带来外汇需求的上涨，建设项目国民经济效益评价时，应当采用这个汇率，即一般按1美元等于2.8元人民币计算。

同时应该提出的是，如果建设项目使用的外汇是调剂外汇，则应按现行有关规定，在贸易外汇汇率的基础上，再向上浮动10%，即按1∶3.08计算。

（原载《投资与信用研究》1985年第1期）

如何选定基准投资收益率和折现率

一、设置经济参数的必要性

在进行建设项目经济效益评价时，为了判别项目是否可行，必须规定一些衡量的标准，作为决定项目取舍的临界线和参考数据，以便在对建设项目经济评价时有所遵循。这些参数从国家和社会利益出发，反映了较理想地分配投资的意图和愿望，以求获得最优经济效益。一般说来，经济参数是由国家确定和颁布的，所以又称国家参数。

项目评估中，经济参数指标的多少，取决于评价指标的多少，从理论上来说，有多少个评价指标就可以设置多少个经济参数。比如，除了调整外汇率和折现率外，项目建设工期、投资利润率、投资税利率、单位生产能力投资等，都可以称为项目评估中的经济参数。

但是，在实际工作中，由于受到诸多因素的制约，我们不可能对所有的评价指标都设置相应的参数，也不可能设置一种面面俱到的参数，只能设置一些在项目评价过程中起主要作用，并能集中反映其经济效益的参数。也就是说，设置经济参数要把有利于提高建设项目的经济效益放在首位，通过经济参数的运用，能集中准确地反映项目建成投产后，给国家和企业能带来多少实际好处，在扣除物化劳动消耗和活劳动占用以后，还有多少盈利。

基准投资收益率（包括基准投资利润率、税利率、国民收入率、下同），是项目评估经济参数体系中的重要指标之一。下面就《中国人民建设银行工业项目评估试行办法》（以下简称《项目评估试行办法》）中，基准投资收益率和折现率的选择依据和计算方法谈一点个人的认识。

二、基准投资收益率和折现率的选择依据和计算方法

《项目评估试行办法》规定，在国家未颁发统一的参数以前，暂以 1984 年国营工业生产企业各部门投资利润率、投资税利率和投资国民收入率分别作为项目评估中的基准投资利润率、基准投资税利率和基准投资国民收入率。

由于我国商品的价格体系还没有理顺，建设项目投入产出物价格既没有正确反映其社会劳动消耗情况，也没有反映社会有限资源的最合理分配和利用程度。因此，造成部门之间投资收益率的一定差异，这种差异在不同部门的建设项目评估中也同样存在。其次，尽管各部门投资收益率有悬殊，但是从整体和全局看，投资的分配和转移，不是由投资收益率的高低来调节的，而是由国家计划统一安排的。为了对不同部门建设项目的经济效益进行科学的比较，并有利于项目的挑选，《项目评估试行办法》又规定以 1984 年各部门的投资收益率作为对应部门建设项目评估时的基准投资收益率。

1984 年的基准投资收益率均按财政部提供的统计资料计算。考虑到现行的有关规定，项目投资额中有一部分核销的投资和费用以及建设单位已经完成购置、建造，并已交付给生产单位使用的，但不构成固定资产标准的工具、器具等流动资产，未计入新增固定资产（反映在生产企业为固定资产原值）中。通过计算，1952～1984 年全国全民所有制基本建设累计核销的投资和费用，以及不计入新增固定资产中的流动资产与 1953～1984 年累计新增加固定资产额的综合比率，全国为 17.04%。由于缺乏各工业部门的统计资料，各部门的比率无法计算，故暂以综合比率作为各部门投资额换算的依据。在取得了综合换算比率以后，就能够比较容易的将各部门的固定资产原值还原为固定资产投资额。还原公式为：

固定资产投资额 = 固定资产原值 ×（1 + 综合比率）

= 固定资产原值 ×1.1704

式中，1.1704 为固定资产投资额还原系数。

在累计的固定资产投资额中，逐渐增加的固定资产投资，有一部分已逐渐的报废退役，而不在生产领域内起作用了。目前又难以取得历年来已报废退役的固定资产原值数，现行统计资料中的周定资产原值也不包括已报废退役的固定资产。因此，《项目评估试行办法》采用了还原系数将固定资产原值换算成固定资产投资额的办法。《项目评估试行办法》关于基准投资收益率选择的规定，体现了以下三条基本原则：

第一，体现了基准投资收益率与评估指标相对应的原则。

第二，基准投资收益率的选择，反映了经济体制改革对经济参数运用的要求，反映了经济体制改革进程对基准投资收益率的影响、制约。

第三，考虑到了目前我国由价格的不合理所引起的部门之间投资收益率差异的实际情况。

由于各地区投资收益率实际存在着的差距，有的同志主张确定分地区的基准投资收益率，作为各地区建设项目取舍的标准。

笔者认为，各地区现有生产企业投资收益率的差距，并不意味着各地区建设项目评估时的投资收益率也存在着同样的差距。这是因为，现有生产企业经济效益的计算与建设项目评估时经济效益的计算所选择的时点不同，起制约作用的因素也不一样。

第一，基准投资收益率是根据现有生产企业既成事实的经济效益的计算而得到的，建设项目评估中经济效益的计算是对评估对象未来经济效益的预测分析。

第二，各地区现有生产企业经济效益的高低主要受技术装备水平、生产能力利用率、企业经营管理水平、工人技术水平等因素的影响，各地区平均投资收益率的高低还受着该地区产业结构、行业结构及产品结构等因素的影响和制约，评估项目经济效益，主要受所选择的投入产出物价格、项目经济寿命期、生产能力利用率估算等因素的影响。事实上，具体到某一个被评估的项目来说，撇开其他因素不论，无论将该项目置于哪个地区，项目投入产出物价格的选择、项目经济寿命期及生产能力利用率的确定估算原则都是相同的，这种预测估算都是统一遵循《项目评估试行办法》中所制订的原则和方法，依此而评估得出的投资收益率也是相同的。因此，在项目评估时，只需要确定一个统一的供各地区项目评估共同使用的部门基准投资收益率，而不应按照各地区现有生产企业经济状况去选择拟建设项目。否则，现有生产企业经济效益愈低的地区，基准投资收益率愈低，所评估的建设项目就愈容易跳过“基准线”。而现有生产企业经济效益较好的地区，基准投资收益率较高，所评估的建设项目就难以越过“基准线”，将导致这些地区很少有甚至没有建设项目入选。这样显然不利于进行正确的投资决策，提高拟建项目的经济效益。

三、如何确定折现率

折现率是将建设项目不同时点的成本和收益折算成现值进行定量计算所需要的参数。在商品经济条件下，某一时点的货币资金，用于储蓄或贷放，能够取得利息，用于建设投资，能够取得收益，从而成为比起点时本金值更大的本利和。在相同利率或收益率的前提下，经过的时间愈长，取得的利息或收益就越多，本利和也就愈大。

同样的道理，由于时间的差异，尽管相同数量的投资（或储蓄存款）所获得的收益时值相同，而现值却不会一样，近期的时值比远期的时值的效益要好。项目评估中所采用的折现率就是用以考核不同时间效果的现值而确定的参数，其主要经济作用是为了衡量建设资金投放后，能否获得最理想的经济效益，以利于将建设资金分配到最急需的用途上。

在项目评估工作中，一般都是假设项目在整个寿命期内，折现率都是不变的，其中的任何一个年份都是采用同一的折现率。这种假设是项目评估理论中通用法则。因为，项目评估时，人们是不可能真正把握住建设项目寿命期内各年份投资收益率变化状况的。唯有立足于某个不变的时点，才能求出未来的变量值，即不同时点上成本与效益的现值。

在我国，究竟采用何种折现率作为建设项目评估使用的参数较为合理，存在着不同的主张。有相当部分的同志认为，国际金融市场上的长期贷款利率基本上反映了国际上平均的资本获利能力，因而主张以此作为确定计算收益净现值时折现率的参考系数。事实上，这种主张将我国和国外银行进行项目评估的出发点相提并论，将我国建设项目投资环境和国际金融市场的投资环境相提并论，因而是不可取的。

据了解，目前国外银行（包括国际金融组织）一般采用国际金融市场长期贷款利率作为对建设项目评估时的折现率。他们的这种选择，主要基于以下两个方面的原因：

一是由评估项目的出发点所决定。国外银行对建设项目的评估，是从银行自身的经济利益出发衡量资金使用效果的，他们的根本愿望是在对资金使用效果作动态分析的原则下，以求投资能够按期收回。他们既不考虑企业在归还银行借款以后是否有盈余，也无须考虑国家的盈利所得。

二是国际金融市场长期贷款利率基本上反映了金融资本家（包括其他货币经营者）对产业资本盈利的分割情况，反映了借贷资本家从事投资的意图和目的要求，也反映了资本市场的资本供求状况。

按照马克思的剩余价值分配理论，利息率只能是平均资金利润率的一部分，是借贷资本家参与产业资本利润瓜分的结果，而不是平均资金利润率的全部，贷款资本利率的最高限不能超过平均资金利润率。

因此，建设银行评价项目时，既不能以国内长期贷款利率作为确定折现率的依据，也不应以国际金融市场上长期贷款利率作为计算收益净现值的折现率。其理由也主要有两点：

第一，我国贷款资金的利息率不反映资金的供求状况，也不反映资金的平均盈利水平。目前，我国“拨改贷”资金的利率，除了投资于长线产品的建设项目和在能源紧张地区搞的耗能高的建设项目，年利率12%以外，其他各行业的投资资金利率最高的也只有4.2%，最低的只有2.4%。银行发放的固定资产贷款利率虽然根据贷款期限的长短实行差别利率，但又没有考虑不同行业资金盈利率的差别。据此可以看出，在我国，利率作为调控经济活动的经济杠杆之一，它的高低不是银行金融组织参与平均资金盈利分配的结果，而是服从于贯彻国家整体经济政策意图的需要。

第二，由于建设银行具有银行和财政双重职能，具有企业经营者和国家管理固定资产投资专业银行的双重身份，评估建设项目时，不是以能否收回贷款本息作为唯一的依据。考虑得更多的是，资金投放以后，按照对经济效益动态计算的原则，使企业全部偿还银行贷款本息以后，企业是否有盈余，能否给国家带来盈利。

《项目评估试行办法》中规定有两个折现率，一个是计算收益净现值时所需要的折现率，一个是计算国民收入（净产值）现值时所需要的折现率。确定折现率时，应坚持以下三条原则：

第一，所选择的折现率应与折现计算对象的内容相一致，以便反映投资在该折现范围的收益水平。

第二，所选择的折现率既要体现目前一定的经济状况，也要满足国家经济政策对折现率运用的要求。

第三，所选择的折现率要有利于项目评估人员的实际应用。

从净资金流量表分析看，收益净现值实质上就是对企业在生产经营期内逐年的销售利润和归流的折旧基金的折现计算。基于此，《项目评估试行办法》中规定以1984年国营工业生产企业的折旧与利润和投资额的比率即投资利润折旧率作为计算收益净现值的折现率。

《项目评估试行办法》规定以投资利润折旧率作为计算收益净现值的折现率，需要通过一定的转换过程。因为。折现率是一个动态指标，投资利润折旧率是一个静态指标。将静态的投资利润折旧率换算成动态的折现率应通过以下转换关系：

$$P=\frac{(1+r)^{m}\cdot r}{(1+r)^{m}-1}=\frac{r}{1-\frac{1}{(1+r)^{m}}}$$

式中 p——投资利润折旧率；

r——待求的折现率；

m——项目寿命期。

公式表明，投资利润折旧率与折现率的差别率随着项目寿命期的变化而变化。在投资利润折旧既定的情况下，经济寿命期（m）值越大，折现率与投资利润折旧率的差别率就越小，当项目经济寿命期（m）值趋近于无穷大时，折现率与投资利润折旧率相等。

从项目评估要求出发，以静态的现行统计资料的投资利润折旧率换算成动态的折现率，需要具备以下三个基本条件：

一是要合理的确定各部门建设项目寿命期，包括项目建设周期和生产经营期；二是要使现有的折旧水平反映固定资产有形和无形损耗水平；三是现有企业生产能力必须充分利用，充分发挥效益。如果不具备这些条件，将静态的投资利润折旧率转换成动态的折现率，就不能真正具备可行性和科学性，若以此去计算收益净现值，就会造成建设项目经济效益的失真。

目前，我国还不具备将现行生产企业的投资利润折旧率转换算成动态的折现率，并以此作为项目评估参数的客观条件。

一是如何确定各部门建设项目经济寿命期，不仅要进行大量的实际调查工作，还要解决好一些测算中的理论问题，而目前我们还难以做到这一点。

二是现有的折旧水平仍然较低，没有真正反映固定资产有形和无形损耗的状况。

三是现有生产企业的生产能力利用率较低。据典型调查，相当一部分的生产企业生产能力利用率只达到50%～70%（项目评估时，生产能力利用率预测数一般都高于此数）。

同时，从提高我国投资效益，逐步提高固定资产折旧率的客观需要出发，《项目评估试行办法》规定暂以静态的1984年国营工业生产企业各部门的投资折旧利润率作为项目评估时计算收益净现值的折现率。

据计算，1984年国营工业生产企业投资利润折旧率为12%，除煤炭部门只有3%，医药、石油化学部门均达到23%和30%以上，其他各部门8%至19%不等，多数部门的投资利润折旧率在12%至16%之间。实践表明，这样的折现率作为项目评估使用的参数是完全可行的。

（原载《投资研究资料》1986年第20期）

建设项目财务评价宜划分为两个层次

从企业和国家管理经济的功能来分析，建设项目财务评价宜划分为企业财务效益评价和国家财务效益评价两个层次。在现行的许多关于项目经济评价的教科书中，一般地总是将企业财务效益评价和国家财务效益评价统括在财务评价中加以论述，而没有作进一步的分类。这不能不说是一种缺陷。

一、关于企业财务效益评价问题

对拟建项目进行企业财务效益评价，是在社会主义商品经济条件下，由企业的基本功能要求所决定的。

（一）维持物质资料简单再生产的功能

无论对新建企业还是原有企业来说，企业作为独立的商品生产者，在实行严格的经济核算的前提下，应在现有的生产经营规模的基础上，使产出价值量不小于投入价值量，这是企业最基本的职能。如果产出抵偿不了投入，企业生产经营规模日趋缩小，则表明企业不仅没有盈利，而且是亏损。长此以往，等待它的将是企业破产的命运。这显然不是企业经营者和投资者所期望的结局。

（二）扩大再生产的功能

企业是社会经济组织的细胞。如果将企业置于社会整体中看，它仅仅具备维持简单再生产的功能是不够的，还必须具备扩大再生产的功能。这就要求企业向国家依法缴纳税金以后，还有足够的留利，用于偿还银行贷款及其他债务，使企业具有自我发展和自我改造的能力。

（三）维持劳动力再生产的功能

职工是生产力要素中最重要的要素。职工按照各自对社会所提供的劳动数量和质量，从企业领取等量报酬，获得工资收入，以满足劳动者自身及其家庭成员的物质消费和精神、文化生活享受的需要，维持劳动力再生产。如果企业经营效果差，职工向企业提供的等量劳动不能获得等量效益，也就意味着不能取得等量报酬，对劳动力的再生产，无疑是一种不利因素，对社会经济的发展势必产生消极影响。

从企业的功能要求出发，在投资贷款决策阶段，对企业拟建项目所获得的财务效益进行全面系统的评价论证，就是站在企业经营者和银行贷款者的角度，以现行实际价格与价值尺度，按照现行的财税制度规定，对拟建项目的成本效益进行测算和分析，据以评价企业获利的可能性和债务清偿能力。简言之，企业财务效益评估有以下四个特点：

（1）评价分析时所采用的价值尺度是现行的实际价格。这种实际价格一般指现行的国家统一价格、市场贸易价格以及根据市场行情、现行价格和国家有关政策等因素进行预测的期望价格。

（2）以现行的财会、税收、信贷制度规定为评价计算的依据。

（3）采用动态效益指标和静态效益指标相结合的评价原则。

（4）以拟建项目建成投产以后对企业经营者和银行贷款者利益贡献大小作为衡量效益好坏的标准。

上述前三个特点是财务效益评价的共同特点，第四个特点是企业财务效益评价所独有的特性。

企业财务效益的好坏是通过一组指标反映出来的。如果以各个效益指标是否考虑资金的时间价值来区分，可以划分为静态效益指标和动态效益指标两大类。评价企业财务效益的静态指标有投资利润率。它反映的是项目建成投产以后，产品产量达到设计生产能力的正常生产年份内，年利润总额与总投资比率，即每一单位投资额给企业带来的增量收益额。

评价企业财务效益的动态指标有借款偿还期、财务收益净现值和财务内部收益率等三个指标。

二、关于国家财务效益评价问题

何谓国家财务效益评价？国家财务效益评价也可以称之为国家财政效益评价。它是站在国家财政的角度，以现行实际价格为价值尺度，按照现行财税制度规定，对拟建项目的成本效益进行计算分析，据以评价项目建成投产以后对国家财政贡献的大小。国家财务效益评价理论基础是福利经济理论。

传统的福利经济学认为，福利由效用构成，效用可以用满足来表示，而这种满足又是用所购买的或占有的单位商品价格和价格变动来表示。所以，一个人的福利反映于他的货币收入和支出之中。而个人的货币支出取决于个人的货币收入。因此，个人的福利最终取决于个人参与国民收入分配过程中所得到的工资收入的多少。这样，个人收入水平的多少首先取决于国民收入的总量和收入分配制度。国家福利总额是单个个人福利的累加，国民收入总量越大，意味着一国个人福利总和也就越大。

从以上的论述中，得到如下启示：为了实现社会主义生产目的，使福利目标最大化，不仅要增加企业所得利润，而且也要增加劳动者的个人收入和国家财政收入，使企业净产值在企业、国家财政和劳动者个人三者之间进行合理分配。这就是为什么要对拟建项目进行国家财务效益评价的理由所在。

国家财务效益评价除了具有企业财务效益评价的前三个共性特点外，还有三个不同之点：

评价的角度不同。企业财务效益评价是站在企业经营者和银行贷款者的角度，评价项目建成投产后对企业收益贡献的大小；国家财务效益评价是站在国家利益的角度，评价项目建成投产后对国家财政收入贡献的大小和职工收入增加多少。

衡量费用与效益的标准不同。对于企业来说，职工工资、职工福利基金，向国家缴纳的税金和其他有关费额（如教育费附加），向银行支付的流动资金贷款利息，都是企业的支出，不计入企业财务效益的范畴。而对于国家来说，企业缴纳的税金是国家财政收入的重要来源渠道，是由企业转移给国家的收益；企业按政策规定缴纳的其他有关费用（如教育费附加），虽不进入国家财政第二次分配的范围，却可以减少国家财政第二次分配过程中用于教育经费方面的支出，因而也是国家财政的间接收入；流动资金利息通过银行流入国家财政二次分配渠道中；企业支付给职工的工资和福利基金，是改善提高人民的物质文化生活水平的货币标志，也是职工福利水平高低的货币标志。职工货币收入的增加也可以减少国家财政用于职工福利补贴的支出。职工工资和职工福利基金是国民收入的重要组成部分。

与上述两点相联系，反映项目国家财务效益的评价指标不同。这些指标主要有投资利税率、投资净产值率、投资回收期、换汇成本等。

下面重点论述投资利税率和投资净产值率两个指标的经济意义。

投资利税率是反映项目建成投产以后，一个正常生产年度的利税总额与项目总投资的比率。该指标是衡量项目占用一定量的总投资后为社会所提供的剩余产品的多少和对国家财政贡献大小的重要指标。项目投资利税率越大，说明项目建成投产后对国家财政贡献越大，对提高国家福利水平的贡献也越大。

投资净产值率反映的是项目建成投产后达到设计生产能力的一个正常生产年度内为社会新创造的价值（V+M）总额与总投资的比率。该指标对于评价劳动密集型产业和传统产业项目来说，具有特别重要的意义。例如有甲、乙两个项目，虽然投资额相同，利税额相同，因而投资税利率相同，但就投资净产值率而论，由于甲项目的净产值额多于乙项目的净产值额，甲项目就优于乙项目。这种情况，说明甲项目为社会新创造的价值比乙项目多。这里有两种可能，一种是甲、乙两个项目所安排的就业人数相同，但甲项目（企业）人均工资收入（包括奖金等）比乙项目（企业）的人均工资收入要多；另一种是甲、乙两个项目人均工资（包括奖金等）相同，但甲项目吸收安排的就业人员比乙项目要多。无论是第一种情况还是第二种情况，都是项目投资建设所希冀的多目标之一。在项目择优决策时，宜选择甲项目而放弃乙项目。

总之，在项目决策阶段，国家财政效益评价指标有着企业财务效益评价指标不可替代的作用。

讲国家财务效益，有必要提及如何看待苏联的建设项目投资效果评价方法的问题。

的确，与我国目前所采用的财务效益评价方法和国民经济效益评价方法相比，苏联关于投资项目国民经济效果评价指标，如投资净产值率、投资纯收入率，既不是一般意义上讲的企业财务效益评价，也不是完全意义上的国民经济效益评价——尽管也冠之以“国民经济效果评价”的名称，而是介乎这两者之间的一种评价方法，即本文所论述到的国家财务效益评价方法。据我们所知，联合国工发组织及西方发达国家一些长期从事项目经济评价理论研究专家，对苏联的投资效果评价方法的科学性和合理性，给予了很高的评价和充分肯定。在研究制定我国的项目经济评价方法中，我们没有必要因为引进了西方国家的项目经济评价方法的基本原理，怀疑甚至放弃已经在我国应用多年的苏联投资效果评价方法，而是应该从我国的实际情况出发，充分吸收已有的研究成果，将苏联的投资项目国民经济效果评价方法——即国家财务效益方法加以发展和完善，使之与西方国家的项目评价方法有效地融为一体。

三、财务评价划分为两个层次的现实意义

有的同志也许会认为，企业财务效益评价与国家财务效益评价是一回事。

其实，这是一种误解。从实践看，企业财务效益与国家财务效益是有区别的，甚至有时两者相悖。譬如，企业向国家缴纳税收，是企业对国家财政的贡献。但是，当企业的纯收入额一定时，企业缴纳的税额越多，企业所得到的利润就越少；反之，企业留利额越多时，企业对国家财政的贡献也就越少。另一种情况是，为了使企业有必要的留利，以便于发展生产，改善职工的生产和生活环境，或者为了使企业有足额偿还银行贷款的资金来源，国家也不得不减免税收，或者给予一定的财政贴息。这样，从企业所得来看，似乎没有减少收益，但却是以减少国家财政收入作为代价的。

在社会主义商品经济条件下，不仅要求拟建项目的国家财务效益达到最优目标，而且也要求实现企业财务效益的最优目标。因此，将财务评价划分为企业财务效益评价和国家财务效益评价两个层次，在投资贷款决策过程中具有重要的作用。

一是有利于使不同的投资主体和投资来源渠道选择项目评价的侧重点。在我国目前投资主体多元化、投资决策多层次的情况下，企业、银行、国家都是独立的投资主体，而不同的投资主体有不同的利益要求。因此，对拟建项目进行经济评价时，应该有各自的选择重点。

当项目使用的是国家财政预算投资资金时，评价其财务效益，应把着重点放在国家财务效益方面，使项目投资净产值率、投资利税率最大，就业效果最优，投资回收期最短，换汇成本最低。

另一方面，当项目使用的资金是通过银行贷款，或者发行股票、债券等方式筹集时，应把财务评价的重点放在企业财务效益方面，使项目投资利润率、财务内部收益率最大，贷款偿还期最短，财务收益净现值额最大。

二是有利于协调解决企业财务效益与国家财务效益的矛盾，广泛地吸收投资资金。过去，对投资项目进行评价时，我们只注意财务效益评价与国民经济评价两者之间可能存在的矛盾，忽视了财务评价中两个层次存在着相互矛盾的可能性，因而使不少项目建成投产后，投资利税率，投资净产值率较大，就业效果也较好，投资回收期较短，对国家财政和国家盈利贡献较大，唯独银行贷款不能按期收回，企业留利也很少。

将财务评价划分为企业财务评价和国家财务效益评价两个层次后，有利于依据投资资金的不同来源渠道和不同投资主体的利益要求，在企业财务效益和国家财务效益两者之间，进行合理的投资贷款决策目标选择。譬如，当投资主体是企业或银行，投资资金来源于银行贷款，企业发行股票和债券筹集资金等渠道时，应以项目的企业财务效益的高低作为投资贷款决策的依据。

当项目的国家财务效益较好，企业财务效益不可行时，则应通过采取财政贴息、补贴或减免税收等政策措施，使项目的企业财务效益也成为可行。只有这样，才能确保企业、银行及各个股东的投资经营利益，更广泛地吸收财政预算外资金和社会游资用于国家建设；也只有这样，才真正体现了风险与利益相统一，谁投资谁受益的原则。

最后，需强调说明的是，将财务评价划分为企业财务效益评价和国家财务效益评价两个层次，并不能说明不需要进行国民经济评价。相反，国民经济评价是比企业财务效益评价和国家财务效益评价更高层次的经济评价。笔者的主张是，无论是企业财务效益评价，还是国家财务效益评价，都不能替代国民经济评价在投资贷款决策中的作用。

（原载《投资研究》1989 年第 2 期）

关于投资项目社会效益评价问题的思考

投资项目社会效益评价方法研究是投资项目评价方法研究的一个部分，它是继投资项目经济评价方法与参数研究工作之后，对完善我国投资项目评价方法体系和投资项目决策体系的又一项意义重大的工作。投资项目社会效益评价需要研究的问题很多，本文就其中的几个有关问题谈点个人浅见。

一、投资项目社会效益评价工作已经起步，但缺陷很多

不少同志认为，投资项目社会效益评价工作在我国仍是一个空白，或者说在实际工作中还没有起步。这不符合我国的实际情况。笔者认为，投资项目社会效益评价论证工作并非始自今日，更不能说过去我们在投资项目建设中，完全没有考虑项目建设对社会诸构成要素和社会发展目标的影响。新中国成立后不久的国民经济恢复时期，在当时国家财力非常有限的情况下，党和人民政府把投资建设的重点放在水利建设和铁路交通恢复建设方面，对一些水灾比较严重的河流开始了全流域的治理。如在长江流域兴建了一些有效的除洪工程，交通建设方面，除了对原有铁路进行修复外，在西南、西北和广西边疆地区新建了铁路。如果不是从这些投资项目的社会效益去考虑，仅仅从其经济效益来评价论证的话，很难说这些项目的投资效益是最优的。

“一五”时期，开始大规模经济建设以后，党和人民政府在优先建设冶金工业、机械工业和国防工业的同时，集中力量对淮河、黄河、长江水系继续进行大规模治理。几十年以来的事实充分表明，这些项目建成以后，发挥了巨大的社会效益。据黄河水利委员会估算，黄河经过治理后的近四十年来，黄河下游年年安渡伏秋大汛，改变了旧中国存在的十年九缺口的状况。累计减少淹没损失约500亿元，相当于工程总投资的九倍，这还没有包括其他的相关社会效益。原来大雨大灾、小雨小灾、无雨旱灾的淮河流域，经过治理、建立初步防洪工程体系后，扩大了入江入海的泄量，减少淹没损失150亿元，是工程总投资的四倍。

党的十一届三中全会以后，随着对外开放和投资体制改革的不断推进，在投资决策领域，我国相继引入了可行性研究方法和项目评估方法，完善了

我国在五十年代创建的经济技术论证方法，在投资项目决策工作中，强调重视投资项目经济效益可行性的同时，不可忽视投资项目社会效益的可接受性。如1981年2月24日国务院发布的《在国民经济调整时期加强环境保护工作的决定》中要求："新安排的大、中型建设项目，必须在建设前期提出环境影响报告书，经环境保护部门审查同意后，才能定址建设，否则不得列入计划，不予拨款和贷款。"1983年国家计委发布的《关于建设项目进行可行性研究的试行管理办法》中规定，可行性研究报告编制内容中，要求对建设项目的社会效果进行评价，对建设项目的环境状况进行评价，预测项目对环境的影响，提出环境保护和"三废"治理的初步方案，等等。

上述这些规定和要求，应该说都属于社会效益评价工作的内容。

中国人民建设银行、中国投资银行作为我国在贷款机制中率先开展贷款项目评估论证工作的专业投资银行，在项目评估的初始阶段，对贷款项目建设必要性、工艺技术合理性、经济效益可行性进行论证分析的同时，也十分注重对贷款项目的社会效益进行分析评估。1984年，中国投资银行为适应项目评估审查的需要而编制的《工业贷款项目评估手册》一书中，就要求对贷款项目的劳动就业效果和环境保护状况进行论证分析，同时还要求对引进的先进技术和设备对我国的技术开发所产生的推动作用与社会效益进行分析评估。建设银行在项目评估工作之初，就设置了投资项目社会效益的评估指标。1984年印发的《中国人民建设银行建设项目评估实施办法》（修改稿）中，设置有国民收入综合能耗、就业效果、分配效果、环境保护效果等社会效益评估指标，同时还要求项目建成投产后对发展地区经济的影响，对生态平衡的影响等社会效益进行定性分析。在以后颁发的项目评估办法中，对贷款项目社会效益评估指标又不断进行了完善和修改。

当然，我们应该正视的一个问题是，投资项目社会效益评价工作尽管在我国有了相当长时间的实践，并在实际工作中取得了较为明显的效果。但这仅仅是初步的和很不完善的，存在着诸多不足之处。概括起来，主要有以下两点：

一是对投资项目社会效益评价方法缺乏理论研究，理论研究滞后于社会实践。投资项目社会效益评价作为投资项目评价科学体系的一个组成部分，有其丰富的内涵，所包含的内容十分广泛，只有对其概念、范围、内容、对象以及评价指标体系等进行系统的研究，才能使我们从社会效益评价工作的必然王国向自由王国转变。到目前为止，我国对投资项目社会效益评价的理论研究仍然是很肤浅的，还没有真正从理论上对投资项目社会效益评价的必要性和意义、社会效益评价的概念、对象、定义、内容以及评价指标体系等进行科学、系统的研究和论证，更谈不上有一部权威的、能统一人们思想认识的学术专著。理论研究工作不能适应投资项目社会效益评价工作实践的要求，投资项目社会效益评价的必要性还没有引起人们的重视。

二是投资项目社会效益评价方法没有规范化、系统化和制度化。过去，在投资项目技术经济论证、可行性研究和评估工作中，虽然进行了某些社会效益评价的分析论证，在某些部门的可行性研究方法和评估方法中，也设置了某些社会效益评价指标。但由于没有规范的可供各部门统一遵循的评价方法，投资项目社会效益评价工作很难落到实处，已进行的投资项目社会效益评价也是不完善、不规范的，投资项目社会效益评价工作更谈不上制度化。

二、投资项目社会效益评价的理论基础是新福利经济理论

投资项目社会效益评价所研究的是项目建设与社会诸构成要素的相互影响制约关系。这些诸构成要素可以归纳为社会福利目标的内容。因此，在讨论这个问题之前，有必要论及福利经济理论，尤其是新福利经济理论。

传统的福利经济学以国民收入数量和国民收入的分配作为检验社会福利的两个基本标志。他们认为，福利由效用构成，效用可以用满足来表示，而这种满足是用所购买的或占有的单位商品的价格和价格变动来表示的。所以，一个人的福利反映于他的货币收入和支出之中。这样，福利的增长与国民收入的增长一致，国民收入的增加意味着福利的增加；反之，国民收入的减少意味着福利的减少。新福利经济学在不完全否认传统的福利经济学的理论时，赋予了“福利”以新的内涵，即仅仅用国民收入总量来衡量福利是不够的，还需要考虑到消费者的“生活质量”问题。其中主要包括医疗、娱乐、文化教育、生活服务支出、住宅、生活环境、生态环境、就业、心理安全以及城市中的噪音和空气污染程度等一系列问题。这一系列的“生活质量”问题也可以用一系列的福利指标加以反映。其中主要有：①平均每人实际收入；②平均每人教育经费；③平均每人的卫生保健经费；④平均每人的文化经费；⑤平均每人的住宅建设投资；⑥平均每人的公用设施和环境改善的投资；⑦平均每人的商业和服务业网点建设投资；⑧平均每人居住面积数；⑨平均每千人的医院和疗养所的床位数；⑩城市中平均每人的绿地面积；⑪城市中的噪声和空气污染程度（作为一项负值）；⑫大中专学生在校学生总数及其

在全国人口中所占的百分比；⑬城镇待业人口数及在城镇中就业与待业人数之和中的百分比等等。

显然，上述13项生活质量的福利指标中，除了第1项指标体现为项目评价中的经济效益指标，第2、3、4项不直接属于项目评价指标外，第5项至第13项福利指标都需要通过不同功能投资项目的社会效益来满足。由此也可以看出，福利经济学理论的基本主张与社会主义基本经济规律的要求是一致的，二者并不悖行。从某种意义上来讲，福利评价指标是对社会主义基本经济规律和社会主义生产目的的具体化。因此说，将投资项目社会效益评价的理论基础归结为福利经济理论，也符合社会主义基本经济规律的要求。

过去相当长的一段时间内，我们对社会主义基本经济规律的理解、对社会主义生产目的理解存在着许多片面性，习惯于用彩电、电冰箱、电视机、缝纫机、摩托车等耐用消费品的普及率，用年人均蛋、禽、肉等的消耗量作为人们生活水平高低和生活质量好坏的主要评价指标，甚至是唯一的指标，而忽视人们其他生活福利指标的评价。加之其他相关政策的影响，因而在经济生活中出现“消费早熟”、“消费超前”、“室内似天堂、室外水汪汪”（即指家庭住室布置豪华，而走出家门后，道路条件差，下雨天道路泥泞的现象）的极大反差，不仅不利于提高人民群众的综合生活水平和综合生活质量，而且诱发出加工工业盲目发展，生活耐用消费品生产项目盲目建设、重复引进，形成极大的投资浪费。

建立在福利经济学理论基础之上的投资项目社会效益评价，不仅是对项目评价方法的充实、完善和发展，而且也是社会主义基本经济规律在投资项目评价方法中的具体体现。

三、投资项目社会效益评价的特点

投资项目的社会效益评价，与投资项目的工艺技术评价、财务效益评价、国民经济效益评价一起，构成了投资项目评价方法的完整体系。这四者之间既相互联系，又有区别，各自都有其特点。初步研究，与财务经济效益评价、国民经济效益评价相比较，社会效益评价有以下几个显著的特点：

第一，评价范围不同。财务经济效益评价、国民经济效益评价的范围仅限于生产经营性的项目，而不包括非生产经营性项目。因为，只有生产经营性的项目，才能采用价值形态对其投入和产出、费用和效益进行严格的评估和度量，并按其投入与产出之比、费用与效益之比的高低，作为衡量项目经济效益是否可行的重要判别依据；而对于非生产经营性项目，其主要功能不在于为社会提供价值形态的物资财富，如果按经济效益评价方法标准衡量，非生产经营性项目不存在如何评价其经济效益的问题，因而不能采用价值形态对其投入与产出、费用与效益进行评价和度量，更不能以经济效益的好坏作为衡量投资项目是否可行的判别依据。因此，经济效益评价的对象不包括非生产经营性项目。

社会效益评价的范围则不然，它既包括生产经营性的投资项目，也包括非生产经营性的投资项目。这是由社会效益评价所包含的内容所决定的。同时也由于，不论是生产经营性项目还是非生产经营性项目，都有其社会效果。所不同的是，对于不同类型的项目，衡量其社会效益的评价指标不同而已。

第二，评价指标的表现形态不同。评价生产经营性投资项目的经济效益（包括财务经济效益和国民经济效益）时，所有评价指标都是采用价值形态，以货币作为度量尺度。而社会效益评价指标则不然，虽然有采用价值形态的评价指标，但更多的则是采用非价值形态的评价指标，而且，非价值形态的评价指标是多种多样的。

第三，评价指标的标志形式不同。对投资项目进行经济效益评价时，不论评价对象是哪一行业、哪一部门的项目，经济效益评价指标都是采用同一定量标志，即以单位金额作为同一度量的标志。同时，既然是经济效益评价，则只限于定量分析，而不包括定性分析。投资项目的社会效益评价则不然，它既有定量分析的指标，也有定性分析的方法。即使是定量分析也是采用分类定量评价，即按项目的功能作用进行归类，对于功能相同或相近的项目可采用相同的社会效益评价指标。

对投资项目进行社会效益评价，除了采用定量的社会效益评价指标进行分析外，还可以采用非定量的办法进行分析，即对投资项目的社会效益进行定性分析。如项目建设对发展地区经济的积极影响，对促进地区科学技术进步的影响；国防建设项目、国家机器建设项目（如监狱等）对国家安全和社会安定的影响等。

第四，时间界定不同。按照现行的有关规定，对生产经营性项目进行经济效益评价时，时间界定即项目计算期，工业项目一般不超过 20 年；对于水利工程等永久性设施，其项目计算期也要求不超过折旧年限。这是由于考虑到在投资项目的经济效益进行现值计算，计算期如果过长，计算期后期年份的折现系数则会很小，对项目现值效益总量影响甚微。

但是，对投资项目进行社会效益评价时，时间界定则应相对地长一些。

对于某些类型的项目，分析期还应考虑到项目建设投产后对子孙后代利益的影响。最典型的例子是长江三峡工程，对其社会效益进行评价时，不能仅仅考虑其建成后近几十年内的经济效益和社会效益，更要考虑到建成后所引起的社会生态环境的变化对子孙后代生存环境的影响，还要考虑到可能发生的千百年不遇的自然变化对工程可能产生的危害而对子孙后代利益的影响。这些都是十分重要的内容。因此，社会效益评价在时间界定方面具有永久性、长期性的特点。

第五，利益影响的主体对象不同。对投资项目进行财务经济效益评价时，是从不同投资主体利益出发研究分析项目经济效益状况对不同投资主体利益的影响，即分析评价项目财务经济效益对经济法人利益的影响，它一般不直接考虑项目经济效益对自然人利益的影响。对投资项目进行国民经济效益评价，是站在国民经济全局的角度，评价项目建设给整个国民经济发展目标所提供的增量效益和增量贡献。因而它所考虑的是项目的国民经济效益对国家机器和全体人民整体利益的影响，至于这种效益的变化对每个自然人的利益影响程度有多大，则是难以用数值度量的。

社会效益评价则不然。它既要考虑项目社会效益对经济法人和国家机器利益的影响，但更主要的应考虑项目社会效益对自然人利益的影响和对区域经济发展的影响，即要考虑项目社会效益对自然人的生存、发展、健康、享乐等的影响。举例来说，交通运输的建设，对经济法人的利益有直接影响，如交通运输条件便利、运距合适，企业生产建设过程中所需要的原材料能及时运进，产成品也能及时运出外销，很显然，对提高项目投资效益是有直接意义的。但是，从社会效益评价角度来看，交通运输条件的改善对自然人利益的影响也有直接意义，它可以增进人们与外界的交往和联系，开拓人们的视野，可以改变“行”的方式，使之舒适，甚至还可以引起人们生活方式的变化。再如，投资项目的环境效益评价，所考虑的则是项目建成后环境的改善状况，如污水、噪声、废气、废渣治理等对自然人的健康状况、生活环境所形成的正效益或负效益。医疗卫生项目的社会效益则体现为项目建设对人们的医疗保健条件改善程度以至对人们的健康、寿命所产生的正效益。如此等等。

四、投资项目社会效益评价，需要遵循对评价对象进行合理分类，分类设置评价指标的原则

考虑到投资项目社会效益评价工作与我国投资项目决策工作需要不相适

应的状况，和社会效益评价的特点，根据投资项目社会效益评价的经济理论依据，投资项目社会效益评价方法应遵循的基本原则有很多，如定量分析与定性分析相结合的原则，价值指标与非价值指标相结合的原则，动态评价与静态评价相结合的原则，近期效益评价与远期效益评价相结合的原则，等等。但是，还有一条最基本的原则，即应该对评价对象进行合理分类，并分类设置评价指标，而不能使投资项目社会效益评价指标笼统化。

前文已经论述到，投资项目社会效益评价的经济理论基础是新福利经济学和社会主义基本经济规律。与之相适应，人们的福利需求反映在多方面，这种多方面的需求又是分别由不同功能的投资项目所提供的效益来满足的，因而要求社会效益评价指标多样化。为了使不同功能投资项目的社会效益评价指标有类比性，必然要求对评价对象进行合理分类，使功能相同或相似的项目归为一类。这样，在投资决策过程中，同类项目社会效益的高低就可以通过相同或相近的评价指标进行比较和优选。此其一。

其次，分类设置社会效益评价指标，是使投资项目社会效益评价方法研究深入细致具体化的要求。严格地讲，对任何一个投投项目都有一个如何评价衡量其社会效益的问题。

分类设置社会效益评价指标的关键，在于如何合理地对评价对象进行分类。实际工作中，可以采用以下三种划分的标准：

第一种标准是：按是否以盈利为目标，可以划分为生产经营性投资项目和非生产经营性投资项目。前者以盈利为主要目标，后者则不以盈利为主要目标。

第二种标准是：按行业性质进行分类。可划分为：①工业项目。在工业项目中，还可以进一步细分为冶金、电力、煤炭、纺织、建材、石油等工业项目。②农林水利气象项目。③交通运输项目。④邮电通讯项目。⑤卫生、体育、科研和社会福利事业项目。⑥文化教育、广播电视项目。⑦城市基础设施项目。⑧城市公用事业项目等等。

第三种标准是：按项目功能分类。大致可划分为以下五种类型：一类是以盈利为主要目标，可以准确地衡量其经济效益的生产经营性投资项目。其中主要包括：工业项目、农业项目、水产项目、牧产项目，林业项目；二类是以盈利为目标，但难以准确地衡量其经济效益的生产经营性投资项目。其主要包括：铁道、交通、邮电通讯、民航、绿化工程、水利、森林等类投资项目；三类是对人们提供文化教育、娱乐、健康保障的投资项目。其中主要包括：卫生项目、文化教育科研项目、文物保护项目、体育项目、公园及其娱乐场所，环境保护项目，如“三废”治理项目等，城市绿化工程项目等；四类是对人们生活提供便利条件的项目。其中主要包括城市地铁项目，城市供水、供暖、供热项目，住宅、气象项目等：五类是为国防安全，社会安定提供保障条件的项目。其中主要是指国防建设项目、监狱等。

项目分类的标准还可以找出一些。但从合理划分投资项目社会效益评价对象而言，上述三种分类方法也足够了。现在的问题是，哪一种分类法更能适合于设置社会效益评价指标的要求。笔者主张按照第三种分类标准对投资项目社会效益评价对象进行分类，并分类设置评价指标。至于对不同功能类型的投资项目如何设置分类评价指标，有待于做深入细致的研究探索。

（原载《投资与建设》1991 年第 5 期）

发展低碳经济需要多部门系统配套政策的支持

中国能源利用率仅为33%，每创造1美元国民生产总值，消耗的煤、电等能源是世界平均消耗的3~4倍。中国能源利用率过低，而由海外转移来的大量的低附加值、高消耗、劳动密集型产业进一步造成中国的能源浪费、紧张，资源使用浪费严重，环境进一步遭到破坏。改变中国能源利用率过低和资源浪费严重、过度消费的问题，发展低碳经济，鼓励低碳生活，需要系统配套政策的支持和多部门协调行动。

一、大力宣传低碳生活观念和环保观念，使全民既树立低碳经济发展观，低碳经济生产观，又要树立低碳经济生活观，低碳经济消费观

发展低碳经济，既要抓产业结构、生产结构的调整，也要注重转变消费方式、消费行为。

发展低碳经济，提倡低碳消费，建设美丽中国，建设生态文明社会，不仅是一种经济增长方式，同时是一种生活方式，是一种生活态度。发展低碳经济，既要从生产环节入手，抓产业结构、生产结构的调整，也要从生活环节着力，改变消费方式和消费行为。通过大力持续的宣传教育，使全民既树立低碳经济发展观，低碳经济生产观，也树立低碳经济生活观；低碳经济消费观，使节能减排不仅成为生产方式，也成为消费方式和生活态度。提高全民的节能减排意识和能力，推动全民参与，提倡崇尚节约、科学文明的生活方式，形成节约资源、减少污染、保护环境的社会风气。

为推动全民参与节能减排工作，科技部组织专家开展了《全民节能减排潜力量化指标研究》。这项研究选取了百姓生活中衣、食、住、行、用等6个方面的36项日常行为，研究了每一项日常行为指标的节能减排潜力。

以家庭照明改用节能灯为例，以11瓦节能灯代替60瓦白炽灯、每天照明4小时计算，1支节能灯1年可节电约71.5度，相应减排二氧化碳68.6千克。据国内有关专家测算，如果将中国现有的14亿支白炽灯全部换成LED节能灯，

每年将能节电480亿度。中国2012年风电发电总量也不过900亿度，三峡电站2012年度总发电量也只有980亿千瓦时。这意味着，如果中国能够全部淘汰白炽灯，两年就能节省出一个三峡的发电量。据了解，欧盟委已用4年时间于2012年彻底淘汰白炽灯。2013年1月1日起，欧盟范围内不再允许销售白炽灯。

从经济发展角度看，政府用大量的财政补贴鼓励家电下乡，这对于扶持家电制造业，应对金融危机、复苏经济是必要的。但这对发展低碳经济也带来负面的作用。一是家电的制造环节产生大量的污染和资源过度消耗；二是家电的使用又消耗大量的电力，这本身就不符合低碳经济发展的要求。从发展低碳经济角度看，政府应象用财政补贴鼓励家电下乡那样，利用财政补贴资金，鼓励城乡居民更换使用节能灯具，扶持支持节能灯具生产企业的技术改造和技术的升级换代。这样既可以达到应对金融危机、复苏经济，又可以节约能源，扶持低碳生活的双重目的。再譬如，洗衣机、电冰箱、电视机，过了保质维修期，零部件更换维修成本高，修旧不如买新。如果政府对家电维修更换的零部件实施相应的补贴，鼓励消费者维修可用的旧家电，减少购买更换新家电，新三年旧三年，修理维修又三年，这样也可以极大的节约资源，人们再也不能无节制的消费自然资源了。节约是一种美德，更是人类持续生存的一种需要。

同时，还需要通过加大宣传力度，使每一个消费者了解环保知识，树立环保意识，采取低碳的生活消费方式。

二、采取有利于发展低碳经济的进出口贸易政策

进出口贸易政策应鼓励低碳绿色产品的进口，又应限制高耗能高污染产品的出口。评价一个产业发展是否符合低碳经济和节能减排的要求，应当从产业链的全过程进行评估，进行系统性的衡量。

自2007年以来，我国在利用税收政策调整出口产品结构方面采取了许多行之有效的措施，通过提高出口关税税率和退税率，限制钢铁初级产品、铝材等高耗能产品的出口，鼓励机电设备、热轧、冷轧钢板材等低能耗产品的出口，收到了较好的效果。

但目前仍有一些进出口贸易政策与发展低碳经济的要求不相适应，甚至相背离。以光伏发电为例。众所周知，光伏发电必须以太阳能电池组件为中间产品。多晶硅作为太阳能产业发展所需的重要工业原料。光伏发电虽是一种绿色经济，是一种清洁能源，但生产太阳能电池组件多晶硅是高污染的项

目。中国多数多晶硅企业环保不完全达标。

生产多晶硅是一笔不划算的耗能账。

多晶硅对系统性要求非常高，不是单套，而是几百套上千套设备相互配合才能出产品。因为大量易燃易爆气体的存在，所以对生产过程的安全要求很高，副产品回收方面也需很高的工艺水平，技术风险、环境风险都非常大。

生产多晶硅的副产品——四氯化硅是高毒物质，用于倾倒或掩埋四氯化硅的土地将变成不毛之地，草和树都不会在这里生长。它具有潜在的极大危险，不仅有毒，还污染环境，回收成本巨大。

多晶硅是典型的高耗能产业，且投资庞大。目前国内生产多晶硅的企业一般都采用改良西门子法。使用该方法，1 千瓦的太阳能电池约需 10 公斤的多晶硅，需要消耗电能 5800～6000 度，耗电量十分巨大。即使电池能够稳定使用 20 年，太阳能电池的电能再生比也不到 8，水平较低。这导致多晶硅太阳能的发电成本大约是生物质发电成本的 7～12 倍，是风能发电的 6～10 倍，更是传统煤电方式的 11～18 倍。一个千吨级项目规模等于一座中型石化厂，投资约 12 亿元，年耗电 10 万千瓦时，折算成标准煤 3000 吨。

随着我国多晶硅总产量的逐年增加，多晶硅的副产品四氯化硅的安全环保问题日益突出。四氯化硅是多晶硅生产中最大的副产物，未经处理回收的四氯化硅是一种具有强腐蚀性的有毒有害液体，空气中超过 0.001 毫克/升，人就有危险。2010 年我国多晶硅产能约为 30000 吨/年左右，而生产 1000 吨多晶硅就产生 8000 吨四氯化硅。照此计算，2010 年的实际产量如果为设计产量的 70%，即多晶硅产量达到 20000 吨，那么四氯化硅的产生量将超过 16 万吨，对四氯化硅的无害化处理成为制约多晶硅发展的瓶颈。

多晶硅核心技术——三氯氢硅还原法垄断在美国、德国、日本等六七家企业手中，中国企业很难获得关键技术。生产多晶硅是一个提纯过程，金属硅转化成三氯氢硅，再用氢气进行一次性还原。这个过程中约有 25% 的三氯氢硅转化为多晶硅，其余大量进入尾气，同时形成副产品——四氯化硅。在这个过程中，如果回收工艺不成熟，三氯氢硅、四氯化硅、氯化氢、氯气等有害物质极有可能外溢，存在重大的安全和污染隐患。四氯化硅一遇潮湿空气即分解成硅酸和剧毒气体氯化氢，对人体眼睛、皮肤、呼吸道有强刺激性，遇火星会爆炸；氯气的外溢则可使人出现咳嗽、头晕、胸闷等病状，并导致农作物大面积减产和绝收。

国内光伏业领军人物、尚德电力董事长施正荣曾公开表示，中国不是适合制造多晶硅的国家，因为电费太贵，生产多晶硅不符合科学发展观。在他看来，投资多晶硅应该去加拿大、美国、澳大利亚等电费相对便宜的国家。国外多晶硅巨头生产的产品成本在25美元/kg左右，而目前国内产品的成本则在70~80美元/kg。

对于多晶硅这样一个投资额大、高耗能、高污染产业，本应限制其发展扩张。但以GDP增长为政绩考核指标，使得地方政府官员对经济和社会发展的理解还停留在“惟增长论”上，对资源的过度开采和使用，以及对外来资本的重视则是在这一思路指导下的顺理成章之举。结果是，那些高耗能的企业可以生存了，另外能够实现固定资产投资增长的任何外来资本，都会成为地方政府的座上宾。为了创造所谓的“良好投资环境”，某些地方政府官员甚至成为企业的利益代言人，听任一些项目在环保上违规违法，导致多晶硅项目一哄而上，生产能力严重过剩，更给“银行信贷”埋下了风险隐患。

根据2011年底的情况，光伏行业中，海外上市的10家龙头企业8家报亏；在国内上市的24家光伏概念股中，业绩同比下滑的8家，环比下滑的16家；小企业中，20%的企业完全停产，30%的企业陷入半停产。

多晶硅项目一哄而上，生产能力严重过剩，本应是当前进行调整淘汰的好机会，而政府在目前国际市场对多晶硅需求减少的情况，又将光伏发电列为重点振兴的新兴产业加以支持，以图救赎多晶硅企业。这种政策与发展低碳经济相背离，没有从光伏发电的产业链全过程去评估衡量其是否真正属于清洁能源、绿色能源。

光伏发电是一种绿色经济，是一种清洁能源，理应扶持，支持其发展。但不必立足于国内生产多晶硅，应该通过贸易政策扶持支持进口多晶硅。但我国的实际情况恰恰相反。据最新海关统计数据显示，2012年11月份，我国多晶硅进口量为5772吨，环比增加0.59%；1~11月份累计进口量达76006吨，同比增长29.84%。进口方面，据最新海关统计数据显示，11月份我国多晶硅进口量为5772吨，环比增加0.59%；1~11月份累计进口量达76006吨，同比增长29.84%。进口单价方面，11月份多晶硅进口均价再创新低，为20.39美元/千克，环比下滑12.90%，而1~11月份多晶硅的进口单价则降至25.76美元/千克，较2011年全年均价下滑58.04%。

据2012年11月份分国别进口数据显示，自韩国、美国及德国三国进口量占全部进口量的85.97%，其中，韩国所占市场份额为26.1%，美国为40.3%，德国为19.5%。11月份韩国和德国的进口单价较10月份出现不同程度下滑，分别为19.41美元/千克和25.88美元/千克，而美国的进口单价小幅回升到17.04美元/千克，但美国进口单价仍居三国之中最低位。值得业内关注的是，多晶硅进口均价又创新低，至20.39美元/千克。

硅业分会认为，其主要原因是受我国追溯征税调查影响，德国为消化巨大剩余库存，加之年末将至，各大多晶硅企业为达销售目标而出货心切，不惜刷新低报价。这对我国进口多晶硅本是一种利好。但我国政府却拟对光伏企业进口多晶硅产品，开展多晶硅追溯征税调查，拟对多晶硅进口产品征收惩罚性关税。据商务部预计，未来多晶硅价格有望触底反弹，但反弹高度较为有限。而中欧双方“双反”的结果将直接影响硅料和组件的价格，未来的硅料市场以及光伏市场的价格体系将更趋复杂。

业内专家认为，通过谈判来解决贸易壁垒是最好的解决途径。而如果征收惩罚性关税，必然会使中国企业用更高的价格购买多晶硅原材料。这并不利于我国改变能源消费结构，也不符合发展低碳经济和节能减排的要求。

三、政府相关部门联动，用财政补贴政策、政府融资政策扶持支持绿色经济的发展

垃圾发电是一种清洁能源，是典型的绿色经济。垃圾发电，除了垃圾发电成本高，需要对其上网给予财政补贴外，再就是垃圾的收集、垃圾转运平台建设，不仅需要政府在投资资金的投入，同时还需要城管、环卫部门联动参与，因为它涉及千家万户，任何一个企业都无能力所为。因此，建设垃圾发电厂，投资企业可以建电站，但垃圾转运平台建设应由城市政府投入资金，由城管、环卫部门共同参与垃圾转运平台运行管理。否决，垃圾发电就很难搞起来。如果垃圾转运平台建设不配套，垃圾收集，城管、环卫部门不参与，即使有这样的投资企业去建电站，银行也不会给予信贷支持。这样的实际例子有很多。

四、建立绿色产业与高耗能产业之间的碳交易机制，建立低碳基金，高耗能、高污染产业应扶持补贴绿色产业、环保产业的发展

发展林业、植树造林是一种典型的绿色经济、是低碳经济。但目前植树造林的经济效益低。俗话说，10年树木，百年树人。投资种植林木，10年也难以收到明显的经济效益。但发展林业、植树造林的生态效益却非常显著。

森林在维系人类可持续发展中的作用十分巨大，除了直接向人类提供木

材、林副产品（如油料、果品、药材、燃料）等，外，还有如下不可替代的生态作用。据林业专家分析论证，一万亩森林就等于一座蓄水15万立方米的小水库，从而可减轻或避免水旱灾害。一公顷森林每天要用根系从地下吸取70～100吨水，除很少部分用于自身的生长外，绝大部分通过茂密的枝叶蒸发到空中。在水变为水蒸气时，要吸收一定的热量。因此，大面积林区上空，空气湿润、凉爽、容易成云致雨，可以增加地域性的降雨量。每公顷森林每天可吸收二氧化碳1000多千克，相当于1000多人呼出量，同时生产氧气730千克，相当于970多人的氧气吸进量。

近年来，不少国家都在着手研究森林的间接效益。自1971起，日本用了3年时间对森林的间接效益进行了测算。日本有森林2500万公顷，每年能储存雨水2200万亿吨，防止水土流失57亿立方米，栖息鸟类8100万只，产生氧气5200万吨。一年间接效益总值合人民币1280亿元，相当于日本1972年全年的总预算。芬兰的森林一年生产木材的价值仅为17亿马克，而森林在环境中的间接效益所产生的价值则为53亿马克。美国森林的间接效益价值为木材价值的9倍。我国云南省林业调查队，对全省的森林效益进行过测算，结果是，森林的生态效益的总价值占森林总效益价值的94%，直接效益仅占6%。由此可见，评价森林的作用，不能单纯看它能生产多少木材和其他林产品，更重要的是要看它对改善生态环境、促进农牧业生产等方面的间接效益。

国外专家曾对森林的生态价值用货币形态做过如下计算：

一棵正常生长50年的树木的生态价值总共为196150美元。其中产生氧气为31200美元；吸收毒气，净化空气为62500美元；减轻土壤侵蚀、增加土壤肥力为31200美元；涵养水源促进水分再循环为37500美元；向鸟类和其他动物提供栖息和繁殖场所为31250美元；生产蛋白质为2500美元。

对于生态效益非常显著，短期内经济效益较差的产业如林木种植业等，政府应建立绿色产业、低碳产业与高耗能产业之间的碳交易机制，由高耗能、企业以碳交易的方式，向低碳绿色生产购买者碳排放量，或者由政府对高耗能高污染“双高产业”开征低碳环保税，建立专项低碳基金，专项用于扶持补贴绿色产业的发展。

五、实施绿色信贷政策

国际经验表明，银行信贷是助推低碳经济发展的重要力量，并对银行实现自身可持续发展以及提升银行履行社会责任实践的深度和广度具有十分重要的意义。发展绿色信贷，本质上就是最终实现经济金融协调发展和良性互动。

目前实行绿色信贷的主要障碍有：

（一）银行与环保部门之间缺乏有效的信息反馈机制

目前，我国商业银行进行“绿色信贷”资金投放的主要依据就是环保部门定期发布的环保信息。但由于我国环保评价体系不完善，使得相关部门信息发布存在极大的滞后性，这就直接导致了商业银行进行信息搜集的成本大幅提高，不利于商业银行及时有效地进行放贷资格评估。这样一来，“绿色信贷”政策的实施效果就大打折扣，不利于该项措施的可持续发展。此外，商业银行在进行信贷投放的过程中，不能及时将发现的相关企业的环境信息及时反馈给环保部门，相互之间没有真正做到信息互通、数据共享。

（二）缺乏相关的惩戒和激励机制

虽然现阶段我国发布了相关政策法规，规定商业银行的资金投放要逐步符合“绿色信贷”的投放标准，但是并没有明确规定相关的奖惩机制。比如如何对实施情况比较良好的银行进行税收优惠，如何对相关的节能减排企业进行财政补贴等等。这样一来，企业和银行就会缺乏实施“绿色信贷”的内在动力，不利于该项政策高效的开展。此外，在近几年的政策实施过程中，出现了一些银行变相违反“绿色信贷”政策的现象，一味追求银行利润，违规向相关高污染、高能耗企业贷款的现象，而国家并没有出台相关的政策法规对这种现象进行约束和惩戒，这也是导致政策实施效果不理想的内在原因。

（三）地方经济发展需要与推行绿色信贷的矛盾

银行按照新兴产业政策支持绿色经济的发展，这些企业经营效益出了问题，贷款回收难，资产保全难，有的地方政府却撒手不管，银行陷入两难境地。由于看到低碳项目的投资价值，前几年，不少企业纷纷转向这个领域，上马新设备、新项目，出现扎堆现象，导致产能相对过剩。银行投入大量的信贷资金支持了多晶硅、光伏企业建设。目前光伏业让各银行都有些不寒而栗，用“一塌糊涂”来形容现在的光伏行业的亏损可能并不为过。从已经披露业绩预告的光伏行业A股上市公司来看，业绩预减者占比近八成，给银行贷款带来极大风险隐患。对于这种状况，有的地方政府并不乐于给予协调支持银行的收贷和资产保全工作。

（四）林木生产企业

种植树木，其生态效益、社会效益非常显著，而财务效益较差。这类企业现金流动性不强、经营效益较差，无优质的变现快的实体资产作为抵押品，对于银行而言，称不上是银行优质客户。如果没有政府的财政政策支持，包括明晰林业产权，银行是很难对这类企业给予贷款支持的。

实施绿色信贷政策，当前迫切需要解决以下几个问题：

第一，要进一步完善环保与金融部门的信息沟通和共享机制。一方面使环保部门更好地参与宏观经济调控，另一方面使金融机构获取有效的企业环保信息，防范信贷风险。

第二，环保部门要加强对行业的信贷指导。充分借鉴国际上比较成熟的环保信贷准则，比如国际金融公司提出的“赤道原则”，及其主要行业的环境、健康和安全指引，制定出适合我国国情的环保信贷指导目录和污染行业信贷指南，用于指导银行开展相应行业环保信贷工作，引导银行投资环境友好的产业和项目。

第三，强化商业银行实施绿色信贷的内生动力。

（1）公司治理架构要体现绿色信贷理念，将绿色信贷要求纳入公司治理结构，上升为公司发展战略，从组织架构、运行机制、产品创新等方面规划绿色信贷的长远发展。

（2）银行经营管理行为要贯彻绿色信贷要求。银行应根据节能减排的要求和区域经济的特点，制定详细和可操作的信贷政策、授信细则、风险清单等，将环保信息纳入信贷管理全流程，同时运用贷款限额、风险权重以及经济资本等手段促进绿色信贷业务的发展，使银行信贷政策更趋理性，信贷操作更趋透明。授信业务工作要坚决实行环保“一票否决制”。

（3）建立绿色信贷考核问责机制。银行法人组织对其分支机构的经营体系考核中，应专门设立环境友好和环境合格企业占比的指标，加强对绿色信贷执行情况的监督。

（4）提升银行产品创新能力。银行汇票将信贷资源与实体经济发展需求相结合，不断丰富绿色信贷产品，提升绿色信贷金融服务能力，如开发“国际碳保理”业务，开发知识产权质押等融资产品，打破了传统的融资担保方式。

第四，夯实绿色信贷监管机制。

（1）监管部门要把信贷支持节能减排纳入监管评级和监管问责，将评价结果与银行业机构高管人员履职评价、机构准入、业务审批相挂钩，对节能减排授信工作实行严格的问责制和“一票否决”制。其次，畅通绿色信贷传导机制。不定期地评估各家机构的节能减排授信政策，指导银行建立切合实际的绿色信贷政策，提高银行业的政策执行力。同时，及时开展产业政策指导和行业风险提示，向银行业公布企业的节能减排目标完成情况和环保合规情况。

（2）定量监测，为绿色信贷跟踪评价奠定基础。为切实防范产业结构调整转型时期行业信贷风险，银行监管部门建立节能减排专项统计监测制度。对于“高耗能高污染行业贷款风险”和“两高一剩领域重点客户”实施专项监测统计，动态监测其授信运行变化，为银行业提供及时的政策指导和风险提示，引导银行认真落实相关的政策规定。

（3）完善监测体系。统一绿色信贷标准和范围，是规范银行绿色信贷体制建设和流程管理的依据，也是加强绿色信贷监管，明确责任追究和奖惩的依据，更是促进绿色信贷发展和科学决策的依据。要尽快建立完善各类银行业金融机构统一适用的、能够准确反映绿色信贷开展类别、进程和效果、能够进行环境和社会风险评价的统计监测体系，使绿色信贷可量化、可核实、可报告。

（本文是在《2013 中国低碳经济论坛》上的演讲稿）

三、完善商业银行经营管理机制

建立适应新投融资体制需要的国有商业银行投资信贷调查体制

一、投融资体制改革使商业银行信贷管理工作面临着新的压力和挑战

在九届全国人大一次会议的记者招待会上，朱镕基总理谈到新一届政府的任务时，把改革投融资体制列为当前五项重点改革之一，并指出："现在的投融资体制主要是行政审批制度，不能发挥市场对资源配置的基础性作用，这就产生了许多重复建设，必须进行根本的改革，使之能够符合市场经济的要求。"现在有关方面正在积极酝酿改革现行投融资体制。投融资体制改革的基本方向是，所有投资项目实行项目法人责任制和资本金制度；除重大项目由政府审批决策外，竞争性项目由投资主体自行融资，自主决策，自担风险；政府取消对商业银行贷款限额管理，改为资产负债比例管理；政府对商业银行的贷款项目只行使推荐权，而不具有约束指令性，商业银行自主选择项目，自主审批决策贷款。可以预见，改革后的投融资体制将是国有商业银行多年来所期望建立的投融资体制，将为国有商业银行有效实施"自主经营、自担风险、自负盈亏、自我约束"的经营原则，防范和避免贷款风险，提高信贷资产质量提供了新机遇和良好外部经营环境。

另一方面，投融资体制改革和新投融资体制也给商业银行信贷管理工作带来了挑战和压力。

一是投融资体制改革后，大量的竞争性投资项目是由作为投资主体的企业法人自主决策。由于单个投资主体受到生产经营活动范围的局限，它所能掌握了解的信息，无论是产品市场供求信息，还是工艺技术信息，无论技术经济指标参数信息，还是产业发展趋势及动态产业布局和规划信息等，其来源的广泛性、数量和质量都受到了较大限制。这种决策信息的限制，增加了企业投资决策的盲目性。近十多年来，我国家用电器行业所形成的盲目投资，重复建设，大都是企业在市场即期拉动的导向下，由于信息不对称性所产生盲目决策的结果。一批银行贷款卷入了高风险。

为了防范贷款风险，克服企业法人自主投资决策时信息不对称矛盾，作为企业融资对象的商业银行，需要建立可以为企业投资决策服务，同时又能规避银行贷款风险的投资信息调查机制。

二是新的投融资体制启动运行后，一方面政府计划部门、行业主管部门放弃了对商业银行贷款项目审批决策权，传统体制下所建立起来的投资项目推荐、备选、评价机制，对大量的竞争性投资项目也将失去其适应价值。另一方面，由于商业银行在短时间内还难以迅速地建立有效完善的贷款项目推荐备选机制。这种新旧体制交替期间，所形成的贷款项目评选、推荐、储备的“真空带”，使商业银行贷款决策面临极为现实的挑战。

三是经过二十年的改革开放，我国的生产力水平和市场供求状况发生了重大变化，特别是买方市场的形成，无论对企业投资者而言，还是对贷款银行而讲，市场选择工作难度提高了，它不可能按照市场短线去寻找投资机会，而是要求从市场长线的发展趋势中寻找市场，从市场动态变化中寻找贷款机会。在这种情况下，与传统的投资信息调查工作相比，商业银行投资信息调查工作的难度也更大了。

四是在投融资体制改革后，企业作为投资主体，在投资活动中，面临着企业局部利益与国家全局利益之间，财务效益与社会效益之间，近期效益与远期效益之间的两难选择。由于市场机制的作用，企业在投资决策时，容易产生不顾国家全局利益、不考虑社会效益、放弃长远效益等非理性的经济行为。这对国有商业银行有效执行国家产业政策和信贷政策，积极扶助企业做出理性的投资决策，提出了更高的要求。

五是必须关注投融资体制改革后带来的新一轮金融竞争。由于利益机制的驱动，加上金融法制体系不完善，我们必须防范新投融资体制中的商业银行非理性无序竞争的倾向。

六是世界经济发展已经进入从传统工业经济产业时代向高技术经济转变的时代，正在经历从资源经济向知识经济时代转变的过程中，信息产业、高新技术产业对于国民经济的发展起着重要的影响作用。我国同样处于这样的一个转变时代。研究信息产业、高新技术产业的发展趋势，研究由此产生的辐射性影响，准确把握商业银行的贷款投向，这也是国有商业银行投资信息调查工作面临的新任务和新课题。

面对投融资体制改革给商业银行工作带来的挑战和压力，如何建立起与新投融资体制协调配套的商业银行投资信息调查体制的问题，已经提上议事日程。需要我们做出实践的结论，做出科学的分析，提出创新的思考。

二、建设银行多年来投资信息调查工作的实践表明，投资信息对于引导信贷资金的合理流向具有极大的积极作用

投资信息是指与固定资产投资活动相关联的，并对投资产生影响和制约作用的经济、技术、自然和社会现象变化及特征的情况或消息，是宏观经济、中观经济、微观经济、市场供求信息、科学技术信息的有机综合体。投资信息调查工作是建设银行信贷管理工作的重要组成部分。建设银行多年来投资信息调查工作的实践表明，商业银行进行贷款审批决策时，是否掌握和了解充分可靠的投资信息，对于保证贷款审批决策的科学性，提高贷款项目的成功率，关系十分重大。

为适应我国投资体制、财政体制、金融体制改革和自身业务发展的需要，自 1979 年至 1997 年的近二十年间，建设银行在全行系统有组织有计划地先后对 80 多个产品和众多行业的投资信息进行了全国性或区域性的调查，共印发了 130 余期投资信息调查报告，对于贯彻执行国家产业政策，优化投资结构，强化宏观调控，减少重复建设，引导信贷资金流向，提高投资效益和信贷资产质量，都发挥了积极的作用。

特别是 1994 年国家专业银行向国有商业银行转轨以来，为了适应商业银行信贷管理工作的要求，建设银行在总结以往投资信息调查工作经验的基础上，进一步改进了投资信息调查工作方法，增加了投资信息调查内容，调整了投资信息工作服务对象；在调查范围上实现了从普遍调查、全面调查为主向重点调查、抽样调查为主的转变；在调查的服务对象上，实现了从过去的为政府宏观投资决策服务为主向为建设银行信贷管理、开发客户市场、贷款评审决策服务为主的转变；在调查内容上，实现了从过去以产品生产能力布局、产品市场供求总量调查为主向调查企业资信状况、企业经营实绩、企业竞争能力、偿债能力、银企关系为主的转变；实现了从过去的价格政策、税收政策、投资政策调查为主向以信贷政策研究分析为主的转变。这些转变，提高了建设银行投资信息调查工作的质量，发挥了投资信息在贯彻“双大”经营战略，选择优质客户群，开发客户市场，引导信贷资金流向，提高贷款评审决策水平等信贷工作的前瞻性和支持系统的作用。

有两个突出的例子。例如建设银行于 1995 年对全国城市供水行业进行调查时，根据我国水资源严重缺乏，城市供水需求矛盾十分突出，城市供水价

格严重扭曲，各地水价相差悬殊，供水企业流动资金占用较少，存贷比率较高，供水项目自筹投资比例较高等状况，通过一系列比较和实证分析，提出了“水价调整不仅是必要的，而且是可能的”，“供水企业依赖于财政补贴难以为继”，“供水企业经济效益较差只是暂时现象”，“建设银行对城市供水行业发展要给予重点支持”等一系列信贷政策建议。1997 年国家发布的“水利产业政策”中，已明确规定“新水新价”和“还本付息水价”的政策，供水价格开始进入市场。

1994 年建设银行又对我国电信业发展现状和潜在需求市场进行了调查分析，提出了我国电信业的行业效益和资产负债结构俱佳，国家对发展电信业给予较多的优惠政策，电信企业偿还借款有较稳定的资金来源，电信业作为高技术的信息产业，在国民经济发展中处于举足轻重的地位，需求市场潜力巨大，建设银行应加大对电信行业贷款支持的力度，以占领电信行业业务市场为主，支持设备投资市场为辅，在信贷资金使用方面对电信行业采取倾斜政策，完善建设银行信贷竞争手段，提高金融服务质量和服务水平等一系列的信贷政策建议。

从近三年来我国城市供水行业、电信业改革与发展的进程看，建设银行投资信息调查中所提出的信贷政策建议，均具有较准确的前瞻性、预见性和可操作性。在实际工作中，它对于信贷资金的合理流向发挥了导向作用。

三、进一步改革现行“三位一体”的投资信息调查体制的建议

1985 年以来，建设银行实行的是“三位一体”投资信息调查工作体制，即投资调查部门同时承担贷款项目评估审查、投资信息调查、贷款项目后评价等三项基本任务。这三项任务统由投资调查部承担。这种体制，一方面发挥了投资信息对贷款项目评审决策的直接指导和服务作用；但另一方面由于贷款项目评审工作是硬任务，能否按时完成评审工作任务，保证评审进度，直接制约和影响着年度贷款计划的完成和贷款投放的进度。为了保贷款计划和放贷进度，往往经常减少投资信息调查工作量，这对于防范信贷风险是不利的。

除此之外，投资信息调查工作还没有与借款申请受理工作很好地有机衔接起来。投资信息调查是为信贷决策服务的，但在这种服务过程中，还缺乏一种有效的传导机制，投资信息调查部门依据信息所提出的许多有效可行的

信贷政策建议，需要经过多个部门的工作转换才能落到实处，不利于投资信息在受理借款申请、选择贷款客户等工作阶段发挥直接、快速的指导和导向作用。

当然，就商业银行投资信息调查工作本身而言，还没有建立起信息来源广、种类全、数量多、处理技术先进、研究分析质量高、反馈速度快的投资信息调查分析研究体系。

从投资信息对贷款投向的引导作用和投资信息对贷款审批决策的支持作用来看，从投资信息调查工作所处新的外部经济环境来看，不能把商业银行的投资信息调查视同为一般性资料情报的搜集和分析，它是一项专业性较强的工作，因而要求进一步强化国有商业银行投资信息调查工作，使之工作专业化、机构职能化。具体包含以下三个方面的含义：

一是建立专职的独立于其他信贷业务部门的投资信息调查机构，使投资信息调查机构与项目评审机构分立，与信贷管理部门分立，与信贷营业部门分立，与政策、研究部门分立，以利于投资信息调查部门专司投资信息调查之职。

二是赋予投资信息调查部门选择贷款客户、受理借款申请的职能，使投资信息调查工作与贷款申请受理工作实行“二位一体”。凡是客户向银行提出的借款方案，应先由投资信息调查部门根据所掌握的信息数据（包括企业信息数据，产业信息数据，信贷政策、产业政策、产品市场信息数据等）进行初步的筛选和鉴别，属于本级行贷款审批权限以内的借款申请方案，经投资信息调查部门筛选后，认为初步可行时，提交给本级行的信贷评审部门进行评估论证；超过本级行贷款审批权限的借款申请方案，经投资信息调查部门筛选后，认为初步可行时，则推荐给上一级的投资信息调查部门。

投资信息调查部门负责借款申请受理工作时，是作为信贷经营的前台操作部门而发挥作用的。它对客户借款方案的初审，主要内容包括：①借款客户的资信状况是否符合有关规定和要求；②借款方案的主要产出物是否符合市场需求；③借款资金使用用途是否符合产业政策和要求。信贷评审部门负责贷款评审工作时，是作为信贷经营的后台操作部门而发挥作用的。它对借款方案评审论证的主要内容是：①借款方案贷款项目的经济效益和债务偿还能力；②落实担保措施，防范贷款风险；③对一定权限内的借款方案（贷款项目）进行最终审批决策；④对一定权限能上能下的借款方案（贷款项目）提出审查论证意见，提交贷款决策委员会审批决策。

三是改进投资信息调查方式，完善投资信息调查内容，使投资信息调查工作经常化、规范化和制度化。具体内容包括：

（1）统一设计和开发规范的信息调查软件，对投资信息调查对象进行动态的调查分析。

（2）建立规范统一的投资信息调查网络系统，实现全行系统的信息资源共享，降低投资信息调查成本和使用成本。

（3）建立动态的企业客户信息数据库，信息调查与市场开发相结合。

（4）建立重要产品市场供求信息数据库，并对其进行中长期信息预测分析。

（5）开展行业信贷风险的整体评价，研究分析各行业的信贷政策。

（6）开展产业方向和变化趋势和研究分析工作，其中主要包括产业结构的变化，产业升级换代的趋势和产业选择方向的研究分析。

（原载《中国投资管理》1998 年第 6 期）

论国有商业银行产业调查与行业信贷政策研究工作的功能作用

——兼谈如何加强产业调查与行业信贷政策研究工作

当前，我国国有商业银行行业产业调查与行业信贷政策研究工作，正处于由传统的行业产品信息调查方式向产业调查、行业信贷风险预警、行业信贷政策研究与金融产品开发研究工作相互结合融通方式的转变阶段。本文通过对建设银行近20年产业调查与行业信贷政策研究工作历史发展过程简要回顾，在分析论述国有商业银行产业调查与行业信贷政策研究工作的功能作用的基础上，对如何加强产业调查与行业信贷政策研究工作的问题提出了个人的一些看法。

一、建设银行产业调查与行业信贷政策研究工作的三个发展阶段

产业调查与行业投资信贷政策研究，是建设银行的一项传统业务，也是一项优势业务。据不完全统计，自1981年至今的20年间，建设银行在全行系统有组织有计划地先后对90多个产品、行业的市场需求状况和发展趋势进行了全国性或区域性的调查研究，为引导信贷资金的合理投向，强化投资宏观调控措施，合理有效地配置社会资源，提高资金使用效益起到了积极的作用。

产业调查与行业信贷政策研究工作，作为推进建设银行经营业务发展的手段和工具，是随着投资体制改革、金融体制改革的进程而不断发展完善的。建设银行的产业信息调查与投资信贷政策研究工作，经历了三个发展阶段，实现了两次飞跃。

第一个阶段，从1981年到1986年，是产业调查与投资政策研究相结合的阶段。这一时期，建设银行从履行以从事固定资产投资管理为主的国家专业银行职能需要出发，为适应我国投资体制改革、国家实施宏观调控政策和

自身业务发展的需要出发，在全行系统大规模地对数十个产品、行业的市场需求状况和发展趋势及其相关的投融资政策，生产力布局的合理性，企业生产的经济规模的合理性以及价格、财税政策进行了全国性或区域性的调查研究。在当时的历史条件下，建设银行所进行的产业调查与投资政策研究工作，对于贯彻执行国家产业政策，优化投资结构，强化和完善投资宏观调控措施，减少盲目重复建设，改革和完善财税、价格政策都发挥了积极的作用，得到了党中央，国务院领导同志及国家有关部门的高度赞赏和好评。

第二阶段，1987 年至 1998 年，是产业调查与信贷资金投向研究相结合的阶段。为适应利用信贷资金发放贷款，开展贷款项目评审决策工作的需要，这一时期，建设银行的产业调查工作以产品市场需求调查预测、拟建新建项目建设的必要性、工艺技术装备的先进可行性、建设项目经济规模的合理性、产业发展前景与竞争优势分析、国家产业政策未来发展取向分析，投资资金需求预测等为主要内容。其主要目的是为建设银行优选贷款项目，争夺建设银行贷款审批决策的自主权，选择优质客户群体，开拓信贷市场，开发信贷业务品种，提高贷款评审决策质量，引导信贷资金流向提供信息支持。实践表明，这一时期的产业调查与投资信贷政策研究工作，对于提高投资和信贷资金使用效益，避免和减少信贷审批决策失误，引导信贷资金的正确投向，防范信贷资金的风险投入，收到了显著的效果。

第三阶段，1999 年以来，是产业信息调查、行业风险预警研究和行业信贷政策研究工作相结合的“三位一体”的阶段。1999 年建设银行实行新的信贷业务管理体制以后，信贷风险管理部门按照部门新的职能定位，结合行业、区域、信贷品种信贷风险预警研究工作，开展了产业调查和行业信贷政策研究工作，初步建立起了行业风险预警研究与产业信息调查、行业信贷政策研究工作相结合的“三位一体”的工作机制。为了规范行业信贷风险分析报告的内容，提高行业信贷风险分析工作的质量与效率，1999 年以来，建设银行制订并印发了《中国建设银行行业信贷分析指导原则（试行）》，开展了对电力、公路、房地产、电信、电网、纺织、汽车等 10 多个行业和抵押贷款、信用证垫款等信贷品种的系统性信贷风险预警分析和信贷政策研究工作，为建设银行制订和调整信贷政策，引导信贷资金的合理投向，正确地进行信贷业务审批决策提供了参考依据和决策建议。同时，也为今后的产业调查和行业信贷政策研究工作积累了一定的新经验，探索了新路子。

二、产业调查与行业信贷政策研究工作在商业银行信贷经营管理工作中的主要功能作用

回顾和总结历史经验，结合当前经济结构调整的大趋势，投融资体制重大改革等情况，以及对商业银行信贷经营管理工作提出的新挑战和新要求等问题的思考，笔者认为，在社会主义市场经济体制建立以后，在商业银行的经营管理工作中，产业调查与行业信贷政策研究工作具有以下四个方面的功能作用：

一是信息导向功能或释疑功能。商业银行在信贷经营管理决策过程中，对于复杂的社会经济活动，尤其是对于产业未来发展趋势，它既不是完全看不清的“黑色系统”，也不是一目了然的“白色系统”，它是一个有所了解，但又未能完全认识，并在实际工作中可以逐步加深认识的“灰色世界”。对于未能完全认识的“灰色”部分，需要采取系统的产业调查和行业信贷政策研究方法，通过掌握大量而可靠的产业信息和制订科学可行的行业信贷政策，利用信息的导向功能和释疑功能，克服商业银行在信贷经营管理过程中存在的信息不对称，消除或减少对其现状和未来前景趋势的模糊认识，避免或减少决策的失误，防范和化解信贷风险。

目前，商业银行存在的许多不良贷款，其相同的深刻教训是，商业银行在项目投资决策审批阶段，缺少行之有效的决策信息支持，缺少对项目投入产出物的未来发展前景和变化趋势的调研和预测分析，有时表现为对借款人（包括企业借款主体和政府借款主体）融资需求意向的盲从。它们都经历了相同的三部曲，即：贷款项目决策在产品市场成长期——英明正确；项目建设、贷款投放在产品市场成熟期——胜利在望；项目投产、贷款回收在产品市场过剩期——悔之晚矣。它们具有三个共同的特征，即：在审批决策时，看似“摇钱树”；建设实施时，资金投入实是“无底洞”；竣工投产时，成为“苦菜花”。

在过去一个较长的时期内，我国处于短缺经济时代，生产力水平不高，市场物资匮乏，对于消费者而言，市场有什么就只能买什么，对购买行为无须更多的选择；对于生产者而言，是生产什么卖什么，“皇帝女儿不愁嫁”，投资决策行为和生产经营行为不能也无须更多的选择。在这种经济环境下，企业选择产品生产方案时，银行选择信贷资金投向时，可以按照市场短线找平衡，选项目，选客户。由于卖方市场的存在，投资信息导向对信贷资金投

向的约束力也较小。因为，可以从静态的市场短线中去捕捉投资信息，寻找贷款机会。

经过20多年的改革开放，我国的生产力水平得到了较大的提高，已经基本摆脱了短缺经济的困扰，消费品由卖方市场转变为买方市场，市场无短线，消费无热点。在这种新的情况下，市场信息导向功能对信贷资金投向的约束力更大，其作用也更显著了。无论是对企业投资者而言，还是对贷款银行而言，信贷资金投向的选择工作难度更大了，它不可能按照市场短线去寻找投资机会，而是要求通过系统性产业调查和行业信贷政策研究工作，从市场长线的发展趋势中寻找市场，从市场动态变化中寻找贷款机会，在市场不断变化的动态趋势中把握正确的资金投向，使信贷政策有方向感，使信贷投放在深思熟虑的行业产业信贷政策的指导下进行。

当历史迈入21世纪门槛的时刻，在我国，由于受到居民消费需求的变化和消费结构的升级换代，城市化步伐加快，以及经济全球化发展趋势的制约和影响，我国经济结构中原有的问题得到解决后，新的矛盾又逐渐显现出来，并成为实现国民经济持续稳定健康发展的主要制约因素。从国际上看，当前世界经济发展普遍地处于由工业社会向信息社会转变，由资源型经济向知识经济时代转变的过程中，信息产业、高新技术产业对于国民经济的发展起着越来越重要的推动作用。当前，我国产业结构同样地面临着普遍升级换代的客观要求，而且向知识经济时代的发展趋向是不可逆转的。而世界经济的一体化和经济全球化，使借款主体的生产经营活动更多地受制于世界经济大市场。对于这诸多的新情况，无论是对于信息产业、高新技术产业的工艺技术，或是投入物和产出物的市场供求变化状况和特点，还是世界市场供求状况及其特点，我们知之甚少，有时还很陌生。科学可行、内容广泛、量多面广的产业信息和行业信贷政策，有利于商业银行对比较陌生且不断变化的世界市场的了解和认识，在经济结构大调整、经济增长方式大转变的新情况中，做出科学合理的信贷投向选择，准确的寻求未来发展的支撑点和依托点。

二是管理与控制功能。在商业银行的信贷经营管理活动的全过程中，产业信息和行业信贷政策发挥着其他任何手段所不能替代的管理和控制功能。目前，我国的商业银行实行的是统一法人治理结构。就其信贷经营管理工作而言，如果没有统一的行业信贷政策，各分支机构在信贷营销和信贷审批决策过程中，就没有可供遵循的统一的政策依据和标准，而只能是各行其是，其结果必然是形成大量的系统性风险。这显然不符合统一法人治理结构的要求。只有政策统一，才能在信贷营销、信贷审批决策、信贷实施和风险监督控制等各个经营管理环节，做到依令而行。这就好比战场上两军对峙，如果没有主帅的统一号令，千军万马势必乱了阵脚，甚至是自相践踏。

三是增值创效功能。诺贝尔经济学奖获得者、美国著名的信息经济学家肯尼思·阿罗教授在《信息经济学》一书中曾分析道："从来没有一个经济学家会否认，大多数经济决策是在具有相当的不确定性条件下做出的。一旦不确定性的存在，在形式上是可以分析的，信息的经济作用就变得更重要了。人们可以花费人力及财力来改变经济领域（以及社会生活的其他方面）所面临的不确定性，这种改变恰好是信息的获得。不确定性具有经济成本，因而不确定性的减少就是一项收益。"相对于信贷业务审批决策而言，产业调查和行业信贷政策研究是一种前瞻性的、更高层次的更重要的信贷决策，在商业银行信贷风险管理体系中，它处于风险源头控制阶段，具有十分重要的作用，十分明显的增值创效功能。

信贷风险的源头控制是指，在风险管理对象的行为过程启动之前，信贷审批决策和风险控制部门，根据风险预警系统及其他多种渠道所得到的资料，经过综合研究分析并形成决策，制订出防范、规避风险的对策和措施后，及时向风险管理对象提供政策导向和预警性的风险信息；通过开展产业行业调查分析和行业信贷政策研究，引导信贷资金的正确投向，为宏观的信贷决策提供保障支持；通过建立客户资信评估机制和贷款评估审查机制，为贷款审批等微观决策提供保障和支持。防范贷款风险着眼于贷款前的风险源头控制，立足于早防早治，可以使信贷风险管理工作收到事半功倍的效果。

产业调查与行业信贷政策研究工作，作为商业银行实施风险源头控制的具体手段，由于它是在贷款实施行为启动之前，在风险苗头出现之前实施风险控制，它所付出的成本费用，比在事实风险形成后，化解与治理事实风险所需要的成本费用代价要低得多。美国 J. P 摩根银行通过对商业银行大量的贷款风险事例统计分析研究，得出了商业银行贷款风险损失的"三倍定律"，即 3/4 以上的贷款损失可以通过贷前风险控制和风险的早期发现加以避免，而当贷款出现问题后再采取补救措施，对减少贷款损失的作用，只能收到不足 1/4 的效果，而 3/4 的损失仍然难以避免。建设银行大量的实际事例表明，贷款风险损失，存在的不仅是"三倍定律"，而是"十倍定律"，"二十倍定律"。科学合理的信贷政策导向有利于防范系统性风险的产生，降低信贷风险管理成本，避免风险损失，相应地则体现为银行经营管理的效益。

四是信贷营销功能。党的"十五"大以后，我国的投融资体制改革正在朝着建立符合市场经济要求的投融资体制方向推进，已逐步取消了投资项目的行政审批制度，除重大项目由政府审批决策外，竞争性项目已由投资主体自行决策、自主融资、自担风险，政府对商业银行的贷款项目只具有推荐权，而不具有约束指令性，商业银行自主选择项目，自主审批决策贷款。市场经济条件下新的投融资管理体制，也对商业银行信贷营销手段和营销策略提出了新的更高的要求。

投融资体制改革后，单个投资主体由于受到其生产经营活动范围的局限，所能掌握了解的投资信息，无论是产品市场供求信息，还是工艺技术信息，无论是技术经济指标参数信息，还是产业发展趋势及动态产业布局和规划信息等，其来源渠道以及其数量和质量都受到了较大限制和约束，再加之我国的咨询服务业发展滞后，使投资主体的信息获取渠道与投资决策所需要的信息资料导向形成了不对称，增加了借款人对贷款银行信贷决策信息的依赖性。

在这种情况下，相对于贷款和资金清算等传统金融服务产品而言，客户对贷款银行的信息导向服务功能的需求是更高层次的服务需求。作为借款主体的企业，它在进行投资决策时，由于受到信息资源有限性的约束，它对贷款银行的需求，不仅仅限于对贷款和资金清算等传统金融产品的需求，更希望贷款银行能利用其广泛的经营网络系统和多门类的专业人才，为其投资经营决策提供信息咨询服务，以达到提高投资决策成功率的目的。从这个意义上讲，商业银行的金融竞争，不仅是资金实力和经营效益的竞争，同时也包括对客户所能提供的金融服务功能手段和金融产品的竞争，其中一个重要方面是信息服务功能的竞争。建立健全完善的产业调查和行业信贷研究机制，是增强商业银行竞争力的一个重要砝码，是商业银行进行信贷营销的必要手段。也是客户选择贷款银行必然考虑的一个因素。

三、如何加强产业调查和行业信贷政策研究工作

更好地发挥产业调查和行业信贷政策研究工作的功能作用，更好地满足商业银行信贷经营管理工作的需求，当前需要解决好提升产业调研作用层次，规范调查研究内容，改进调研方法，提高报告质量等几个主要问题。

（一）提升行业风险预警分析和行业信贷政策研究报告的作用层次

提升行业产业风险预警分析和行业信贷政策研究结果的作用层次，其具体内容是：专职部门的产业调查和行业信贷政策研究报告经过一定的程序审

查论证决策以后，形成规范性的文件，并对客户授信，对信贷营销行为，对信贷审批决策行为，对风险监管行为都具有刚性的约束和指导作用。

（二）规范产业调查与行业信贷政策研究工作的内容

商业银行产业调查与行业信贷政策研究工作的主要内容应该包括：

开展行业信贷风险、信贷资产质量的整体评价和行业信贷风险预警研究，对产业发展方向和变化趋势进行研究分析，其中主要包括产业结构的变化，产业升级换代的趋势和产业选择方向的研究分析，研究制订行业的信贷政策。

建立重要产品市场供求信息数据库，监测和预测主要产品的生产能力及增长趋势，为确定对各行业的贷款投入量和贷款审查评价提供决策支持和决策依据。

对目标行业的区域差异性进行调查分析，研究区域经济发展趋势，使行业信贷政策体现区域差异，使行业信贷政策与区域信贷政策相统一。

研究产业结构和效益的现状及发展趋势，为商业银行信贷资产质量评价分析提供依据。

结合宏观经济政策和经济结构发展趋势的调查分析，研究开发新的金融产品，开拓新的金融服务手段，与为客户提供信息咨询服务相结合，使行业信贷政策研究，重点客户战略与产品战略相结合。如对商业行业信贷政策的研究，就有必要研究建设银行如何适应互联网的发展趋势和电子商务的要求，提供金融服务。

对银行客户进行调查研究，建立客户数据库，使产业调查、行业信贷政策研究与重点客户战略研究相结合，为建设银行实施重点客户战略提供依据。

（三）完善产业调查与信贷政策研究分析方法，提高调研报告质量

商业银行进行产业调查与行业信贷政策研究，调查收集的资料数据力求全面完整。收集的产业信息和资料数据，不应限于国内的，而应该是世界范围内的。对产业发展预测和评价的各种不同观点和看法，应做到兼听并蓄，切忌偏信一家之言。

调查收集的信息资料要求准确及时，减少模糊度。不可靠、不准确的信息资料，不仅达不到为制订科学可行的行业信贷政策，引导信贷资金的合理投向的目的，而且还会导致经营决策的失误。因此，信息数据要准确可靠，不能模棱两可，似是而非。凡是能数据化的信息都应该用数字表达，切忌使

用“一般”、“差不多”、“将来”等外延界限很难确定的词句。

案头分析与现场调查相结合，全面调查与典型调查相结合。由于信息技术手段的高度发达，建设银行研究制订行业信贷政策所需要的相当多的综合全面的产业信息，可以借助于现代电子信息手段获取，一般不需要全面系统的调查。但是，我们应该记住一句古训：“纸上得来终觉浅，事非经过不知难。”若想真正提高产业调查与行业信贷政策研究报告的质量，仅仅满足于这种案头资料的研究分析是不够的，还应根据研究工作的需要，深入现场，深入客户，通过重点企业调查，解剖典型，直接了解基层行和客户的需求。只有这样，才能使研究制订的行业信贷政策更具有针对性和可操作性。

静态分析与趋势分析相结合，以趋势分析为主。产业信贷政策是为指导未来的信贷经营管理工作服务的，为了确保未来的信贷经营管理行为符合产业未来发展变化趋势的要求，分析发展趋势，研究未来发展前景，应成为产业调查与信贷政策研究工作的主要着力点。

定性分析与定量分析相结合，以定量分析为主，尽可能采用定量数据模型。这是产业调查和行业信贷政策研究工作的难点，又是提高产业调查和行业信贷政策研究工作质量的必要保证措施。

（原载《投资研究》2000 年第 12 期）

建立与我国区域经济发展趋势相适应的商业银行经营管理机制

在我国，经济与金融密切的相关关系集中体现在经济发展与商业银行各项业务发展的关系上，这一特点在区域经济金融的维度得到很好的验证。值得注意的是，区域经济与商业银行发展虽然紧密相关，但并不总是表现出完全的一致性，而导致经济与金融差异的因素是多方面的，其中重要原因之一就是商业银行目前的经营管理机制并不能很好地适应区域经济发展的内在要求。

一、商业银行经营管理机制与区域经济发展趋势不协调的表现和原因分析

（一）商业银行按行政区划设置的层级管理体系与区域经济发展的现状不相适应

与这种层级管理体系相配套的逐级核定指标、逐级分权、逐级考核的管理方式，无法适应当前我国区域经济发展差异化加剧、区域内经济一体化的特点。

1. 机构设置

目前商业银行的组织体系基本是按照行政区划进行设置，并未围绕着区域经济发展的具体特点，从创造价值的目标出发做出相应布局。以信贷总量占全国70%以上的四大国有商业银行为例。目前，其分支机构主要是按照省（自治区、直辖市）、地级市、县级市（县区）、乡镇等行政级别逐级设置，形成包括“总行、一级分行、二级分行、支行、分理处及储蓄所”等五个层级在内的管理链条。这种机构设置模式可能带来的问题包括：

（1）管理层级过多，管理链条长，“三级管理、一级经营”，导致管理成本高，信息交流与反馈渠道不畅；

（2）各级分支机构与行政级别一一挂钩，分别对应省（部）级、厅（局）级、处级、科级和股级，形成天然的“等级观”，即行政级别越高，机

构等级亦越高，脱离了企业以价值最大化为标尺的市场原则；

（3）按行政区划设置机构和“以块为主”的经营方式人为割裂市场，对综合职能体的定位导致每一层都必须设立众多的、与上级一一对应的内设机构，机构冗员问题难以避免，管理效率相对较低。

国有商业银行的运作方式以按行政区划地域的“块”（各级分支行）为主，以按业务条线的“条”（各业务职能部门）为辅，即以各分支行为利润中心和考核单位，各级业务职能部门只对下级行的经营起支持指导作用。这种传统的直线职能型组织架构天然地带有明显的多级法人的倾向，各级经营机构拥有自己独立的利益目标，业务流程被人为分割，后台控制职能难以独立，无法整体规划业务品种并建立标准化业务线，这与我国经济带规划、区域经济一体化的经济金融发展趋势明显不符。

2. 权限与资源配置

权限与资源的配置更多地考虑分支机构的层级，较少考虑区域经济发展情况和银行业务增长潜力，资源配置效率有待优化。由于机构级别与行政级别挂钩，信贷、人事、财务等授权权限也必然是根据行政级别逐级递减。因此，即使东部经济发达地区的地级市的经济总量已经相当于甚至远远超过西部欠发达省份全省的经济总量，这些经济发达地区商业银行的二级分行也会因为行政级别较低，在各项资源或管理权限上天然地低于西部一级分行。这与现代商业银行以价值最大化为经营目标的政策是相背离的，也无法适应经济活跃区域金融发展的要求。

例如，浙江温州虽然在行政区划上属于地级市，但是其2003年度国内生产总值、地方财政预算内收入、银行一般性存款余额分别为1220亿元、39亿元和1756亿元，而同期西部某经济欠发达省份的三项指标分别为390亿元、6.7亿元和481亿元；此外，从银行经营效益上看，某国有商业银行浙江温州分行2003年度税前利润为7.98亿元，而在该西部省份的一级分行创造的利润仅为2.82亿元。显然，无论是从外部经济环境表现出来的业务市场潜力，还是商业银行经营创造的效益来看，浙江温州的各项指标均明显好于该西部省份。然而，由于国有商业银行的权利与资源配置天然地与机构的级别一一挂钩，商业银行在浙江温州的二级分行，在信贷、人事、财务等权限上根本无法与一个省级分行相提并论。

3. 激励约束机制

按行政级别实施的激励约束机制与区域经济发展水平及机构经营业绩相脱离，无法切实发挥促进业务健康发展的作用，特别是沿海发达地区，基层经营机构激励约束机制较弱，直接导致人才流失。

（1）最佳的激励约束机制应重点实现对经营主体的激励，也就是说要重点落实到对基层经营机构的绩效考核。然而，在国有商业银行管理层级多达五层的情况下，用于激励的费用在到达基层经营机构之前，必须先经过上级机构的层层截留，而由于各层级管理机构的内设部门较多，机关冗员情况不同程度地存在，层层截留之后最终真正达到被考核基层经营机构的总激励费用“缩水”，有的甚至无法保证基层经营机构的基本开支，使激励约束机制的效果大打折扣。

（2）目前的层级考核方式使激励约束机制无法考核到位。目前商业银行的业绩考核大多按照考核对象行政级别的高低依次进行，如先由总行考核一级分行，再由一级分行考核二级分行，之后是二级分行考核辖内县级支行。这种层级考核方式弱化了个体差异，使激励约束机制无法考核到位。例如，虽然某个省级分行总体上是亏损的，但其辖内某个二级分行或县级支行却可能是盈利机构，然而由于上级机构在接受总行考核时都是以全省的“平均水平”来衡量，从而无法获得与其自身盈利水平相对应的激励，而同级的其他落后甚至是亏损机构却分享了与其自身盈利能力相反的激励，在弱化个体差异的同时，挫伤了盈利机构的积极性。

4. 信息不对称加剧

管理链条过长导致信息传导弱化甚至失真，总行的决策要经过 4 次信息再传递才能到达执行机构，信息传导缓慢，衰减严重；同时，各营业网点的市场反馈再向上传递时也要经过多层批复，越高层机构和人员，获取信息越慢、越不对称甚至失真，致使商业银行整体的市场反应速度慢，反应能力低。

（1）信息弱化与失真。根据有关研究资料，数据每增加一个传导环节，失真约5%。按照目前国有商业银行组织架构的4 个管理层级，以及信息在每一层级中经经办岗、复核（管理）岗、决策岗等不同岗位人员之间的流转与传递，信息与数据已严重失真，数据差异应在20%以上。

（2）利益多头，目标各异，导致信息传递扭曲。商业银行总行、各一级分行以及其他各级分支机构，同一层级不同岗位之间，实际上是多个不同的利益主体，不同的利益主体目标各异，容易造成信息的人为扭曲甚至封锁，从而影响到决策的效率和质量。

（二）商业银行经济资本的分配与区域经济发展的表现不相协调

经济资本配置的多少决定了分支机构信贷业务的扩张能力。当前各家银行已经开始或计划开始以经济资本作为分配信贷资源的手段，不同的信贷业务按既定的计算公式占用不同数量的经济资本，下辖分支机构在不超过上级行所分配的经济资本的前提下，安排业务发展计划。

从实际情况看，目前采用经济资本工具的银行在决定经济资本分配方案时大多坚持了以下原则：

（1）存贷款应同步增长，如果某机构的存款出现增长，该机构的贷款也应该相应增长，因此就应该给其配置相应的经济资本；

（2）既有信贷规模是进行经济资本分配的底线，拟给予的资本必须多于既有信贷规模所对应的经济资本数值，从而确保该机构可继续发展新的信贷业务，也就是所谓的增量调整的概念。

事实上，虽然上述原则对银行业务发展的冲击相对较小，容易被各分支机构接受，但是却违背了“按价值创造能力制定经营计划”的行为准则。其造成的结果是，落后地区的金融市场再小，创造的经济附加值再小，也必须继续追加新的信贷资源，而不允许进行战略收缩。这样的资本配置安排结果使经济资本分配与各区域的经济表现不一致，突出表现为对经济发达区域分配的经济资本明显不足，而对经济欠发达区域分配的经济资本则显得过多，造成资源浪费。

（三）商业银行信贷结构的调整与区域经济发展不同步

1. 从静态来看，同一家商业银行的整体信贷政策对客户及行业的选择目标单一，在全国范围内表现出“一刀切”，不同的分支机构没有根据不同区域经济带的特点进行差别化的细分和选择。各家商业银行每年都会由总行根据国家产业政策、宏观经济形势、自身发展战略等，制定全行统一的全年信贷投放指引等，明确目标客户和目标行业，作为全行信贷资源配置的纲领。然而，面对我国经济在环渤海、长三角、珠三角及其他地区呈现不同的发展格局，形成的差别化企业及行业结构，银行贯彻的却都是基本类似的战略，造成“全国一盘棋”，在客户和行业选择上表现出高度的雷同。

2. 从动态来看，区域经济在崛起和发展的同时必然伴随产业结构的不断调整，银行未能根据这一变化及时调整自身的信贷政策。由于金融是经济的直接反映，银行信贷结构必须根据产业的调整而调整，否则将造成错位，既无法分享新兴产业的繁荣带采的利润，同时也将因为银行已经投入的既有产业逐渐步入衰退周期而逐步形成大量的不良资产。但是，由于缺乏明确的信贷政策指引和有效的贯彻落实，商业银行在信贷结构的调整方面始终无法和区域经济的产业调整步伐一致。

（四）商业银行推出的产品服务在全国范围内同质化，没有根据区域经济的特点和发展趋势及时设计和开发适应当地金融需求的产品和服务

实践中，离市场最近的分支机构总是能最早嗅到市场对新金融产品的需求，因而往往担当金融创新的推动者角色；但出于控制风险的需要，商业银行向市场推出的任何金融产品都必须经过总行的审核。然而，实际的运转效果表明，商业银行对新产品的开发速度过慢，不但对市场需求反应不灵敏，即使在捕捉到市场需求后，着手进行产品研发的能力也较差。

银行将产品研发权进行集中的做法是国际先进银行的一贯做法，这种做法本身并不存在问题。但是这种做法如果与国有商业银行目前的机构设置现状相结合，就不可避免地产生消极的后果：首先，过多的管理层级阻碍了市场信息的及时传递，信息不断弱化和变异；其次，按行政区划设立分支机构且各个机构内部均具有产品研发职能的块状管理模式，对产品的条线式管理形成割裂和阻碍，在弱化信息向上传递的同时甚至主动截留信息，自行消化和研发；再次，在各个机构均具有研发职能的情况下，银行的产品研发资源必然被分散在不同的机构，弱化了整体的研发能力和效率。

（五）区域内经济一体化发展的趋势导致跨地区、跨行业发展的关联客户成为经济发达区域内越来越重要的经济组织形式，构成了该区域新兴的经济力量，也是商业银行未来在该区域进行经营所必须面对和适应的变化，但目前商业银行对关联客户的管理未能跟上这种变化

（1）缺乏区域间分支机构协调机制、利益共享机制，跨区域提供金融服务的能力有限。在与跨区域经营的关联企业建立客户关系时，往往涉及不同地区、不同层级的分支机构，在联合调查、共同营销、信息共享、管理方案设计及提供金融服务等方面需要众多各方的密切配合。然而，实际情况是，由于国有商业银行各经营机构相互独立，缺乏有效的合作协调机制和利益共享机制，各分支机构之间协调联动不够。

（2）缺乏区域间分支机构的信息沟通机制，对集团客户进行统一风险监控的能力较差。跨区域关联企业的重要风险表现包括资金转移、制造虚假业绩和互相担保等，需要银行同步提高自身的风险监控和管理手段。一方面，

由于信息的不对称性，银行对该类客户的监控本身就处于弱势，如果再不能在体系内实现有效的信息共享和利用，一旦客户实施欺诈，银行将被动地遭受较大的损失。例如，某银行新疆分行早在2002年即察觉到“德隆系”资本运作中隐藏的巨大危险并发出了预警，而与此同时，对于“德隆系”在苏州设立“苏州美瑞”和“太湖企业”两家关联公司，该银行在苏州当地的分行却并不知道其属于“德隆系”，依然在加大对其的信贷投入，最终造成了上千万元的不良贷款。

另一方面，银行的不同部门（前、后台）、不同机构在对关联企业进行管理时必须“以一个声音说话”，遵循一致的风险管理理念。但目前国内商业银行的风险管理文化则明显缺位，当风险管理部门发现风险并着手实施控制时，前台经营部门却往往抱着侥幸心理，不到风险暴露的最后一刻不愿意进行信贷压缩，而往往风险真正暴露时早已过了风险控制的最佳时机，不可避免地形成大量损失。

二、建立与区域经济发展趋势相适应的商业银行经营管理机制的主要内容

（一）“十一五”时期我国产业结构调整的基本趋势和主要特点

（1）“十一五”时期我国高增长产业将继续主要集中在重化工业和电子信息等技术密集型产业。改革开放以来，出现了三轮以高增长行业推动经济进入高增长周期的过程，这三次结构转变都与居民的消费结构升级相关，形成了消费结构升级推动产业结构升级，结构变化推动经济增长的基本格局。第一轮是20世纪80年代初中期以轻工、纺织为主导的增长周期，以满足居民的吃、穿为主；第二轮增长周期始于90年代初期，起带动作用的高增长行业包括基础设施和基础产业（公路、港口、电力等）、家电产品（彩电、冰箱、洗衣机、空调机等）等；第三轮增长周期是发生在2001年之后，住宅、汽车、城市基础设施建设、通讯成为新的带动性高增长产业，并由此带动了钢铁、机械、建材、化工等提供中间产品的行业快速发展。由于新一轮重化工业加快发展的形成机制主要源自于居民消费结构升级等内生因素，因此重化工业快速发展的情况，有可能持续较长的时间。

（2）由于外部经济环境的不确定因素和不稳定因素日益增加，加之重化工业本身的“自膨胀”特点，国民经济出现大幅波动的风险在加大。在重化

工业加速发展的时期，重化工业本身的“自膨胀”特点带来的“投资带动投资”（20世纪50年代中后期及60年代日本曾出现了投资带动投资的情况）现象比较突出，尤其是在当前我国的市场信息不完备的环境下，这一特点将更为明显。而重化工业因“自膨胀”机制的作用，市场的需求规模就有“虚”的成分。一旦这些问题把握不好，经济出现较大波动的可能性增加。

（3）国内区域经济协调发展将面临更为严峻的挑战。由于资金、技术、人才等资源的流动将在更大程度上依赖于市场配置资源的基础性作用，生产要素流动将越来越取决于投资回报率和区域专业化分工等客观经济规律的导向，各地区经济发展的差距势必将继续扩大。尽管中西部地区经济增长在加快，但与东部的差距仍然在拉大，国内区域经济发展不协调将继续面临更为严峻的挑战。

事实上，目前中央财政对经济欠发达地区的转移支付力度还不够，公共服务均等化程度还较低，因此，区域政策在消弭市场缺陷方面的效果尚不理想，还没有明显改善经济欠发达地区的基础设施条件，还没有显著增强经济欠发达地区自我发展的能力和后劲，还不能普遍提高经济欠发达地区的全民福利水平，因而也将不利于逐步改变目前全国低水平、不全面、不平衡的小康状况。

（二）适应“十一五”时期我国产业结构调整的基本趋势，商业银行应建立与区域经济发展趋势相适应的经营管理机制

如上所述，在“十一五”时期，我国产业发展将呈现重化工行业和高科技行业增长迅速、经济大幅波动的系统性风险上升、区域发展不平衡状况可能加剧等特点，商业银行面临的挑战将更加严峻。如何适应上述变化中的外部经济环境，在有效控制风险的前提下促进各项业务的持续健康稳定发展，商业银行需要全面审视、分析自身状况，尽快建立起与区域经济发展趋势相适应的经营管理机制。

商业银行建立与区域经济发展趋势相适应的经营管理机制的主旨是：按照效率原则和贴近市场原则，重构组织体系，在适度简化管理层级的同时，以业务发展潜力为核心标准设置经营层级机构；按照效益最大化的原则，重新设计权利和资源配置机制，促进银行各项资源价值创造效率的最大化；建立跨区域的信息交流和共享机制，适应经济一体化和跨区域发展不断加剧的情况，重点是加强对跨区域集团客户的营销服务和风险监控；加强对区域产业结构发展趋势的分析，提高信贷结构调整的主动性和超前性，更好地适应

区域产业结构变化加速的现实状况；在继续坚持统一设计、开发金融服务产品的同时，建立更为富有效率的产品需求、设计、推广流程，提高银行对市场需求的反应速度和灵活性。

1. 按照效率原则和贴近市场原则，重构组织体系，在适度简化管理层级的同时，以业务发展潜力为核心标准设置经营层级机构

与国有商业银行不同，我国在改革开放之后相继成立的股份制商业银行和外资银行均以城市分行为主体进行机构布局，这种机构设置方式是与经济发展的城市化趋势紧密相关的。据统计，某个按照行政区划设置分行的国有商业银行，其80家城市行2004年底一般性存款余额、各项贷款余额、税后净利润分别占全行的74.43%、78.31%和92.91%。毫无疑问，大中型城市已经成为商业银行各项业务竞争的主战场，虽然部分国有商业银行也根据这一情况对城市行进行了一定程度的政策倾斜，然而，囿于整体组织机构严格按照层级设置的约束，这种倾斜政策往往无法很好地发挥预期效果。

重构组织体系的具体内容包括：

（1）将银行组织机构划分为管理型机构和经营型机构两种，简化管理层级的首要任务是将管理型机构尽量简化为“一层”，即仅仅保留总行作为唯一的纯粹的管理行。

（2）经营型机构包括两种，一种是以中心城市行为核心的城市分行，另一种是剔除单独设立的中心城市行之后的省区分行。

（3）对于业务量大的区域可以适当设置跨区域的组织机构，负责综合协调业务发展和风险监控，但不承担其他的管理职能。

（4）以业务发展潜力为核心标准设置经营型机构（城市行），在经营型机构内部实行以中后台集中为核心的扁平化管理模式，其下设机构的层级应简化为“一层”；对于储蓄专营机构和个人银行业务专营机构可由城市分行进行统一管理，对于银行各项业务综合经营机构可主要作为营销前台进行设计。

（5）对于剔除单独设立的中心城市行之后的省区分行，逐步淡化其纯粹的管理职能，向经营型机构转型，主要是为所辖分支机构提供集中的中后台管理服务和风险监控；同时，取消二级分行原有的综合管理职能，将二级分行、县级行分别转变为综合型经营机构，对上直接向省分行负责，对下根据具体情况负责管理部分储蓄网点。

具体的组织机构设计可参见图1。

组织体系重构的目标并不是简单地精简机构，一方面简化之后的管理层

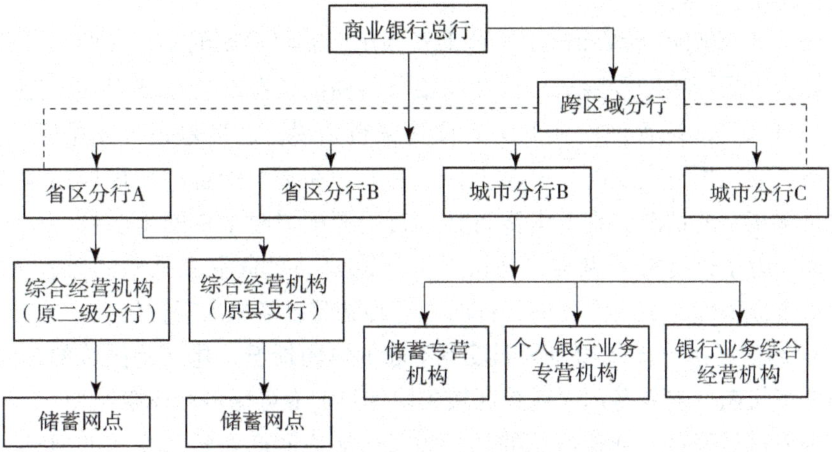

图1　银行重构组织机构设计图

级有利于切实提高管理效率，改善管理的控制力；另一方面则突出了城市行的核心经营职能，在实施以中后台相对集中的扁平化管理模式之后，有利于在集中监控管理风险的同时突出基层经营机构的营销职能，更清晰地实现各级组织机构的职能定位。

2. 按照效益最大化的原则，重新设计权利和资源配置机制，保障银行各项资源创造价值的最大化

理论上来看，实现企业各项资源配置效率的最优化，其核心是保证其边际资源配置创造效益的最大化。也就是说，如果把银行在各区域、各行业、各客户的资源配置进行效益比较，最简单的方式是衡量其边际资源投入所产出的效益是否相同，只有在各领域资源配置的边际产出完全相等的情况下，银行现有资源的总产出在资源总额有限的约束条件下才能实现最大化。

（1）确定资源优化配置的目标。从区域的角度看，权利和资源的配置并不总是完全依赖于区域经济本身所带来的业务发展潜力，因为业务发展潜力仅仅代表了外部经济环境的因素，银行是否能够将外部有利的经济环境因素真正转化为银行业务的增长和效益的提高，还依赖于银行当地经营机构的业务发展能力和风险控制能力等内部因素。因此，银行在按照区域进行权利和资源的配置时，需要对各区域分支机构的内外部因素进行综合衡量，并根据衡量结果差别化地配置权利和资源。一种简单的定量方式是，对各区域分支机构的内外部因素进行综合定量评价，得出各区域分支机构的评价指数，以资源总量作为约束条件，采用运筹学中最优化模型计算得出对各区域分支机构的资源配置目标。

（2）增量调整手段和存量调整手段并用。需要强调的是，按照最优化模型计算得出的资源配置要求，往往与银行目前的资源配置现状存在差距，而对于一贯采取传统管理模式的国有商业银行来说，这种差距可能是巨大的，甚至被认为是不可实现的。事实上，这种差异在资源配置的管理模式发生变革时是很正常的情况，它要求银行在进行资源配置时不再囿于增量调整的范畴，而要着手进行存量调整。在国有银行既要满足资本充足率的监管要求，又要实现经济增加值最大化的目标时，这种调整已经成为银行的唯一选择。

3. 适应经济一体化和跨区域发展不断加快的情况，建立跨区域的信息交流和共享机制，重点是加强对跨区域集团客户的业务服务和风险监控

随着区域经济一体化进程的加快以及区域之间产业转移步伐的启动，企业跨区域经营已经成为普遍现象，对商业银行跨区域提供业务服务和实施风险监控提出了新的要求。要满足上述要求，商业银行需要在组织机构、信息数据系统和信息交流机制三个方面进行相应的调整。在组织机构中，应根据需要建立跨省区分行和城市分行的跨区域分行，负责所辖区域内集团客户的牵头营销、服务提供和风险监控；在信息数据系统的建设中，逐步实现业务数据的集中，建立可共享的信息数据平台；在信息交流机制方面，清晰界定信息交流与反馈的线路，明确各个信息交流主体的职责，保证信息交流的准确、及时和完整。

4. 加强对区域产业结构发展趋势的分析，提高信贷结构调整的主动性和超前性，更好地适应区域产业结构变化加速的现实状况

国有商业银行对产业发展趋势的研究分析，存在人员力量分散、各部门各自为战、与市场结合不紧密、缺乏有效的贯彻手段等问题。银行对区域产业结构的分析应站在整个国民经济甚至是世界经济的角度，对整个产业结构的变动趋势要有整体的、持续的、动态的把握，结合银行自身情况制定出明确的信贷结构调整战略，并将战略的要求具体落实到银行的各项政策、制度与标准之中，使之成为银行各级经营机构共同的行动目标。

（1）考虑到我国近年来产业结构变动的新特点，银行对产业结构的分析应重点研究以下方面：一是国民经济系统性波动可能对不同产业、不同区域产生的影响；二是不同产业在“十一五”时期的主要发展趋势和主要企业情况；三是在不同区域的内部，其产业发展的具体特点和变化趋势；四是不同产业在不同区域的发展现状、变化趋势和产业在区域间转移的特点等。

（2）信贷结构调整战略是整体的，这种整体性一方面体现在银行对区域产业结构发展的把握必须是整体的，是综合考虑了整个国民经济的产业发展趋势的研究分析结果；另一方面则体现在银行贯彻这一信贷结构调整战略的行动是整体的，即银行的前台营销部门（机构）、中后台审批管理部门（机构）应该秉承相同的标准和原则，以减少前后台的摩擦，提高信贷结构调整战略的推进效率。

5. 在继续坚持统一设计、开发金融服务产品的同时，建立更为富有效率的产品需求、设计、推广流程，提高银行对市场需求的反应速度和灵活性

在银行的组织机构大幅简化之后，管理层级的减少直接带来信息交流效率的提高，信息不对称的问题得到最大程度的缓解，这无疑将有助于提高金融服务产品的设计开发效率。然而，仅有组织机构的调整仍然是不够的，银行需要建立富有效率的金融产品设计、开发、审核、推广和后续管理流程。该流程应符合以下要求：

（1）建立产品需求的快速反应和收集通道，保证经营型分支机构的市场需求能够准确、迅速地到达管理层级（总行）；

（2）银行应建立相应的由总行和经营型分支机构人员共同组成的产品研究、设计、开发小组，围绕基层经营机构的市场需求进行产品设计开发；

（3）对设计开发完成的新产品进行审核时，重点应审核其流程风险控制状况和投入产出效益状况。

（与袁平、武绘合作。原载《经济研究参考资料》2005 年第 93 期）

实施稳健信贷战略　确保业务可持续发展

年初以来，我国经济增长速度加快，商业银行信贷投放的积极性也持续高涨。贷款投放的快速增长有其客观性。一方面经济发展进入新一轮增长周期，贷款有效需求显著增加；商业银行资金来源充裕，资金流动性不断增强，客观上加大了信贷投放的可能性；另一方面，企业融资结构过于单一，经济增长过度依赖银行信贷，地方政府投资积极性高涨。种种因素共同作用，推动了贷款投放的快速增长。而在经济结构不尽合理、社会信用环境不够完善、相当多的借款主体公司治理结构不够规范、商业银行自身的内控机制和风险管理机制欠缺的情况下，这种过快的信贷投放可能潜伏较大的金融风险。

一、商业银行信贷投放的过快增长可能潜伏着新的金融风险

（1）地方政府主导型投资加大了宏观系统性风险。地方政府为追求当地经济的高增长，在一定程度上存在着“动员一切资源，推进投资增长”的盲目性和自发性。而盲目投资、低水平重复建设可能带来未来生产能力过剩，影响经济稳定增长，将使已投放贷款面临较大的信用风险。

（2）贷款集中隐含风险。近年来，商业银行调整信贷结构，贷款重点转向中长期贷款和国家重点大型企业、大型项目，新发放贷款也主要集中在房地产开发、公路和城市基础设施、建筑业等几个行业。一旦这些大行业大企业出现生产与经营风险，不仅会殃及银行对这些行业贷款的资金安全，而且将影响整个银行体系的稳健运行，形成商业银行的系统性信贷风险。

（3）中长期贷款增速过快，可能引发流动性风险。10 月末，银行活期储蓄占全部储蓄存款的 26.5%，比去年同期上升了 2.7 个百分点，信贷资金来源出现明显的短期化。与此同时，中长期贷款占全部贷款的比例强势攀升，贷款出现中长期化的倾向。这种“短存长贷”的现象使商业银行资金运用的期限错配的矛盾相当突出。如果中长期贷款金额较大，一旦发生损失，对商业银行的流动性影响较大。

（4）票据贴现风险呈上升趋势。首先，目前在票据市场上，有的商业银

行为招揽客户，竞相压价，形成恶性竞争。其次，与贷款不同，商业银行对票据贴现的资金用途无从了解，因此，很难把握会有多少信贷资金以“票据承兑和贴现”形式进入高风险行业。

（5）信贷投放过快可能导致银行操作风险上升。今年年初以来，商业银行贷款投放速度的大幅度增加，是在银行自身的风险管理能力相对较弱，内部控制机制还很不完善，风险管理手段还比较落后的情况下所完成的。商业银行自身的风险管理与内控能力现状与贷款的快速增长对银行风险管理与内控水平的要求不相适应。

（6）商业银行缺乏政策指引，造成信贷投放结构不合理。目前，我国商业银行总体上还没有形成一套完整和有效的信贷政策体系和决策信息导向功能，特别是缺乏对新投放贷款的信息指引，这就造成了当前形势下信贷资金投放速度加快，但贷款投放结构不够合理、贷款集中度偏高，许多贷款投向高风险行业或地区。

二、实施稳健的信贷战略，确保信贷业务持续发展

在当前的情况下，商业银行选择的信贷战略，应该是一种能够保证商业银行实现持续协调发展目标的信贷战略；是一种在确保资产质量和经营效益良好、贷款结构优化条件下的信贷发展战略；是一种在风险管理与内控措施严密，信贷经营管理制度和机制完善有效基础上的信贷发展战略。它具体包括以下几个方面的内容：

（一）顺应经济增长的内在要求，保持合理的信贷投放力度

从宏观角度看，当前我国经济运行进入新一轮增长周期，汽车、住房、教育、旅游等新的产业增长点出现，市场有效需求存在较大的增长空间，人力资源和资本等生产要素供应充足，国民经济增长潜力巨大。从微观角度看，实体经济的质量有了较好的优化，银行业信贷发展的主流是健康有序的，不良资产比率和金额都有较大幅度下降。明后两年，商业银行应保持信贷投放的适度、合理增长，为保持国民经济的持续健康稳定增长，提供一个强劲、持续的动力引擎。

（二）实施差别化的信贷政策，提高信贷资源的配置效率

（1）实施行业差别化的信贷战略。根据不同行业的风险情况，实施有针

对性的信贷政策，优化配置资源，降低新业务的信贷风险。从 2003 年情况看，烟草、电信、石油开采、电力等优势行业属 A 级，风险水平最低，是许多银行的营销重点。但随着银行间竞争日趋激烈，对这些行业的平均信贷收益率趋于降低。相比之下，广电、邮政、医药、电子、新闻、教育等 B 级行业尽管具有一定风险，但这类行业增长速度快，发展前景好，贷款需求旺盛，应作为商业银行信贷营销重点。而航空、纺织、有色、建筑、房地产开发等行业风险处于中等水平，发展过程中不确定性较大，应坚持审慎经营原则，在基本保持现有规模的前提下，通过“回收移位再贷”，加快客户结构调整。对零售、批发、旅馆、餐饮、娱乐、装修等信用风险较高的 D、E 级行业，要严格控制信贷投放，加速存量资产回收和信贷退出。

（2）实施区域差别化的信贷战略。当前，我国商业银行区域信贷政策应突出三方面：一是以长江三角洲、珠江三角洲和环渤海地区为重点，加大对东部地区的投入力度。特别是环渤海地区，经济增长速度加快，资金需求量增加，有望成为我国区域经济的一个新的增长点，应予以重点支持；二是配合西部大开发政策，以一批国家重点建设项目为依托，扩大信贷投放规模；同时，加强对工程项目的配套服务，促进全行信贷资产质量稳步提高；三是加大对中心城市和重点区域的政策倾斜力度，提高资金、人才、技术等各项资源的配置效率；同时，加强风险监测、考核与控制，避免片面追求业务规模的扩张。

（3）实施客户差别化的信贷战略。要根据客户风险等级以及竞争对手情况，重新进行信贷市场定位，细分信贷客户群，锁定目标客户。要避免在大集团、大客户的争夺上过度消耗资源，而要与其他银行展开错位竞争。应重点支持那些已完成改制、产品有市场、经营有利润、借贷守信用、具备研发能力的中等规模企业。

（4）实施产品服务的差别化信贷战略。应根据利润贡献状况，将客户划分为不同等级，实施差别化的金融服务。

（三）强化产业信息和宏观经济发展趋势调查研究，为优化信贷投向结构和信贷审批提供科学的决策依据

当前迫切需要商业银行进一步强化产业信息和宏观经济发展趋势的调查研究工作，加强对行业信贷风险的整体评价分析，加强对行业信贷政策、区域信贷政策的研究分析工作，加强对产业发展方向和变化趋势的研究分析工作，其中主要包括产业结构的变化，产业升级换代的趋势和产业选择方向的

研究分析，加强对经济发展周期的研究分析工作，并使之专业化、职能化和制度化，使之实现为优化信贷投向结构和信贷审批决策提供科学依据的目标。

（四）调整信贷授权政策，加快完善授权管理体系

今后一个时期，我国商业银行应根据形势变化和业务发展需要，及时调整信贷授权政策。可以适当调整对二级分行的信贷审批转授权方式，根据客户信用等级实行差别化转授权管理，适度上收公司客户授信额度审批权。除低风险业务和小额度公司客户授信业务外，取消二级分行对内部评级为 A 级及以下风险较高客户的授信额度审批权，进一步加强对新发放公司客户贷款的风险总量控制能力，提高总行和一级分行对公司客户授信风险总量的审批控制能力与信贷资源配置能力。

（五）实施客户综合授信管理

要实行信贷组合管理，分散贷款风险。通过授信业务对象的风险评级组合、行业企业类别组合、授信业务品种组合、业务回报率和期限组合，来防范和分散授信业务在某一客户、某一行业或某一产品上的集中度过高的风险，要尽可能规避社会经济环境和周期的风险。同时根据市场和客户经营变化、资金往来情况等，适时调整客户授信额度，一般每季确定调整计划一次，从而保持贷款安全性和流动性、盈利性的统一。

（与武剑合作。原载《建设银行报》2003 年 12 月 15 日第三版）

进一步强化建设银行法人授权管理工作很有必要

——国有商业银行法人授权管理机制研究（一）

总分行制是现代商业银行普遍采取的一种经营组织形式。法人授权是商业银行总行对其分支机构实施有效管理的最主要的基本方式，所有分支机构必须而且只能在总行的授权范围内从事经营管理活动。因此，法人授权制度是保证各商业银行全行系统的各项经营管理工作能够进行高效运转和有效控制的一项基本管理制度。巴塞尔银行监管委员会1998年9月颁布的《银行业组织内部控制体系框架》中，将银行内部授权界定为商业银行建立健全内控体系的核心内容之一。

建设银行的法人授权管理，是在总行一级法人统一管理体制下，在法定经营范围内，由建设银行法定代表人将法人的部分权力授予分支机构、职能部门及工作人员行使的一种管理行为。1996年以来，根据人民银行有关商业银行授权管理的规定和要求，建设银行先后制订了一系列的有关法人授权管理的规章制度和管理办法，确定了建设银行法人授权的基本原则和基本内容，规范了法人授权工作程序。多年的实践表明，实施法人授权管理，对于加强风险管理与内部控制，增强统一法人观念，规范各级行的经营管理行为，实现有限资源的优化配置，起到了十分积极有效的作用。

随着近几年来各级行风险防范意识增强，经营管理水平提高，同业竞争日趋激烈，资产质量有所改善等新情况的出现，各级行经营管理观念和经营管理行为发生了很大变化。按照江泽民“三个代表”重要思想的要求，与时俱进，面对新情况新环境，在研究探索建立与建设银行风险管理水平与内部控制能力相适应、与激烈的同业竞争环境相适应的法人授权管理体系的同时，需要进一步统一全行上下对法人授权工作在建设银行经营管理工作中的重要性认识，加强和完善建设银行法人授权管理工作，提高法人授权管理工作水平，增强各级行严格依照授权权限办事的自觉性，这是建立和完善建设银行风险管理与内部控制体系的一项重要内容。

一、加强法人授权管理是完善建设银行法人治理结构的重要举措

《商业银行法》规定："商业银行分支机构不具有法人资格，在总行授权范围内依法开展业务，其民事责任由总行承担。"我国《民法通则》及《公司法》中有关条款中也规定，所有经营组织的分支机构民事责任由总部法人承担。可见，我国现行法律对国有商业银行分支机构的法律地位有着非常明确的界定，即国有商业银行实行一级法人体制，其分支机构是授权经营的经济组织，不具有独立法人的资格，其一切民事责任由总行承担。由于历史和现实的原因，现阶段我国国有商业银行的产权关系是十分模糊的，其所属各个分支机构虽然不是产权的所有者，不是一个独立经营的法人组织和利益主体，但它却是事实上的财产占有者，对其所拥有的一切资源有一定的使用权和处置权。再加之由于市场机制不完善，风险管理与内部控制机制不健全，权责关系不够明确，问责制度尚未完全建立起来，在全行系统各分支机构内也就无法形成一个有效的自我约束机制，致使一些分支机构，尤其是一些基层行的部分员工，风险意识淡薄，有章不循，绕开上级行的监管，进行违规经营操作，形成了大量的不良资产和资产损失。但由于国有商业银行是一级法人经营体制，总行不得不为其所属的各个分支机构的经营行为承担最终的民事责任。如有的分支机构在存单纠纷中银行败诉时，总行必须为其承担存款兑付责任，甚至赔偿责任，有的分支机构在贷款合同纠纷中败诉时，总行必须为其承担资产损失的责任。同时由于涉及违规违法，有时银行还会受到金融监管部门的处罚。强化法人授权管理工作，使各分支机构在总行一级法人统一管理体制下，在授权范围和权限内依法开展业务，不但有利于防范和控制金融风险，而且有利于进一步增强各级行的统一法人意识，是建设银行完善法人治理结构的重要举措。

二、加强法人授权管理有利于保证全行系统的各项经营管理活动实现高效有序运行

现代企业组织理论表明，组织的规模越大，管理层次越多，组织的某个、某些工作单位越远离总部，就越需要适度分权管理。20世纪70年代，美国著名管理学家钱德勒在其代表作《看得见的手——美国企业管理的革命》一书

中，提出了集权与分权相结合的现代企业架构建设的原则，即为了使企业组织的决策效率和经营效率相互兼顾，增强企业经营活动对市场的灵活性和适应性，法人组织需要将一些必要的权力保留在企业总部，将一般事务决策的自由之权授予下属，将组织结构中的决策的职权进行分散。

建设银行是特大型国有企业，经营资产规模大、组织机构层次多、经营区域广是它的基本特点。在这种情况下，建立集权与分权相结合的企业架构，是保证全行系统的各项经营管理活动实现高效有序运行的必要措施。过分集权必然会削弱分支机构的经营活动对市场反映的灵活性和适应性，也会影响到分支机构的工作积极性和主动性，而不适当的分权则不利于总部的整体控制，不利于保证企业组织有限资源实现优化配置的目标。加强法人授权管理，则有效地兼顾了总部与分支机构之间集权与分权的利益关系，既在一定程度上保证了分支机构的经营自主权，同时也改变了分支机构因权力过大而造成的管理失控状况，在不影响管理效率和分支机构经营积极性的前提下，使全行系统的各项经营活动在有效控制和监管的前提下，维持高效有序的运行，有利于提高全行资源配置的效益。

三、强化法人授权管理，在维护统一法人体制的前提下对分支机构适度分权，有利于建立快速的市场反应机制，增强建设银行的核心竞争力

多级经营管理机构的层级设置，使得建设银行的组织机构呈现很长的纵向管理链条状态。在这种多层级的组织结构体系中，由于管理信息不对称的规律性特点，信息沟通效率受到管理半径、科技水平和信息手段等诸多因素的制约，导致信息传递的效率逐级递减。在管理半径大，管理链条长，而信息沟通难以在短期内有较大改观的情况下，管理链条越长，管理效率就越弱，市场反应能力就越差，上级行对下级分支机构的内部控制力就越弱，导致管理失效。国内有关金融专家对此现象进行研究后得出结论：在“总行——一级分行——二级分行——分理处”链条中，每一个环节传递信息和管理指令的准确程度为95%、90%、80%，经过四次传递后，信息和指令的准确程度逐步衰减。如果原来95%的传递效率是可接受的范围，那么由于管理链条的增加导致的管理效率递减则使其进入不可接受的范围内。就此而言，通过建立科学的法人授权管理机制，赋予分支机构一定的决策自主权，对于提高经营管理水平，增强建设银行快速应对市场的能力及核心竞争力是非常必要的。

四、加强法人授权管理既有利于规范授权对象的经营行为，也有利于促使授权对象不断提高内部管理及风险控制能力

差别化授权是法人授权工作的一项基本原则。科学的法人授权制度建立起一种以分权为基础的新的权力制衡结构，授权对象的权力受制于法人，其越权行为将受到惩处，这便为制止授权对象的违规越权行为建立了事先防范机制，完善了总行对分支机构的控制手段，提高了内部控制能力，也为克服授权对象内部人控制的弊端提供了外在约束机制，从而降低了风险。同时，由于法人授权不搞一刀切，授权对象的权限大小，取决于其经营效益的高低，取决于资产质量的好坏，取决于其风险与内控管理水平的强弱，只有那些经营效益好、经营管理水平高、风险管理与内部控制能力强、资产质量好的分支机构，才可能得到较大的决策权限。这样就有利于促使那些风险管理与内部控制能力弱、经营效益和资产质量差的分支机构，通过不断改进自身的工作，为获取更大授权权限而创造条件。

五、加强法人授权管理工作，有利于保护客户与银行双方的合法权益，维护当事人交易活动的公正平等性

在市场经济发达国家，交易双方在达成交易前首先了解对方的授权情况已成为一种惯例。我国的《合同法》中也规定了当事人在订立合同时，提供格式条款的一方有义务以合理的方式，提请对方注意免除或者限制其责任的条款，并按照对方的要求对条款予以说明。随着市场机制的逐步完善，人们法律意识的不断增强，合同当事人的相互告之义务将越来越有必要。强化法人授权管理，规定建设银行各分支机构与客户签订合同时，必须以适当的方式向客户说明所具有的权限，以便使客户在与分支机构进行业务活动时，知晓交易对手所具有的权限。这样既便于理性和善意的客户谨慎考虑交易基础，又可防范恶意的客户以不知情为借口实施欺诈，转嫁风险。

（与陈海东合作。原载《建设银行报》2002年10月10日第三版）

建立法人授权等级统一评价制度
提高法人授权的科学性

——国有商业银行法人授权管理机制研究（二）

随着法人授权管理范围的拓展和授权内容的深入，以往由各个业务管理部门，采用分项评价方法对授权对象分别进行评价，对授权对象划分各自不同的授权等级的方式，已不能满足法人授权管理范围进一步拓展和授权内容进一步深化的要求。为能更全面科学合理地确定授权对象授权等级，规范化地推行差别化授权，有必要研究制订统一的授权等级评价方法，建立统一的授权等级评价制度，各项授权内容都应在统一的分析框架下，根据统一的评价标准，对授权对象进行统一的授权等级评价，并以此作为差别化授权的依据。

一、建立统一的授权等级评价制度，有利于全面、系统地评价授权对象

根据分项授权内容所做的分项业务授权等级评价，由于没有系统地选择评价指标和确定指标权重，各分项业务授权评价指标的设置，有的相互重复，有的则缺乏系统完整性，同一评价指标在不同的分项评价中其权重的差别也比较大。采用分项授权评价方式，只是局部地反映了授权对象某项业务系统的经营效益与内部控制状况，无法从整体上对授权对象的经营效益与资产质量状况、风险管理与内部控制能力、内外部可利用资源等多方面形成统一的授权评价等级。

从科学、准确、系统地评价授权对象的要求考虑，各分项业务授权的等级评价方法，其各自评价指标的设置，除了需要设置一些反映本项业务特点的评价指标外，还需要设置一些反映经营资源配置和风险与内控管理工作等共性要求的评价指标。比如，信贷授权的等级评价内容，除了需要设置反映信贷资产质量和资产效益状况的评价指标外，也需要包括授权对象的风险与内部控制管理能力、可供授权对象配置利用的内外部资源等方面的评价因素，

如地区经济发展状况、经营规模、市场份额等评价指标；其他各项分项授权等级评价的内容，除了需要设置一些反映各自业务特点的评价指标外，也都需要对授权对象的风险与内部控制管理能力，可供授权对象配置利用的内外部资源等方面的评价因素，如地区经济发展状况、经营规模、市场份额、风险与内部控制管理能力等内容进行系统的评价。而且，在进行各个分项业务授权评价时，相同评价指标的权重也应是相同的。这种评价指标的共同性，以及同一评价指标的权重共同性，从客观上要求制订统一的授权等级评价方法。

采用统一授权等级评价方法，不仅可以弥补分项业务授权等级评价方法的不足，通过从不同侧面全面地、系统地评价授权对象的综合经营管理与风险控制状况，提高授权等级评价的科学性和系统性，为实施差别授权提供统一的、科学可行的决策依据，而且可以准确地传导总行政策，正确引导分支机构经营行为。分支机构要想提高授权等级、扩大授权，必须使信贷资产业务和非信贷资产业务全面发展，并从盈利能力、资产质量、风险控制能力、市场份额和经营规模等方面全面提高内部管理水平。任何一个方面的不足，都影响授权等级评价结果，从而影响授权权限。这样可以促使分支机构克服短期行为，注重长远和全面发展。

二、按照系统论的方法，以层次分析法为分析框架，划分法人授权等级评价因素

在法人授权等级评价方法中，各个评价因素是一个有机的整体，具有系统性的特点，各个评价因素之间具有高度的相互制约性和相互关联性，它们之间某一要素的变化必然引起其他关联要素发生变化。同时，评价因素又具有开放性的特点，系统内与系统以外的环境的众多因素相互影响、相互制约。在系统论思想的指导下，研究制订统一的授权等级评价方法，就是将进行授权对象等级评价时所需要考虑的各个因素当作一个整体，分析授权对象系统内及系统外环境中影响授权的诸多因素，寻找到关键性的可变因素，科学地选择授权等级评价因素和评价指标，合理地确定评价因素和评价指标的权重，科学地划分授权等级，以避免出现授权等级评价的片面性。

层次分析法是70年代美国著名管理学家Sauy. T. L提出的一种评价、决策的分析方法。它的主要思想是将复杂的评价、决策问题按层次进行分解，在找到他们之间的联系后进行综合分析。采用层次分析法的分析框架制订授

权等级评价方法，就是将授权等级评价所需要考虑的多个因素进行合理的分解和归类，划分为地区经济发展状况、盈利能力、资产质量、经营规模、市场份额、风险与内控管理能力等六大类评价因素，然后在此基础上，通过对每一项评价因素进一步细分，确定多个评价指标，由此形成一个由多因素层次、多评价指标体系构成的统一的授权等级评价方法。

在评价因素的选择上，应突出商业银行以经营效益为中心的经营目标，重点反映授权对象的资产质量、风险管理能力、内部控制能力，适度考虑反映授权对象市场拓展能力的市场份额因素、经营规模和地区经济发展状况等方面的评价因素。这六个评价因素从不同的侧面反映授权对象内外部情况，形成一个有机的整体。评价因素突出盈利性，但又不唯盈利性，一个只注重财务效益而不注重资产质量的银行，其财务效益是短期的，甚至可能是“虚假”的，难于持续稳定地发展。同样，重点反映资产质量，但又通过风险控制能力作进一步的佐证，一个只注重账面的资产质量，而不注重提高风险管理与内控能力的银行，也难于实现持续稳定健康的发展目标。

此外，授权评价的目的是要求在有效控制风险的前提下提高经营管理的效率，授权应与授权对象的经营规模和所在地区经济发展相适应，决不能因为风险控制而降低了效率，影响业务的发展。所以，授权等级评价中还应分析与授权对象有关的外部环境的变化和经营规模等因素。

三、遵循科学性、可比性和可操作原则，合理选择评价指标体系

在选择各评价因素中评价指标时，应突出综合性的分析指标的作用，避免因选择指标过多，而“稀释”一些重要指标的作用。

盈利能力的评价是授权等级评价的重要内容。盈利能力因素中评价指标可以设置调整后利润、资产收益率、贷款实际收益率、费用利润率和中间业务收入等5个评价指标。调整后利润、资产收益率分别从绝对和相对两方面反映分行获利能力。其中，贷款实际收益率反映贷款收益情况；费用利润率主要是反映单位费用获得收益的情况；中间业务是商业银行致力于发展的新业务，是银行利润新的增长点。

资产质量因素中的评价指标可以设置不良贷款余额、不良贷款下降率、不良贷款率、资产损失额和资产损失率等评价指标。其中，不良贷款余额、不良贷款率、不良贷款下降率分别从绝对值、相对值和变化情况三方面反映

信贷资产质量状况，而资产损失额和资产损失率分别从绝对值、相对值两方面反映各类资产的损失情况。

衡量风险管理与内部控制能力的评价指标较多，但从评价指标的可操作性要求出发，风险管理与内部控制能力因素中可设置案件防查情况、会计信息质量、会计基础工作规范化单位占比、上报项目审批通过率和审批人绩效考核等评价指标。其中，案件防查情况主要是反映在违法、违纪案件和抢劫、盗窃、诈骗、涉枪案件的防范情况。会计信息质量评分、会计基础工作规范化占比分别反映分支机构会计信息质量情况和会计基础工作规范化情况。上报项目审批未通过率是一项较为综合性的指标，不仅反映了分支机构的信贷审批环节的工作质量，也能够在一定程度上反映分支机构审批制度的执行情况。

市场份额在某种程度上反映了授权对象的市场拓展能力和管理水平，在市场份额评价因素项下可以设置一般性存款同业占比、各项贷款同业占比、一般性存款同业占比增长率、各项贷款同业占比增长率等评价指标，主要从存、贷款同业占比的绝对值和变化值两方面反映分行市场份额及其变化情况。

在经营规模评价因素项下可以设置一般性存款余额、各项贷款余额、一般性存款增长率和各项贷款增长率等评价指标，主要从存、贷款的绝对值和变化值两方面反映分行经营规模及其变化情况。

在地区经济发展状况评价因素项下可以设置地区 GDP、地区 GDP 增长率、地区人均 GDP、地区财政收入、地区工业经济效益综合指数、地区金融机构存款余额及地区金融机构贷款余额等评价指标，这些评价指标在一定程度上反映了分支机构所在区域的内外部经营环境状况和可供利用的潜在资源。这些因素，都是在确定授权权限大小时不可忽略的内容。

此外，在统一的法人授权等级评价方法中，根据各个评价因素和评价指标在商业银行经营管理和经营发展战略目标中的重要程度的差异性，赋予其各自不同的权重，也是提高法人授权科学性的重要条件。

（与喻永新合作。原载《建设银行报》2002 年 10 月 15 日第三版）

建立完善建设银行法人授权传导机制

——国有商业银行法人授权管理机制研究（三）

实行法人授权管理是现代金融企业所采用的一项基本而又重要的经营管理制度。完善有效的法人授权传导机制，是提高建设银行法人授权工作质量，增强授权内容的可操作性和授权权限的适应性，发挥法人授权在加强内部控制与风险管理工作中的作用，保障各项经营业务持续健康稳定发展的必要条件。从当前建设银行所处的内外部经营环境，各级行风险与内控管理能力，以及授权管理工作中所存在的问题等因素考虑，建立完善的建设银行法人授权传导机制，迫切需要研究解决以下几个问题：

一、正确划分制度分权与法人授权的内涵，科学界定法人授权的内容

在企业经营管理活动中，组织中权力的分散可以通过制度分权与法人授权两个途径来实现。但制度分权与法人授权调整范畴是有区别的。就一般情况而言，制度分权所规范调整的是企业各级组织的经营业务范围、岗位职责以及实施经营行为时所必须遵循的操作流程，因而它是对组织结构中各级机构经营管理业务活动的质化规范；而法人授权所调整的，则是在制度分权所确定的各级组织的经营管理业务范围内，企业法定代表人将某些决策权授予组织结构的下层（包括授予组织结构中的分支机构和个人）。法人授权的实质是决策权的分散，它所调整的是被授权人决策权限的大小，是对组织结构中各级机构决策权的量化规范。有时，根据需要，法定代表人就被授权人代其对外办理某一特定事项所进行的临时性授权，也属于法人授权，它是一种特别授权。

由此可见，制度分权与法人授权的主要区别在于：一是调整的内容不同。制度分权所要解决的主要是业务范围、岗位职责以及业务操作流程等问题，而法人授权所要解决的主要是受权人决策权限的限额问题。二是组织实施方式不同。制度分权通过建立规章制度予以规范，而法人授权则以法人授权书的形式予以明确。

就制度分权与法人授权的相互关系而言，首先，制度分权与法人授权共同构成了企业内部权力分配的基本框架，二者缺一不可。其次，制度分权是法人授权得以实施的有效保障。在建设银行经营管理工作中，通过法人授权所确立的权限，对受权人又具有最强的法律约束力。

目前，建设银行在法人授权工作中，由于对制度分权的内容与法人授权的内容没有做出严格界定，基本上是以制度分权与法人授权相混合的方式实施法人授权管理。有些本应属于法人授权调整的内容，却以制度分权的方式进行调整；而某些本应属于制度分权调整的内容，却以法人授权的方式予以规范，法人授权方案中过多地罗列了规章制度式的条款。这样，就不可避免地导致了法人授权方案频繁调整，缺乏相对稳定性，既影响了法人授权的权威性和严肃性，又导致分支机构执行起来无所适从。因此，正确划分制度分权与法人授权的内涵与外延，科学界定法人授权的内容，是进一步完善建设银行法人授权管理工作所要解决的首要问题。

二、以制度分权与法人授权的外延为范畴，合理界定建设银行法人授权管理的内容

建设银行法人授权分为基本授权和特别授权两种类别。基本授权是指对分支机构及职能部门在法定经营范围内就日常重要业务决策及内部管理活动所进行的授权，经基本授权产生授权对象的基本权限。特别授权是指就被授权人代理建设银行法定代表人对外办理某一特定事项所进行的临时性授权，该特定事项是以建设银行法人名义承担重大权利、义务并将产生法律效力的事项。经特别授权产生被授权人的特别权限。其中基本授权又分为纵向授权和横向授权。纵向授权是建设银行逐级依次由董事会、总行高管层、一级分行、二级分行、支行进行的授权，主要内容包括信贷业务权限、资金业务权限、资产保全业务权限、产品及服务定价权限、中间业务权限、个人银行业务权限、清算业务权限、结算业务权限、财务管理权限、会计管理权限、机构人事管理权限、法律事务管理权限，以及总行根据实际情况调整或增减的其他授权内容。横向授权是建设银行总行行长对总行职能部门及其分管行领导的授权，以及一级分行、二级分行在纵向授权的范围内对本级行职能部门及其分管行领导的转授权。

三、授权到人与授权到岗相结合，以授权到岗为主，并在部分业务领域试行授权到人

授权到人是授权对象为某一自然人；授权到岗则是指授权对象为某一工作岗位的工作人员。实行授权到人时，因授权对象的变化而相应调整授权权限；实行授权到岗时，则不因岗位人的变化而调整岗位权限，在对岗位权限未调整时，岗位继任者自然继承其前任的所有权限。

国外商业银行的授权一般是遵循授权到人原则，即根据被授权人的能力授予相应的权限，直接授权到人。授权到人既能有效防范授权对象的能力风险，又能明晰责任到人、强化责任约束。授权到人的必要条件在于对授权对象个人能力、品德、业绩进行完善科学的考评。在条件不完备的情况下，如果盲目地全面推行授权到人，非但不能发挥法人授权工作对于加强内部控制、提高风险防范能力的积极作用，而且会因受权人的能力缺陷和道德风险影响业务的健康发展。因此，建设银行法人授权管理必须采用授权到人与授权到岗相结合，以授权到岗为主的管理机制，即除特别授权和个别业务实行授权到人外，基本授权必须授权到岗。即基本授权权限的确定应在对各分支机构和业务部门的经营管理水平、风险管理能力等情况综合评价的基础上予以确定。纵向授权到机构，被授权机构负责人代表本机构接受该权限，被授权机构负责人在授权范围内将有关权限进行转授权。在授权书有效期内，即使受权对象发生更换，继任者自然继承前任的各项权限。

基本授权在坚持以授权到岗为主的原则下，可以在部分业务领域实行授权到人。目前，建设银行基本授权领域已逐步开展授权到人的尝试，如资金业务领域资金交易权的授权到人。但授权到人的范围还比较小。从不同业务品种的经营特点出发，有必要扩大授权到人的授权业务范围。譬如，零售信贷业务与公司信贷业务相比在资金成本、风险特征、管理操作上存在较大差异，可以将零售类信贷业务审批与公司类信贷业务审批区别处理，公司类信贷业务的审批采用授权到岗，而对零售类信贷业务审批，逐步推进信贷审批个人负责制，实行授权到人的授权方式。贸易融资类信贷业务审批、资金交易业务审批决策也具有一定的特殊性，对审批决策的时效性要求高，对决策者的个人能力要求较高，该类业务审批授权也应实行授权到人。

四、建立法人授权等级统一评价制度，变授权等级分项业务评价为统一评价

建设银行自1997年推行法人授权管理以来，基本授权的各项授权权限，是由各个业务管理部门，采用分项评价方法对授权对象分别进行评价，对授权对象划分各自不同的授权等级的方式而确定的。这种根据分项授权内容所做的分项业务授权等级评价，由于没有系统地选择评价指标和确定指标权重，各分项业务授权评价指标的设置，有的相互重复，有的则缺乏系统完整性，同一评价指标在不同的分项评价中其权重的差别也比较大，采用分项授权评价方式，只是局部地反映了授权对象某项业务系统的经营效益与内部控制状况，无法从整体上对授权对象的经营效益与资产质量状况、风险管理与内部控制能力、内外部可利用资源等多方面形成统一的授权评价等级，它已不能满足法人授权管理范围进一步拓展和授权内容进一步深化的要求。为能更全面科学合理地确定授权对象授权等级，规范化地推行差别化授权，有必要根据中国人民银行制发的《商业银行内部控制指引》所规定的“商业银行应当根据各分支机构和业务部门的经营管理水平、风险管理能力、地区经济环境和业务发展需要，建立相应的授权体系，实行统一法人管理和法人授权”的要求，研究制订统一的授权等级评价方法，建立统一的授权等级评价制度，各项授权内容都应在统一的分析框架下，根据统一的评价标准，对授权对象进行统一的授权等级评价，并以此作为差别化授权的依据。

五、正确处理岗位受权与集体决策相统一的关系，提高各项决策的科学水平

岗位受权是指在岗位上的人代表本岗位接受授权，并依授权在权限内行使权力。岗位受权不等同于个人行使决策权。凡是实行授权到岗的决策审批权，必须坚持集体审批决策的管理机制。实行岗位受权与集体决策相统一的授权机制，其优越性和必要性在于：

（1）岗位受权与集体决策相统一能有效规避受权人的道德风险。岗位受权不加约束，受权人极易因滥用权力产生道德风险。国内外银行大量的实际事例表明，不受约束的岗位受权必然产生较大的金融风险，严重的可能造成银行的倒闭。巴林银行倒闭案就是由于对交易员尼森的个人决策行为失去约

束和控制而造成的。防范道德风险的途径，除受权人的职业道德外，对受权人行使权力辅以必要的约束是极其有效的途径，而集体决策能够有效规避受权人对权力的滥用，防范受权人的道德风险。

（2）岗位受权与集体决策相统一能有效规避受权人的能力风险。在任何情况下，个人的能力总是不及于集体的力量，“三个臭皮匠，胜过诸葛亮”就是这个道理。在商业银行的业务决策过程中，受权人的个人决策活动会受到决策者个人能力的限制，而集体决策可以实现集思广益，优势互补，能够有效避免因受权人的个人能力缺陷而产生的决策失误，有利于提高决策质量。以信贷业务审批决策为例，目前，建设银行的信贷资产质量明显优于其他国有商业银行，其中一个重要的原因在于，建设银行从1989年开始在全行系统推行的审贷分离、信贷审批决策机制，提高了贷款审批质量。从2000年以来，工商银行和中国银行在信贷业务领域也普遍建立了专家审批制度，实行信贷审批的岗位授权与贷款审批会议的集体决策制度。

六、加强法人授权执行情况的监督、检查，建立授权执行后评价制度

巴塞尔银行监管委员会1998年9月颁布的《银行业组织内部控制体系框架》将银行法人授权界定为商业银行建立健全内控体系的核心内容之一。中国人民银行制发的《商业银行内部控制指引》要求商业银行“对内部控制的制度建设、执行情况定期进行回顾和检讨，并根据国家法律规定、银行组织结构、经营状况、市场环境的变化进行修订和完善。”建设银行实施法人授权管理以来，也一直将法人授权管理作为内控制度的一项基础性制度，法人授权管理对建设银行的稳健经营、健康发展发挥了保障作用。因此，对授权执行情况的再监督、再控制就成为一项必不可少的重要工作。但从整体看，目前建设银行还没能建立起有效的授权监督检查及信息反馈机制。建设银行自1997年推行法人授权管理以来直至去年底，除有关业务部门组织过几次专项业务授权检查外，还没有组织过一次综合性的法人授权执行情况的监督检查活动，致使总行对授权执行过程中存在的问题不能及时采取应对措施，弱化了法人授权在内部控制中的作用。

为了及时反映法人授权执行过程中的情况，发现授权执行工作中存在的问题，强化法人授权在风险控制中的作用，建设银行应建立法人授权执行效果的监督、检查及后评价制度，并将其纳入风险报告制度体系中。

完善有效的法人授权执行情况检查与后评价工作，主要包括以下内容：①调查授权制度的现状，即对银行内部现有的法人授权与制度分权构成要素进行基本描述。②评价授权制度的健全性，即评价各类业务管理制度、操作规程、岗位职责是否与法人授权制度相互协调、相互制约，从而找出授权制度的内在缺陷和遗漏。③评价法人授权方案的有效性，检查各项授权权限是否得到严格的实施，是否存在越权行为或者贻于行使授权权限的不作为行为。④提出法人授权的调整建议。⑤对违反法人授权权限的行为提出处罚意见。

七、完善法人授权管理配套制度建设，以便受权人有效地实施法人授权权限

法人授权所明确的决策权限，在具体业务操作过程中必须通过明晰的岗位职责、健全的规章制度予以配套实施。离开了岗位职责、规章制度及操作流程，决策权限将失去存在的依托，难以得到充分利用。因此，法人授权必须与制度分权有效结合起来，不断强化授权管理配套制度建设。近年来，建设银行为规范制度分权，保障业务规范有序开展，制定了一系列规章制度，这些规章制度对规范经营行为、合理分权发挥了积极作用。但由于部分规章制度修改工作滞后，与法人授权权限不相配套，导致部分业务的授权权限得不到充分利用。比较突出的有：

一是《客户评价办法》的某些内容不能适应实际工作的要求，单户授信总量审批权得不到充分利用。为引导授权对象积极开展额度授信、减少单笔审批、提高审批效率，目前的法人授权方案，突出了单户授信总量审批权的作用，赋予分支机构较大的单户授信总量审批权。但由于作为额度授信基础的客户评价办法，仅适用于加工型生产企业法人，而不适用于医院、高校等事业法人和非加工型企业，对该类客户无法进行额度授信，授权权限得不到充分利用。

二是个别不适应业务发展需要的规章制度未能及时清理，既不利于促进业务发展，又弱化了授权权限的作用。如现行空白汇票保管制度与法人授权方案不匹配。尽管授权方案将低风险信贷业务权限予以下放，但由于现行制度规定空白汇票集中在二级分行保管，造成业务审批完毕后，还要到二级分行领取空白汇票，降低了工作效率。因此，需要加大法人授权与制度分权的结合力度，在法人授权优先的原则下，根据法人授权监督、检查及执行反馈

发现的问题定期清理规章制度，以保证制度分权与法人授权相适应，使各项配套规章制度有利于受权人有效地实施法人授权权限。

（与陈海东合作。原载《建设银行报》2002 年 10 月 18 日第三版）

建设银行法人授权工作应遵循的主要原则

——国有商业银行法人授权管理机制研究（四）

为了使建设银行的法人授权工作既有利于增强风险管理与内部控制能力，维护统一法人体制，健全权力控制体系，又有利于促进业务发展，优化资源配置，提高工作效率，我们有必要确定在法人授权管理工作全过程中应遵循的原则，并以此作为授权工作的指导方针。

根据中国人民银行所规定的商业银行法人授权授信管理与内控管理的原则要求，总结建设银行近几年来法人授权工作的实践经验，结合建设银行内外部环境等情况，建设银行在法人授权工作中应遵循以下七个主要原则：

一、实行有限授权的原则

商业银行所实行的统一法人管理体制，决定了建设银行的法人授权管理必须实行有限授权。《商业银行法》规定："商业银行分支机构不具有法人资格，在总行授权范围内依法开展业务，其民事责任由总行承担。"我国《民法通则》及《公司法》也有分支机构民事责任由总部法人承担的相关规定。由此可见，法律对国有商业银行分支机构的法律地位具有非常明确的界定，即国有商业银行实行统一法人体制，其分支机构是授权经营的经济组织，不具有独立法人资格，其一切民事责任由总行承担。因此，建设银行在对分支机构及业务部门进行法人授权时，应在法定经营范围内，根据被授权对象的风险管理与内控能力，授以有限的权力，而不应将法人所享有的所有权力全部授予被授权对象，以防止分支机构及业务部门在经营过程中形成过大的风险，给法人造成难以承受的损失。这是有限授权原则的第一层含义。

有限授权原则的第二层含义是进行法人授权时应根据业务品种风险度的大小，决定是否进行分权。一般情况下，风险度较高的业务，其审批决策权应适当集中，而风险度较低的业务，其决策审批权应适当分散，客户对服务时效性要求高的业务、同业竞争激烈的业务，其审批决策权应适当分散；对于同一业务品种，大额业务的审批决策权应适当集中，小额业务的审批决策权应适度分散。

二、差别化授权的原则

它是指建设银行应根据被授权对象的经营管理范围、风险控制能力等情况的不同授予不同的权限。其含义包括两层：一是指应根据被授权对象所负责的工作内容授予其相应的权力；二是指应根据被授权对象的能力授予其适当的权力。

建设银行分支机构数量大、分布范围广的特点客观上决定了法人授权管理必须实施区别授权。截至2011年末，建设银行的机构总数达到2万多个，这些分支机构分布在全国各地，发展很不平衡，经营范围也不尽相同。而且，各分支机构风险与内控管理水平也呈现较大差异。与之相适应，在法人授权时也必须有所区别，授予不同的权限，以实现优势资源向风险与内控管理水平高、区域经济发达的分支机构倾斜，提高资源配置效率。

实行差别化授权的基础条件是对授权对象进行科学公正的评价。为了防止出现失控，进行法人授权时，应对被授权对象的经营管理水平、风险管理与内部控制能力、业务发展潜力、经营管理人员综合素质、地区经济环境、内外部可利用资源等进行综合分析评价，确定评价等级，并以此作为确定是否对其授权，以及授权权限大小的依据。对于那些经营管理水平低、资产质量差、风险管理与内部控制能力弱、业务发展潜力小、审批决策机制不健全的分支机构，要严格限制其授权权限。

三、相对稳定、适时调整的原则

相对稳定是指建设银行法人授权权限在授权有效期内整体上应保持相对稳定，不应有大的增减变化；适时调整是指在保持授权权限相对稳定的前提下，根据国家有关法律、法规和宏观经济金融政策的变化，以及被授权对象的实际情况，适时调整授权权限。之所以要保持法人授权权限的相对稳定，主要基于以下三个方面的考虑：一是授权权限是根据被授权对象经营管理范围、风险控制能力等实际情况来确定的，而这些实际情况在授权有效期内一般不会发生大的变化。二是为了保证各级分支机构的授权权限在同一时点生效，总行、一级分行、二级分行分别要提前60天、40天、20天，对下一级分支机构进行评价，并对授权的合理性及有效性进行论证后，研究制订授权方案。这样，授权与转授权的工作量是较大的，授权工作的周期也较长。过于频繁地调整授权方案，增加了一些不必要的工作。三是分支机构授权权限的频繁变动，也给客户带来极大的不适应，造成了部分优质客户的流失，人为加大了经营成本和风险管理成本。综合以上多种因素，法人授权权限在总体上应保持相对稳定。

对授权权限所进行的适时调整是因为决定授权权限的内外部因素都有一定渐进的变化过程，如被授权对象某些职能的调整导致授权权限难以满足管理的需要，国家法律、法规、行政规章的规定和有关政策在授权有效期内可能会发生变化，有关授权权限的规定可能会与之不相适应。这些客观情况的存在，要求对法人授权权限进行必要的调整。这种调整应该是对现行授权方案中与风险、内控管理水平、同业竞争与客户需求不相适应的权限的一种微调，以适应业务发展的需要。

此外，通过进行法人授权执行情况的监督检查，如果发现被授权对象有超越授权权限的行为，或者被授权对象因失职而造成重大经营风险和损失时，都应及时对其权限进行调整，必要时，还应中止其权限。

四、分级管理、逐级授权的原则

它是指建设银行法人授权实行分级管理、逐级进行授权，各级行对本级行职责范围内的授权工作负责。即总行对一级分行进行授权；一级分行在总行所授予的权限范围内，对其所属的下一级分支机构进行转授权；二级分行在一级分行所转授的权限范围内，再对其所属的下一级分支机构进行再转授权。分级管理、逐级授权的制度赋予了一级分行对二级分行转授权权限和转授权对象范围自主控制、自主调整的权限，加大了一级分行在转授权工作中的责任，同时也有利于调动一级分行在法人授权工作中的积极性，使一级分行在法人授权工作中的责权利对等。

实行分级管理、逐级授权的原则，是由建设银行现行管理体制和管理手段所决定的。在日常工作中，一级分行与其所属下一级分支机构有更多的接触和联系，是一种直接的上下级工作关系。相对于总行而言，一级分行对其所属的二级分行的经营管理水平、经营效益、风险管理与内控能力、当地经济环境、业务发展潜力、效益等情况了解得更全面更具体。同时，一级分行对二级分行的经营管理结果应承担更多的责任。在授权工作中，总行也应赋予一级分行对二级分行实施必要的管理与控制手段。

五、先评价、后授权原则

这是指建设银行在进行法人授权工作时，应对被授权对象行使授权权限的能力做出评价，在此基础上决定授权权限，以保证授权权限的合理性。

法人授权要依据被授权对象的经营管理范围以及判断、决策等行使授权权限的能力来进行区别授权，以保证授权权限的科学性，这就需要对被授权对象进行评价，将被授权对象区分为不同的授权等级，根据授权等级，对被授权对象授予不同的权限。

目前，建设银行法人授权的被授权对象是各级分支机构和职能部门，授权等级评价应针对各级分支机构和职能部门进行。从评价内容来看，可以从被授权对象的资产质量、盈利能力、经营规模、市场份额及风险与内控管理能力、所在地区经济发展状况等各方面设置统一的法人授权评价体系，以改变目前分项授权评价指标未能考虑分支机构的动态发展，既影响差别化授权的科学性，又对分行的转授权工作缺乏指导的缺陷。

六、授权权限大小与建设银行经营发展战略相适应

这一原则是指授权权限的大小应与建设银行行业、地区、业务品种、重点客户群体等业务发展战略相适应，应当根据业务发展的需要实施法人授权，对重点发展的业务，在授权权限上应给予相应的倾斜，以促进这些业务的发展。

建设银行为实现经营目标，在不同的发展阶段，制订了不同的发展战略，从“双大”战略到包括重点发展的行业、地区、业务品种、重点客户群等的“四重”营销策略等，用以指导建设银行的经营管理及资源配置。法人授权作为优化资源配置的重要手段，对于贯彻实施全行的发展战略，具有促进和保障作用。

七、授权权限的大小应当与同业竞争等外部环境因素相适应

法人授权是将部分业务决策权力授予分支机构及职能部门的行为。分支机构及职能部门在被授予的权限范围内，即可对相关业务进行决策。在目前

激烈的市场竞争环境下，服务质量、服务效率、服务手段等共同构成银行竞争力。其中，服务效率是客户选择银行时最为关注的因素。因此，建设银行在授权工作中，确定是以放权为主还是以分权为主的授权方针时，应充分考虑同业竞争对手所采取的授权方针，对我行各项业务，尤其是信贷业务、资金交易业务、资产保全业务、中介服务业务等业务审批决策工作效率的要求。那种不考虑外部竞争环境的变化，不考虑同业竞争的要求，而自我封闭地搞授权，不利于提高工作效率，会弱化建设银行的竞争力，制约和影响业务的发展。

需要特别强调的是，在法人授权工作中，坚持授权权限的大小与同业竞争等外部环境因素相适应的原则，是从建设银行全局而言的，即建设银行总体授权限的大小应与同业竞争等外部环境因素相适应，它不是指各分支机构的权限与当地同业分支机构的权限大小相对等。确定各分支机构的权限大小的唯一标准只能是授权等级评价的结果。

（与王慧洁合作。原载《建设银行报》2002 年 10 月 22 日第三版）

百强县（市）行经营发展策略与授权管理模式的研究

百强县（市）在全国经济发展中的地位突出，它们是全国县域经济增长最快、金融资源最丰富的地区，区域信用环境也优于全国平均水平，为我行百强县（市）行各项业务的发展提供了广阔的空间。

一、百强县（市）已成为全国县域经济的火车头

百强县（市）的全称为“中国县域经济基本竞争力百强县（市）”，由全国县域经济基本竞争力评价中心与中郡县域经济研究所、经济日报《县域经济周刊》、中国区域经济学会共同研究推出，至今已连续三年公开发布，具有较高的权威性。其评价数据以公开出版的统计资料为基础，指标选取重点考虑指标的综合性、可比性和客观可行性，基本上反映出县域经济的基本竞争力。

（1）从经济总量上看，百强县（市）是国民经济的重要组成部分，在国民经济中的地位不断上升，经济发展质量和集约化程度较高。从总量看，2000～2002年，百强县（市）的国内生产总值（CDP）依次为11624亿元、13032亿元和14790亿元，分别占全国GDP总量的13.0%、13.4%和14.1%，是国民经济的重要组成部分，且在国民经济中的地位呈逐渐上升态势。以2002年度为例，百强县（市）以占全国6.8%的人口创造了占全国14.1%的GDP。2001年、2002年，百强县（市）GDP的增长率分别为12.1%和13.5%，远高于同期全国经济增长速度。

从区域分布看，处于环渤海经济圈（包括北京、天津、河北、辽宁、山东等二市三省）的百强县（市）有29个、处于长三角经济圈（上海、江苏、浙江等二省一市）的有49个、处于珠三角经济圈（包括广东省）的有9个。环渤海、长三角、珠三角的百强县（市）2002年GDP依次为3804亿元、7902亿元、1201亿元，三大经济圈合计12907亿元，占全国百强县（市）合计数的87.2%。

从人均水平看，2000～2002年百强县（市）的人均GDP依次为1.32万

元、1.49 万元和 1.70 万元，分别是同期全国人均 GDP 的 1.86 倍、1.96 倍和 2.07 倍，经济发展的质量和集约化程度较高。

（2）从金融资源看，百强县（市）当地的存款资源丰富，贷款增长较快，存贷款余额在全国的占比呈逐年上升趋势。从余额看，2001～2003 年，百强县（市）当地全部金融机构全口径存款余额（均为“年底数”，下同）依次为 9321 亿元、11130 亿元和 13892 亿元，分别占全国全口径存款总额的 6.49%、6.51% 和 6.68%，即占比不断上升。从增速看，2002 年、2003 年两个年度百强县（市）全部金融机构全口径存款余额的年度增长率分别为 19.4% 和 24.8%，高出全国平均值 0.4 和 3.1 个百分点。从人均存款看，2001～2002 年百强县（市）人均存款额依次为 1.07 万元、1.28 万元，与全国同期人均存款额基本持平（1.13 万元、1.33 万元）。

2001～2003 年，百强县（市）当地全部金融机构各项贷款余额依次为 5567 亿元、6799 亿元和 9046 亿元，分别占全国各项贷款总额的 4.96%、4.86% 和 5.33%，占比持续上升。其中，四大国有商业银行各项贷款余额依次为 3225 亿元、4031 亿元和 5419 亿元，分别占当地贷款总额的 57.93%、59.29% 和 59.90%，占比呈稳步上升态势。

（3）从资产质量看，百强县（市）当地金融机构的不良贷款逐年大幅下降。2003 年度百强县（市）当地四家国有商业银行的不良率明显低于全国平均水平，信用环境整体较好，但地域差别比较突出。2001～2003 年，百强县（市）当地全部金融机构不良贷款余额（按“五级分类”口径，下同）依次为 1306 亿元、1234 亿元和 1067 亿元，不良贷款率依次为 23.46%、18.14% 和 11.79%，不良贷款额、不良贷款率均呈现较大降幅。其中，2001～2003 年四大国有商业银行不良贷款余额依次为 714 亿元、674 亿元和 557 亿元，不良贷款率依次为 22.16%、16.72% 和 10.27%，不良贷款率稍低于当地同业的平均水平，其中 2003 年底不良贷款率（10.27%）低于全国四大国有商业银行不良贷款率（20%）近 10 个百分点。

从区域分布看，截至 2003 年底，广东、山东、江苏、福建和浙江所辖百强县（市）的当地全部金融机构不良贷款率分别为 25.92%、19.52%、14.72%，11.46% 和 4.05%，除浙江以外其他四省的不良贷款形势都较为严峻（尤其广东、山东），部分百强县（市）的信用环境并不理想。从各百强县（市）情况看，当地全部金融机构不良贷款率 5% 以下的有 23 个，其中属于浙江（含宁波）的有 19 个，属于苏州的有 2 个，属于福建、山东各 1 个。

二、我行百强县(市)行各项业务经营的基本情况

当前，我行百强县（市）行的存贷款业务增势强劲，存贷款业务地域集中特征明显，贷款质量优于全行平均水平，点均存款略低于全行平均水平，投入产出水平较高，且呈现高速增长势头。

（1）存贷款业务的增势强劲，且地域集中的特征明显。我行百强县（市）行2002年、2003年的存款年度增长率依次为23.2%、21.5%，分别比全行同期增长率高出9.8和7.5个百分点，其对我行存款总量的贡献度不断提高。与当地同业相比，2001~2003年我行百强市行存款余额在四大行中一直列于第三位，落后于农行、工行，领先于中行。

2001~2003年，我行百强县（市）行信贷投放的势头很猛，2002年、2003年的贷款增长率分别高达40.5%、38.9%，比我行同期增长率分别高出23.7、19.0个百分点。与当地同业相比，我行百强县（市）行2002年、2003年两年的贷款增长率一直位于四大行前列，其中2002年列第一位，2003年列第二位（中行第一）。

我行百强县（市）行存贷款与当地同业的对比情况具体见下表：

表1

业务指标 行别	全口径存款余额（亿元）			全口径存款年度增长率（%）		贷款余额（亿元）			贷款年度增长率（%）	
	2001年底	2002年底	2003年底	2002年度	2003年度	2001年底	2002年底	2003年底	2002年度	2003年度
工行	1574	1836	2196	16.6	19.7	1041	1248	1618	19.9	29.7
农行	2026	2432	2992	20.1	23.0	1182	1428	1843	20.9	29.0
中行	1009	1220	1569	20.9	28.6	506	683	1037	34.9	51.8
建行	1223	1507	1831	23.2	21.5	589	827	1149	40.5	38.9

从区域分布看，我行百强县（市）行的存贷款明显集中在浙江、江苏分行，如果将宁波、苏州分行考虑在内，2003年底我行在江、浙两省的百强县（市）行存款余额计1109亿元，占百强县（市）行存款总量的60.6%。2003年底我行在江、浙两省百强县（市）行贷款余额计803亿元，占百强县

（市）行贷款总额的69.9%。在2003年，浙江、福建分行所属百强县（市）行的信贷投放较为突出，其贷款余额分别激增了55.7%和54.6%，均大大高于百强县（市）行的平均增长率（38.9%）。

（2）贷款资产质量总体优于全行平均水平，但从地域分布上看呈现较大的差异。2002～2003年，我行百强县（市）行不良贷款余额依次为108亿元、70亿元，在当地四大行不良贷款总额中的占比逐渐下降。2003年度我行百强县（市）行不良贷款率下降了6.9个百分点，下降幅度高出全行平均值。截至2003年底，我行百强县（市）行不良贷款率为6.1%，低于四大国有商业银行百强县（市）行平均不良贷款率4.2个百分点，低于我行全行平均不良贷款率3.2个百分点。我行百强县（市）行不良贷款情况与全行及当地同业的对比具体见下表：

表2

业务指标 / 合计数	不良贷款余额（亿元）		不良贷款增减额（亿元）	不良贷款率（%）		不良贷款率增减百分点
	2002年底	2003年底	2003年度	2002年底	2003年底	2003年度
建行百强县（市）行合计	108	70	-38	13.0	6.1	-6.9
百强县（市）当地四大行合计	674	557	-117	16.7	10.3	-6.4
建行全行合计	2680	1933	-747	15.2	93	-5.9

从地域分布看，我行百强县（市）行的资产质量呈现出较大的差异。截至2003年底，不良贷款率在全行平均水平（9.3%）以下的百强县（市）行有70个，其中处于长三角经济圈的有38个，处于环渤海经济圈的有20个，处于珠三角经济圈的有1个，属于福建分行的有6个。与之对应，不良贷款包袱较重的百强县（市）行也为数不少，如不良贷款率20%以上的百强县（市）行有15个，分布在广东（5个）、江苏（4个）、大连（3个）、山东（2个）、青岛（1个）等分行。

（3）营业网点撤并和裁减人员改革成效显著。虽然其点均存款数略低于全行平均水平，但如考虑到百强县（市）当地以居民储蓄存款为主、同业存款和财政性存款相对较少的实际情况，我行百强县（市）行的点均存款应处于较高水平。在百强县（市）区域内，工行、中行和建行三家的网点数量、员工人数比较接近，农行的网点数量、员工人数则较多。近两年来建行、农行网点撤并和裁减人员的力度较大，以2003年为例，建行、农行的网点各减少140个、146个，建行、农行各裁减员工2035人、1000人。相比较而言，中行的网点撤并较少，而且基本未裁减人员。我行百强县（市）行与当地同业的网点数量及员工人数对比情况见下表：

表3

业务指标 / 行别	营业网点数量（个）			营业网点数量增减（个）		员工人数（人）			员工人数增减（人）	
	2001年底	2002年底	2003年底	2002年度	2003年度	2001年底	2002年底	2003年底	2002年度	2003年度
工行	1468	1382	1329	-86	-53	19300	18423	17887	-877	-536
农行	2891	2750	2604	-141	-146	32280	31500	30500	-780	-1000
中行	1090	1059	1022	-31	-37	14548	14438	14422	-110	-16
建行	1407	1283	1143	-124	-140	19067	18262	16227	-805	-2035

2003年底，我行百强县（市）行网点平均存款额为1.60亿元，比全行平均水平（1.95亿元）低了0.35亿元。但如考虑到百强县（市）当地以居民储蓄存款为主、同业存款和财政性存款相对较少的实际情况，我行百强县（市）行1.60亿元的点均存款水平实际是不低的。

从区域情况看，福建百强县（市）行点均存款为1.94亿元，浙江分行的为1.82亿元，广东分行的为1.78亿元，均较为接近全行的平均水平；江苏、山东、青岛分行的百强县（市）行点均存款则较低，分别是1.34亿元、1.20亿元和0.96亿元。在百强县（市）行中，有20个行的点均存款超过全行平均水平（1.95亿元），其中属于浙江分行的较多（8个），广东、福建、苏州分行也各有3个、2个和2个。在百强县（市）行中，点均存款低于1亿元的有13个行，其中属于山东、青岛分行的较多（8个），江苏、浙江、大连分行也各有3个、1个和1个。

（4）投入产出水平较高，人均创利及费用利润率均超过全行平均水平。

与当地同业相比，我行百强县（市）行的创利能力处于中上水平，且呈现高速增长势头，基层行机构改革效应已经初步显现。与全行平均水平相比，2001～2003 年，建行百强县（市）行的人均利润分别为 3.6 万元、9.0 万元、17.6 万元，其中 2002 年度和 2003 年度均分别超出全行平均水平 1.3 万元和 4.6 万元。

与当地银行同业相比，2001～2003 年，在百强县（市）工行、农行的利润总额略高出建行，中行利润总额最低。以 2003 年为例，工行、农行、建行的利润总额分别是 30.1 亿元、30.3 亿元和 28.5 亿元，而中行只有 8.9 亿元。从人均利润水平看，2003 年建行为 17.6 万元，略高于工行的 16.8 万元的人均水平，远高出农行的 9.9 万元和中行的 6.2 万元人均水平。从增长速度看，2001～2003 年度建行百强县（市）行的利润总额、人均利润的年度平均增速分别高达 105% 和 121%，远远高于同期全行平均或当地同业的水平，展现出较大的盈利发展潜力。具体请见下表：

表 4

业务指标 / 行别	利润总额（亿元）			人均利润（万元）		
	2001 年度	2002 年度	2003 年度	2001 年度	2002 年度	2003 年度
工行	18.9	22.4	30.1	9.8	12.1	16.8
农行	15.4	22.7	30.3	4.8	7.2	9.9
中行	7.9	9.6	8.9	5.5	6.6	6.2
建行	6.8	16.4	28.5	3.6	9.0	17.6
建行全行	247	307	447	5.9	7.7	13.0

注：利润统一按我行损益表的口径计算（下同）。

从区域分布看，在我行百强县（市）行中，2003 年人均创利超过全行平均水平（13.0 万元）的有 65 个，其中人均创利超过 20.0 万元的有 37 个。这 37 个行中，属于浙江、福建、山东、江苏分行的各为 14 个（占比 38%）、7 个、4 个和 3 个。在我行百强县（市）行中，2003 年经营亏损的有 12 个，分布在广东（4 个）、大连（3 个）、山东（2 个）、湖北（1 个）、河南（1 个）和浙江（1 个）等分行。

2001～2003年，我行百强县（市）行的营业费用总额、人均营业费用均有所增加，但与利润总额相比，营业费用支出的增长比较有限，投入相对不足。以2003年为例，百强县（市）行全年营业费用为13.9亿元，人均营业费用为8.5万元，分别比2001年度增加了25%和46%。

从投入产出角度分析，2001～2003年我行百强县（市）行费用利润率（利润/营业费用）依次为61.0%、133.7%和206.4%，其中2002年、2003年两年分别比同期全行平均费用利润率高出45.2和89.4个百分点（2001年低17.7个百分点），可见在百强县（市）行费用投入的产出水平较高，且呈现良性发展态势。

三、我行百强县（市）行经营情况的总体判断和存在的主要问题

（1）整体看，我行百强县（市）行总体经营效益处于中上水平，并呈现出较好的发展态势，但与百强县（市）所面临的良好经济环境、丰富的金融资源相比，仍有较大的潜力尚待挖掘。数据分析表明，近三年来，随着县域经济的快速发展，我行百强县（市）行也呈现出稳步发展势头。总体上看，虽然人均存款、贷款质量和经营效益指标均有明显优势，但存款占比、利润总额等项指标仍不很理想。如2001～2003年我行百强县（市）行在当地四大行中的存款占比分别为20.97%、21.54%和21.32%，一直低于我行全行在四大行中的存款平均占比，其中2003年底占比数比全行占比低了2.67个百分点。在主要的竞争对手中，农行的规模最大，但人均水平较低、盈利能力欠佳，工行的规模中等但盈利能力突出，这两家银行未来将成为我行在百强县（市）区域发展的主要竞争对手。

经济决定金融，金融又反作用于经济。考虑到百强县（市）经济发展的集约化水平和质量明显高于全国平均水平，我行大多数百强县（市）行的存贷款业务、盈利扩张仍有较大的增长潜力和空间。

（2）在我行现行以行政区划为主体的层级经营管理体制下，百强县（市）行的各项资源配备体现了较大程度的倾斜，但倾斜力度仍显不足，这在一定程度上限制了百强县（市）行经营发展潜力的充分释放。在我行现行的总行、一级分行、二级分行、县级支行的层级管理体制下，以资产质量和经营效益为中心的经营目标在一定程度上引导着二级分行向百强县（市）行进行政策倾斜。例如，在全行营业费用基本保持稳定的前提下，我行百强县

（市）行的营业费用在2002年度和2003年度分别比上年增加了10.8%和13%；在增量信贷资源配置上，我行百强县（市）行在2002年度和2003年度的增长率分别高达40.5%、38.9%，比全行同期平均增速分别高出23.7、19.0个百分点；在机构改革方面，我行百强县（市）行网点数量、员工人数的减幅低于全行平均减幅，2003年底比2001年底网点数量、员工人数分别减少了18.8%和14.9%，而同期全行却分别减少了31.1%和18.2%。这些政策倾斜措施产生了较好的效果，近年来我行百强县（市）行的存款总量和利润总额均增势强劲，对全行的贡献度正不断提高。

另一方面，由于县市支行处于资源配置链条的末端，对百强县（市）分支机构的资源投入和配置支持力度完全受制于二级分行，虽然对百强县（市）行的资源配置有所倾斜，但与其对全行的整体效益和贡献尚不匹配。从现在推行的中心城市行发展战略执行效果看，全行对中心城市行的倾斜发展战略更多地体现在对其城区支行的倾斜，对县级支行采取基本收缩的策略，这种策略体现在各项政策、制度调整和资源配置之中，有可能对我行百强县（市）行的发展带来消极影响。事实上，大中城市早已成为各家金融机构的“兵家必争之地”，竞争趋于白热化，边际投入产出水平持续下降。在这种情况下，我行在继续加大对县（市）支行机构网点撤并、裁减人员等改革力度的同时，对县（市）行实行差别化管理策略，选择部分百强县（市）行加大支持和发展力度，支持部分金融资源丰富，存贷款业务和赢利有较大扩展空间的百强县（市）行的发展，有利于我行在这些百强县（市）抢占市场先机。

（3）我行百强县（市）行整体经营情况好于全国平均水平，但其中个体差异较为明显，部分百强县（市）行的经营效益、资产质量不容乐观。县域经济是国民经济中最基础的经济单元，县市又是发展差异最大的行政区域，并呈现逐步扩大的趋势。百强县（市）作为县域经济的典型代表，个体差异也相当明显。在外部经营环境上，部分百强县（市）经济高速增长、经济增长质量和集约度较高、区域信用环境理想；而有的百强县（市）经济发展水平一般、地方信用环境较差。在内部经营管理上，部分百强县（市）行存款增长迅猛、盈利能力突出、资产质量较佳、点均存款可观、投入产出水平较高；而仍有部分百强县（市）行资产质量较差，点均存款较低，赢利能力偏低甚至连年亏损，市场份额也不理想。

与当地全部金融机构资产质量相比，我行百强县（市）行不良贷款率大多相对较低，有的则高于平均水平，如高出当地全部金融机构不良贷款率10

个百分点的有4个，即大连普兰店、庄河支行，江苏靖江、东台支行。由此可见，并不是外部经济环境好了，我行的资产质量就必然好。百强县（市）行的内部管理和风险控制能力相当重要，对外部金融资源相对不足、内控能力差、不良贷款包袱重的百强县（市）行仍需继续加大撤并力度。

四、完善百强县（市）行经营发展战略和授权管理模式的政策建议

百强县（市）作为县域经济的佼佼者，业已成为金融资源和金融需求的集中地，应针对百强县（市）行的内外部环境，进行总体规划和统筹安排，加大对百强县（市）行的直接控管力度和资源配置政策倾斜力度，以充分挖掘业务发展潜力，试行百强县（市）行发展战略，作为推进“中心城市行优先发展战略”的有益补充。

（1）在制定百强县（市）行综合评价标准并进行统一评价分类的基础上，分别适用差别化的政策措施，引导百强县（市）行持续、快速、健康发展，以实现我行经营价值的最大化。针对百强县（市）行外部经济环境、财务效益情况及风险内控管理水平的差异，建议尽快研究制定综合评价标准，并进行统一评价分类。根据统一评价分类的结果，适用差别化的政策措施，有针对性地引导百强县（市）行在控制风险的前提下，稳步拓展业务。差别化的政策措施具体如下：

对外部经济环境和信用环境良好、内部经营管理水平也较高的百强县（市）行，要重点加大财务资源配置力度和信贷资源投放力度，同时针对其客户、市场和同业竞争特点，在配备专职贷款审批人的前提下，可积极研究适当给予一定的公司业务信贷审批授权权限，以进一步提高其市场反应速度和竞争力。

对外部经济环境和信用环境较佳、内部经营管理水平较差的百强县（市）行，要认真对支行经营管理情况进行深入分析，找出制约其内部经营管理的瓶颈因素，有针对性地采取改进措施，在经过一段观察期并确认其内部管理水平得到明显改善之后，再逐步增加各项资源投入和政策措施的支持力度。

对外部金融资源相对不足、内控能力差、不良贷款包袱重的百强县（市）行，则不宜适用倾斜政策，其自身应着力发展低风险信贷业务和存款业务。如达不到我行设置网点机构的条件，要在积极稳妥分流人员的基础上，

坚决予以撤并，以符合我行总体发展战略的要求。

（2）对拟重点支持的百强县（市）行，为避免多层级管理的弊端，建议加大一级分行对其直接监控和管理的力度，由一级分行试行扁平化管理，逐步建立合理的资源配置机制、授权管理机制和激励约束机制。为缓解或避免对县（市）支行多层级管理所产生的弊端，在有条件的分行，有必要延伸一级分行对县（市）支行的可掌控力，加大对百强县（市）行的管理力度。在具体实施步骤上，建议可分两步实施：第一步，选择拟重点支持的百强县（市）行，对其实行由一级分行进行直接监控，并建立相应的系列监管指标，根据各监管指标的变动情况，对百强县（市）支行的资产质量、经营效益和风险管理水平等进行综合评价，并据此在机构调整、转授权权限、资源配置和激励约束等方面视同为直接管理行的二级分行对待，但这些行的管理级别不变。第二步，在实施第一步骤取得成效的基础上，对经营业绩突出、内控机制健全的百强县（市）行，为充分挖掘业务发展潜力，将百强县（市）行升格为二级机构，在确定资源配置和授权权限时与地市行统一考虑，从体制上保证把倾斜政策落实到位。

（3）在加强各项资源投入政策倾斜、促进百强县（市）业务健康发展的同时，务必要切实加强风险内控机制建设，保障百强县（市）行各项业务的可持续发展。在现行层级管理体制下，机构层级越低，市场营销压力越大，后台管理人员配备越弱，风险内控制度执行力越差。调研结果显示，只有极少数的百强县（市）行配备了专职贷款审批人，大多数支行信贷业务的审批仍是“行长决策制”，后台力量配备偏弱和专业化程度不高的问题潜藏着较人的操作风险。在强调对部分经营业绩突出的百强县（市）行加大资源配置和政策倾斜力度的同时，务必要坚持“内控先行”的原则，切实完善县市支行的内控管理机制，加大上级管理行对县支行后台管理人员的配备力度、培训力度和直接管理力度，保障百强县（市）行在有效防范风险前提下健康快速发展。

（与袁平、王华、温庆春合作。原载《建设银行报》2004年8月12日第三版，题目是作者新增加的。）

四、正确选择信贷资金投向

“十五”期间国有商业银行的信贷经营政策应与我国产业结构调整变化趋势相适应

中共中央十五届五中全会通过的《中共中央关于制定国民经济和社会发展第十个五年计划的建议》（以下简称《建议》）在制定“十五”计划的总要求中，明确提出“把结构调整作为主线”，并把“经济结构战略性调整取得明显成效”作为“十五”时期经济和社会发展的三个主要目标之一。产业结构战略性调整是经济结构战略性调整的一个重要方面。产业结构战略性调整的方针政策，对国有商业银行“十五”时期的信贷经营政策和信贷营销策略将会产生重要的制约和影响作用。

《孙子兵法》云：“善战者，求之于势，不责于人。”这里的势是指一种机会，一种环境，一种条件，一种机遇。凡事预则立，不预则废。在“十五”期间，商业银行面对新的环境，面对产业结构变化的新趋势和新特点，能否利用好国际国内政治经济金融的有利的外部环境，采取与之相适应的新的行业信贷政策和信贷经营策略，是决定商业银行能否在激烈的金融竞争中取胜的关键因素。因此，在跨入新世纪后，面对新的五年计划期，在对影响和制约我国“十五”期间产业结构变化趋势的主要宏观政策因素，和“十五”时期产业结构变化发展的主要趋势进行研究分析的基础上，研究制定与产业结构战略性调整发展趋势相适应的信贷政策与信贷营销策略，是当前国有商业银行改革与发展工作的一项十分重要的战略性任务。

一、影响和制约“十五”期间产业结构变化趋势的几个主要宏观政策因素

（一）改革进一步深化，建立起比较完善的社会主义市场经济体制

党的十五大报告已经提出了“九五”计划和2010年远景目标就是“建立比较完善的社会主义市场经济体制，保持国民经济快速健康发展”。“九五”时期，国民经济发展所取得的巨大成就和改革开放的进程已经充分证明，

我们正在稳步地朝着这个宏伟的远景目标前进。例如，从价格形态的构成看经济的市场化程度，在1996年，由市场形成的价格，在社会消费品零售总额中占92.8%，在生产资料中占85.3%，农副产品中占83.4%。1999年，在社会商品零售环节，政府定价比重仅仅占4%左右，政府指导价比重占1%，由市场形成的价格上升到95%；在农产品收购环节，政府定价比重占9%，政府指导价占7%，市场调节形成的价格占84%；在生产资料出厂环节，政府定价的比重不到10%，政府指导价占4%多一点，市场调节形成的价格上升到86%。

同时，“九五”期间国民经济发展的成就和改革开放的进程充分表明，今后五到十年，“是完善社会主义市场经济体制和扩大对外开放的重要时期”。“十五”时期，在我国，建立起比较完善的社会主义市场经济体制是完全可能的。

（二）国有企业改革将取得更为显著的成效

国有企业将全面脱困，国有经济实行战略性转变，经济成分多样化趋势进一步加强，民营经济、外资经济将占有更大的比重。

党的十五大以来，党和政府为实施国有企业改革与脱困战略，陆续出台了一系列支持国有企业改革发展的政策和措施，例如：扩大内需、实施积极的财政政策为国有企业创造了良好的宏观环境，严打走私，鼓励出口等措施为国有企业提供了广阔的市场空间，增资、转股、减债、上市等政策为国有企业卸下了历史包袱……这一系列措施的实施已经并将继续收到显著成效。

“十五”期间，随着改革的进一步深入，各种经济成分在国民生产总值中、在全社会投资总额中所占比重将会继续发生变化。国有经济除在关系国民经济命脉的重要行业和关键领域占支配地位和起主导作用外，在非重要行业和非关键领域，将会逐步让位于其他经济成分，经济成分多样化趋势进一步加强，民营经济、外资经济将占有更大的比重。

（三）经济市场化程度进一步提高

绝大多数产业实现充分竞争，政府对产业发展所实施的优惠政策性保护措施进一步减少，产业发展依靠优惠政策给予保护的时代将成为历史。同时，中国加入世界贸易组织，全球经济一体化趋势进一步加快，国内市场逐步融入世界市场体系中，产业竞争和企业竞争更趋激烈。

根据《建议》提出的目标，“十五”期间，我国在提高国民经济市场化程度方面还要迈出较大的步伐，特别是在进一步打破部门、行业垄断和地区封锁，建立开放的市场体系方面将迈出新的实质性的步伐，绝大多数产业将实现充分竞争。但由于历史的原因，我国的许多产业在其发展过程中所形成的“大而全”、“小而全”，工艺技术落后，设备陈旧等问题在短时间内难以完全解决。“十五”时期，面对中国入世后激烈的市场竞争，我国多数产业和企业要经历一个艰难的阵痛过程。同时，由于国民经济市场化程度的进一步提高，在打破产业经营垄断，建立开放的市场体系方面也将迈出实质性的步伐。

（四）消费导向对经济发展的促进推动作用将更加显著

消费结构的变化对产业结构的制约和影响力也越来越大，国家也将继续实行积极的财政政策，扩大内需，鼓励消费。

居民的消费需求和消费结构的特点，总是取决于居民的收入水平，而消费结构又势必对产业结构发生直接的制约和影响作用。新中国成立五十多年来，我国城镇居民生活水平，经历了以缝纫机、手表、收音机、自行车为代表的50年代老“四大件”逐步发展到90年代以冰箱、空调、电脑、电话为典型代表的新“四大件”为表现特征的居民消费不断升级换代的过程。据统计资料，1999年，城镇居民每百户拥有的家用电脑为6台；移动电话为7台；微波炉为12台；影碟机25台。洗衣机、电冰箱、电视机等家用电器的户均占有量，在城镇已经达到发达国家的水平。“九五”以来我国居民消费结构的显著变化，集中表现为恩格尔系数的逐年下降。城镇居民由1995年的49.9%下降到1999年的41.9%，农村居民则由58.6%下降到52.6%。消费需求不仅具有明显的阶段性，而且与一定的产业结构是紧密相关联的。在短缺经济时代，居民消费需求、消费结构是被动地适应市场供给和产业结构的。在经济发展到一定水平，在过剩的市场条件下，消费需求结构对产业结构的调整起着很大的反作用，消费需求结构的变化，影响到产业结构的变化。现阶段多数城镇居民和相当一部分农村居民已经基本解决了衣食和用的问题，正在向提高住、行水平和生活质量的阶段过渡，消费结构由过去的万元级向十万元级二十万元级过渡。与之相适应，必将要求对现有的产业结构进行改造，以适应新的消费需求的要求。

（五）城镇化快速发展

根据世界各国城市化发展的一般规律，城市化发展表现为起步、加速和成熟三个发展阶段。其中加速发展阶段是指城市化率从30%到70%的阶段。目前，我国城市化率已超过30%，1999年为30.9%，已经步入加速发展阶段。根据有关研究结论，我国城市化完全有可能在未来30~40年内完成快速发展阶段的任务，城市化率年均提高将达到1.0~1.2个百分点，使城市化率达到70%左右。未来5~10年内我国城市化率将会有较大的提高。“十五”末期城市化率将达到36%左右；2010年将达到45%左右。城市化率的提高也必然会影响产业结构的变化。

二、“十五”期间产业结构变化发展的主要趋势

在上述主要制约影响因素的作用下，“十五”时期，我国产业结构变化将主要呈现出以下发展趋势：

（一）非经营性产业向经营性产业转变

目前，我国非经营性产业主要是城市基础设施产业。主要包括：能源系统，水资源及供、排水系统，城市内部交通和城市对外交通设施，包括道路、电汽车、轨道交通、公共货运汽车、货物流通区等交通设施，邮政设施、电信设施等邮电系统，环境系统和防灾系统。城市基础设施的功能具有营利性与非营利性的特点。属于营利性的项目（行业）主要有城市供水、城市供气、电信设施、公共货运、航空、铁路、公路、水运、港口、房地产开发等城市基础设施。除此以外的其他类型的城市基础设施项目（行业），如环境保护设施、防灾设施、邮政设施等，大都属于非营利性的。

就城市基础设施的营利性特点而言，近几年来，尽管这类城市基础设施项目得到了较快的发展，但与其实际需要相比，其发展仍然滞后；与发达国家相比，差距仍然很大。加上受政策性因素的影响，这些行业的盈利能力一般都较差，有的甚至依赖财政补贴过日子。许多营利性项目也是当作非营利性经营的。因此银行的信贷资金投向对其避而远之。

“十五”期间，城市化率的提高和城镇化的快速发展，必然要带动城市供水、供气、电信设施、水运港口、航空机场、城市地铁和轻轨、房地产业等城市基础设施的发展，使这些行业处于快速成长阶段。再加上经济市场化程度的提高和市场机制的完善，不仅政策性经营亏损的状况将会得到改变，由目前的非经营性逐步向经营性转变，而且这些行业将会因其具有良好的营利性而备受商业银行的关注。以城市供水业为例：城市供水是国民经济和人

民生活必不可少的重要资源保证，是具有全局性和先导性的重要基础产业。由于水资源的短缺，城市供水紧缺是普遍的现象。由于供水业所具有的社会公益性的特殊地位所决定，城市供水价格一直由地方政府和物价部门监控，水价倒挂现象十分严重，使供水企业依靠财政补贴过日子。随着经济市场化程度的提高，自来水作为商品进入市场，对水价进行调整，不仅是必要的，而且是可行的，自来水生产与供应企业依靠财政补贴过日子的历史将结束。城市供气产业、城市环保产业的未来发展趋势与城市供水产业有许多相似之处。

（二）相当一部分经营垄断型产业逐步向充分竞争型产业转变

这些行业主要包括电力、公路、铁路、电信业以及由非经营性产业向经营性产业转变后的城市供水供气产业。目前，在铁路、公路、电力、电信等产业领域，政府已出台和将陆续出台各项有利于打破经营垄断的各项政策措施，以促进这些产业经营的充分竞争。

“十五”期间，经营垄断型向充分竞争型转变的产业，也包括城市基础设施等产业。城市基础设施的政府经营并不等于独家经营，也可以是多家政府经营的竞争性公司经营。考虑外资企业进入后的情况，经营垄断型产业向竞争型产业转变的进程将更加快速，转变的范围也会更加广泛。

（三）新兴产业如房地产业、住宅产业等具有良好的发展前景

房地产业的一个突出特点是它与其他行业关联度大。据分析，房地产的生产、流通和使用，直接对几百大类、几万个品种的产品提出需求，可刺激建材、建筑、冶金、化工、机械、公用事业、金融保险等几十个相关行业的发展。住宅建设的诱发系数为 1.93，即住宅建设每投入 1 万元，可以诱发其他有关部门产出 1.93 万元。目前，我国经济进入相对过剩时期，经济领域内的最大问题为多数行业的有效需求严重不足，制约了国民经济的稳定健康发展。将房地产行业尤其是住宅业作为今后一段时期内发展的重点，能够直接刺激企业投资和居民消费，为几十个行业提供广泛的市场需求，可以保证国民经济的持续、快速、健康发展。

房地产业、住宅产业的发展是与城镇化的发展水平和经济发展水平紧密相连的。依据有关数据资料的分析测算，“十五”期间，我国每年的城镇住宅投资资金需求约为 5800 多亿元。巨大的住宅产业投资资金需求市场，为商业银行信贷资金投向选择提供了更多更好的机会。

（四）充分竞争型产业由小规模分散化向集中型大规模转变

生产集中度进一步提高，企业兼并重组规模加大、速度加快。某些资金技术密集型、生产集中度要求高的产业如汽车业、纺织业、石油化工业等，将由于兼并重组和市场竞争，形成一批大企业集团和跨国公司，打造出一批在世界市场竞争中具有一定优势的中国产业企业的航空母舰。

改革开放21年以来，中国的大型企业取得了重要进步，但至今还没有一家企业发展成具备全球竞争实力，拥有全球市场、全球驰名商标和全球采购系统的巨型公司。我国企业在跨国经营领域与外国大跨国公司相比，存在着极大的差距。在《财富》杂志排名的全球五百强中，中国只有5家公司榜上有名；中国没有一家公司能挤上按研发费用排名的世界300家最大公司行列；中国没有一家公司列入按市场资本总额排名的《金融时报》500强中。企业生产规模小，无法实现规模经济的要求是一个突出的问题。在汽车、钢铁、房地产开发、石油化工、机械和建材等竞争较充分的产业中，由于进入障碍较低，没有政策性壁垒，这个问题表现得尤为明显。

汽车行业。截至1999年底，我国汽车行业共有整车生产企业112家，改装车生产企业500多家，零部件生产企业1600多家，全年共生产汽车183万辆，只占世界汽车总产量的3%。在112家汽车整车生产企业中，82%的企业汽车年产量达不到1万辆。而同年，通用、福特、丰田、大众等世界前十大汽车跨国集团控制了全球80%的产量。

房地产行业。房地产开发公司规模普遍较小。1996年末全国房地产公司注册资本为3687亿元，比上年减少了8.1%；1996年注册资本平均每户企业仅为1732万元，资产4660万元。

机械企业。我国年销售收入500万元以上的机械企业达4.02万户，前300户的集中度仅为20%。

煤炭行业。我国煤炭企业多达4万家，每家平均年产原煤不足3万吨，94户重点煤矿的生产集中度不到40%。

石化行业。国外最大的炼油厂年产4000万吨，而我国最大的炼油厂年产只有1600万吨。

建材行业。我国水泥生产企业平均规模仅为年产8万吨，而国外一般年产在60万吨以上。

钢铁行业。首钢1998年的销售收入是22亿美元，宝钢是31亿美元，中国四大钢铁公司（即首钢、鞍钢、宝钢、武钢）加在一起，其销售收入也只有90亿美元。而同期英国钢铁公司是100亿美元，新日铁是216亿美元。

竞争必然形成集中，再加上必要的行政干预措施和宏观调控政策，竞争而导致集中的进程则更快些。《建议》中对此有明确的规定和要求，具体有“关闭、淘汰、压缩、破产、兼并、联合、重组”等七条措施、十四个字。

（五）第三产业在国民经济中的比重进一步提高，旅游业、商业、文化教育、娱乐体育等产业将得到较快的发展

目前我国的第三产业发展仍然滞后，第二产业比重过大。根据对有关统计数据研究分析，在我国人均国民生产总值与其他国家相等或相近的水平时，我国第三产业占国内生产总值的比重普遍低于这些国家10～20个百分点，而第二产业则普遍高出10～20百分点。

第三产业的快速发展与人民生活水平的提高也是紧密相关联的。1999年，国内旅游收入达到2831亿元，比1996年的1638亿元增长了72.83%，1999年我国因私出境旅游人数达到427万人次，比1996年的241万人次增长了77.18%。可以预见，“十五”期间，随着人们生活水平的进一步提高，旅游业、商业、文化教育业、娱乐体育等第三产业将会有一个大而快的发展。

（六）高科技产业代表当今世界经济的发展潮流，具有广阔发展前景

以信息技术和生物技术为代表的高科技产业广泛涉及计算机、通信、航天、医疗、人工智能等各个领域，成为经济持续发展和产业结构升级换代的原动力。据统计，1996～1999年间，高科技产业对美国增长的平均贡献率为41.5%，对欧盟的平均贡献率为33.2%，对日本为27.6%，成为国民经济持续发展的主导力量。相比之下，我国同期增量中科技贡献率仅为6.7%，经济增长质量亟待提高。未来5～10年，我国将逐步融入全球经济体系，高新技术的引进、创新和开发速度不断加快，高科技产业在我国产业结构中将占越来越重要的地位，成为国民经济持续发展的重要推动力。

（七）采用新工艺、新技术、新材料对传统产业进行改造将获得重大进展

产业升级换代效果显著，以实现可持续发展为目标，符合人们保健要求的产业如环境保护产业、医药产业将初步显示出活力，而有悖于这些发展要求的产业企业将逐步失去发展的基础。

产业发展的历史表明，只有夕阳技术，没有夕阳产业。在“十五”期间，传统产业发展呈现出两种趋向：夕阳方式，即资源枯竭型、环保制约型、污染型、有碍健康型的传统产业，如烟草业、木材加工业、木材采伐业、矿业等产业，将进一步加快衰退的进程。朝阳方式，即对其他大多数的传统产业，通过采用新工艺、新技术、新材料进行改造后，使之达到升级换代、焕发出新的活力的目的。这就是《建议》中所明确提出的“积极采用高新技术和先进适用技术，加快传统产业技术改造。在能源、冶金、化工、轻纺、机械、汽车、建材及建筑等行业，有重点地改造一批骨干企业，提高工艺技术和装备水平”。

（八）能源、电信、公路、铁路、航空运输等基础设施产业将有大的发展空间，市场需求潜力仍然很大

以电力行业为例，根据统计资料分析，我国 1992 年至 1996 年各年的电力消费弹性系数分别为 0. 81、0. 70、0. 79、0. 78 和 0. 77。考虑电力消费结构的调整变化，按 0. 7 的电力消费系数计算，到 2000 年，全国电力消费总量将从 1996 年的 10764 亿千瓦小时增长到 13385 ~ 14110 亿千瓦小时。如果在 21 世纪的前 10 年，各年 CDP 增长速度将保持在 6% 左右的水平，电力消费弹性系数仍按 0. 7 考虑，到 2010 年全国电力消费总量将增长到 20200 亿 ~ 21300 亿千瓦小时，比 1996 年的实际用电量将增加近一倍。根据国家电力发展规划，预计“十五”期间我国电网投资额累计将达到 4600 亿元，加上各种配套设施，累计投资预计超过 5000 亿元，比“九五”期间增加投入 2100 亿元。从电网投资结构看，城网和农网改造投资将达 2500 亿 ~ 3000 亿元；跨区联网投资为 1500 ~ 2000 亿元。

再以电信行业为例，从长远发展趋势分析，我国电信市场发展潜力较大。我国电信业投资力度将会进一步加大。据有关部门分析预测，“十五”期间，我国电信业务总量将以近 30% 的年均增长速度迅速发展，预计到 2005 年全国移动电话总量将增加到 1. 6 亿户，移动通信“十五”期间将投入 5000 亿资金；为满足 2005 年电话主线普及率达到 11. 85% 的要求，固定电话用户达到 2. 3 亿户，因此将形成 4000 亿元的投资需求；数据通信业务由起步走向成熟，“十五”期间多媒体终端用户达到 5000 万户，因此将形成 3000 亿元的投资市场。再加上相关投资 3000 亿元，“十五”期间，全国电信行业的投资规模将高达 15000 亿元。公路、铁路、航空运输等基础设施产业都将有较大的发展空间和市场需求潜力。

三、“十五”期间国有商业银行信贷经营政策和信贷营销策略取向的几点建议

（一）实施中心城市发展战略，应以城市，尤其是以中心城市、大中城市作为经营发展战略的区域重点

就一般情况而言，城镇，尤其是大中城市作为经济发展的聚集地，集中了众多的大中型企业、跨国公司、高收入阶层等优质银行客户，经济、金融、法律、文化环境优越，市场化程度较高，金融资源丰富，有效需求旺盛，市场信息反应灵敏。中国入世后，外资银行进入中国，首先抢滩的地点是城市，尤其是大中城市。因此，“十五”期间，国有商业银行在信贷资源、人力资源、财务资源、科技资源等资源的配置方面，应重点向城镇尤其是大中城市倾斜，在业务授权、授信管理等方面，也应体现出中心城市与非中心城市的差异性，区别对待，宽严有别。

（二）实施金融创新战略，大力发展以个体客户为主要对象的消费信贷业务

要适应城镇居民消费倾向、消费观念、消费方式、消费结构的变化和新的特点与要求，在改进和完善现有金融产品服务手段和服务质量的同时，不断推出新的业务品种，大力发展消费信贷业务，创新消费信贷品种。目前，一些商业银行已经或正在推出的新的金融品种，如网上银行业务、呼叫银行业务、自助银行业务、旅游贷款、教育贷款、各类消费贷款、住房贷款、汽车消费贷款、家用电脑和高档家具等耐用消费品消费贷款、无担保消费贷款、无抵押消费贷款等，正是适应了这种要求。“十五”期间，这些新的信贷业务品种和金融产品应有更快更多的创新和发展。

（三）在优先支持优势行业的指导原则下，实施大客户大企业信贷营销策略

根据以上分析判断，“十五”期间，对于国有商业银行的信贷资金投向选择而言，所有行业可以划分为四种类型：应该积极支持的优势行业，其中主要是交通运输、通信服务、电力、石油、石化、房地产开发、旅游、电子、科技和建筑等行业。

应该积极渗透、及早介入有良好发展前景的行业，其中主要有城市供水、城市供气、医药、文化教育、环境保护等产业。

应该积极关注，采取谨慎决策，注重从一大批传统产业行业，其中主要是纺织、机械、冶金、化工、商业、造纸、轻工、建材等行业中筛选优质客户。

应该逐步退出的衰退产业，其中主要是指煤炭、军工、粮食、农机、森工等产业。

“十五”期间，大企业集团不仅是国内大的商业银行业务竞争的主要目标对象，而且也是外资银行抢滩中国金融市场后与内资银行争夺的主要客户对象。中国入世后，金融业对外资银行开放人民币业务还有两年的缓冲期。国有商业银行要充分利用这段宝贵的时间，通过增加信贷投入，优化服务质量，抓住这批大客户。尤其对那些经济规模要求较高的产业更应是这样。

“十五”期间，国有商业银行的信贷投放，在优先支持优势行业发展的前提下，实施大客户、大企业信贷营销策略，关键在于准确把握和科学判断大客户、大企业。大客户的标准，不仅是指企业资产规模大，销售收入额大，更主要的是看企业的竞争能力如何。选择评价的具体标准主要有：企业的法人治理结构是否完善，是否符合现代企业制度的要求，企业的组织结构及其主要经营管理人的素质是否与企业的经营战略相适应，企业现行财务状况如何，企业的工艺技术水平是否具有竞争能力，是否符合产业技术装备政策的要求，企业是否有明确可行的经营发展战略，企业的技术创新能力和市场创新能力如何，企业是否有能够凝聚人心的企业文化，是否有可行的商品销售网络和渠道，等等。

（四）对高新技术产业的发展，信贷政策应持审慎的政策，有选择地进行信贷投入，不宜盲目跟进

高新技术产业的特点是高风险高收益。国外这些产业在发展的初始期，也是依靠资本市场筹集资金，商业银行的信贷资金投入一般比较谨慎。当然，对于看准了的企业，银行也应该及早介入，给予支持，做好优质客户的储备工作。

（五）基础设施产业包括城市基础设施产业，是具有很大发展前途和增长前景的产业，信贷投入应给予积极的支持

这些产业包括：城市供水业、城市供气业、住宅产业、房地产开发产业、

公路、铁路、电力业等。对城市基础设施产业尤其是营利性基础设施产业的信贷资金投入和信贷支持，对某些从目前看因政策性因素的影响盈利状况较差的产业，如城市供水业、城市供气业等，也应从长远发展趋势的角度，提前进行信贷介入和业务渗透，区别对待，重点支持，储备优质客户资源。

（六）对非国有经济的信贷投入给予必要的关注

要打破成分论、出身论，对那些符合现代企业制度要求、法人治理结构合理、具有竞争优势和良好增长前景的民营企业，应给予积极的信贷支持。

（七）实施信贷退出战略

要结合重点行业、重点产品、重点地区、重点客户信贷营销策略的实施，实施信贷退出战略。

信贷退出包括产业退出、区域退出、客户退出三个方面的内容：

产业退出，是指退出衰退产业，具体是煤炭、军工、粮食、农机、森工等产业。

区域退出，是指退出非中心城市、非重点区域，尤其是退出经营规模小、经济发展潜力小、金融资源短缺的小县镇。

客户退出是重点，与产业结合是相关联的。凡是属于《建议》中提出的“七条措施”、“十四字”工作对象的企业和产业，都应有步骤地坚决退出。

（八）对重点行业、重点客户给予积极的信贷支持时，工作着重点是所选择的具体单个客户，切忌一哄而上

“十五”期间，对于城市供水、城市供气、环保、教育产业等新产业而言，处在由非经营性产业向经营性产业转变过渡的时期，城市房地产业、旅游业、商业等产业，也会因为其充分的竞争性，处在由小规模、分散化向大规模、集中型企业转变的过程中。由于各地区经济发展的不平衡性，这种“转变”与“过渡”，在各地区、各城市不可能统一行动，“齐步走”。“过渡”时间有长有短，“转变”幅度有大有小。因此，国有商业银行对这些产业进行信贷投入的同时，也应根据各地区各个产业在转变过渡的各个阶段变化的情况，采取相应的风险防范对策，把工作的着重点放在对单笔具体信贷业务和单个客户的选择方面，切实防止信贷支持各行“齐步走”，不加区别的一哄而上。尤其是要做好信贷投放前的调查评审决策工作，把好信贷投放的第一道关口，从源头控制风险。

（九）建立和完善与消费信贷业务快速发展相配套的个人信用评价制度与方法体系，防范个贷风险

相对于公司业务而言，个贷业务的分散性特征十分突出，因而贷款银行对其风险监控的难度也较大。贷款银行应利用社会保障体系所能提供的及时有效的居民个人信息数据，对个贷客户实施跟踪监测，适时预警，防范个贷业务可能产生的风险。

（原载《投资研究》2001 年第 2 期）

关于我国公路建设的发展趋势分析及若干政策取向的建议

一、新中国成立五十年来我国公路建设成就辉煌

（一）我国公路建设发展的四个阶段

建国初期，全国公路通车里程仅为8万公里，技术等级十分低下。经过几十年的建设，我国公路运输体系现已初具规模，公路的技术含量、等级结构和空间分布都获得了重大改善。纵观历史，我国公路建设大致经历了四个阶段：

第一阶段是从新中国成立初期到改革开放前。这一时期，公路建设基本是在原大车道、便道上进行修补改造，公路选线强调“隐蔽、迂回、靠山、钻林”等战备国防需要，公路建设主要依靠国防投资和“民工建勤”等方式进行。到1978年，公路通车里程达到89万公里，但公路等级普遍很低，80%以上属于等外公路。

第二阶段是从1978年到1985年。国家开始调整经济结构，对公路建设事业给予了相应重视，确定了首都放射线12条、北南纵线28条、东西横线30条共70条国道，并采取措施加快发展公路建设事业，制定各种优惠政策，积极鼓励外资参与公路建设。至“六五”结束时，公路通车总里程增长到94.24万公里，其中一级以上公路422公里，四级及等外公路79.23万公里。“六五”期间公路通车里程年均增长1.1万公里。

第三阶段为“七五”时期。国务院批准设立公路建设专项基金和车辆购置附加费，专门用于公路建设。国家开始较大规模地建设汽车专用公路，高速公路实现了零的突破。“七五”期末，公路通车总里程为102.8万公里，其中高速公路522公里，一级公路2617公里，四级及等外公路61.3万公里。公路通车里程年均增长1.7万公里。

第四阶段为“八五”到“九五”时期。国家在国道网规划基础上研究形成了“五纵七横”的国道主干线规划，计划用二三十年时间，逐步建成以二

级以上公路为主的国道主干线网。与此同时，国家进一步制定政策，扩大公路建设的融资渠道，吸引国内外各类资本参与公路建设，从而对加快公路事业发展起到了重要的推动作用。

（二）近十年来我国公路建设的最新进展

20 世纪 90 年代以来，我国公路建设取得显著进展。从 1990 年到 1998 年，全国公路里程由 102.8 万公里增 127.4 万公里以上，总里程居世界第四位；其中，一、二级汽车专用公路，由 4300 公里增加到 1.8 万公里，增长 3.18 倍；全国 100% 的县、99% 的行政乡、87% 的行政村通达公路。在此期间，我国高速公路建设尤为迅速，由 1990 年的 520 公里增至 8733 公里以上，增加幅度高达 17.7 倍。先后建成沈大、京津塘、济青、广深、京石、成渝、宜黄、石太、太旧、西宝、沪宁等一大批高速公路。

1998 年，党中央、国务院为克服亚洲金融危机的不利影响，保持国民经济持续、快速、健康发展，做出了扩大内需、加快基础设施建设的重大决策，明确提出扩大公路建设的投资规模。全年公路建设投资达 2118 亿元，占基本建设投资规模的 1/5，创历史最高水平。全年新开工 105 个公路重点建设项目，公路在建项目总投资规模超过 5000 亿元，其中 60% 用于高速公路建设，在建高速公路重点项目共计 1.5 万公里。公路建设的迅速发展不仅有力地拉动了国民经济增长，而且对改善我国交通状况，优化运输结构，缓解基础设施瓶颈起到了重要作用。

根据交通部统计，1999 年，我国公路建设投资总额达到 1800 亿元，全国公路通车里程超过 130 万公里，其中高速公路通车里程达到 1 万公里以上，提前 3 年达到国家交通发展战略的远景目标。

（三）公路正在成为我国运输体系的核心，在经济发展中占有日益重要的地位

随着公路通车里程不断增加、通行条件不断完善，我国公路运输能力和客货运输量持续增长。1998 年，全国完成客运量 125 亿人，旅客周转量 5942 亿人/公里，货运量 97.6 亿吨，货物周转量 5483 亿吨/公里，在交通运输体系中所占比例分别为 90.6%、56.3%、77.5% 和 14.5%，而 1990 年我国同类指标仅为 83.9%、26.6%、74.2% 和 12.8%（见表 1）。由此可见，近年来公路基础设施建设的迅速发展对增强我国综合运输能力、优化运输结构，完善交通体系起到了重要的推动作用。

表1　各种运输方式旅客周转量比重　　单位:%

年份	旅客周转量				货物周转量			
	公路	铁路	水运	民航	公路	铁路	水运	民航
1991	46.48	45.78	2.87	4.88	12.25	39.21	46.29	0.04
1992	45.94	45.36	2.85	5.84	12.85	39.62	45.37	0.05
1993	47.09	44.33	2.50	6.08	13.34	39.18	45.43	0.05
1994	49.12	42.32	2.14	6.42	13.49	37.45	47.16	0.06
1995	51.13	39.39	1.91	7.57	13.14	36.02	49.12	0.06
1996	53.69	36.37	1.76	8.18	13.75	35.58	49.00	0.07
1997	55.31	35.42	1.55	7.72	13.80	34.27	50.34	0.08
1998	56.28	35.00	1.14	7.58	14.49	32.54	51.28	0.09

资料来源:《中国统计年鉴1999》。

(四) 高速公路的崛起使我国交通运输体系进入崭新发展时代

高速公路是现代公路体系的核心，具有全封闭、速度快、流量大、方便舒适等特点，是增强我国交通运输能力的主要手段。1988年我国建成了第一条高速公路，到1999年底高速公路总里程突破1万公里，跃居世界第六位，高速公路里程年平均增长速度超过40%。从已建成的高速公路来看，绝大多数路段的交通量较高，1998年平均交通量已达2.8万辆小客车/日，是同期全国国道平均交通量的3.7倍。同时，高速公路建设在国民经济发展中发挥了重要作用。在国民经济账户中，根据支出法计算，1998年对经济增长的总贡献率达到4.8%，1999年进一步上升为5.0%。高速公路的迅速崛起标志着我国公路的总体质量有了重大改善，交通体系的运输能力和运营效率有了明显提高。高速公路的大规模建设不仅对扩大国内投资需求具有重要作用，而且对增强我国今后较长一个时期内的经济增长潜力具有重要意义。

二、公路建设发展过程中存在的主要问题

(一) 我国公路等级结构偏低，技术含量不足

截至1998年，我国高速公路占公路总里程比重仅为0.68%，一级公路占1.23%，二级公路占9.82%，二级以下公路所占比重很大，达到88%，其中技术标准为低级和无路面公路占41.7%，铺有沥青和水泥路面的公路只占

28.2%。与世界发达国家相比，我国二级以上公路比重明显偏小，公路整体技术水平较低。

由于近年来汽车数量猛增，我国大多数干线公路的交通流量已大大超过设计能力，加之各种车辆和人畜力车混行，经常造成公路堵塞，全国平均行车时速尚不及经济时速的一半。据调查，1998 年国道网堵塞路段 36 段，约 1.34 万公里；拥挤路段 106 段，约 4 万公里；还有 4 万公里路段年平均日交通量超过 9000 辆，而按照交通部颁布的《公路工程技术标准》，交通量达到 8000～10000 辆小客车/日的路段都应修建高速公路。

（二）全国公路网络化程度较低，制约了路网规模效益的发挥

公路网络的效益是规模效益，它远远大于分散路段的效益总和。在现代经济发展过程中，高速公路发挥着重要作用，而高速公路只有在达到一定的网络规模条件下，其巨大的经济效益和社会效益才能得到充分发挥。根据世界 30 个国家的统计数据，高速公路密度通常在达到 0.3 以上时，它与 GDP 增长率之间的弹性才会大于 1。我国高速公路建设目前尚处于起步阶段，至今尚未完全形成一个横贯东西、连通南北的高速公路网络体系。从全国范围看，路段分散导致高速公路在整个物资流通中的作用难以充分发挥。反映在路网密度上，1998 年我国仅为 0.091 公里/百平方公里，相当于美国的 10%、德国的 3%、日本的 0.5%。同时，0.091 的高速公路密度远远低于统计临界值 0.3048，说明我国高速公路尽管在近几年发展十分迅速，但从网络效益看，其建设规模还需要进一步扩张。高速公路密度要达到 0.3，必须使总里程超过 2.8 万公里。如果这一计划要在 2010 年以前实现，平均每年需新建高速公路 0.18 万公里。

（三）公路规划布局不合理，重复建设比较严重

从高速公路分布图看，我国现已规划的路网基本呈纵横相交的“棋盘模式”，大部分高速公路与铁路或国道干道原路平行。虽然不同的运输模式可以满足不同的需要，但交通线平行布局势必产生对物流、客流的争夺，还会使许多应当打通的地域处于空白状态，整个交通网络由此出现疏密不均的现象。一些地区的货流量本身就不大，铁路尚且吃不饱，与其平行的高速公路建成后更是两家谁也没效益，造成交通资源的极大浪费。目前，我国公路与铁路的规划建设分属不同部门，在布局时，二者基本上都是以经济中心作结点，重点解决经济中心的联系问题，国家并没有一个专门对道路交通规划进行统

筹安排的机构进行综合协调。这在客观上就造成了交通线路的不合理布局和重复建设。

与我国的棋盘模式不同，大多数发达国家的高速公路网呈蛛网状、放射状，由中心城市向四周延伸，并尽量避开已有的铁路线，既缩短运距又填补交通线的空白。因此，高速公路一定要从有利于发挥综合运输体系的总体优势出发来进行科学的规划，逐渐改变现有的平行走向，发展成为伞骨状的放射性走向，发挥铁路、水路等其他运输方式难以替代的优势，形成互补关系而不是互冲关系，提高整个综合运输体系的综合效益。

（四）各地区公路建设的差异明显，阻碍了区域经济的协调发展

近年来，随着基础设施投资力度不断加大，全国区域间交通运输能力严重失衡的状况有所改善。但从整体看，中西部地区的公路密度、通达程度、技术等级状况仍然明显落后于东部发达地区。据统计，1998 年全国各等级公路总里程为 127 万公里，其中东部地区 46.1 万公里，中部地区为 43.6 万公里，西部地区为 38.0 万公里，所占比重分别为 36.1%、34.2% 和 29.7%。

单纯从公路总里程看，目前，我国东、中、西部地区间公路建设规模基本上已经达到平衡。20 世纪 80 年代末，上述三个地区公里总里程的占比相差还很大，分别为 49.8%、33.5% 和 16.7%，而现在基本上形成三分天下的局面。

但如果从高等级公路看，空间分布不均匀的状况就表现得十分明显了。全国二级以上公路共约 15 万公里，东部地区 7.86 万公里，中部地区为 4.69 万公里，西部地区仅为 2.38 万公里，所占比重分别为 53%、31% 和 16%。其中高速公路发展的不均衡性表现得尤为突出，在全国近万公里的高速公路中，有近 60% 分布在东部地区，中部地区占 26.9%，西部地区占比仅为 13.4%。

从公路密度看，1998 年东部地区达到 28.5 公里/百平方公里，中部地区为 14.5 公里/百平方公里，西部地区仅为 7.6 公里/百平方公里，三者比例为 100：50.8：26.70。其中，从高速路网密度看，东部地区为 0.326 公里/百平方公里，中部地区为 0.078 公里/百平方公里，而西部地区仅为 0.023 公里/百平方公里，三者比例为100：23.9：7.0。

从道路质量看，各地区差异更为明显。据国家计委综合运输研究所调查统计，1998 年我国东部地区好路率为 93%，综合质量为 96 分，而中、西部地区好路率分别为 85% 和 72%，综合质量分别为 87 分和 76 分。其中，西部

地区技术标准为低级和无路面公路占地区公路总里程的比重高达65%，铺有沥青和水泥路面的公路只占10.3%。

表2 我国各地区公路发展状况（1998年底） 单位：公里

地区	公路总里程	等级路	高速	一级	二级	二级以上	等外路
全国	1278474	1069243	8733	15277	125245	149255	209231
东部	461419	420251	5211	12471	60886	78568	41168
中部	436931	366616	2351	1928	42619	46898	70315
西部	380124	282376	1171	878	21740	23789	97748

资料来源：根据《中国统计年鉴1999》，《中国交通年鉴1999》中各省市自治区统计资料整理而成。

上述统计数字表明，我国公路建设的区域差异是十分显著的。而且随时间推移，表现在结构、技术和质量上的差距还呈现逐步扩大趋势。这种状况的长期存在，在很大程度上限制了生产要素在空间上的自由流动和重新组合，从而加剧区域经济发展的不平衡。

各省数据分析进一步证明了这一点。我国各地区经济规模与公路发展水平之间存在着紧密的正相关联，表现在散点图中，各省数据坐标基本集中在给定的90%置信区间所形成的扇形区域内。进一步比较1978年、1988年和1998年的散点图可以发现，各地区公路建设和经济发展水平的绝对差异显示出扩大趋势，同时各省市自治区的GDP占比差距也随之加大。方差分析显示，各省之间公路占比的方差变动显著高于GDP占比的方差变动，说明各地区之间公路建设差距的扩大是导致区域经济发展不平衡的重要原因之一。而对于中国这样一个人口众多、幅员辽阔的大国，保持区域经济的平衡发展，对于维护社会稳定、扩大社会总需求、增强经济发展的可持续性都具有重要意义。从这个意义上讲，进一步加快中西部地区基础设施，特别是公路基础设施的建设，并以此缩小区域间经济发展的差距是一个带有战略性的紧迫任务。

（五）长期以来，公路建设的投资比重偏低，公路建设项目资金缺口严重

在发展中国家的经济起飞阶段，交通运输的投资比重通常较高，一般占国民生产总值的5%左右，即使在交通运输与经济社会发展基本适应的情况下，每年对交通运输的投资仍占国民生产总值的2%～3%。我国交通运输投

资占国民生产总值的比重，“七五”时期仅为1.4%，“八五”时期也没有超过1.5%，投资比重严重不足。

根据新中国成立以来的经验，交通运输建设投资占基本建设总投资的比重，以不低于20%为宜。但长期以来，国家对交通运输投资比重却出现了持续下滑的局面，其中“六五”时期为13.3%，“七五”时期为13%，“八五”时期进一步下降到12.3%（见表3），始终没有达到应有的投资水平。长期以来，资金投放不足导致交通运输部门困难重重，很难根据客货运量的增长速度来完善本部门工作和对设备进行及时更新改造，致使全国交通紧张的局面旷日持久。

表3　各时期国家对交通运输的投资占基本建设总投资比重　　单位：%

时期	一五	二五	三五	四五	五五	六五	七五	八五
投资比重	15.3	15.5	15.8	17.6	13.9	13.3	13.0	12.3

资料来源：根据各年度《中国统计年鉴》整理。

国家对交通运输投资比重持续偏低，还表现在交通运输部门固定资产增长缓慢。据统计，1953～1996年间，我国原材料生产企业固定资产平均增长率为12.5%，能源部门为12.7%，机械电子部门为15.4%，而交通运输的固定资产平均增长只有8.2%，其中公路建设投资增长率平均仅为7.9%，和其他行业相比几乎是最低的。

近年来，为改变交通运输严重滞后的局面，国家加大对公路行业的投入力度，但新的问题随之而来，由于中央财政能力有限，各地公路建设资金普遍紧张，资金缺口呈逐年扩大趋势。1998年原计划投资1200亿元，而事实上投资额增加到2118亿元，直接投资缺口高达900多亿元。根据前面所做的预测，今后3年我国公路建设投资需求将达到5000亿元以上。按目前国家规定的资本金比率计算，公路投资缺口在3500亿元左右，单纯依靠中央财政投资远远不能解决这一问题。当前我国金融市场体系尚不发达，投融资体制改革没有完全到位，在这种条件下，公路建设的大部分资金缺口只能通过向银行贷款方式加以解决。目前，由于公路基建规模骤然扩张，多数公路项目的自有资金比率无法达到35%的规定标准，部分项目甚至达不到20%。这不仅给商业银行带来了较大信贷风险，同时也使许多公路在建成后经常因债务负担过于沉重，而陷入经营困境。

（六）管理体制弊端阻碍了公路行业的健康发展

由于建设资金长期存在缺口，国家为确保公路行业的快速发展，确定了“贷款修路，收费还贷”的基本方针。这也是发达国家进行公路建设的通行做法。目前，全国90%以上的在建高速公路，60%以上的一、二级公路，70%以上的桥梁和隧道是使用国内外金融机构贷款修建的。这种方式较好地缓解了公路建设资金短缺的矛盾，加快了公路建设步伐。

但近几年，收费公路在发展过程中出现了一些不容忽视的问题。一是收费站点设置、审批管理不严，站点数量失控，造成公路沿线收费站点过密，影响车辆正常行驶，公路使用者反映强烈。至1997年底，全国收费公路里程已达1万多公里，收费站点已有1800多个，除高速公路的全部、一级公路的大部属收费公路外，占收费公路70%以上的主要还是二级公路（含少量三级公路）。二是有的地方违背国家有关规定，出现了边修建边收费，未修建先收费的情况，严重影响了“贷款修路，收费还贷”政策的执行。三是转让公路收费权未能按规定程序审批，造成国有资产大量流失，同时也对银行信贷资金和公路投资者的合法权益造成严重威胁。四是对公路收费的管理、核算和使用等环节监管不力，致使“收费还贷”功能无法保障。五是公路收费机构设置庞大，以费养人情况普遍存在，造成收费站点的管理成本过高，影响了还贷能力。

上述情况的存在，导致公路系统运营效率普遍低下，管理成本不断上升，影响了建设资金的筹集、使用和周转，不利于公路行业的长期发展。调查显示，我国1997年涉及交通和车辆的各种收费约有530项，收费金额超过1600亿元。在收费过程中，养路费、运输管理费、车辆购置费各有一套征管机构，总人数超过30万，一年开支达数十亿元。由此可见，清理整顿收费公路项目和收费站点，依法界定税收和费用标准，规范公路收费行为已经成为推动我国公路行业健康发展的一项紧迫任务。

三、我国公路建设的发展前景分析

（一）公路作为综合运输体系的基础，在国民经济发展中具有不可替代的作用

交通运输业是国民经济中的一个重要的物质生产部门，它把社会生产、

分配、交换与消费各个环节有机地联系起来，使经济活动得以正常进行和发展。只有具备了高效率的运输体系，才能进行区域开发，并把国民经济融合为一个商品交换和信息交流的有机整体。因此，优良的运输对充分开发和利用国家各种潜在经济资源起着重要的作用。

交通运输业，特别是公路运输业的超前发展，是现代市场经济高度发展的客观需要。纵观历史，世界主要发达国家在工业化过程中，都有一个交通运输业超前发展的时期。以美国运输业的发展为例，美国1926年交通运输网线就已长达40.8万公里，运输能力超过当时经济发展对运输业的总体需求。20世纪30年代以来，美国为刺激国内投资需求，推动国民经济增长，对交通运输等基础设施进行了多次大规模投资。从1930年到1970年，美国交通线平均增长比率为7.3%，超过同期国内生产总值的平均增长速度（见表4）。到目前为止，美国交通运输网线已达到741.60万公里。其中，铁路24.50万公里，公路632万公里，内河航道4万公里，民航线44.80万公里，输油管道36.30万公里，具有了强大的综合运输能力。

正因为在相当长一个时期内，美国的运输体系建设相对超前于整个国民经济的发展，因而它适应了经济发展的长期需要，推动了经济的持续增长。特别是美国的公路建设水平较高，发展速度较快。20世纪70年代以来，其公路运输里程占全国总运输里程的比重不断上升，目前占比已达85%以上，在其综合运输体系中占有重要地位。

表4　美国经济增长速度与交通运输发展速度比较　单位:%

时期	1930~1950	1950~1960	1960~1970	1970~1980	1980~1990
GDP增长率	3.2	3.8	3.3	2.7	2.7
交通线里程	8.2	6.5	3.9	2.1	0.9

资料来源：1991~1998年各年度《国际统计年鉴》，联合国databaseonnet，99-6。

在现代化运输业的发展过程中，许多国家有一个共同规律，即海运发展先于铁路、铁路发展先于公路，公路运输后来居上，其发展速度大大超过铁路和其他运输方式。20世纪60年代各经济发达国家掀起了修路高潮，到了20世纪70年代，已改变了一个多世纪以来以铁路运输为中心的局面，公路运输在各种运输方式中起到了主导作用。目前世界主要发达国家公路运输比重基本都在90%左右，而俄罗斯仅为43%，中国略高一些，也只有54%。因此，发展公路建设对我国经济总量的增长具有重要作用。

从经济结构看，加强公路建设对调整和优化我国产业结构同样具有重要意义。公路运输具有方便、灵活、快捷等众多优点，适应现代化产业，特别是汽车业发展的内在需要。随着科技进步和劳动力素质不断提高，以资金密集和技术密集为特征的汽车产业将显示出强劲的发展优势。目前，我国汽车产业与国际先进水平的差距显得尤为突出，1996 年我国汽车拥有量为 1100 万辆，相当于同期美国的 1/20，日本的 1/6，而每千人汽车拥有量仅为发达国家平均水平的3.1%，路均汽车拥有量为发达国家平均水平的17%（见表5）。其中美国为 766.9 辆/千人，日本为 551.6 辆/千人，韩国为 194.6 辆/千人，而我国仅为 8.27 辆/千人。

从整体水平看，我国汽车产业的落后程度是巨大的，而一个国家综合实力的增强必然要求汽车工业取得长足发展。从这个角度考虑，我国公路建设超前发展符合产业升级和技术进步的要求，因而是完全必要的。

表 5 世界主要国家汽车拥有量比较（1996 年）

项　目	中国	日本	韩国	德国	法国	英国	美国	意大利
汽车拥有量(万辆)	1100	6924	881	4335	3056	2339	20366	3859
每千人拥有车辆数	8.27	551.58	194.6	528.36	524.49	398.66	766.86	674.5
每千公里车辆数	6.6	59.7	105.6	68.5	34.2	62.9	31.7	121.7

资料来源：1998 年 7 月《世界交通运输状况资料汇编》，交通部科技信息研究所。

总之，公路行业在我国国民经济中的地位和作用正在显著增强，加大公路建设投资力度，充分发挥这一产业的增长潜力对于 21 世纪我国经济持续增长、产业结构加速调整具有重要意义。

（二）我国公路行业发展水平与发达国家存在很大差距

1. 我国每万人拥有公路里程仅为发达国家的 1/10

人口在一定程度上决定了对交通运输的需求量，因此人均公路里程是考察一国公路发达程度的重要标准。目前，世界各国公路总里程约 2100 万公里，每千人拥有公路里程数，美国最多，为 24 公里，日本为 9.28 公里，德国为 7.71 公里，俄罗斯为 6.38 公里，而我国 1996 年每千人仅为 0.97 公里，到 1999 年也只能达到 1 公里/千人左右，相当于先进国家人均水平的 10% ~20%（见表6）。

表6 人均公路里程 单位：公里/万人

国别	1990年	1991年	1992年	1993年	1994年	1995年	1996年
美国	249.5	247.9	246.3	242.5	242.6	238.5	240.5
德国	82.8	79.5	79.6	78.7	75.2	78.4	77.1
日本	90.2	90.4	90.6	91.4	91.9	92	92.8
俄罗斯	60	59.9	60.2	62.1	63.1	63.3	63.8
印度	23.1	23.4	23.2	21.9	22.3	22.4	22.7
巴西	112.1	109.6	107.8	114.7	114.7	119.1	118.6
中国	8.9	9.0	9.0	9.1	9.3	9.6	9.7

资料来源：《世界经济年鉴1998》，《OECD Figures 1998》。

2. 我国每百平方公里国土的公路密度远远低于先进国家水平

国土公路密度也是衡量一国公路发达程度的一项重要指标。按照国土面积计算，1996年，我国每百平方公里的公路密度为124公里（见表7），而日本为3076公里，德国为1774公里，美国为685公里，印度为627公里。我国国土面积超过美国2.5%，而1998年公路通车里程仅相当于美国的18.1%；即使与经济不发达的印度相比，我国也有较大差距，1998年国土路网密度仅相当于印度的27%。

从该指标变动看，各国公路国土密度在一定期间内通常表现得较为稳定，如美国1990年为666公里/百平方公里，到1996年为685公里/百平方公里，7年间仅增加2.8%。中国的情况也基本相似，1990~1996年，国土路网密度仅增加17公里/百平方公里，年均增长率仅为2.3%。由此可见，即使我国公路行业保持目前的较高的发展速度，要赶上世界先进水平也需要相当长时间。

表7 主要国家公路密度 单位：公里/百平方公里

国别	1990年	1991年	1992年	1993年	1994年	1995年	1996年
美国	666	668	670	671	671	672	685
德国	—	1783	1792	1794	1714	1798	1774
日本	2951	2966	2978	2994	3011	3044	3076
俄罗斯	—	52.3	52.8	54.2	55.2	55.6	56.4
印度	—	613	621	585	597	611	627
巴西	196	195	195	214	14	228	236
中国	107	108	111	113	117	121	124

资料来源：《世界经济年鉴1998》，《OECD Figures 1998》。

上述两项指标都是在国家总体规模的基础上衡量其公路发展水平，因而具备一定的可比性。根据世界经合组织（OECD）1998 年提供的统计数字，世界发达国家的人口公路密度平均为 103.68 公里/万人，而中国仅为 9.7 公里/万人；国土公路密度平均为 107.8 公里/百平方公里，中国仅为 12.4 公里/百平方公里。我国这两项指标仅相当于发达国家平均水平的 10%左右。

3. 高速公路占公路总里程的比重依然偏低

在现代公路体系中，最重要的是高速公路，与其他公路相比，高速公路具有快速、安全、经济的特点，但其造价昂贵，投资回收期长。近年来国外高速公路发展很快，不仅大多数经济发达国家，而且相当一部分发展中国家也都修建了众多高速公路。目前，全世界已有 80 多个国家和地区拥有高速公路，总长度超过 25 万公里。高速公路占公路总里程的比重一般在 1% ~2% 之间，如 1994 年，韩国为 2.23%，美国为 1.39%，德国为 1.74%。而 1998 年我国的高速公路里程仅有 8733 公里，占公路总里程的 0.68%（见表 8）。

表 8 世界一些国家高速公路建设情况 单位：公里、%

国家	年份	公路总里程	高速公路	高速占公路总里程
美国	1994	6325600	88100	1.39
德国	1994	639800	11143	1.74
法国	1994	812500	9000	1.1
意大利	1992	305400	7572	2.48
日本	1994	1137500	6940	0.61
英国	1993	364500	5568	1.53
西班牙	1994	336500	3141	0.93
荷兰	1994	106800	2167	2.03
韩国	1994	74000	1650	2.23
墨西哥	1992	242294	3166	1.3
中国	1998	1278474	8733	0.68

资料来源：《世界经济年鉴 1998》。

综上所述，从人均公路里程、国土公路密度和高速公路占比等项指标可以看出，我国公路行业整体发展水平与发达国家存在很大差距，加之我国幅员辽阔、城乡及地域之间的差别较大，公路体系欠发达正在对国民经济的持续发展形成严重制约。因此，在当前形势下，大力推动公路建设不仅具有充分的必要性，而且具有强烈的紧迫性。

（三）大力发展公路建设是国民经济增长的内在要求

优良的公路网络是现代化交通体系的核心，它对充分利用经济潜在资源，优化城市因素的配置具有重要作用。发达国家的统计分析表明，国民生产总值与公路规模具有显著的正相关性。根据 OECD 统计，1990～1996 年 GDP 与公路总里程的相关系数高达 0.86，公路投资的综合产出系数为 1.87，即每 1 美元的公路投资能够获得 1.87 美元的资本回报。另一方面，这些国家的经济增长对公路投资需求的拉动也相当显著，据统计，GDP 与公路存量的平均弹性系数为 0.16，即国内生产总值每增加 1%，对公路存量里程的需求上升 0.16%。从我国的情况看，1978 年公路里程仅为 89 万公里，到 1998 年增加到 127 万公里，年平均增长率为 2.1%。同期，GDP 由 3624 亿元增加到 79395 亿元，实际 GDP 平均增长率为 9.3%，两项指标相关系数为 0.91，高于发达国家水平。

对我国的统计资料进行回归分析，计量结果显示，公路总里程与当年国民生产总值存在比较显著的线性关联，实际 GDP 每增加 1 个百分点，要求公路总里程增加 0.23%。根据回归方程（1）可以对我国未来五年内公路建设的发展状况作一下趋势性判断。根据 IMF1999 年 10 月对中国未来几年经济增长率所作的预测，得到我国公路需求的变动状况（见表 9）。即 2000 年公路里程应达到 132.1 万公里，比 1999 年增加 1.59%，其后 3 年公路里程平均增长率为 1.52%，而同期 GDP 平均增长率为 7.4%。到 2003 年我国公路总里程将达到 138.3 万公里，GDP 增加到 10.8 万亿元。如果按照目前每公里公路平均造价计算，再考虑今后各年平均通货膨胀比率，可以大体估计出今后几年的公路投资需求，照此预测，今后平均每年公路建设投资应为 2000 亿元左右。

指数式回归方程为：

$$RD = 3.4425 + 0.2358 \times (GDP/P) \qquad (1)$$

其中 RD 表示公路总里程，GDP/P 为实际国内生产总值。

需求弹性系数表示为：$\eta = \dfrac{\Delta RD/RD}{\Delta GDP^{*}/GDP^{*}}$

统计结果	
Multiple R	0.9867
R Square	0.9748
Adjusted R Square	0.9705
标准误差	0.0191
观测值	20

方差分析

	df	SS	MS	F	Sign F
回归分析	1.0000	0.0915	0.0915	249.63	0.0006
残差	19.0000	0.0040	0.0004		
总计	20.0000	0.0955			

	回归系数	标准误差	t统计	淘汰概率
截距	3.4425	0.0788	43.6750	0.0008
GDP*	0.4507	0.0076	15.7999	0.0012

表9 对我国公路建设的预测分析

年度	1999	2000	2001	2002	2003
GDP增长率（%）	7.1	7.5	7.9	7.3	6.9
GDP数量（亿元）	85032	90559	95721	101751	108772
公路里程增长率（%）	1.74	1.59	1.40	1.54	1.69
公路里程（万公里）	130.1	132.1	134.0	136.5	138.3
投资需求（亿元）	1850	1963.1	2097.6	1972.9	1896.1

通过以上分析可以看到，我国公路建设起步晚、起点低，总体水平与世界先进国家相比存在很大差距。无论从规模还是质量上讲，都不能完全适应当前国民经济快速增长的需要。未来10年内，我国经济将步入持续增长时期，这在客观上要求我国公路建设，特别是高速公路建设保持快速增长势头见图1。

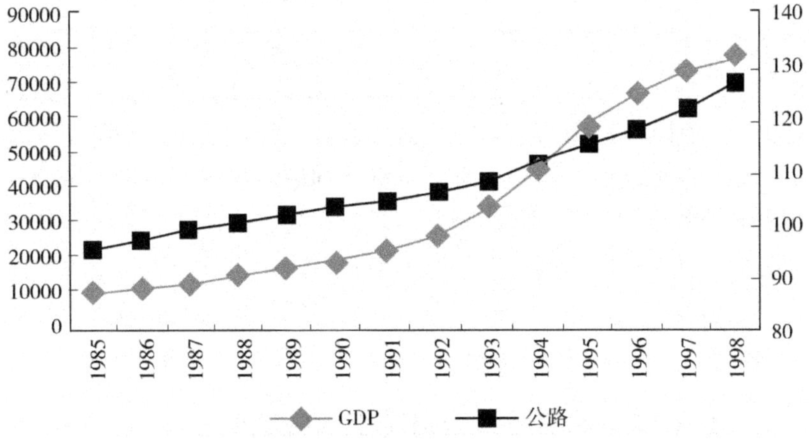

图 1　公路与国民生产总值的相关度图

四、关于公路建设的若干政策取向的建议

（一）继续加大公路建设的投入力度

交通运输是对国民经济发展具有全局性、先导性影响的基础行业，交通基础设施只有适度超前才能适应国民经济发展的需要。目前，公路建设仍然薄弱，仍不能适应国民经济发展的需要，国家应继续坚持把公路建设摆在重要位置，在今后相当长的时期内优先发展，各级政府要继续给予公路建设以各项优惠政策。

根据本文前面所做的测算，我国在今后 5 年中每年需对公路建设投资约 2000 亿元，才能基本满足国民经济持续快速增长的需要，再加上各种与公路建设相关的配套资金（按平均 30% 计算），我国公路行业的投资额应大体保持在每年 2500 亿～3000 亿元。

应该看到，加大对公路基础设施的投资力度并不是短期的权宜之计，而是在今后较长一个时期内的战略性选择，它不仅对扩大社会投资总需求具有重要作用，而且对增强我国长期经济增长潜力和综合经济实力具有深远意义。

（二）重点加强高速公路以及国道主干线的规划设计和发展建设

高速公路是现代交通体系的核心，而形成网络规模是发挥高速公路优势的重要前提。为此，国家应进一步做好公路网络建设的规划设计工作，重点加强“五纵七横”国道主干线的建设。根据交通部提出的公路系统布局规划，国道主干线由12条路线组成，全长3.5万多公里，其中有1.8万公里建成高速公路。到1999年底，该系统已建成约1/3，处于在建阶段的约1/3，其余1/3处于前期准备工作中，今后将有计划地逐步展开建设。国道主干线系统规划开始实施后，我国高速公路步入系统化、规模化、持续快速发展的轨道。为此，国家应以国道主干网络为中心，优先建设交通需求迫切的重点路段，尽快形成高速公路网络的规模效益。特别是要加大国道主干线系统中“两纵两横和三个重要路段”的投入力度，力争在2002年基本建成。

（三）积极推进西部地区公路基础设施建设

加快我国西部地区的发展建设是增强综合国力、提高生产力总水平、实现社会主义现代化的关键所在。十五届四中全会以来，党中央、国务院进一步明确提出推动中西部开发建设的战略构想及一系列具体的实施方案，其中加快交通、通信、能源等基础设施建设是西部大开发战略顺利实施的重要前提和根本保证。

目前，西部地区公路建设发展水平明显落后于东部发达地区，并且越来越严重地制约着该地区的经济发展。为此，国家应尽快出台工商、财税、金融、资源开发等方面的优惠政策，鼓励国内外各类资金通过各种渠道积极参与西部地区公路基础设施建设。尤其重要的是，中央政府应从发展西部的大局出发，给予西部省份更多的投资自主权，尽快建立起合理的投资激励和投资约束机制，调动地方政府和民营企业进行公路建设的积极性。

在西部地区的公路建设中，要紧密结合国家关于“五纵七横”国道主干线的布局规划，加大对该地区重点路段和高等级公路的投入力度，不断提高西部公路的整体技术含量。同时，国家应注重加强西部公路的日常养护和维修管理，减少各种自然灾害对公路畅通的负面影响，通过已建成公路的使用效率。

（四）拓宽融资渠道，解决公路建设资金紧张问题

资金不足始终是困扰我国公路发展的首要问题。应该多渠道筹集公路建设资金，实行国家投资、地方筹资、社会配资、利用外资的建设投融资体制。目前要在完善、稳定现有公路建设资金来源的同时，积极探索新的筹资渠道和方法，比如发行股票、债券，试行ABS、BOT融资等，以吸引国内社会资

金和外商投资参与公路建设。

1. 公路收费是扩展公路建设资金来源渠道的主要方式

公路收费集资是大多数国家采用的政策。欧洲26000余公里高速公路中有10000多公里是收费路，主要分布在地中海国家西班牙、法国和意大利。法国和意大利于1955年通过立法，允许公共和私营企业建造和经营收费路。日本4.6万公里的国道中有2300公里是收费路。1970年以来，主要高速公路经费中有1/3用于收费路的建设。美国目前29个州有收费路桥，19个州有收费路7200公里，20个州有收费桥130座。1997年通行费收入65.4亿美元，占所有公路资金的5%。

各国在经营收费公路的过程中，在经济利益的驱使下，不断进行各种变革以降低成本、提高服务质量，而变革的实现又主要依赖于科技进步和制度创新，如自动化的车辆识别技术和装置、自动化的无人收费系统、“影子通行费”制度等。

我国在公路建设过程中，实行了“贷款修路，收费还贷”政策，在实践中收到了良好效果。1999年初，交通部下发了交公路发文件，明确地将公路分为收费还贷性公路和收费经营性公路，并对各等级公路上收费站点的设立制定了明确标准。这对于进一步加强公路收费管理，稳定公路建设资金来源起到了重要的保证作用。公路管理公司可以在依法收取道路通行费的基础上，多渠道筹集公路建设资金，如以公路收费权作质押申请商业银行贷款，同时也可以把通行费收入形成的利润结余作为滚动发展的建设资金。

2. 发行股票和公路公司债券，加大公路项目建设直接融资比重

公路项日通常投资很大，国内资金无论是团体还是个人，单笔资本是数额较少，难以独立承担整个项目的建设投入。而发行股票可使投资者无论资本多少都可持股并参加收益分配。我国许多省份已有公路公司在内地和香港上市，通过发行股票筹集到了建设资金。这种尝试已取得了一定的经验，国家可以进一步放宽政策，选择质量较好的公路经营和建设企业，进行资产重组后上市，在新股发行、配股审批方面给予必要的政策倾斜，鼓励上市公司投资公路基础设施建设。在利用股份制筹资的条件不成熟时，可通过发行可转换债券进行筹资。这些债券可以在一定的时候转换股权。

以收费公路项目未来收益为抵押对外发债，也是国际上最常见的集资方式之一。这种做法使美、法、墨西哥、匈牙利等国的公路建设获益匪浅。即使在没有收费路的原联邦德国，也借助于债券为高速公路集资。在20世纪50年代，联邦政府与公共工程公司签订了合同，连续4年每年由联邦向公司提供1.2亿马克补助款，经政府担保，由公司发行债券，债券收入作为高速公路的建设资金来源之一。

借鉴国外较成熟的经验，国家可考虑以部分车辆购置税或燃油税收入作为担保，发行中央级公路债券，将筹集的资金转借给省级公路部门或以股权形式直接投资于收费公路项目。地方可由省级公路部门用已建有的高速公路的收费权作为偿还支出资金的抵押，发行企业债券。

另外，还可以考虑发行政府贴息的公路建设债券。把政府财政用于交通建设投资中的部分资金，用于公路建设债券的贴息基金。选择一些投资回收期短的建设项目，政府以贴息的方式，鼓励企业发行债券向社会筹资。贴息期限根据建设进度或投资回报期来确定。本金和贴息期以后的利息由筹资企业偿还。通过这种投资方式，财政有限的基金可起到引导作用。

3. 建立公路产业投资基金

公路产业投资基金，类似于美国资本市场上的共同基金（被称投资基金）。这种基金通过契约或公司的形式，将个人或机构投资者的资金聚到一起，并委托专家进行投资经营与管理，为投资者获取相应的资本收益与增值。我国目前居民存款余额高达6万亿元以上，并有大量的社会游资，但是由于普通居民缺乏投资意识、专业知识和投资渠道，因而投资谨慎或投资盲目，致使资金闲置或投资失误，未能发挥其应有的效用。为聚集社会闲散资金，使分散资金的投向能与国家政策相吻合，并能获得比较可靠的投资收益，发展公路基础设施的产业投资基金十分必要。

为使投资基金发挥效率，应成立专门的投资管理公司，一方面国家赋予必要的职能，使其完成国家赋予的筹集资金、加强建设的任务；另一方面公司要严格按公司法运作、管理，确保资金的正确运用，对投资者负责，即把政府的导向、规划与投资者的收益结合起来。公路建设是建设周期、投资回报期较长的基础产业，发行短期债券尽管是一种筹集方式，但长期（如15年）封闭式产业投资基金可能是一种好的选择。

另一方面，在公路实行“费改税”以后，国家也可以对燃油税、车辆购置税以及公路通行费收入进行分成，将其纳入国家公路信托基金，并制定详细的基金管理和使用办法，确定相应的比例分别用于投资收益公路项目和非收费公路项目。对于投资收费公路项目将实行有偿使用，可以采取对公路项目进行低息或无息贷款的方式，支持其发展。也可以采取股权参与的形式同地方政府或私人部门联合对公路项目进行投资，并以收益分配的形式回收投资和获得利润。基金还可用于担保项目融资、支援一般国道建设、补助贫困地区的公路建设等。

4. **采取其他多种方式筹集公路资金**

如ABS融资、转让公路经营权等。ABS融资是一种新的项目融资方式，它是由资产的现金流支持的证券化。收费公路有稳定的现金流收入，完全可以对此进行尝试。公路经营权转让方式，公路经营权转让就是将未来的部分收益提前回收用于新的项目建设，可以实现公路建设的滚动发展。

国家应采取各种政策措施，进一步拓宽公路建设直接利用外商投资渠道。目前外商来我国投资多集中于一般的加工工业、房地产业等项目，投资交通等基础设施和基础产业的比例很低，应制定积极的政策，鼓励、引导外商以合资、独资、特别是BOT方式参与我国的公路、独立大桥、隧道等交通设施建设，这不仅能缓解我国面临的基础设施不足而建设资金缺乏的矛盾，也有利于引导外资向基础产业合理倾斜，分散基础设施的投资风险。

（五）改革公路管理体制，提高公路运营效率

改革公路管理体制是推动公路行业持续发展的重要环节，也是一项复杂的系统工程。改革公路管理体制的关键是改革落后的公路收费体制。因为公路收费体制不仅关系到公路运营状况，也在很大程度上影响着公路建设资金的筹集方式和数量。

国外公路收费制式通常分为三种：即均一式、开放式、封闭式。我国公路收费实行开放式，即进入公路行驶的车辆每通过一个收费站就收一次费，这种收费模式已成为我国公路网络化进程中造成交通延误的主要原因。据交通部统计，我国高速公路上车辆延迟时间中15%～20%是由于收费站点过多造成的。为此，公路管理部门一方面要严格执行交通部1999下发的9号文件，清理整顿不合理的收费重点，尽快扭转公路乱收费现象，另一方面应积极推行“一票到家”、“一路一费”的收费管理模式，并且利用高科技设备使高速公路收费信息网络化。

此外，针对公路行业经营管理中条块分割、政出多门的现象，国家应加大政府机构改革的力度，转变交通部门的管理职能，提高工作效率。要尽快进行系统立法，通过法律手段理顺管理体制。同时，应进一步明确和落实公路经营公司的产权关系，转换公司经营机制，提高公路行业的整体运营效率。

（与韩智慧、武剑合作。原载《经济研究参考》2000年第43期）

论我国电力工业发展及相关的金融政策

电力工业包括发电电源业和输送变电业。经过十多年的持续投入和发展，目前，我国电力供不应求的矛盾已明显缓解，电力供给对国民经济发展的“瓶颈”制约已大大改善。但从国民经济和社会发展的长远需要出发，我国电力工业的发展仍属于低水平上的供求平衡，结构性矛盾依然存在。本文通过对电力工业发展的行业经营环境、政策环境和市场需求趋势分析，得出结论：从长远发展趋势看，电力需求市场仍有较大的发展空间，电力工业对投资的需求仍很旺盛，商业银行应采取与之相配套的信贷金融政策和经营策略。

一、电力行业经营环境分析——现状与问题

（一）电力供需矛盾已基本缓解

据调查统计，全国发电装机容量在1987年跃上1亿千瓦的台阶后，连续10年内，每年新增大中型机组超过1000万千瓦。截至1998年底，全国发电装机总容量27728万千瓦（其中水电6300万千瓦，火电约21200万千瓦），当年全国累计发电11577亿千瓦时。

（二）电网建设有了重大发展

目前，我国有15个独立的大区电网及省电网，除华北、东北、华东、华中和西北电网外，还有山东、福建、广东、广西、海南、四川、贵州、云南、西藏、新疆等10个省、区电网，已覆盖了全部城市和大部分农村。华北、东北、华东、华中四个大区电网均已形成了500千伏电压等级的骨干网架，西北电网则建成了以330千伏电压等级为骨干的电力系统。全国基本形成500千伏和330千伏的骨干网架，35千伏及以上线路总计492776公里，35千伏及以上变电设备容量总计59231万千伏安，基本覆盖了全部城市和大部分农村。我国电网已进入超高压、远距离、大容量、交直流输电的发展阶段。

1998年，全国110千伏及以上送电线路和变电容量达到302185公里和56741万千伏安，其中：500千伏达到15081公里和5691万千伏安，330千伏

达到6511公里和906万千伏安，220千伏达到108518公里和22765万千伏安。华东、华中、华北、东北和西北五大跨省电网装机容量分别达到3822、3374、3293、2950和1370万千瓦，南方四省联营电网达到3842万千瓦。

1999年，国家继续加大电网投资力度，输变电建设取得重大进展。1999年全国110千伏以上送电线路达到345800公里，比上年增长14.4%，110千伏以上变电容量达到67553万千伏安，比上年增长19.1%。其中500千伏以上的送电线路和变电容量建设进展尤为显著，增长率分别为16.8%和22.7%。

（三）用电消费增速减缓，电力消费结构发生变化

近几年来，全国电力消费增长速度趋缓，1995～1997年间，全国电力消费年增长率分别为8.24%、7.39%和5.15%。与此同时，电力消费结构也发生了变化。在1994年的我国电力消费总量结构中，物质生产部门用电占比为86.5%，其中，工业用电占比为75.4%；非物质生产部门用电占比为4.18%；生活消费用电占比为9.36%。1996年，物质生产部门用电占比下降为86.1%，其中，工业用电占比下降为74.7%；非物质生产部门用电占比下降为3.4%；而生活消费用电占比则上升为10.53%。1997年，城乡居民生活消费用电增长10.6%，高于全国电力消费的平均增速水平，而工业用电同比增长只有4.36%。

（四）企业发电增长减缓，设备利用率下降

根据建设银行1998年对占全国90%以上装机容量及发电量的14个独立电力（集团）公司（网、局）的重点专题调查，14家公司1996年发电9727亿千瓦时，比1995年的8982亿千瓦时增长8.29%，1997年发电量10299亿千瓦时，比1996年增长5.16%，增幅下降3.07个百分点。与“八五”期间年均增长11.43%相比，增长率下降了6.27个百分点。全国5大跨省电网华北、西北、东北、华东和华中电网发电量增长率分别为6.14%、6.61%、3.56%、4.6%和4%，均低于“八五”期间平均水平。根据《中国经济年鉴》的统计数据，1997年全国火电设备利用小时为5126小时，比1996年下降了292小时。

（五）结构不合理是突出问题

电力行业的结构问题主要体现在三个方面：

一是水、火、核三大电源比例不合理，大容量、高参数发电机组比重较低。我国电源结构仍以燃煤电厂为主，火电占全部电力装机容量的77.3%。我国拥有丰富的水电资源，但开发程度很低，我国水能技术可开发容量为3.78亿千瓦，而目前水电装机容量仅有4919万千瓦，占可开发水能资源的13%，占年发电量的9.7%，低于世界平均水平。近年来水电发展相对迟缓，水电占总装机容量比重下降到21.8%左右。一方面，大量水能资源浪费；另一方面，尽管水电操作灵活、成本较低、启动迅速、适合调峰，但由于水电装机比重小，水电未能承担调峰重任。我国核电刚刚起步，新能源发电尚在试点中。

1997年，在火电中，单机30万千瓦及以上机组共5113万千瓦，只占火电总装机容量17453万千瓦的29.3%，6000千瓦及以上容量机组平均单机容量仅4.61万千瓦，导致我国供电煤耗比拥有先进技术的发达国家高出70～80克/千瓦时标煤。我国火电机组中，10万千瓦及以下高耗能机组达7571万千瓦（其中6000千瓦以下小机组达1800万千瓦），比1990年末净增2295万千瓦，占火电机组容量的43.4%，占全部装机容量的33.5%。水电中具有调节性能的大中型水电机组占比太低，单机30万千瓦及以上水电机组总装机容量1195万千瓦，只占水电总装机容量4919万千瓦的24.3%。

二是电网建设滞后于电源建设。“六五”时期，我国用于电源投资211亿元，电网投资62亿元，“七五”、“八五”时期，电源、电网投资分别为762亿元、195亿元和2224亿元、516亿元。电源投资比例逐期降低，与经济发达国家电源与电网投资配比6∶4.1∶1甚至电网投资超过电源投资相比，相差甚远。从1999年开始，国家虽然加大了对电网建设的资金投入，但由于项目建设需要较长的建设周期，资金投入增加的效益不可能立刻显现出来。

电网建设滞后，严重制约和影响了电力的生产和消费，带来了许多消极后果：

主网架结构薄弱，城市电网严重老化，农村电网覆盖面小，损耗大。1994年，我国输变电损失量为596.1亿千瓦时，相当于当年电力生产总量的6.4%，1995年为7.4%，1996年为7.12%。1998年为7.53%。

输电和配电比例明显偏低。西方发达国家发电、输电、配电投资比例大体为1∶0.45∶0.7，而我国近10年来为1∶0.23∶0.2，导致供电可靠性、安全性较差，能耗高，调峰能力差，区域间电网无法相互调节电力供应。有的网由于水电比重太大，在枯水季节存在不同程度的电力电量短缺。

电网的备用容量不足。大部分电网的火电设备年平均利用小时在5000～

5500小时之间，有些电网还高于6000小时。

超期服役机组和小机组所占比例过大。我国服役期超过30年的老旧机组4600万千瓦，占装机总量的18.4%；预计2005年增加到6000万千瓦。同时，达不到规模经济的中小火电比例过高，20万千瓦以下机组占总装机容量的43%，10万千瓦以下的占32%，其中，广东电力集团公司小于3万千瓦大于等于6千瓦的小火电机组占比高达30.7%，不仅造成资源浪费，而且使环境污染问题雪上加霜。

二、电力工业发展政策环境分析

（一）电力体制的逐步完善将为电力竞争市场的建立做好准备

按照十五大精神，电力改革的目标是要推进国家电力公司实体化进程，在公司系统内建立起完整的现代企业制度，彻底实现政企分开，实行“三级法人”（即国家电力公司、网电力公司、省电力公司）、“五级调度”（即国家、大区、省、市、县）的多级集团化管理，按照社会主义市场经济体制的要求，加快公司化改组，加快电力市场的改革步伐。

在2000年到2010年实现全国联网、统一调度、厂网分开，建立起规范、竞争、有序的电力市场，实现全国城乡电网电力销售同网同质同价。在2010年以后，电力工业将进一步改进竞争机制，逐步实现发电、输电、配电三个环节的分离，与国际先进电力工业管理体制接轨。

电力工业体制的逐步改革完善，将为发展竞争的电力市场做好准备，从而在保证电力发展的同时对电价实行有效的市场调节。

（二）电价改革是行业体制改革的核心环节，行业竞争主题日益突显

为鼓励电力产业的发展，国家对电力建设给予了极大的支持和倾斜政策，目前仍在执行的有：“还本付息电价”、征收电力建设基金、鼓励利用外资等。随着电力工业管理体制改革的深化，国家制定了“竞价上网、同质同价”的价格竞争政策。目前，这一改革政策正在黑龙江、广东省等部分地区进行试点。

还本付息电价曾对电力工业的发展起过巨大促进作用，但这种无成本约束的价格随着电力市场供求关系变化和竞争压力的加大，已严重威胁到

电力工业的生存和发展，并对银行存量信贷资产产生不利影响。原因在于银行在进行项目评估过程中采取反推式，先确定贷款条件后反算电价，得到的评估价格往往较高，超出了当地的经济承受能力。项目投产后这种以确定贷款条件反算出来的较高电价难以真正落到实处，影响了银行贷款的按期归还。

“竞价上网、同质同价”适应了市场化发展的趋势，对于理顺行业市场价格体制、激励企业加强管理、降低成本具有积极的促进作用，将使一批管理好、具备规模经济、财务结构合理的企业脱颖而出，淘汰掉那些生产设备过时、技术落后、管理差、成本高的小企业，并使新建项目可以从一个较高的起点上从事生产经营。这对于电力行业的长远发展起到了“优胜劣汰”的作用，同时也为银行培育了一批实力客户。

（三）行业结构调整将提高整体经营效益

根据国家的行业规划，我国将继续执行“优化火电结构，大力发展水电，适当发展核电，积极发展新能源，同步建设电网，同时做到节煤、节电、节水、节地，提高资源利用率，减轻环境污染”的电力方针。

电源建设重点在于调整结构、增强调峰能力，平均机组运转时间在5000小时以下的省份原则上不再安排火力发电机组，重点加快西南、西北地区大型水电开发力度，开发的重点在黄河上游、红水河、澜沧江、沅水等水电基地和其他河流上技术条件优越、调节性能好的大中型水电站，改变目前我国电力结构发展不平衡的状况，适应国民经济发展需要。电网建设以加强各区域主电网为主，做好电网的分层、分区工作；加强骨干网架建设，推动跨大区联网送电，为实现全国联网打下基础；电网建设要略超前电源建设，至少要同步建设；加快城市电网、农村电网建设和改造工作。

根据这种行业发展规划，火力电厂建设将进入相对平稳的低速发展阶段，电力工业的下一个投资热点将是城市电网建设和改造，以及大中型水电站的建设。由此，电力行业内部企业构成将会发生调整，企业规模扩大，大中型水电站占比提高，并引发机组以大代小的需求。从长远来看，这对于提高行业整体规模效益、增强企业生存能力将产生积极影响。

由于发电环节可以引入竞争，而输电和配电领域仍然具有一定的天然垄断性。因此从电力行业结构调整的前景来看，发电、输电、配电环节的利润分配将有所调整。

（四）电网管理体制改革的政策导向：厂网分开、竞价上网——输配电分开——电网股权多元化

当前，我国电力行业管理模式和运营方式仍以划分区域、分配额度和行政干预为主要特点，具体表现为：电网管理以省、网为经济实体，独立核算，划网而治，网际间功率交换很少，一般是固定电量、固定时间和固定电价的交换方式；电厂发电依行政主管部门分配的额度而定，对发电量的多少，电价高低和用户选择没有发言权，用户对供电方也无选择权，供求双方地位不平等，责权利不对等。

现行管理模式从根本上阻碍了行业效率的提高，一方面，由于电价不合理，网际功率交换的积极性不高，人为分割了电力市场，不利于在全国范围内统一有效地配置资源；另一方面，由于对发购电采取行政分配额度的方式，各产权主体的地位是不平等的，资源配置主要取决于主管部门的偏好，而非发电成本，其结果是“优不胜劣不汰”，扭曲了供求关系。

深化管理体制改革是推进电网建设、发展电力行业的客观要求。从今后政策导向上看，我国电网管理体制改革大体可分为三个阶段：

第一阶段改革的中心环节是“厂网分开、竞价上网”。至1998年，全国多数地区出现供大于求的态势，“集资办电”的行业发展阶段已经结束。现在，电力工业的主要问题已从电力数量短缺转变为电力工业的结构、质量、价格和效率的优化。“打破垄断、公平竞争”已成大趋势。在新的形势下，我国电力企业改革已经进入一个新的战略阶段——“市场化”改革战略阶段。国家对电网企业实行垄断经营，即对电网实施统一规划、统一管理；对独立发电公司则要加快市场化改革进程，打破行业壁垒，引进竞争机制，实行“厂网分开、竞价上网”，实现资源优化合理配置。

第二阶段改革将重点围绕“输配电分开”进行。实现“厂网分开、竞价上网”后，各省电力公司将不再对发电厂进行行政干预，而只保留对电网的控制和管理权。在此基础上，国家政策导向将逐步由“厂网分开”转变为“输配电分开”，即高压输电网仍由国家电力公司独家垄断经营，而对城乡低压配电网则实行市场化经营。国家对市、县供电企业实施商业化改组，将配电网资产向公众出售，并在供电公司之间建立起一套健全的市场准入法规。一方面，电力消费者可以通过同一电网系统在价格和服务上选择不同的供电商；另一方面，一个供电公司将对其他供电公司开放市场，自己仅能收取电力过网成本费。这样能使电价大幅度降低，发电环节竞争出的效益才会落到

消费者身上。

第三阶段，改革重点转向“电网股权多元化”。“厂网分开”和“输配电分开”将促使国家和各省电力公司加大改革力度，并引发电力工业组织结构和所有制结构的重大变化。随着电网体制改革不断深化，在今后几年里，国家电力系统将实施大规模的资产重组，并开展战略性的资本运营。

进入第三阶段以后，国家将积极探索电网股权多元化的改革，在保持国家对电网，特别是对高压输电网进行垄断经营的前提下，通过股份制改造和企业上市吸收更多社会资金参与电网的建设与改造，实现投资主体多元化，放大国有资本的运营能力。

三、电力工业发展前景与市场需求潜力分析

（一）我国电力工业将有一个适度的增长速度

根据许多国家经济发展的经验，国内生产总值增长率与电力消费增长率有一定的依存关系，两者之间比率称为电力消费弹性系数。我国1992年至1996年各年的电力消费弹性系数分别为0.81、0.70、0.79、0.78和0.77。1997年的估计数为0.55。“九五”的后三年，如果各年CDP增长速度保持在8%～10%左右的水平，考虑电力消费结构的调整变化，按0.7的电力消费系数计算，到2000年，全国电力消费总量将从1996年的10764亿千瓦小时增长到13385亿～14110亿千瓦小时。如果在21世纪的前10年，各年GDP增长速度将保持在6%左右的水平，电力消费弹性系数仍按0.7考虑，到2010年全国电力消费总量将在2000年的基础上增长到20200亿～21300亿千瓦小时，比1996年的实际用电量将增加近一倍。

（二）我国人均电力消费只及世界平均水平的1/3，市场潜力很大

1996年，我国人均发电装机容量只有0.193千瓦，在世界主要国家中，名列第85位，只及美国1994年的6.2%，日本1994年的10.9%，韩国1993年的28.0%；人均年用电量863千瓦时，仅相当世界平均水平的1/3，只及美国1994年的7.3%，日本1994年的14.6%。到2000年，如果我国13亿人口的人均用电量达到1996年世界平均人均用电水平的一半，届时，我国年需发电量达到1.65万亿千瓦小时。

（三）城乡居民生活用电及农村用电市场需求将有较快的增长

在过去的一个较长时期内，由于我国电力市场供需矛盾突出，政府采取了一些节能、限制电力消费的措施，在当时的情况下这是必要的。在目前电力供需已基本平衡的条件下，这些政策已起到控制市场需求的消极作用，尤其是地方保护和地区垄断所造成的小电厂电价过高以及不合理的收费，再加上城乡电网建设滞后，控制了城乡居民生活用电，特别是农村用电市场的需求发展。1997 年全国居民人均年生活用电量只有 93 千瓦时，居民生活用电只占全社会用电量的 11%，与发达国家居民用电占电力消费的 30% ~50% 相比，存在很大的差距。我国的乡、村和农户通电率分别为 98.6%、96.72% 和 94.67%。全国还有 11 个无电县，6000 万人口没有用上电。随着政府有关电力消费政策的实施，如取消不合理的附加费用，实行同网同价，加快城乡电网改造进程等一系列措施的落实，城乡居民用电和农村用电需求将会出现较大的增长趋势。

（四）淘汰不符合规模经济要求的小火电发电机组，报废超期服役机组，需要新增装机容量 1 亿千瓦左右

1999 年 4 月，国家经贸委出台了关停小火电机组的有关政策，明确了小火电机组关停的范围、要求以及具体措施。按照这一安排，单机容量 2.5 万千瓦以下的凝汽式机组、单机容量 5 万千瓦以下的中压和低压、单机容量 5 万千瓦以下的高压常规燃煤、燃油机组将分别在 1999 年、2000 年、2003 年以前关停。到 2003 年，全国将有 3000 万千瓦小机组被淘汰。同时，我国服役期限超过 30 年的老机组也将被陆续淘汰，这部分机组目前有 4600 万千瓦，预计到 2005 年增加到 6000 万千瓦。小机组和超期服役的老机组的淘汰，将在当地产生相应容量的机组更新换代需求。到 2005 年，如果按淘汰其中的一半考虑，需相应递补新增机组约 4000 万千瓦左右。两项合计约 1 亿千瓦左右。

（五）"十五"期间，电网建设投资将有较大幅度增长

按照国家电力发展规划，我国电网建设基本分为三个阶段：

第一阶段，即"九五"期间，以加强各地区主网架为核心，保证电源送出，加快实施跨省送电工程；使东北、华北、华东、华中 500KV 网架结构趋于合理，西北 330KV 电网不断扩大延伸；南方互联电网将实现交直流并列运行，电网供电能力和可靠性大幅提高。到 2000 年底，我国电网将初步形成 7

个跨省市大区电网和5个独立省网的格局。

第二阶段，到2010年我国将初步形成北部、中部和南部三大电网基本格局，即以三峡电站为中心连接华中、华东、川渝的中部电网；以华北电网为中心，包括西北、东北和山东的北部电网；以云南电力外送工程为核心的联结华南、西南地区的南部电网。

第三阶段，北、中、南三大电网之间进一步加强联网工程，形成以“效益型”和“送电型”相统一的多点式联网。到2020年初步形成以三峡电网为中心的全国统一的大区互联电网。统一电网的形成，将实现我国水电“西电东送”和煤电“北电南送”的合理能源流动格局。同时，北部、中部电网之间的互联，除送电之外，还可获得以火电为主的北部电网与水电比重大的中部电网之间的水火调剂效益，以及北部电网黄河流域与中部电网长江流域之间的跨流域补偿调节效益。而中部电网与南部电网的互联也将获得中部电网长江流域与南部电网澜沧江、红水河流域之间的跨流域补偿调节效益。

另一方面，城网和农网改造也被国家列为电网发展的重点。城网建设和改造的目标是通过改造使售电量在2年内增加10%，城市供电可靠率达到99.9%，大中城市中心区供电可靠率达到99.99%，城网线损平均达到3.5%。同时，农网建设和改造的目标是解决农村电网电能损耗高，网架结构不合理，供电可靠性低，电能质量低和农村电价高等问题，要在近3年内将低压等级综合线损率降到12%左右，电压合格率达到95%。农村电网2005年10千伏线路末端电压达到行业标准，2015年最终用户电压合格率达到90%；农村电网10千伏配电系统可靠率2010年达到99.5%；2005年农村高压电网综合线损率达到10%，低压网络损失率为12%。

根据国家电力发展规划，预计“十五”期间我国电网投资额累计将达到4600亿元，加上各种配套设施，累计投资预计超过5000亿元，比“九五”期间增加投入2100亿元。从电网投资结构看，城网和农网改造投资将达2500亿~3000亿元；跨区联网投资为1500亿~2000亿元。1998~2001年两网改造与高压输变电投资的比例约为7：3，2001年以后电网投资重点逐步转向联网高压输变电工程，该项投资占比将逐步提高。“十五”期间，电网建设是国家基础设施的投资重点。

四、推动电力工业发展的若干金融政策建议

电力工业的发展需要大量的资金投入和相关配套的金融政策的支持。针

对我国目前电力供需总量矛盾已经缓解，但结构问题仍然突出，未来电力市场容量仍有较大增长空间，今后几年还将加大对电网的投入力度，以及电力工业已进入还贷高峰期等多种情况，今后几年，我国金融机构特别是国有商业银行在认真贯彻执行国家电力产业发展政策，在对电力行业实施信贷支持的同时，应采取以下几条与之相配套的金融政策和经营策略：

（一）优化电力项目客户结构

商业银行在选择贷款客户时，应根据电力工业“三级法人”管理体制的要求，对电力项目的贷款投入应以国家电力公司、网电力公司、省电力公司作为借款人，一般不以电厂（站）和地市以下电力公司作为借款人。要优先考虑对电网的投入，尤其是城市电网的建设和改造工程，以及大中型水电站的建设工程；严格限制对30万千瓦以下的火电机组及单机100万千瓦以下核电机组的投入，控制对农村电网的投入。火电机组重点选择支持大容量、高参数、高效率机组，特别是60万千瓦及以上亚临界、超临界机组的建设。

（二）优化电源项目贷款投放的区域结构

在区域选择上，对缺乏调峰和备用机组的京津唐、山西、华东、山东、新疆地区的调峰用机组、季节性缺电的河北南部和西北地区的火电机组可适当投入；适当考虑投入新疆、“三北”地区效益好的风力发电和沿海发达地区的核电站建设；对电量有富裕的广东、东北、海南、内蒙古西部等地区，要在切实落实对小机组和超期服役机组进行淘汰退役、“以大代小”措施的前提下，严格把握，一般不宜再上新项目。随着三峡工程2003年第一批机组发电对华东、华中、川渝电网的输电，我行在选择火电贷款项目时，要充分考虑相关地区的电力供需平衡问题，严格效益性和安全性原则，保证贷款资产质量，防止重复建设。

在水能丰富的华中、福建、浙江、四川等地区，贷款重点是水力资源开发，充分利用长江中上游干支流，黄河中上游、红水河、澜沧江中下游及乌江等流域，推动流域梯级滚动综合开发；在水能资源较少的华北、华东、东北地区，贷款重点是抽水蓄能电站建设；在沿海缺电省份，贷款重点是核电和燃气蒸气联合循环机组建设；在西部边远地区如新疆等地，贷款重点是风力资源以及新能源、可再生能源发电项目；在东北、西北、华北地区和大中型城市，贷款重点是热电联产项目。

（三）优化发电机机组的贷款投向

根据国家产业政策的规定，重点支持大容量、高参数、高效率机组，特别是60万千瓦及以上亚临界与临界机组的建设，严禁对凝汽式小火电项目的信贷资金投入，积极支持电力行业旧机组更新改造工程和“以大代小”电厂项目建设，促进电厂经营效率和经营效益的提高。

（四）把握电力行业发展格局，加大电网建设投入力度

在当前直接融资体系尚不发达的情况下，电力工业建设的资金来源主要还是依赖银行信贷资金投入，这就给商业银行提供了良好的发展机遇。当前我国经济进入结构大调整时期，传统产业（如煤炭、钢铁等）不断萎缩，新兴产业（如电信、计算机等）又蕴含着很大的市场风险和技术风险，这使得银行难以找到优良的信贷切入点，贷款增长缓慢，存差比率不断上升。相比之下，参与和支持电网建设具有较好的发展前景，它不仅符合国家宏观经济政策导向，也能够为商业银行调整自身资产结构、提高经营效益创造有利条件。在电力行业发展过程中，电网和大型优质电厂的比重将不断上升，而中小发电企业所占比重逐步缩减。目前，由于全国电源厂建设已明显超前于电网建设，“厂网分开”以后，电厂之间围绕电价和供电质量的竞争会日趋激烈，电厂的信贷风险有不断上升的趋势。另一方面，国家在今后较长一个时期内仍将保持对电网的垄断经营，由于控制着电力市场的最终销售环节，国家（或省）电力公司的现金流将保持充足状态，综合还款能力较强，贷款风险相对较低。商业银行贷款投放应把握电力行业这一发展格局，优化信贷投向结构，降低行业信贷风险。

（五）大力支持东部地区的电网建设和改造，有重点地增加西部电网项目的资金投入

关于电网项目资金投入的区域信贷政策方面，商业银行应重点支持东部发达地区的电网建设和改造。东部地区经济发展快，电力市场需求大，电力公司经济效益较好；同时，东部地区电力体制改革步伐普遍快于中西部地区，许多省市已经实行了“厂网分开”，电价改革也进行得比较深入，信贷风险相对较低。此外，随着国家宏观经济形势逐步好转，东部经济将率先出现回升势头，进而启动电力市场，这将对提高电网项目的经营效益产生积极影响。

在重点支持东部地区电网建设的同时，商业银行还应积极配合国家西部大开发战略，适度增加对西部地区电网项目的信贷投放。我国西部地区具有

世界最丰富的水利资源，水电开发潜能巨大，如果开发成功将成为未来中国经济增长的重要动力来源。由于全国电力资源分布不均，西部电力建设必须与“西电东送”工程相配合才能充分发挥全国能源开发的整体优势。这就是说，电网建设（特别是跨区联网工程）是发展西部电力工业的重要环节，对推进西部大开发战略具有十分重要的意义。

应在深入研究国家西部开发有关政策的基础上，对国家或省级的大型输变电联网工程（如三峡电网）予以重点支持；对于该地区城网改造项目则应选择对西部开发具有战略意义的大城市作为信贷投放重点。

（六）严格落实电网项目的借款主体

在对电网项目发放贷款时，应根据电力行业“三级法人”管理体制的要求选择借款人。即严格以国家电力公司、网局电力公司或省电力公司作为电网项目借款人，一般不宜以地市以下电力公司（或供电局）作为借款人。对于确实需要或已经是地市电力公司作为借款人的，应争取省级以上电力公司向我行出具“省电力公司向建行借款委托书”、“省电力公司向建行借款担保书”。同时，要求地市电力公司根据省电力集团公司的委托书和担保书向贷款行出具“以综合经济效益按期还款承诺书”等文件。

（七）优化信贷产品设计，降低电网贷款的期限风险

贷款期限过长、不确定因素过多是形成电网项目信贷风险的重要原因之一。通过优化信贷产品设计，可以在很大程度上降低电网贷款的期限风险。在设计贷款合同结构时，应充分考虑企业现金流量的变动特点，合理安排贷款本息的偿还进度。

考虑到未来5~10年内，我国电网垄断竞争局面将被逐步打破，电力集团公司的经营风险届时会有所上升，对近几年放贷的电网项目，应尽可能将其还款高峰期提前安排。即在项目投产后，投资方应将现金流入主要用于归还银行借款，在银行资金大部分归还后，再逐步提高企业投资回报率，从而尽可能减少因还贷期限过长而导致的风险隐患。

（与韩智慧、武剑、王慧洁合作。原载《投资研究》2000年第10期）

国有商业银行在城市化快速发展中应把握的发展机遇

《中共中央关于制定国民经济和社会发展第十个五年计划的建议》（以下简称《建议》）中，基于对我国目前农业生产力水平提高和工业化进程加快的现状分析，认为推进城镇化的条件已经成熟，明确提出："要不失时机地实施城镇化战略。""十五"期间，我国商业银行尤其是国有商业银行应适应国家实施城镇化战略的要求，利用和把握城市化快速发展给国有商业银行改革与发展带来的机遇和条件，制定与之相适应的经营政策和经营策略。

一、我国城镇化的现状与"十五"期间城市化的发展趋势

城市化率的高低通常是以城镇人口占全国总人口的比重的高低而确定的。根据世界各国城市化率发展的一般规律，城市化发展表现为起步、加速和成熟三个发展阶段。其中加速发展阶段是城市化率从30%到70%的增长阶段。《中国统计年鉴2000》有关数据显示，目前，我国城市化率已超过30%，1998年为30.4%，1999年为30.89%，已经步入加速发展阶段。总体看，改革开放以后，我国城市化程度明显加快，城市化率从1978年的17.92%提高到了1999年的30.89%，20年间提高了12.97个百分点，年均提高0.62个百分点。

但是，从近20年来国内生产总值增长与城镇人口增长的相互对应关系分析，我国城市化发展速度与国民经济的快速发展状况很不协调。按当年价格计算，1986年与1981年相比，我国国内生产总值增加了1.1倍，同期，我国城市化率在19.39%的基础上，只提高了5.13个百分点，1992年与1987年相比，国内生产总值增长了1.2倍，同期城市化率在25.23%的基础上只提高了2.31个百分点；1999年与1993年相比，国内生产总值增长了1.36倍，同期我国城市化率在28.14%的基础上也只提高了2.75个百分点。显然，我国城市化率虽然在逐年稳步提高，但增长的速度是缓慢的，与国民经济的持续快速增长很不相适应，不仅与发达国家的差距很大，与同等经济发展水平的发

展中国家差距也很大。低城市化率也制约了国民经济的发展速度。根据有关研究结论，我国城市化完全有可能在未来30~40年内完成快速发展阶段的任务，城市化率年均提高将达到1.0~1.2个百分点，使城市化率达到70%左右。未来5~10年我国城市化率将会有一个较大的提高。“十五”末期城市化率将达到36%左右，2010年将达到45%左右。

二、城市功能的积极效应与城市化率提高给国有商业银行的经营带来的发展机遇和有利条件

（1）城镇，尤其是大中城市不仅拥有较多的金融资源和社会物质财富，而且也创造较多的社会物质财富，城市化的发展，将会缩短国有商业银行的经营管理半径，提高经营的集约化程度，有利于降低管理成本和经营成本，提高经营效益。

据对《中国统计年鉴2000》统计数据的分析，1998年，城镇居民人均拥有储蓄存款11336.8元，是全国人均数4279.4元的2.65倍，是农户人均数1201.5元的9.49倍。1999年，包括市辖县的沿海开放城市人均存款是全国人均数的2.39倍，不包括市辖县的沿海开放城市人均存款数是全国人均数的4.48倍，包括市辖县的经济特区人均存款数为全国人均数的4.73倍，不包括市辖县的经济特区人均存款数是全国人均存款数的8.25倍，省会城市和计划单列市的人均存款数是全国人均数的2.22倍。从人均消费水平看，1999年，城镇居民人均消费水平为全国平均数的1.98倍，是农村居民人均数3.52倍。

城镇规模不同，人均可支配的收入和人均消费水平也是有很大差别的。1999年，特大城市、大城市、中等城市、小城市人均可支配收入分别为县城人均可支配收入的1.57倍、1.19倍、1.14倍和1.26倍；特大城市、大城市、中等城市、小城市人均消费性支出分别为县城人均消费性支出的1.72倍、1.25倍、1.17倍和1.37倍。

城市尤其是大中城市人均所创造的国内生产总值远远高于全国人均值。1999年，包括市辖县的沿海开放城市人均所创造的国内生产总值为全国人均值的2.54倍，不包括市辖县的沿海开放城市人均所创造的国内生产总值为全国人均值的4.06倍；包括市辖县的经济特区城市人均所创造的国内生产总值为全国人均值的5.24倍，不包括市辖县的经济特区城市人均所创造的国内生总值为全国人均值的8.87倍。

由于城市（镇）在经济社会发展中有着上述诸多方面的优势，“十五”

期间，随着城市化率的提高和城镇化进程的加快，尤其是大中城市的加速发展，有利于提高国有商业银行经营的集约化程度，缩短管理半径，提高经营管理水平，相应地会有利于降低管理成本和经营成本，提高经营效益。这样，城市化率的提高将为国有商业银行的经营与发展提供良好的发展机遇和条件。

（2）城市（镇）经济和社会的协调发展，居民生活的正常运行是以城市基础设施的存在为前提条件的，同时，城市化率的提高，城镇化的发展会促进和带动城市基础设施的发展。城市基础设施过去因其政策性亏损，商业银行信贷投入大多对其避而远之，而在未来的发展时期，将会因其具有良好的盈利性而备受关注。这也为国有商业银行优化信贷资金投向提供了新的更多的选择机会。

城市基础设施是既为物质生产又为人民生活提供一般条件的公共设施，是城市赖以发展的基础。一般地，它包括以下六大系统：①能源系统，包括电的生产及输变电设施，人工煤气的生产及煤气、天然气、石油液化气的供应设施，集中供热的热源生产及供应设施。②水资源及供、排水系统，包括城市水资源的开发、利用和管理设施，自来水的生产和供应设施，雨水排放设施，污水排放、处理等设施。③交通系统，包括城市内部交通和城市对外交通设施，其中，城市内部交通设施有道路交通设施，电汽车、轨道交通、公共货运汽车、货物流通区等设施。④邮电系统，包括邮政设施，电信设施等。⑤环境系统，包括环境卫生、园林绿化、环境保护等。⑥防灾系统，包括防火、防洪、防地面沉降、防风、防雪、防冰雹、防地震以及人防备战等设施。

在城市基础设施的上述六大系统中，由于受到各自经营性质、经营特点和功能的制约，有的城市基础设施项目商品化程度低，更多的具有政策性经营的特点，有的则商品化程度较高，具有更多的经营性的特点。据此可以将城市基础设施项目（行业）区分为营利性和非营利性两大类型。属于营利性的项目（行业）主要有城市供水、城市供气、电信设施、公共货运、航空、铁路、公路、水运、港口、房地产开发等城市基础设施。除此以外的其他类型的城市基础设施项目（行业），如环境保护设施、防灾设施、邮政设施等，大都属于非营利性的。

就城市基础设施的营利性特点而言，近几年来，尽管这类城市基础设施项目得到了较快的发展，但与实际需要相比，发展仍然是滞后的；与发达国家相比，差距仍然很大，加上受政策性因素的影响，这些行业的盈利能力一般都较差，有的甚至是依赖财政补贴过日子。因此，银行的信贷资金投向对其都是避而远之。“十五”期间，随着城市化率的提高和城镇化的快速发展，必然地会进一步带动城市供水、城市供气、电信设施、水运港口、航空机场、城市轻轨、房地产业等城市基础设施的发展，使这些产业处于快速成长阶段，再加上经济市场化程度的提高和市场机制的完善，不仅政策性经营亏损的状况将会得到改变，而且这些产业将会因其具有良好的营利性而备受商业银行的关注，这为国有商业银行优化信贷资金投向提供了新的更多的选择机会。

（3）城市化率的提高，城镇居民可支配纯收入的增长和人口聚集效应所形成的人们消费倾向、消费观念、消费方式、消费结构的变化，为国有商业银行发展新的业务品种、创新金融产品提供了巨大的发展空间和良好的消费市场。据对统计数据的分析，1999 年与 1995 年相比，城镇居民年人均可支配收入增加了 36.68%，同期年人均消费性支出增加了 30.48%，可支配收入的增长快于消费性支出的增长。在消费性支出的增长慢于可支配收入增长的同时，消费性支出的支出结构却有了很大的变化。其中，人均用于交通通信的支出增长了 81.6%，用于娱乐教育文化服务方面的支出增长了 81.33%，用于居住方面的支出增长了 81.47%，而衣着食品支出仅仅增长了 7.54%。在前几年不曾列入城镇居民家庭耐用消费品统计内容的家用电脑，如今对许多城镇居民来说，也不是什么稀罕之物。1999 年，每百户城镇居民拥有家用电脑由上年的 3.78 台增加到 5.91 台，其中，北京、上海、广东、重庆、天津等省市每百户城镇居民拥有家用电脑都超过了 10 台。北京更达到了 23.5 台。借钱消费、提前消费已经成为许多城镇居民，尤其是大中城市居民的一种生活时尚。例如，建设银行自 1998 年首家获准办理汽车消费贷款后，当年累计向个人发放汽车消费贷款 10171 万元，1999 年个人汽车消费贷款余额增加到了 15.98 亿元。1999 年末，建设银行个人消费信贷余额达到 625.24 亿元，占各项贷款总余额的 5.21%，其中，个人住房贷款余额达到 584.12 亿元，占全部贷款余额的 4.86%。

（4）城镇化的发展和城市化率的提高，必然会带动第三产业，包括对商业、旅游业、文化教育业、房地产业等服务业需求的增长和发展，为国有商业银行优化信贷资金投向结构提供了新的选择机会。①1999 年，全社会消费品零售总额为 31134.7 亿元，其中城市实现消费品零售总额为 19091.6 亿元，占全社会总额的 61.31%，县及县以下实现消费品零售额为 12043.1 亿元，只占 38.69%。②1999 年城镇居民人均用于交通通信、文教娱乐用品及服务等方面的消费支出达到 877.6 元，相当于农村居民人均同口径消费额的 3.7 倍。③1999 年末，城市实有住宅建筑面积为 41.7 亿平方米，比 1990 年的 19.6 亿平方米增加了 1.1 倍。目前，我国城镇居民住房水平低于世界同等条件国家，随着生活水平的提高和城镇化的快速发展，人们对改善居住条件的需求越来越高，住宅需求潜力有相当大的发展空间，房地产业将保持较高的增长速度也是必然的。

三、国有商业银行应采取与城市化快速发展相适应的发展战略和经营策略

（1）国有商业银行应以城市，尤其是以中心城市、大中城市作为经营发展战略的区域重点。就一般情况而言，城镇，尤其是大中城市作为经济发展的聚集地，集中了众多的大中型企业、跨国公司、中高收入阶层等优质银行客户，具有经济、金融、法律、文化环境优越，市场化程度较高，金融资源丰富，有效需求旺盛等特点，中国“入世”后，外资银行进入中国，首先抢滩的地点是城市，尤其是大中城市。因此，“十五”期间，国有商业银行在信贷资源、人力资源、财务资源、科技资源等资源的配置方面，应重点向城镇尤其是大中城市倾斜，在业务授权、授信管理等方面，也应体现出中心城市与中小城市的差异性，区别对待，宽严有别。

（2）应注重对城市基础设施产业尤其是盈利性基础设施产业的信贷资金投入和信贷支持，对某些从目前看因政策性因素的影响盈利状况较差的产业，比如，对城市供水业、城市供气业、城市环保产业等，也应从长远发展趋势的角度，及早介入，区别对待，重点支持。以城市供水业为例，城市供水是国民经济和人民生活必不可少的重要资源保证，是具有全局性和先导性的重要基础产业。由于水资源的短缺，城市供水紧缺是普遍的现象。供水业具有社会公益性的特殊地位，城市供水价格一直由地方政府和物价部门监控，水价倒挂现象十分严重，使供水企业依靠财政补贴过日子。随着经济市场化程度的提高，自来水作为商品进入市场，对水价进行调整，不仅是必要的，而且是可行的，自来水生产与供应企业依靠财政补贴过日子的历史将会结束。

对城市居民生活用水价格进行调整是必要和可行的，对城市工业用水价格进行调整也是可行的。1997 年，建设银行曾对耗水量较大的啤酒生产企业作过调查分析，按当时工业水价每吨 0.6 元计算，吨啤酒耗水量一般为 20 吨，则每吨啤酒的水成本仅仅为 12 元，水费约占吨啤酒总成本（一般为 1800 元左右）的 0.7%。也就是说，水价再调高 1 倍，对啤酒生产企业的盈利率的影响也是微不足道的。

城市化率的提高，将会推动城市供水产业的大发展，导致供水产业投资

需求的旺盛增长。“十五”期间，由于城市人口增加而需要新增供水设施投资约为685亿元，如果按城市污水有效处理率达到50%计算，城市人口增加而需要新增污水处理设施投资约为428亿元，两项合计的投资需求至少在1100亿元以上。巨额的投资资金需求市场，对国有商业银行信贷资金使用用途选择而言，无疑是“海阔凭鱼跃，天高任鸟飞”。城市供气产业的未来发展趋势与城市供水业大体类似。

（3）“十五”期间，住房贷款和房地产业、电信业等应成为国有商业银行信贷投入的重点行业，要加大对城市新兴产业，如住宅产业、教育产业等产业的信贷支持和资金投入。

以住宅产业为例，1999年，我国城市居民人均居住面积为9.78平方米。在我国政府向联合国第二次人类住区大会提交的《中华人民共和国人类住区发展报告》中，我国提出城乡住房目标是：到2000年，全国城镇居民70%的家庭能居住一套功能基本齐全的住宅，人均居住面积达到9平方米。到2010年，全国城镇居民都有一处使用功能齐全的住宅，人均居住面积达到18平方米。现在看来，2000年城镇居民住房目标已经提前实现。如果我们将到2010年的城镇人均居住面积的目标划分为两个阶段，到“十五”期末，城镇人均居住面积达到14平方米，全国人口总数为13.5亿，城市化率达到36%，2010年全国人口总数为14亿，城市化率达到45%，据此计算得出，从2000年至2005年，城镇共需新增住房面积为30.45亿平方米，年均新增5.075亿平方米，为1999年新增住宅面积的1.7倍；2000～2010年，我国城镇共需新增住房面积75.8亿平方米，需年均新增6.89亿平方米，为1999年新增住宅面积的2.3倍。按1999年全国竣工房屋每平方米造价1152元（1998年为1218元）计算，“十五”期间，每年的城镇住宅投资资金需求约为5800多亿元。住宅产业巨大的投资资金需求市场，为国有商业银行信贷资金投向选择提供了更多更好的机会。

（4）要适应城镇居民消费倾向、消费观念、消费方式、消费结构的变化和新的特点，在改进和完善现有金融产品服务手段和服务质量的同时，实施金融创新战略，不断推出新的业务品种，大力发展以个体客户为主要对象的消费信贷业务，创新信贷品种。其中，可供选择的主要业务品种有网上银行业务、呼叫银行业务、自助银行业务，满足不同消费用途的充值卡、旅游贷款、教育贷款及各类消费贷款。

（原载《中国金融》2001年第1期）

我国房地产行业：现实问题多，发展前景广

——房地产行业发展研究报告

一、我国房地产行业现状

1. 我国房地产行业已经具备较强的市场开发能力

改革开放20年来，我国社会生产力得到了较大的解放和发展，曾经长期沉寂的房地产行业获得了空前的发展机遇，产业规模不断扩大，市场开发能力大大增强。据统计，1998年我国房地产的施工面积达48473万平方米，新开工面积18751万平方米、竣工面积15393万平方米，开发投资额达到3580亿元，分别比1992年增长了1.56倍、0.64倍、1.5倍和3.89倍。1998年房地产竣工面积为1991年的2.93倍，开发投资额为1986年101亿元的35.46倍（见表1）。

表1　我国房地产行业代给情况表

单位：面积（万平方米），投资（亿元）

年份	施工面积	新开工面积	竣工面积	开发投资额
1994	37499	15232	13948	2553
1995	48543	17061	15110	3151
1996	46537	13188	15208	3247
1997	45255	13915	15965	3184
1998	48473	18751	15393	3580

资料来源：1994～1998年各年的《中国经济年鉴》。

2. 从市场供给结构看，住宅开发已成为房地产投资建设的主要部分

房地产行业为社会既提供生产资料，又提供生活资料，因此，其产业供给结构必须充分体现这两者的需求。20世纪90年代初期房地产“虚热”的逐步退却，使得办公楼、商业营业用房逐渐降温，住宅发展成为房地产投资建设的主要部分。

统计数据显示，目前住宅投资一直呈较快的增长速度，其在房地产开发总投资中的占比也呈上升趋势。1997 年商品住宅投资额 1696 亿元，占当年房地产总投资的 53.26%；1998 年商品住宅投资 2118 亿元，较 1997 年增加了 422 亿元，占房地产总投资比例进一步上升到 59.16%。投资的增加，保证了房地产热浪潮后住宅建设的持续增长：1998 年的新开工面积为 1996 年的 1.56 倍，竣工面积比 1994 年增长了 9.88%（见表 2）。

表 2　我国房地产主要供给结构统计表

单位：面积（万平方米），金额（亿元人民币）

年份	住宅			办公楼			商业用房		
	新开工面积	竣工面积	投资额	新开工面积	竣工面积	投资额	新开工面积	竣工面积	投资额
1994		11368			596			1340	
1995	12857	12219	1758	1372	713	405	1942	1445	417
1996	10065	12118	1746	970	845	510	1425	1546	460
1997	10797	12520	1696	911	1113	494	1477	1645	446
1998	15315	12480	2118	770	823	445	1818	1526	450

资料来源：1994 ~ 1998 年各年的《中国经济年鉴》。

与住宅建设稳步增长相对应，办公楼和商业营业用房占比逐步降低。从全国范围看，近几年办公楼的开发规模一直呈减小势头。1996 年投资额为 510 亿元，1998 年则降为 445 亿元。同时，投资占比不断下降，1996 年占房地产开发总投资为 15.71%，1998 年则进一步降低为 12.43%。

商业用房的情况与办公楼相似，从全国范围看，投资额和占比基本呈下降趋势。

3. 房地产开发企业中国有企业仍居主导地位

自 1994 年我国房地产热退去以后，我国的房地产开发企业数目基本稳定，没有出现大起大落。全国各类房地产开发企业 1996 年为 21269 家，1997 年 21286 家，1998 年 24378 家。企业数目较前两年有所增长，超过 1994 年的水平；行业年平均职工人数 1996 年为 703808 人，1997 年为 643217 人，1998 年为 825888 人，是近几年增长最快的，比 1997 年增加了 142671 人，增幅达

20.88%（见表3）。

表3 房地产开发企业总体情况表

项 目	1995年		1996年		1997年		1998年	
	个数（个）	占比（%）	个数（个）	占比（%）	个数（个）	占比（%）	个数（个）	占比（%）
总数	23190	100	21269	100	21286	100	24378	100
国有经济	9869	42.56	8676	38.35	8164	40.79	8395	34.44
集体经济	5589	24.10	4755	22.33	4754	22.36	5090	20.87
外商投资经济	2542	10.96	2202	9.84	2095	10.35	1204	4.94
港澳台投资经济	2255	9.72	2135	9.34	1989	10.04	3214	13.18
年平均职工人数（人）	733321		703808		643217		825888	

资料来源：1995~1998年各年的《中国统计年鉴》。

从行业内企业的经济类型看，尽管国有经济的总数和占比持续下降，但仍居主导地位。表中数据显示，1995年国有企业9869个，占房地产开发企业总数的42.56%；1996年占比40.79%；1997年占比38.35%，1998年国有企业占比进一步降至34.44%，与1995年相比，下降8.121个百分点，但仍占主导力量。

近年来集体企业、外商投资企业和港澳台投资企业个数及占比也都呈下降趋势，而股份制企业占比增加。1996年股份制企业占比为13%，比1995年增加了4%。

4. 从市场需求结构看，住宅消费是房地产产品需求的主导因素

市场的需求结构，主要是通过销售情况来反映的。从近几年房地产行业的销售情况看，市场的需求结构与行业的供给结构基本对应。住宅的销售增长较快，办公楼和商业用房的销售也有一定的增长，住宅需求已经成为房地产需求的主导。1996~1998年，住宅的销售面积从6898.46万平方米增加到9510.94万平方米，增长了37.87%；销售额从1190.34亿元增加到1718.25亿元，增长了44.35%。同时，住宅销售面积在这三者中的占比由89.23%增至90.33%（见表4）。

表 4　近几年我国商品房销售情况统计表

单位：万平方米（面积），亿元（销售额）

年份	住宅		办公楼		商业用房	
	销售面积	销售额	销售面积	销售额	销售面积	销售额
1994	6117		304		612	
1995	6614		249		527	
1996	6716	1190.34	315	109.33	556	138.16
1997	7779	1417	397	170	667	208
1998	9511	1718	345	165	673	226

资料来源：1994～1998 年各年的《中国经济年鉴》。

住宅需求中，近几年来，销售给个人的住宅面积稳步上升，个人已成为市场需求的主力。销售给个人的住宅面积，1990 年为 730.85 万平方米，1998 年增加到 7012.57 万平方米，增加了 8.6 倍。个人直接购买面积在总销售面积中的占比不断提高，1990 年仅占 28.72%，1997 年为 66.55%，1998 年突增至 73.73%，到 1999 年 6 月底则进一步增至 80.65%（见表 5）。

表 5　我国住宅销售结构表

面积单位：万平方米

项目	1990 年	1992 年	1994 年	1996 年	1997 年	1998 年	1999 年
销售面积	2544.61	3812.21	6118.03	6898.46	7864.30	9510.94	2589.25
其中：销售给个人的面积	730.85	1456.01	3344.53	3666.82	5233.72	7012.57	2088.12
占比（%）	28.72	38.19	54.67	53.15	66.55	73.73	80.65

5. 1998 年前房地产价格持续上涨，1999 年开始走低

如图 1 所示，1997 年以前，我国商品房平均售价一直呈现上升趋势。1987 年，平均售价不足 500 元/平方米，1997 年就达到 2017 元/平方米。这其中包括经济货币化程度提高的因素，但更主要的是房地产开发商资金成本过高、各种名目繁多的收费、集团购买的攀比效应等形成的泡沫成分。

从 1998 年开始，由于宏观经济的变化及货币化房改政策的出台，房地产价格持续走低。1999 年，商品房平均售价跌破 2000 元/平方米。

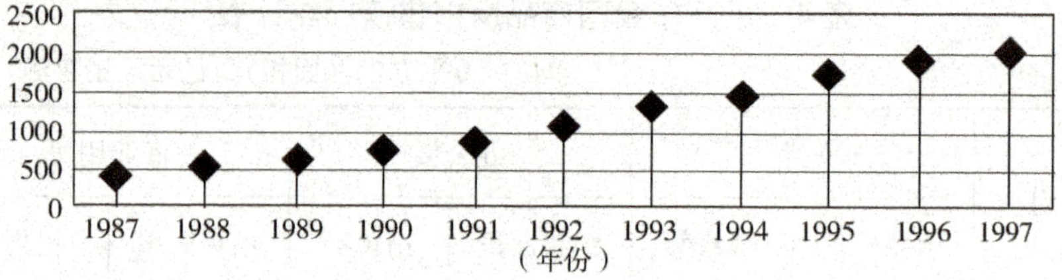

图1　1987～1997 年商品房销售平均价格（元/平方米）

6. 房地产行业的发达程度与地域经济的发展程度密切相关。

房地产行业的发展程度，与经济的发达程度成正相关关系。由于我国区域经济差异较大，因此，房地产的发展呈现出明显的区域特征，即经济发达的东南沿海及京津地区房地产相对较发达，而西部经济欠发达地区房地产发展水平较落后。

首先，经济发达地区房地产开发企业较多。1997 年，广东房地产开发企业多达 3704 家，占全国房地产开发企业的 17.40%；上海 2398 家，占 11.27%；江苏 1803 家，占 8.47%；浙江 1706 家，占 8.01%；而经济欠发达地区的开发企业数目相对较少，如西藏仅 2 家，青海 47 家，宁夏 80 家。截至 1999 年 6 月底，在深沪交易所上市的 35 家房地产类企业中，沪市的 11 家企业中，9 家为上海企业，广州、吉林各为 1 家；深交所的 24 家企业中，深圳企业占 16 家，海口 4 家，重庆、广东、辽宁各 1 家，经济欠发达地区只有贵阳的“中天企业”1 家。

其次，从房地产开发规模上看，经济发达地区开发规模较大而经济欠发达地区开发规模较小。1998 年，东部地区房地产开发投资额为 2737.07 亿元，而西部地区仅为 390.95 亿元，不足东部地区的 14.3%。

二、我国房地产行业发展中存在的几个突出问题

1. 前一段时期形成的商品房空置过多，消化积压的任务较重

近几年来，我国房地产市场积压比较严重（见表 6）。1994 年商品房空置 3289 万平方米，1997 年 6765 万平方米，1998 年底全国累计空置面积猛增至 8783 万平方米。按 1997 年全国房地产开发建设房屋建筑平均造价 1175 元/平方米计算，全国空置商品房屋沉淀金额达 1032 亿元。

从商品房空置的期限结构看，空置一年以上的占 53.55%。同时结合前面供给结构和销售情况统计表，可以发现，1997 年以前开发规模大于销售面积

是目前积压的主要原因。

表6 近几年我国商品房竣工、销售情况对比表

单位：万平方米

年份	住宅			办公楼			商业用房		
	竣工面积	销售面积	差额	竣工面积	销售面积	差额	竣工面积	销售面积	差额
1994	11368	6117	5251	596	304	292	1340	612	728
1995	12219	6614	5605	713	249	464	1445	527	918
1996	12118	6716	5402	845	315	530	1546	556	990
1997	12520	7779	4741	1113	397	716	1645	667	978
1998	12480	9511	2969	823	345	478	1526	673	853

资料来源：1994～1998年各年的《中国经济年鉴》。

商品住宅的竣工面积与销售面积差额逐年趋小，积压主要是在1997年以前形成的。尽管住宅1998年商品住宅的空置面积高达6146万平方米，但其年销售面积为9511万平方米，空置面积为当年销售面积的64.62%。

办公楼和商业用房的空置情况最为严重。办公楼1998年积压805万平方米，为当年销售面积的233%，如果再加上正在施工的5069.51万平方米，积压情况可能更为严重。商业营业用房时情况与办公楼相似：1998年积压面积1288万平方米，是其当年销售面积的191%，而施工面积还高达6250.99万平方米。

从以上情况看，商品房积压问题严重，而尤以办公楼和商业营业用房为甚，加大消化积压力度，应是后两类商品房的主要工作。

2. 从整体上看，我国房地产开发公司规模普遍较小，盈利能力较低，企业两极化趋势日益明朗

房地产业是一个资金密集型和劳动密集型产业。企业要实现经营的稳定发展和保证建设项目的顺利进行，必须具备一定的资金实力和规模。就我国房地产开发企业来看，在我国的房地产发展过程中，开发企业个数增长的同时，企业个体实力并没有相应增加，企业的规模普遍偏小。1996年末全国房地产公司注册资本为3687亿元，比上年减少了8.1%；1995年，公司平均注册资本仅为1728万元，1996年注册资本平均仅为1732万元，平均每户资产4660万元。这样的企业规模和实力，与国外开发公司难以同日而语，企业抗御风险和自我发展的能力缺乏基础。

企业规模小，就难以实现规模经济，开发成本居高不下，从而企业的盈利能力普遍较低。同时由于开发成本过高，使房地产产品售价的下调空间很小，影响和制约了产品的市场销售，遏制了居民购房的积极性。自1992年、1993年房地产热退去之后，开发企业的利润总额下降很快。1994年底全国开发企业利润总额为305亿元，1996年底则降为53亿元。从财政部国有资产年报统计的全国汇编6353户房地产企业情况看，1998年完成销售收入1010.9亿元，利润总额20.8亿，净利润21.4亿元，虽然销售收入比1997年增加了97.2亿元，但利润总额和净利润分别下降了64.6亿元和42.6亿元，总资产报酬率仅为1.9%，净资产收益率3.3%，比1997年还下降了0.3个百分点(见表7)。

表7 1994~1996年全国房地产开发企业经营情况

单位：亿元

时间	注册资本	公司资本	负债	所有者权益	负债比例	经营收入	利润总额
1994.12	3752	11592	8476	3115	73.10%	1632	305
1995.6	4008	13085	9907	3178	75.70%	577	81
1996.12	3684	15064	11276	3788	74.90%	1969	53

数据来源：《中国房地产年鉴》。

从上市公司的情况看，两极分化十分明显。上市企业往往是各行业筛选再三、当时效益较好的典型。但即使是上市的房地产企业，其盈利能力业也不容乐观。以沪、深两市35家上市企业为例，可以发现即使在住宅销售较好的1998年，仍有18家企业的净利润下降；24家公司的每股收益自1995年以来呈下滑趋势，8家公司出现严重的亏损。1998年房地产上市公司加权平均每股收益为0.0397元，尚达不到深沪上市公司总体平均0.199元的1/5，与1997年0.0631元相比，也下降了37.1%；1999年中期房地产上市企业平均每股收益0.032元，平均净资产收益率仅为1.30%，与1998年同期比较利润增长的只有13家，下降的却达22家，其中亏损的公司增至9家。

从上市公司的收益状况分析，1998年每股收益最高的是渝开发的0.59元，最低的深深房亏损1.03元。业绩较好，每股收益在0.30元以上的有10家，而亏损的公司是7家，各占总数的30.3%和21.2%。在净利润排名中列前三名的上市公司，净利润总额为51199万元，占35家上市公司总利润的106.2%，而排名后三位的上市公司亏损额高达95865万元，占亏损总额的66.0%；1999年中期，净利润排名前三名的上市公司净利润总和30055万元，占总净利润的69.7%，而排名后三位的上市公司亏损额之和高达32535万元，占亏损总额的77.5%，可见，盈利和亏损的集中度很高，说明企业差异加大。

3. 从项目资金来源看，自筹资金比例有所提高，利用外资占比有所减少

房地产开发资金中自筹资金占比有所提高，自1997年的26.9%提高到1999年6月底的29.9%，提高了3个百分点，其中自有资金比例提高了1.2个百分点，从13.5%增长到14.7%。尽管如此，但自筹资金的占比仍低于30%，处于较低水平。国内贷款占比有所上升的同时，利用外资的比例出现在幅降低，外资占比由1997年的12.0%降为1999年6月底的5.2%（见表8）。

表8 房地产开发投资资金来源占比表 单位:%

年份	国内贷款	利用外资	自筹资金	自有资金
1997	23.2	12.0	26.9	13.5
1998	23.0	8.8	27.9	12.5
1999	27.1	5.2	29.9	14.7

4. 房地产市场交易秩序混乱，制约了房地产市场需求的发展

由于房地产交易标的价值较高、使用期限较长，无论对于企业组织，还是居民家庭，都是一件必须认真推敲的大事。在我国房地产发展初期，由于巨大供给缺口和集团交易中的道德风险，产品供不应求，产业高速发展，掩盖了市场管理混乱所产生的不利影响。现在，个人已经成为住宅的消费主体，经济组织行为理性提高，维护自身合法权益的意识逐渐增强，交易更为谨慎，对管理制度的要求提高。但是，目前我国房地产市场的管理制度较为随意和混乱，不够公开，缺乏透明性，对房地产开发企业和其他中介机构约束较弱，导致因房屋质量、面积、配套设施、虚假广告等引起的纠纷日益增多，消费者的利益受到侵害的事件不断发生。据中国消费者协会统计，1999年1~6月，消费者对商品房投诉总量为1.85万件，较1998年同期增长达三成，严重影响消费者的购房热情。

由于我国国土资源相对稀缺，我国房地产一级市场上土地使用权的供给由政府控制。土地的供给，宏观上实行总量控制，出让必须和项目相结合，按项目批地。因此，房地产一级市场的供给和定价权掌握在政府手中。尽管土地出让在法律上规定可以采取招标、拍卖和协议三种形式，但各级政府多以协议方式来出让土地，缺乏公平性和透明性，阻碍了企业的竞争，加大了外地企业的进入成本，不利于全国性房地产骨干企业的形成。同时，地方政府各种名目的收费，加剧了企业的负担。规范政府的行为，是房地产市场健康发展的要求。

5. 我国房地产业的产业化程度低，缺少有影响力的大企业和知名品牌

我国房地产行业的产业化程度还比较低下，房屋整体科技含量较低，标准化、工业化和集约化程度较低。以住宅为例，据统计我国住宅产品品种有5000多种，而且产品中新技术、新材料和新工艺含量很低，而房地产业发达国家如美国、日本等，产品则有6万多种。这种产业化的低水平，使我国建筑对能源、原材料和土地的利用率较低。

在我国房地产行业内，缺乏全国知名的企业和品牌，这是一种典型的行业成长期的表现。一个成熟的行业，主要的一个标志就是具有一批大型的骨干企业和知名品牌，从而引导整个行业进行结构优化和升级。而我国从事房地产开发的企业尽管数量庞大，但大部分是经营规模较小、竞争能力弱的小企业。即使在经济发达的上海，房地产开发企业的平均资本还不及外资企业的1/9。这种“散、乱、小”的企业，难以在市场中形成具有影响力的大企业和知名品牌。

三、我国房地产行业具有广阔的发展前景

1. 房地产行业是国民经济的支柱行业

世界上许多国家经济发展经验证明，房地产业的一个突出特点是它与其他行业关联度大。据分析，房地产的生产、流通和使用，直接对几百大类、几万个品种的产品提出需求，可刺激建材、冶金、化工、机械、公用事业、金融保险等几十个相关行业的发展。以我国实际为例，1996年住宅消耗的钢材占我国钢产量的14.23%，消耗的水泥为我国水泥产量的17.27%、消耗的平板玻璃为我国平板玻璃产量的15.25%。以此数据推算，住宅建设的诱发系数为1.93，即住宅建设每投入1万元，可以诱发其他有关部门产出1.93万元。

目前，我国经济进入相对过剩时期，经济领域内最大问题表现为多数行业的有效需求严重不足，制约了国民经济的稳定健康发展。将房地产行业尤其是住宅业作为今后一段时期内发展的重点，能够直接刺激企业投资和居民消费，为几十个行业提供市场，可以保证国民经济的持续、快速、健康发展。

2. 近两年来，有关房地产行业的各项政策越来越宽松，为其发展提供了良好的环境条件

第一，住房制度改革取得实质性进展，居民个人购房积极性提高。1998年起，我国停止福利分房，实行新的住房制度，住房分配货币化。停止住房实物分配后，新建经济适用住房原则上只售不租。1999年8月6日中共中央办公厅、国务院办公厅转发了建设部等单位《在京中央和国家机关进一步深化住房制度改革实施方案》，9月20日中央军委颁发了《进一步深化军队住房制度改革方案》的通知，困扰住房制度改革整体推进的“老大难”地区和系统，取得重大突破。与此同时，中央还加强了对地方房改的指导，采取多种措施引导和鼓励企事业单位抓紧推进住房分配货币化。这一系列政策的出台，将改变住宅市场的需求主体结构，将个人直接推进房地产市场。

第二，住房交易市场的开放，进一步完善了市场结构体系。根据不同家庭的收入水平，改革中确定了三种住房供应体系，即市场价的商品房、经济适用房和廉租房。同时，住房交易市场也已开放。1999年4月22日，建设部发布了《已购公有住房和经济适用住房上市出售管理暂行办法》，财政部、国土资源部和建设部联合下发了《已购公有住房和经济适用住房上市出售土地出让金和收益分配管理的若干规定》，明确了房地产三级市场开放的有关政策。房地产三级市场的开放，完善了房地产市场结构体系，拓宽了人们的选择空间和市场层次，大大刺激住宅的需求。据统计，上海市20069户职工家庭将已购公有住房上市出售，其中有90%家庭又重新购房，平均每个家庭通过换购增加住房建筑面积43平方米，增加投入15.91万元。仅此一项就增加住房消费量近83万平方米，新增个人直接住房投资22.54亿元。这一投资额，是1998年上海市个人住宅消费额205.43亿元的11%。

第三，住房金融制度改革有了突破，有力地支持了消费需求。1998年，中国人民银行进一步修改了《个人住房贷款管理办法》，取消了原来的多项限制条款，允许所有商业银行和住房储蓄银行在所有城市，对所有普通商品房开办个人住房担保贷款，同时将个人住房贷款最长期限延长至30年，降低住房贷款利率。另外，《住房公积金管理条例》的出台和公积金管理的加强，都将扩大公积金贷款的规模。商业银行纷纷将个人住房贷款作为信贷支持的重点。住房金融制度的突破，提高了消费者的购买力，利于市场的稳定发展。

第四，政府出台了鼓励住房建设的各项优惠政策，有利于刺激房地产市场尤其是住宅建设的发展。1999年8月，经国务院同意，财政部、国家税务总局下发了《关于调整房地产市场若干税收政策的通知》。《通知》规定，对个人购买并居住的超过一年的普通住宅销售时，免征营业税；对个人购买并居住不足一年的普通住宅销售时，营业税按销售价减去原价后的差额计征；个人自建自用住房销售时免征营业税；个人购买自用普通住宅减半征收契税；对企业、行政事业单位按房改成本价、标准价出售住房的收入暂免征收营业税；对1998年6月30日前建成的空置商品住宅在销售时免征收营业税、契税。另外，中央和地方各级政府纷纷下发文件，已经着手解决有关房地产建设、流通的各种收费，不仅为房地产行业的发展减轻了负担，而且有利于降低房地产产品的销售价格，扩大市场需求。

3. 国民经济持续稳定的发展和我国城市化进程加快，将为房地产市场的发展提供巨大的潜在需求，推动房地产行业的发展

房地产行业的发展的最直接推动力，来自于国民经济的稳定发展。从世界经验来看，当人均GDP在1000美元左右时，是一国房地产行业迅猛发展的黄金阶段。我国1998年人均GDP约为700美元，基本进入房地产快速发展时期。同时，如果不出现大的冲击，我国经济在21世纪仍将保持7%左右较高的增长速度，因此，房地产行业的发展必将获得巨大、稳定的支持。

改革开放以来我国经济快速增长，为人民生活水平的不断提高提供了保证，能够让人们在解决了基本的温饱问题后，有条件将购买自己的住房或进一步改善居住环境作为新的消费选择。“小康不小康，关键看住房”已经成为人们的共识。1997年我国职工平均工资6470元，是1990年2140元的3倍多，居民储蓄余额46297.8亿元，是1990年7034.2亿元的6.58倍；1998年底，我国居民储蓄余额53407亿元，比1997年增长17.10%，1999年我国居民储蓄余额又进一步增加到59622亿元。假定其中30%即1.8万亿元用之于住宅消费，加上“九五”期间总额约9400亿元的职工公积金，可用于住宅的潜在资金将达2.7亿元左右。同时，人民生活水平的提高，改善居住条件成为必然的选择。1999年我国城镇人均居住面积达到9.6平方米。

经济的发展和人民生活水平的提高，加快了我国的城市化进程。仅以城镇人口为例，1990年我国城镇人口3.02亿，占总人口的26.41%；1998年，城镇总人口增加到3.79亿，增加了7700万人，在全国人口中的占比也进一步上升为30.40%。结合世界经济发展的经验，我国已经进入城市化的加速发展时期。据有关机构研究预测，到2010年，我国的城市化水平将达到45%以上。考虑人口的增长因素，若以届时13.5亿人口计算，则城镇人口将高达6.075亿，即每年约1900万的新增城镇人口。按人均9平方米居住面积计算，城市化程度的提高也会也为住宅市场提供每年1.7亿平方米的潜在需求。因此，我国的城市化水平的稳步提高，必将对房地产市场发展产生积极的促进作用。

如果再考虑旧住房的更新和住房水平提高这两个因素，那么未来我国房地产市场的潜在需求将是非常巨大的。据测算，21 世纪的前 20 年，每年需新建的住房为 5.5 亿平方米。

4. 我国加入世界贸易组织（WTO），从长远看对房地产行业的发展将起到积极的推进作用

1999 年 11 月，中美已就中国加入 WTO 签订了协定，使中国“入世”的进程加快。我国加入 WTO 后，对我国房地产行业有利有弊，既提供了机遇，也带来了挑战。中国“入世”后，近期内可能使房地产市场的竞争更为激烈，使那些规模小、开发能力弱、经济效益差的房地产开发企业被淘汰，而从长远看，“入世”对我国房地产行业的发展将带来以下积极作用：

第一，增加对房地产行业及其消费的资金投放。“入世”后，中国经济与世界经济融为一体，国外银行将会根据协议纷纷入驻中国，这将有利于房地产企业的融资，加大房地产行业的开发力度；同时，先进周到的服务，为个人住房消费贷款提供了便利，有助于将潜在的住房需求转化为有效需求。投资与消费两方面能力的同时增强，必将推动市场的繁荣。

第二，扩大房地产市场需求。房地产行业与其他行业的根本区别在于房地产属于不动产，不像一般商品可以流通，因此，“入世”后，国外的其他商品可以流入我国，而房地产则不能进来。入世意味着将会有大量的外资企业及驻华机构进入中国，从而对写字楼和外销公寓形成需求增势。

第三，促进我国房地产设计水平及相关产业产品科技含量的提高。国外房地产开发企业和咨询、评估、物业管理等机构，成长于规范的市场环境中，激烈的竞争，使他们具有先进的设计技术和理念，熟悉先进的房地产市场运作方式，懂得以人为本，赢得消费者的信赖。这类企业进入我国市场，有利于我国房地产设计整体水平和房屋质量的提高，加速中介服务的发展，规范市场主体的行为，改善房地产市场交易秩序，消除阻碍市场发展的障碍。

第四，“入世”后，随着关税的明显降低，居民的日常消费开支降低，有利于居民可用于购房的资金增加，使住宅类房地产需求增加。

第五，随着汽车关税的逐年降低，汽车的拥有量将会迅速增加，大中城市临近郊区的住宅和其他房地产需求也将明显增加。

第六，有利于房地产开发企业优胜劣汰，培育骨干企业。近年来，我国房地产开发企业出现了明显的两极化趋势，为那些具有核心竞争力的企业通过资产重组加速扩张提供了条件。虽然“入世”后，随着房地产需求的增加，房地产行业及相关行业的发展空间增大，但由于引入了强劲的竞争对手，新增的市场需求及原有的市场份额将会被国外进入者抢占。对国内房地产开发企业来说，竞争压力更大，优势企业、优势项目将更易于获得国内外金融机构的信贷支持，优势增强，而劣势企业、劣势项目，将会在竞争中被无情的淘汰出局。另外，“入世”后，地方政府在一级市场的行为会更为视范，那些散、乱、小的开发企业失去保护，从而加速优势企业的成长速度，培育出行业内的龙头骨干企业。

5. 我国房地产业还处于成长期，未来发展空间较大

从我国房地产行业的发展时间长度看，目前我国的房地产行业仍是一个发展成长中的新兴行业。我国的房地产行业复苏于1979年的改革开放，真正的发展时间只有20年。我国城镇人均居住面积由1978年的3.6平方米上升到1998年的9.3平方米，商品房销售额由1987年的110.1亿元增加到1997年的1799.5亿元，年均增加32.23%；房地产开发经营总收入由1988年的162.12亿元增加至1997年的2218.46亿元，年均增长33.74%。期间，还经历过几次波折。依销售额和开发经营总收入的增速判断，该行业处于成长期，发展增长空间较大。

从对市场的适应能力看，我国房地产行业是一个处于成长期的行业。一个行业的成熟，表现为具有很强的市场适应能力，无论是企业还是消费者，都对市场具有一定的分析判断能力。目前我国存在大量的积压商品房，足以说明企业对市场的适应能力十分脆弱，急待提高。

四、今后房地产业发展过程中应重点关注的几个问题

1. 从房价收入比分析看，居民收入水平相对较低将是制约住宅市场需求发展的硬约束因素

房价收入比系指一个国家或城市的平均房价与每户居民的平均收入之比，是制定住房政策的重要依据之一。根据世界银行对多个国家考察得出的结论，一套普通住宅价格与居民家庭年收入之比在3倍至6倍之间时，居民才可能有足够的购房支付能力；如果该比值高于6倍，居民就难以承担购买住宅的支付能力，很难形成商品房买卖市场。例如，1985年，美国对房价收入比作过专门统计，当年市场上销售的供中等收入者居住的“社会住宅”，平均售价为8.4万美元，近几年的售价有所提高，大体上为12万美元~15万美元。

中等收入居民家庭平均年收入4.2万美元（1998年的数）计算，美国房价收入比为3~4倍。在80年代，一套普通住宅的平均价格与本中等收入居民家庭年平均收入比，英国为2.4倍，法国为2.8倍，日本为6.7倍。

由于我国劳动生产率水平较低，职工的货币收入中又未考虑住房因素，近几年来，尽管城镇职工工资收入增长较快，但其总体水平仍较低，与相对较高的住宅价格相比，房价收入比仍然很高。若一套住宅按80平方米，价格为2000元/平方米计算，一套普通住宅的价格至少在16万元以上。根据权威统计部门提供的数据，1998年我国城镇居民家庭平均每户人口为3.16人，平均每户就业人口为1.8人，平均每人年收入5458.34元计算，城镇居民每户家庭年收入17248元，则房价收入比为9.27倍。在北京、上海、天津等大城市，由于土地资源短缺，商品房价格较高，房价收入的比值将更高。

在采用房价收入比指标分析居民对住房的购买能力时，还需要考虑的一个因素是，与经济发达国家比较，我国居民的吃穿等基本消费在总生活费中占比较高，同样的房价收入比，我国居民能够用于住房投资的资金可能更少，因而对房价收入比要求应更低一些。1998年我国城镇居民吃穿占总生活费的比重仍高达55.60%，恩格尔系数为0.445，消费仍处于较低水平；而1994年美国的恩格尔系数为0.138；1995年英国为0.182，日本为0.223；1992年法国为0.186；1994年韩国为0.297。另外，随着我国的养老、医疗等改革的全面推进，居民个人需要为自己的将来支付更多的资金，进一步限制了居民可用于住宅方面的消费支出。

住房货币化分配制度的完善及经济的复苏，居民的收入水平有望提高，从而这一约束作用会逐步减弱。但是，今后两三年内，随着中国"入世"，经济结构的调整力度加大，相当多的一部分缺乏竞争力的国有企业退出市场，将会有更多的职工下岗待业，城镇居民收入难有大的增长。因此，从整体上看，近两三年内，收入水平较低的约束难以克服，在一段时期内将是住宅市场需求发展的硬约束。

2. 房地产行业投资结构调整的重点是积极支持住宅类项目建设，严格控制对办公楼、商业营业用房等项目的资金投入，优化投资结构

由于目前办公楼和商业营业用房空置面积较大，消化难度较大，而且各地纷纷出台了限制这两类项目开发的政策。近期内，商业企业普遍不景气，估计商业营业用房的需求难以有较大的增加；国有企业的效益低下，政府对各类国有公司的监控力度加强，办公楼的需求业不会有大的增加。尽管加入WTO后，从长远看，可在一定程度上增加对高档公寓、写字楼的需求，但近期内还难以见效，这两类项目的风险仍然很高。因此，在近二三年内，对这两类项目开发投入必须持十分谨慎的态度。

由于住宅消费对刺激内需具有极大的拉动作用，政府已将其作为支持的重点，从各方面为其提供优惠条件。同时，随着城市化进程的加快，特别是大中城市流动性人口的增长，大中城市住宅市场的潜在需求很大，而且最终消费者个人直接进入市场，使得风险有了明确的承担者，因而住宅类房地产贷款应是今后资金投入的重点方向。

同时，在选择房地产开发项目时，应注意把房地产项目的地段优、户型优、工程质量优、周围环境优、开发商的销售能力强作为评价优质楼盘的标准。支持的重点应放在优质楼盘上，坚决杜绝不作具体分析、一哄而上的做法。

3. 按照扶优限劣的原则，加大对大中型优良房地产开发企业的资金投入的支持力度，严格限制不具较强竞争优势的中小房地产开发企业的盲目扩张

根据分析，今后房地产市场中，一些市场意识差、适应能力差、资金实力不强的竞争力较弱的中小房地产开发企业可能因项目的失败而陷入困境，成为被淘汰的对象，而资金实力强、开发经验丰富、项目质量高、营销能力强、综合素质较高的企业将获得较高的收益，并通过资产运作，兼并其他弱小企业，不断发展成长为行业的龙头骨干。另外，加入WTO后，国外金融机构必然利用其在资金、服务、技术上的优势，同我们争夺优势客户。我们在选择房地产开发企业客户时，应提高对客户的甄别能力，花大力气，支持和培养优良的客户群体，坚决杜绝过分重行业轻客户的倾向。优良客户的选择标准，各分行可根据当地企业情况，从设计开发水平、资金实力、销售状况、营销能力、经营效益及公众信誉等方面具体考察。

4. 根据市场细分原则，在区域选择上，对房地产行业资金投入的重点应是大中城市和经济发达地区

房地产是一种不动产，房地产行业的发展具有明显的地域经济特征。房地产行业贷款投入应符合其地域经济特征较强的要求，加大对北京、上海、天津等大城市、省会城市和经济发达地区的中小城市房地产开发的资金投入的支持力度，适度支持小城镇和经济欠发达地区商品房开发建设，严格限制对房地产已严重积压过剩地区的资金投放。

5. 积极进行金融创新，大力发展个人住房贷款

随着经济的发展，我国居民的收入水平将不断提高，而且住宅货币化分配制度的完善，将使居民的支付能力大为增强。同时，在我国居民个人一般更注重信誉，还款意愿较强，加之抵押制度的不断完善和房地产三级市场的开放，银行日后保全资产的成本降低，信贷风险较低。鉴于此，商业银行在完善规章制度，加强操作、管理的规范性条件下，应加大对个人住房贷款的支持力度。

由于房地产项目资金运作的封闭性较好，因此，个人住房贷款可与楼盘的开发贷款、开发企业流动资金贷款结合发放。这样，能够抓住销售环节，便于对整个资金循环过程进行有效的监控，提高服务效率，防止贷款中的欺诈行为，降低风险。

在大力发展个人住房贷款的同时，可以充分利用现有政策，进行多种形式的金融创新，如实行公积金贷款和自营性贷款相结合的组合住房贷款，与保险公司合作发展住房贷款保险，住房贷款和装修贷款的结合等。这些金融创新，可根据我国各地经济发展差异，先在经济发达地区（如上海、北京等）试点，成熟后在全国推广。

（与吴建政合作。原载国务院发展研究中心《经济工作者学习资料》2000年第40期）

西部大开发中国有商业银行的经营策略

《中共中央关于制定国民经济和社会发展第十个五年计划的建议》中，把实施西部大开发战略作为“十五”期间需要着重研究和解决的重大战略性、宏观性问题提了出来，确定了西部大开发的战略目标和主要任务，进一步阐述了西部大开发的重大意义。党的十五届五中全会闭幕后不久，国务院又颁发了《关于实施西部大开发若干政策措施的通知》，就西部大开发中的增加资金投入、改善投资环境、扩大对内对外开放、吸引人才和发展科技教育等政策问题做出了明确的规定。很显然，西部大开发战略的实施，对于目前面临金融竞争巨大压力的国有商业银行而言，提供了一个良好的历史机遇。国内商业银行应认真研究和制定在西部大开发中的经营策略，争取以此为契机调整信贷结构、提高资产质量、转换经营管理机制，加快向现代化商业银行迈进的步伐。

一、配合国家区域发展规划，将西部地区业务重心转向重点城市

由于受到财力、物力、自然环境条件及经营管理机制的限制，西部大开发不可能搞齐头并进，而只能是抓住重点城市和地区优先发展，按照“点线式开发战略”由东向西逐步渗透。重点发展地区就是一些基础条件好、经济规模大的区域增长极。当一些主导部门和有创新能力的行业集中于某些地区或大城市，并以较快速度率先发展时，就形成了区域增长极。增长极的资本与技术高度集中，规模经济效益显著，对邻近地区能产生强大辐射作用，不仅自身迅速增长，而且还将带动相邻地区共同发展。

从实际情况看，西部地区增长极可以大致分为三个层次：首先是区域内的特大中心城市，如西安、重庆、成都等，其经济发展水平高、市场体系发达、投资环境良好、经济辐射面广阔，在整个西部大开发中起着举足轻重的作用，也是国家实施区域政策倾斜的主要对象；其次是一般省会城市，其经济发展水平较高，基础设施条件良好，具有较大开发潜力，通常在省内经济发展中发挥主导作用；第三层次是西部地区的中等发达城市，这些城市数量

较多，分布广泛，对所在地区的城乡经济发展具有一定带动作用。表1中列示了西部地区重点城市的主要经济指标，从数据看，区域增长极的发展程度显著高于整个地区的平均水平。

表1 西部省会重点城市主要经济指标 单位：元

城市名称	人均GDP（1998年）	人均固定资产投资（1998年）	人均工业总产值（1999年）	人均储蓄（1999年）	人均工资（1999年）
重庆	2297.79	928.58	3794.46	2958.97	7181.49
成都	5761.25	2789.06	5873.38	7453.15	9035.07
贵阳	5410.71	2004.26	6991.02	5560.65	7591.91
昆明	8962.16	3404.54	7616.83	9719.87	9559.88
西安	6897.39	1943.24	5435.05	8693.82	7763.96
兰州	7322.40	5294.73	10225.96	9185.19	8368.37
西宁	3827.03	2211.50	5310.27	6383.36	8057.74
银川	6652.86	4155.02	6932.54	8535.36	7530.40
乌鲁木齐	13578.96	6035.06	11623.72	14884.90	9365.33
西部平均	4086.20	1407.91	2386.65	2564.2	7241.52

资料来源：《中国统计年鉴（2000）》，《中国城市统计年鉴（1999）》。

长期以来，西部地区经济发展水平低，建设资金严重短缺，随着近几年国家加大对西部地区的投资力度，开工项目不断增加，资金缺口呈现进一步扩大趋势。同时，由于西部地区资本市场的发展程度较低，信贷成为建设和生产资金的主要来源，各家银行大多处于贷差状态，见表2。在金融资源十分紧张的条件下，国有商业银行应针对西部地区增长极的发展现状和西部大开发中梯级推进的发展格局，加快机构网点的战略性布局调整，集中现有的人力、物力、财力，优先支持各城市行的发展，对各层次的区域增长极有重点、有选择、按顺序地拓展业务领域、加大投入力度。

从银行经营管理角度看，西部中心城市的商业银行综合经济效益较好，内部管理水平较高，信贷资产质量优于西部其他地区。因此，应将大城市作为国有商业银行在西部大开发初始阶段的首要着力点，在资金、技术、人才、信息等方面向这些城市实行倾斜，充分利用其良好的投资环境，加大信贷投放规模，促进新产品、新业务的开发和推广，全面提高商业银行的综合竞争能力。而对其他规模较小的地区增长极，短期内不宜做过多的资源投入，应以转换经营机制、调整业务结构为主要任务。对西部地区中小城镇的分支机构，应有一个整体的布局规划，考虑到这些地区经济普遍落后、业务量较小、资产质量偏低，应进一步加大机构撤并和重组的力度，以更加有效、合理地配置银行现有资源。

表2 我国各地区资金来源与运用

项目		1991年	1992年	1993年	1994年	1995年	1996年	1997年	1998年
GDP占比（%）	东部	55.1	56.6	57.9	58.5	58.3	58	57.9	58.12
	中部	28.6	27.7	27.2	27.1	27.5	28	28.1	27.92
	西部	16.3	15.7	14.9	14.4	14.1	14	14	13.96
资金来源占比（%）	东部	58.7	61.2	61.3	59.3	62.1	62.3	62.9	63.2
	中部	25.5	24	24.1	25.3	23.3	23	22.4	22.3
	西部	15.8	14.8	14.6	15.4	14.6	14.7	14.8	14.5
资金占用占比（%）	东部	47.2	48.8	49.7	50.4	50.9	51.1	51.8	52.2
	中部	38.6	36.7	35.4	34.5	33.5	33	31.8	30.9
	西部	14.3	14.6	14.9	15.1	15.6	16	16.4	16.9
存差数额（亿元）	东部	-667.8	378.2	463.5	-380.2	4170.8	7228.9	9843	12962
	中部	-1700.3	-1822.1	-2126.9	-2367.2	-1970.8	-1706.1	-1296.2	-1070
	西部	-469.2	-534.5	-722.8	-749	-401.3	-69.6	-481	-805
	全国	-3180	-2724.5	-3230.8	-2246.2	1125.6	4695.9	7865.8	11087

资料来源：根据《中国金融年鉴（1999）》和有关资料分析得出。

二、配合国家产业政策，加大对重点行业的投入力度

在传统计划经济和“短缺经济”时期，西部开发主要是围绕自然系统的开发近期后续加工而展开的。在当前向市场经济体制转型时期和“买方市场”已经形成的条件下，西部大开发在传统开发方式的基础上赋予了新的内容，即在继续实行优势资源开发、强化资源后续加工业发展力度的同时，将基础设施、生态环境、产业结构调整和科技教育等四个方面作为西部大开发的新内容，其中基础设施建设是重中之重，首当其冲。国有商业银行应根据西部大开发的战略导向，把基础设施建设作为行业信贷资金的主要切入点，及时调整资金投入结构，使资产质量在业务发展中不断得到提高。

目前，西部地区基础设施建设主要集中在交通运输、能源开发、城镇建设、水利工程、邮电通信等方面。基础设施项目数量多、资金投入大，单靠财政无法满足需求，加上当前资本市场还欠发达，因此资金缺口主要依靠银行信贷资金来弥补，这就为商业银行的业务发展提供了广阔的市场空间。

从交通运输看，公路将是未来一个时期内的发展核心，这是由当前交通

管理和投融资体制特点决定的。据统计，我国西部地区公路密度仅相当于东部地区的12.5%，其中高速公路占全国比重仅为13.9%，而且现有公路的等级和质量显著低于东部发达地区（见表3），公路建设滞后正在成为西部大开发的主要障碍。根据国家交通发展规划，“十五”期间西部交通体系，特别是公路网线的建设将以高等级公路，特别是高速公路作为重点。

从能源开发看，水电资源由于具备可再生性，因此将成为我国未来能源发展的主导方向。我国西部是世界上水电资源最丰富的地区，总储量占全国67.3%，总发电量占全国46.3%，开发潜力巨大（见表4）。另一方面，整个电力行业的发展重点正由电站建设逐步转向电网建设，未来5～10年内电网项目投资将大幅度增加。因此，西部大开发中电力行业发展的重点将集中体现于水电开发、电网建设和西电东送等方面。

表3 我国各地区公路发展状况（1998年底）

项目	地区	公路总里程	高速	一级	二级	二级以下
总量（公里）	全国	1278474	8733	15277	125245	1129219
	东部	461419	5211	12471	60886	382851
	中部	436931	2351	1928	42619	390033
	西部	380124	1171	878	21740	356335
占比（%）	东部	36.1	59.7	81.6	48.6	52.6
	中部	34.2	26.9	12.6	34	31.4
	西部	29.7	13.4	5.8	17.4	16

资料来源：《中国统计年鉴（1999）》，《中国交通年鉴（1999）》。

表4 各地区电力生产状况对比

项 目	总 计	东部地区占比（%）	中部地区占比（%）	西部地区占比（%）
装机容量合计（万千瓦）	27610.9	48.1	28.5	23.4
水电装机容量	6388.5	27.7	30.1	42.1
火电装机容量	20991.1	53.7	28.4	17.9
其他装机容量	210	100.0	0.0	0.0
发电量合计（亿度）	11537.2	49.2	28.0	22.8
水电发电量	2003.2	24.4	29.3	46.3
火电发电量	9388.1	53.8	28.1	18.1
其他发电量	141.0	100.0	0.0	0.0

资料来源：《中国电力年鉴（1999）》。

从城镇建设看，西部地区与东部地区、西部城市与西部乡村之间都存在普遍和显著的差距，表现在市内交通、供电供水、城市绿化、垃圾处理等多个方面（见表5）。今后，西部大开发重点将是加强大中城市的市政基础设施建设，争取在短时期内使城市投资环境得到明显改善，以增强对区域外资金的吸引力；同时围绕一些特色产业和优势项目，国家也将在政策上大力支持一批西部重点小城镇的建设和发展。

从电信行业看，东西部地区存在明显差距。正因如此，该产业在西部大开发中才具有更大的发展潜力。统计显示，1999年底西部地区电话用户数量仅占全国的12.0%，电话普及率仅为4.8%，远远低于东部地区14.6%的水平，而在移动通信、数据通信等高科技领域，西部地区的发展才刚刚起步，与东部发达地区形成巨大反差（见表6）。要顺利实现西部大开发战略，就必须加快电信基础设施的建设和发展步伐，提高地区产业结构的升级速度。为此，国家正在加强对西部电信产业的支持力度，并将陆续出台一系列优惠政策鼓励该领域的投资建设。

表5　西部城市建设情况（1998年）

地区（城市）名称	人均生活用水量（吨）	人均生活用电量（千瓦时）	人均铺装道路（平方米）	每万人拥有公共汽电车（辆）	人均绿地面积（平方米）
东部城市	93.3	312.4	5.6	6.6	3.21
中部城市	81.4	235.5	4	5.5	1.95
西部城市	68.9	216.5	2.9	5	1.25
重庆	68.2	357.6	2	4.1	0.96
成都	98.7	213.1	3.8	5.1	1.05
贵阳	47.1	401.1	3.2	9.7	1.78
昆明	53.1	318	5.2	13.4	1.89
西安	85.5	203.7	3.2	5.8	1.02
兰州	59.3	309	5.2	7.8	0.78
西宁	101.4	85.3	3.5	7	1.07
银川	75.9	401.1	6.1	8.2	2.75
乌鲁木齐	50.5	393.6	7.7	19.9	4.39

资料来源：《中国城市统计年鉴（1999）》。

表6 我国东、中、西部地区电信业发展状况占比（1998年）

单位：%

地区	人口	GDP	电话机用户数量	长途交换机容量	局用交换机容量	电信业务收入
东部	41.8	58.6	62.1	55.9	57.5	65.4
中部	35.6	27.4	25.9	27.8	27.9	24.9
西部	22.8	14	12.0	16.3	14.6	9.7

资料来源：《中国统计年鉴（1999）》和其他有关资料计算得出。

商业银行在开展信贷业务过程中要摆脱过去那种不加区别、一哄而上的传统经营模式，要准确把握各行业内部结构的变动趋向，优化信贷投向结构、提高资金配置效率。在市场经济条件下，在同一行业内不同子行业的风险状况和成长前景可能迥然不同。西部基础设施建设中，交通运输、能源开发、城市建设、电信产业等将作为主要发展方向，但在制定信贷政策时必须对这些行业的发展重点做进一步细分，以准确界定银行信贷资金的切入点。

除了增加基础设施信贷投入以外，商业银行还应配合财政贴息和税收优惠政策，加强对科教产业和生态产业等方向的资金投入力度。根据各地区具体情况，选择有比较优势和竞争实力的“特色产业”予以优先支持，如云南的旅游及花卉业、内蒙古的羊绒业及奶制品业、陕西的水果业、四川的饲料及牲畜养殖业等。这些产业具有很强的地区特色和发展潜力，只是由于前一时期经济全面紧缩，其产业优势没有得到充分发挥。随着宏观经济形势趋向好转，其发展潜力将逐步显现，从而为商业银行拓展业务提供了良好契机。

要在准确把握行业内在结构变动趋势的基础上，选择有长期增长潜力、风险相对较低的具体方向进行信贷投放，而不能延续过去那种一刀切式的粗放经营模式。要树立动态的行业投资理念。应当看到，西部大开发是一个长期过程，在不同时期，有不同侧重点。在开发初期，主要着眼于为经济起飞创造条件，国家支持重点放在基础设施和优势原材料、初级加工业等方面。而随着经济环境逐步改善，产业政策重点逐步转向制造业、深加工业、高科技产业和教育产业，在产业升级过程中，信贷政策要相应地作出调整。商业银行要研究和掌握产业变动的基本规律，借鉴国外开发落后地区超常规发展的经验，同时密切关注国家产业政策的调整方向，争取提早规划，使信贷支持的重点略微超前于产业发展的重点，从而赢得更多的市场先机。

三、利用国家进行重点项目建设的有利时机，扩大信贷规模，抢占市场先机

从目前情况看，西部建设项目基本可分为三类：一是带有战略性、全局性和长期性的国家直属重点工程，如三峡水利、西电东送、南水北调等工程项目；二是具有阶段性和较大影响力的省级以上重点工程，如国家新近确立的重庆高架轻轨、柴达木盆地天然气管线、四川紫坪铺和宁夏黄河沙坡头水利枢纽、青海盐湖钾资源开发以及西部高校设施建设等西部开发十大重点工程项目；三是规模小、数量多、具有显著地方特色和开发价值的地市级工程项目。

对上述三类项目，商业银行应在认真研究的基础上，有针对性地制定经营策略。在明确重点区域和重点行业的条件下，商业银行应进一步结合西部开发的具体情况，围绕国家和地方确立的重点工程项目，积极落实信贷资金，抢占金融市场份额。为此，应对西部开发项目的风险收益状况有一个整体认识。一般而言，国家直属重点工程前期技术论证较为严密，长期来看，社会效益大于经济效益，且建设周期长、资金缺口大，客观上存在一定的信贷风险。目前，这类项目通常由政策性银行负责提供信贷资金，商业银行应根据自身经营特点、发展目标和流动性状况确定介入的深度和方式，一般可考虑为这些项目提供配套资金和有关的中间代理业务。但对国家垄断程度高，在一个较长时期内具有充足资金来源的建设项目，商业银行也要不失时机地加大投入力度，为争取优质客户创造有利条件。

第二类工程项目，投资回收期相对较短，大多为3～8年，直接经济效益比较显著，信贷风险小于第一类项目。商业银行应将其作为发展重点，积极寻求资金介入，以开拓新的业务增长点。

第三类项目投资效益高，但经营风险较大。对这类项目商业银行切忌头脑发热，一哄而上，而应根据项目具体情况，严格进行项目的审查和评估论证，切实加强贷款全过程的风险管理，特别要落实贷款担保条件，增强担保的合规性和有效性，争取把预期损失率降到最低限度。

按照国家统一部署，西部大开发中一些重点项目在设置机构时，将打破行政区域的限制，以实现资源的最优配置。对此，商业银行应考虑采取相应措施，根据西部重点项目的规模、特点和进展情况，设立分支机构，并实行

动态管理，实现直接面向生产和建设一线，全面拓展金融业务范围，提高金融服务质量。

四、调整客户结构，加强对重点客户群的营销力度

由于历史原因和投资环境的制约，西部地区国有经济比重偏高，“三资”企业与外资投入较少，非公有制经济对经济增长的作用发挥不够（见表7）。在西部大开发中，国家将陆续出台政策，鼓励非公有制经济发挥更大作用，通过改善投资的软环境和硬环境，吸引外资和外地投资者。商业银行应以此为契机，转变过去那种只为国有企业提供金融支持的经营理念，重新确定客户结构的发展目标，培育新的富有生命力的客户群体。

表7　各地区工业企业单位数和工业总产值占比（1999年）

单位：%

地区	企业数占比		总产值占比	
	国有及控股	非国有	国有及控股	非国有
全国	37.83	62.17	48.92	51.08
东部	27.75	72.25	39.20	60.80
中部	49.84	50.16	67.47	32.53
西部	61.87	38.13	75.37	24.63

注：1. 全部国有及规模以上非国有工业系指全部国有工业企业及年销售收入500万元以上非国有工业企业。

2. 数字来源于《中国统计年鉴（2000）》。

从经营的“三性”原则出发，商业银行在西部地区的客户群应主要定位于：①合资或外资企业；②东部地区到西部投资的优质企业；③当地有市场、效益好、经营规范、讲信用的民营企业；④国有垄断行业中龙头企业。这种客户结构目标符合西部经济发展特点和国家政策导向。具体表现在以下几方面：

第一，国家陆续出台政策，鼓励外商企业参与西部开发建设，如放宽了外商在西部地区投资的限制条件和限定股权比例，扩大了市场开放程度；鼓励东部地区的外资企业到西部再投资，对外资比例超过25%的项目，也视为外资企业，享受优惠待遇；对西部地区国家鼓励的外资企业，在现行税收优

惠政策执行期满后的3年，减按15%征收企业所得税等。这些政策必将促进西部地区外资企业的发展，其数量和规模都将发生重大变化。而目前西部地区外资银行数量和分支机构少，国内商业银行的机构、技术、人才具有相对优势，应积极争取外资企业客户，大力发展外币和国际结算业务，开展本外币一体化经营，为外资企业提供全方位金融服务，培育新的优质客户群体。

第二，随着发达地区市场趋于饱和，许多有实力的东部地区企业转向西部寻求商机，商业银行应积极为这类企业提供贷款。一方面位于西部地区的开发项目本身可能具有较好发展前景，且享受一定优惠政策，另一方面即使项目出现一定风险，也可以由设在东部地区的企业本部负责偿贷，因此可以将信贷风险控制在较低水平。

第三，银行应逐步加大对非国有企业的资金支持力度。在西部地区，非国有经济具有较强的经济活力，但长期以来，制约非国有企业信贷融资的主要因素是其信用制度的不健全。随着我国中小企业担保体系的建立和完善，商业银行对这类客户的金融业务将呈现出广阔发展前景。因此，商业银行应加快完善支持中小企业、民营企业、“三资”企业发展的信贷运行体系，及时调整信贷结构，进一步落实支持这些企业发展的政策，加强与政府、司法等方面的合作，在企业信用评估、项目论证、担保体系、贷款使用、贷款回收等各个环节建立灵活高效的服务运行体系，营造新的业务增长点。

第四，西部地区经济中国有企业所占比重大，但经营效益差、亏损率普遍较高，因此，要适当控制对一般国有企业的贷款份额，避免信贷风险进一步上升。但在国家垄断行业中，占主导地位的国有企业经济效益好、还款来源有保障，在其垄断期内，商业银行应把它们作为金融业务的重点对象。

五、坚持发展传统业务与开发多样化金融产品相结合，大力发展中间业务

在西部大开发过程中，商业银行除提供信贷支持以外，还可以根据西部大开发多样化的市场需求，利用网络优势、人才优势和业务手段优势，在金融服务、财务咨询、利用外资、企业转制和人才培训等多方面发挥重要作用。不仅要做好在东部地区已经发展成熟的业务，更要结合西部大开发政策，打破常规发展模式，率先在西部开办一些尚未在东部发展的新兴业务。

第一，开发多样化的金融产品。应结合西部地区重点区域、重点行业、重点项目和重点客户，开发出更多的金融产品，增强对西部大开发的金融支

持作用，同时也为国内银行迎接未来国际化竞争准备条件。在西部地区的一些大型中心城市，个人住房贷款发展较快，商业银行应考虑在个人住房贷款证券化方面有所突破，可以在西部某些大城市搞试点，争取比东部地区率先发展起来；积极开展个人金融服务，在有条件的西部城市大力发放个人住房、助学、装修、汽车等消费贷款，同时进一步完善个人资信评定、增加个人理财的项目和范围。总之，大力发展金融产品，既要注重结合当地实际情况，又要充分利用西部大开发所赋予的灵活宽松的政策环境。

第二，积极拓展信贷以外的其他业务领域。商业银行可以通过在国内外发行长期债券，筹措资金用于西部大开发；也可直接投资于西部建设项目，或通过购买西部大开发长期国债和政策性银行的金融债券等间接形式投资于西部大开发；还可以为西部大开发的投融资活动提供服务，如承销支持西部大开发的各种债券，托管西部大开发投资基金等。此外，商业银行还应在代理财政拨款和政策性银行贷款的基础上，扩大代理业务范围，如外资银行和其他金融机构委托发放的贷款；代收代付企业和居民的生产、投资和生活用款；代理农村保险业务等。

第三，为西部地区资产重组提供金融支持。产权制度改革是当前国有企业转换经营机制、摆脱发展困境的根本出路。随着资本市场的迅速发展，西部地区大规模资产购并将不可避免，商业银行应抓住时机，在这方面多进行尝试。一方面，应积极开办杠杆收购贷款，为东部或海外资金在收购西部产权时提供更多融资支持；另一方面，可以在一些具备条件的国有企业开设员工持股专用账户，在个人资金存入累积到一定数额时提供信贷支持以购买企业股权。

第四，加强西部城乡电子网络建设。在西部地区，基础薄弱的银行网络系统已经成为制约各项金融业务发展的重要因素。商业银行应注重加强各自电子化网络建设，并在此基础上进一步实现网络互联，把工行和建行的城区网点优势、农行的农村网点优势以及中行的海外网点优势结合起来，实现银行卡和存折在地区范围，乃至全国和海外的通存、通兑，提高清算效率，实现信息资源共享，为国内外资金向西部地区流动创造便利条件。

六、在西部大开发中全面加强银行风险管理

在加大对西部大开发金融支持力度的同时，绝不能放松商业银行的风险管理工作。从目前情况看，商业银行在西部地区的贷款总体质量不高，信贷结构不合理，低层次、重复建设项目投放占比大，经营效益差。可以说，西

部大开发既给商业银行带来了巨大的发展机遇，也增加了各种潜在的经营风险。为此，应着重做好以下几方面工作：

第一，严格实行项目资本金制度，要在落实配套资金的前提下发放项目贷款，不能借故支持西部大开发，擅自放宽国家制定的资本金比例标准。目前，有些地方政府为快上项目，对商业银行进行行政干预，采用各种方式争取银行贷款，导致信贷风险呈上升趋势，对此商业银行应给予足够关注。

第二，在贷款投放时，应经过详细的前期论证和严格的项目评审，避免把资金投向东部和中部地区生产能力已经饱和或过剩的产品和产业，造成新一轮的重复建设，形成新的不良贷款。

第三，对于那些发展前景好但资金需求大的项目，各商业银行应通力合作，以银团贷款形式提供资金支持，并在项目管理过程中实现信息互通、资源共享、利益共享、风险共担的西部开发经营合作机制。

第四，基础设施建设是西部大开发重点，这类项目一般期限较长，未来收益的不确定性大，因此，要严格落实贷款担保条件，并与有关部门密切合作，积极探索适用于长期建设项目贷款的担保方式，如财政还款担保基金、项目收费权质押等。其中，财政贷款担保基金是一种适于当前国情的资金筹集方式，它既可以发挥财政信用的重大作用，又能够降低银行长期信贷风险，从而达到充分调动银行资金，推动西部大开发建设的目的。

第五，商业银行在加大对西部重点客户支持力度的同时，应尽快建立和完善客户信用档案，并结合行业发展动态、国家产业政策和区域政策，以及相关的财务数据和信贷数据，对客户风险进行全方位预警和动态连续监控，从而有针对性地采取防范措施，提前化解金融风险。

此外，还应尽快建立银行风险制约机制，确定贷款谨慎投放和限停投放的行业和企业。对于西部地区的造纸、建材、有色、煤炭采选、纺织等高风险行业加以限制；对自办公司与剥离企业实施信贷退出和限制投入政策，严禁发放新的贷款；对国家明令关、停和濒临破产的行业和企业，故意逃废债务或不守信用，长期恶意拖欠贷款本息的行业和企业，一律停止放贷。

第六，商业银行应与资产管理公司积极配合，在政策允许的条件下，适当考虑优先处置中西部地区企业的不良资产，从而提高西部企业的整体竞争实力和发展潜力；同时，也为商业银行开拓金融市场、扩大业务领域、降低金融风险创造良好的外部环境。

（与武剑合作。原载《经济研究参考》2001 年第 10 期）

国有商业银行在西部大开发中把握发展大机遇

当前，国家正在启动的西部大开发战略为国有商业银行解决长期存在的改革与发展中的难题提供了重要历史机遇。商业银行应从自身生存和发展的需要出发，认真研究和制定在西部大开发中的经营方略，争取以此为契机调整信贷结构、提高资产质量、转换经营管理机制，加快向现代化商业银行迈进的步伐。

一、把握西部大开发中区域梯级推进的新机遇，将银行业务重心转向重点城市和地区

西部大开发不可能搞齐头并进，只能抓住重点城市和地区优先发展，按照“点线式开发战略”由东向西逐步渗透。重点发展地区就是一些基础条件好、经济规模大的区域增长极。当一些主导部门和有创新能力的行业集中于某些地区或大城市，并以较快速度率先发展时，就形成了区域增长极。增长极的资本与技术高度集中，规模经济效益显著，对邻近地区能产生强大辐射作用，不仅自身迅速增长，而且还将带动相邻地区共同发展。

从实际情况看，西部地区增长极可以大致分为三个层次。首先是区域内的特大中心城市，如西安、重庆、成都等，其市场体系发达、投资环境良好、经济辐射面广阔，在整个西部大开发中起着举足轻重的作用，也是国家实施区域政策倾斜的主要对象；其次是一般省会城市，其经济发展水平高，基础设施条件较好，具有较大开发潜力，通常在省内经济发展中发挥主导作用；第三层次是西部地区的中等发达城市，这些城市数量较多，分布广泛，对所在地区的城乡经济发展具有一定带动作用。

在当前金融资源有限的条件下，商业银行应针对西部地区增长极的发展现状和西部大开发梯级推进的发展格局，加快机构网点的战略布局调整，集中现有的人力、物力、财力，优先支持各城市行的发展，对各层次的区域增长极有重点、有选择、按顺序地拓展业务领域，加大投入力度。

从各地区比较看，中心城市的商业银行综合经济效益较好，内部管理水

平较高，信贷资产质量比较好。因此，应将中心城市作为商业银行在西部大开发初始阶段的首要着力点，在资金、技术、人才、信息等方面向这些城市实行倾斜，充分利用其良好的投资环境，加大信贷投放规模，促进新产品、新业务的开发和推广，全面提高商业银行的综合竞争能力。对其他规模较小的地区增长极，短期内不宜做过多的资源投入，应以转换经营机制、调整业务结构为主要任务。对西部地区中小城镇的分支机构，应有一个整体的布局规划，考虑到这些地区经济普遍落后、业务量较小、资产质量偏低，应进一步加大机构撤并和重组的力度，以更加有效、合理地配置银行现有资源。

二、把握西部大开发的新内容，加大对重点行业的投入力度

在传统计划经济和“短缺经济”时期，西部开发主要是围绕自然资源及其后续加工产业而展开的。在当前向市场经济体制转型时期和“买方市场”已经形成的条件下，西部大开发将在传统开发模式的基础上赋予新的内容，即在继续实行优势资源开发、强化资源后续加工业发展力度的同时，将基础设施、生态环境、产业结构调整和科技教育四个方面作为西部大开发的新内容，其中基础设施建设是重中之重，首当其冲。商业银行应根据西部大开发的战略导向，把基础设施建设作为行业信贷资金的主要切入点，及时调整资金投入结构，使资产质量在业务发展中不断得到提高。

目前，西部地区基础设施建设主要集中在交通运输、能源开发、城镇建设、邮电通信、水利工程等方面。基础设施项目数量多、资金投入大，单靠财政无法满足需求，加上当前资本市场还欠发达，因此资金缺口主要依靠银行信贷资金来弥补，这就为商业银行的业务发展提供了广阔的市场空间。

从交通运输看，公路将是未来一个时期内的发展重心，这是由当前交通管理和投融资体制特点决定的。据统计，我国西部地区公路密度仅相当于东部地区的12.5%，高速公路里程占全国比重仅为16.3%，公路建设滞后已经成为西部大开发的主要障碍。根据国家交通发展规划，“十五”期间西部公路建设将以高等级公路，特别是高速公路作为重点。

从能源开发看，水电资源具有可再生性，它将成为我国未来能源发展的主导方向。我国西部是世界上水电资源最丰富的地区，总储量占全国67.3%，开发潜力巨大。另外，整个电力行业的发展重点正由电站市场逐步转向电网建设，未来5年内电网工程项目将大幅度增加，预计总投资额将超过4000

亿元。

从城镇建设看，重点是加强大中城市的市政基础设施建设，如市内交通、供电供水、城市绿化、垃圾处理等，争取在短时期内使城市投资环境得到明显改善，以增强对区域外资金的吸引力；同时围绕一些特色产业和优势项目，国家也将在政策上大力支持一批西部重点小城镇的建设和发展。

从电信行业看，西部地区存在明显差距。正因如此，该产业在西部大开发中才具有更大的发展潜力。统计显示，到1999年底西部地区电话用户数量仅占全国的12.2%，电话普及率仅为4.8%，远远低于东部地区14.6%的水平。在移动通信、数据通信等高科技领域的发展空间则更为广阔。要顺利实现西部大开发战略，就必须加快电信产业的发展步伐。为此，国家正在加强对西部电信产业的支持力度，并将陆续出台一系列优惠政策鼓励该领域的投资建设。

在市场经济条件下，同一行业内部不同子行业的风险状况和成长前景可能迥然不同。商业银行要准确把握各行业内部结构的变动趋势，优化信贷投向结构，提高资金配置效率。在西部地区基础设施建设中，交通运输、能源开发、城市建设、电信产业等无疑将作为主要发展方向。但在制定信贷政策时，必须对这些行业内部的发展重点做进一步细分，以准确界定银行信贷资金的切入点。应选择那些有长期增长潜力，风险相对较低的具体方向进行信贷投放，而不是延续过去那种“一刀切”式的粗放经营模式。

除了增加基础设施信贷以外，商业银行还应配合财政贴息和税收优惠政策，加强对科教产业和生态产业等方向的资金投入力度。根据各地区具体情况，选择有比较优势和竞争实力的“特色产业”予以优先支持，如云南的旅游及花卉业、内蒙古的羊绒及奶制品业、陕西的水果业、四川的饲料及牲畜养殖业等，都是具有很强地区特色和发展潜力的优势产业。目前，这些产业优势没有得到充分发挥，随着宏观经济形势趋向好转和西部大开发的推进，其发展潜力将逐步显现，从而为商业银行拓展业务提供了良好契机。

要进一步树立动态的行业投资理念。应当看到，西部大开发是一个长期过程，在不同时期，有不同侧重点。在开发初期，主要着眼于为经济起飞创造条件，国家支持重点放在基础设施和科技教育等方面。而随着经济环境逐步改善，产业政策重点将转向优势资源产业、高科技产业和新兴产业，这一阶段的信贷政策要相应做出调整。商业银行要研究和掌握产业变动的基本规律，借鉴国外开发落后地区超常规发展的经验，同时密切关注国家产业政策的调整方向，争取提早规划，使信贷支持的重点略前于产业发展的重点，从而赢得更多的市场先机。

三、利用国家加强重点项目建设的有利时机，扩大信贷规模，抢占市场份额

从目前情况看，西部建设项目基本可分为三类：一是带有战略性、全局性和长期性的国家直属重点工程，如三峡水利、西电东送、南水北调等工程项目；二是具有阶段性和较大影响力的省级以上重点工程，如国家新近确立的重庆高架轻轨、柴达木盆地天然气管线、四川紫坪铺和宁夏黄河沙坡头水利枢纽、青海盐湖钾资源开发以及西部高校设施建设等西部开发十大重点工程项目；三是规模小、数量多、具有显著地方特色和开发价值的地市级工程项目。

对上述三类项目，商业银行应在认真研究的基础上，有针对性地制定经营策略。在明确重点区域和重点行业的条件下，商业银行应进一步结合西部开发的具体情况，围绕国家和地方确立的重点工程项目，积极落实信贷资金，抢占金融市场份额。为此，应对西部开发项目的风险收益状况有一个整体认识。

一般而言，国家直属重点工程前期技术论证较为严密，长期来看，社会效益大于经济效益，但建设周期长、资金缺口大，客观上存在一定的信贷风险。目前，这类项目通常由政策性银行负责提供信贷资金，商业银行应根据自身经营特点、发展目标和流动性状况确定介入的深度和方式，一般可考虑为这些项目提供配套资金和有关的中间代理业务。但对国家在垄断程度高，在一个较长时期内具有充足现金流来源的建设项目，商业银行也要不失时机地加大投入力度，为争取优质客户创造有利条件。

第二类工程项目，投资回收期相对较短，大多为3～8年，直接经济效益比较显著，信贷风险小于第一类项目。商业银行应将其作为发展重点，积极寻求资金介入，以开拓新的业务增长点。

第三类项目投资效益高，但经营风险较大。对这类项目商业银行切忌头脑发热，一哄而上，而应根据项目具体情况，严格进行项目的审查和评估论证，切实加强贷款全过程的风险管理，特别要落实贷款担保条件，增强担保的合规性和有效性，争取把预期损失率降到最低限度。

四、调整客户结构，强化对重点客户群的信贷营销力度

由于历史原因和投资环境的制约，西部地区国有经济比重偏高，中外合

资企业与外资企业的投入较少，非公有制经济对经济增长的作用发挥不够。在西部大开发中，国家将陆续出台政策，鼓励非公有制经济发挥更大作用，通过改善投资的软环境和硬环境，吸引海外以及国内其他地区的投资者。商业银行应以此为契机，转变过去那种只为国有企业提供金融支持的经营理念，重新确定客户结构的发展目标，培育新的富有生命力的客户群体。

从经营的“三性”原则出发，商业银行在西部地区的客户群应主要定位于：①合资或外资企业；②东部地区到西部投资的优质企业；③当地有市场、效益好、经营规范、讲信用的民营企业；④国有垄断行业中的龙头企业。这种客户结构目标符合西部经济发展特点和国家政策导向，具体表现在以下几方面：

第一，国家陆续出台政策，鼓励外商企业参与西部开发建设，如放宽了外商在西部地区投资的限制条件和限定股权比例，扩大了市场开放程度；鼓励东部地区的外资企业到西部再投资，对外资比例超过25%的项目，也视同为外资企业，享受优惠待遇；对西部地区国家鼓励的外资企业，在现行税收优惠政策执行期满后的3年，减按15%征收企业所得税等。这些政策必将促进西部地区外资企业的发展，其数量和规模都将发生重大变化。而目前西部地区外资银行数量和分支机构少，国内商业银行的机构、技术、人才具有相对优势，应积极争取外资企业客户，大力发展外币和国际结算业务，开展本外币一体化经营，为外资企业提供全方位金融服务，培育新的优质客户群体。

第二，随着发达地区市场需求趋于饱和和城乡居民消费需求结构的变化，许多有实力的东部地区企业转向西部寻求商机，商业银行应积极为这类企业提供贷款，一方面位于西部地区的开发项目本身可能具有较好的发展前景，且享受一定优惠政策，另一方面即使项目出现一定风险，也可以由设在东部地区的企业本部负责偿贷，因此可以将信贷风险控制在较低水平。

第三，银行应逐步加大对非国有企业的资金支持力度。在西部地区，非国有经济具有较强的经济活力，但长期以来，制约非国有企业信贷融资的主要因素是其信用制度的不健全。随着我国中小企业担保体系的建立和完善，商业银行对这类客户的金融业务将呈现出广阔的发展前景。

第四，西部地区经济中国有企业所占比重大，但经营效益差、亏损率普遍较高，因此要适当控制对一般国有企业的贷款份额，避免信贷风险进一步上升。但在国家垄断行业中，占主导地位的国有企业经济效益好、还款来源有保障，在其垄断期内，商业银行应把它们作为金融业务的重点对象。

五、突破西部大开发的主要障碍，坚持发展传统业务与开发多样化金融产品相结合，大力发展银行中间业务

在西部大开发过程中，商业银行除提供信贷支持以外，还可以根据西部大开发多样化的市场需求，利用自身具备的网络优势、人才优势和业务手段优势，在金融服务、财务咨询、利用外资、委托代理、企业转制和人才培训等多方面发挥重要作用。不仅要做好在东部地区已经发展成熟的业务，更要结合西部大开发政策，打破常规发展模式，率先在西部开办一些尚未在东部发展的新兴业务。

（1）开发多样化的金融产品。应结合西部地区重点区域、重点行业、重点项目和重点客户，开发出更多的金融产品，增强对西部大开发的金融支持作用，同时也为国内银行迎接未来国际化竞争准备条件。例如，西部大开发先期进行的基础设施建设投资周期长，需要大量资金，存在潜在的利率风险，应允许西部各行开办大额浮动利率存款业务，并相应开办浮动利率贷款；西部交通建设以公路为主，公路建设设备租赁业务前景将比较广阔，商业银行可考虑开展与之相关的金融租赁业务；西部地区目前资金比较短缺，银行在一定程度上还处于主动地位，应允许各行开办备用承诺、周转信用等贷款方式，以增加中介业务收入。在西部地区的一些大型中心城市，个人住房贷款发展较快，商业银行应考虑在个人住房贷款证券化方面有所突破，可以在西部某些大城市搞试点，争取比东部地区率先发展起来，积极开展个人金融服务，在有条件的西部城市大力发放个人住房、助学、装修、汽车等消费贷款，同时进一步完善个人资信评定、拓展个人理财的项目和范围。总之，大力发展金融产品，既要注重结合当地实际情况，又要充分利用西部大开发所赋予的灵活宽松的政策环境。

（2）积极拓展各种中间业务。商业银行可以通过在国内外发行长期债券筹措资金用于西部大开发；也可直接投资于西部建设项目，或通过购买西部大开发长期国债和政策性银行的金融债券等间接形式投资于西部大开发；还可以为西部大开发的投融资活动提供服务，如承销支持西部大开发的各种债券、托管西部大开发投资基金等。此外，商业银行还应扩大代理业务范围，如代理财政拨款，代理政策性银行、外资银行和其他金融机构委托发放的贷款，代收代付企业和居民的生产、投资和生活用款，代理农村保险业务等。

（3）为西部地区资产重组提供金融支持。产权制度改革是当前国有企业

转换经营机制、摆脱发展困境的根本出路。随着资本市场的迅速发展，西部地区大规模资产购并将不可避免，商业银行应抓住时机，在这方面多进行尝试。一方面，应积极开办杠杆收购贷款，为东部或海外资金在收购西部产权时提供更多融资支持；另一方面，可以在一些具备条件的国有企业开设员工持股专用账户，在个人资金存入累积到一定数额时提供信贷支持以购买企业股权。

（4）加强西部城乡电子网络建设。在西部地区，基础薄弱的银行网络系统已经成为制约各项金融业务发展的重要因素。商业银行应注重加强各自电子化网络建设，并在此基础上进一步实现网络互联，把工行和建行的城区网点优势、农行的农村网点优势以及中行的海外网点优势结合起来，实现银行卡和存折在全国范围乃至海外的通存、通兑，提高资金清算效率，实现信息资源共享，为国内外资金向西部地区流动创造便利条件。

（与武剑合作。原载《中国金融》2000 年第 11 期）

中国电信市场的发展潜力

在当今世界各国的产业结构变动中，电信行业是一个充满活力的新兴领域，其巨大发展潜力来源于现代信息技术的高速发展以及人们对通信效率和质量的更高追求。在过去10年中，中国电信产业获得了前所未有的发展。同时，随着加入WTO进程的不断推进，电信业也面临着来自国内外的巨大竞争压力。在这种条件下，正确分析我国电信市场的发展潜力对于判断该行业变动趋势以及制定国家产业政策都具有重要意义。

一、固定电话市场具有较大发展空间，发展重点逐步转向中西部和农村地区

与发达国家相比，我国固定电话市场具有进一步扩展的潜力。改革开放以来，我国电话普及率迅速提高，但与世界发达国家相比，仍有很大差距。直到1999年底，我国电话普及率才达到13.2部/百人，与发达国家相比，我国固定电话市场仍然具有很大发展空间。

我国固定电话增长率相对落后于国民经济增长速度。根据各国经济发展经验，电话机增长速度一般应高于国民经济增长速度，这样才有利于经济建设。从世界平均水平看，1960～1980年间电话机增长速度超前于GDP增长率40%，同期新兴工业化国家的电话机增长速度超前GDP增长率64%，而我国在这一时期电话机增长率却落后于经济增长速度14%，从而进一步拉大了与世界先进水平的差距。

近年，我国电信产业发展速度明显加快，1980～1998年我国电话机平均增长速度与经济平均增长速度的比值达到1.06，仍低于同期世界平均水平32个百分点。

1980～1998年，我国电话机拥有量以年均18.4%的速度持续增长，但仍不能完全适应经济高速发展的要求，所以我国电话普及率的增长速度还需要进一步加快。

固定电话的发展重点转向中西部及农村地区。目前，固定电话在我国东部地区，特别是大中城市的普及率已经比较高了，而中西部及农村地区的电

话普及率远低于全国平均水平，市场潜力依然十分广阔。

我国东、中、西部地区电信发展水平呈现明显的梯度关系，电话普及率分别为13.7%、6.9%和4.8%。随着国家西部开发和农村城市化战略的逐步实施，上述地区的交通、通信等基础设施将得到进一步加强，电信产业将成为新的经济增长点。

根据国家区域及产业发展规划，未来5年内西部地区的电话装机量、传统交换机容量、局用交换机容量等在全国的占比将由目前的12%~15%上升到25%~30%左右，相应的业务量占比也将由10%增加到20%。另一方面，农村地区电话用户数量呈快速增长态势，1995至1998年的年平均增长率为45.5%，远远高于城市电话的同期增长速度；与此同时，农村电话用户所占比重也逐年提高，由1995年的19.8%增加到1998年的28.4%。

1998年我国农村电话普及率为2.79%，仅相当于城市普及率的1/10，即使与全国10.5%的平均水平相比，也有很大差距。从发展的角度来看，随着我国居民收入不断增加，城乡差距逐步缩小，农村地区将成为未来固定电话业务的发展重点。

二、移动通信市场发展潜力最大，将成为我国电信业近期发展的“重中之重”

我国移动电话普及率与发达国家相比差距很大。1997年世界移动电话平均普及率约为5.9%，发达国家平均普及率为14.7%，如美国为25.5%，日本为30.9%，而我国1999年普及率仅为3.25%，城市普及率为8.5%，与发达国家相差悬殊。

我国移动电信业务进入高速增长时期。从1995年至今，移动电话用户数量的年增长率连续五年超过70%，增速远高于固定电话。随着电信改革措施逐步到位，竞争机制对产业发展的积极作用将逐步显示出来。未来移动电话入网费下调、单向收费、网络技术进步以及服务质量提高等都会使其用户群不断扩大，业务领域进一步扩展。预计“十五”期间，我国移动电话用户总数年平均增长率将达到28.9%，远远高于同期固定电话15%的增长速度。2005年我国移动电话将发展到1.6亿户，是1999年移动电话用户总数的3.7倍，普及率将达到11.8%。

三、数据通信业务发展前景广阔

近年来，全球数据通信业务发展迅猛，由于计算机迅速普及，数据业务平均每年以25% ~40%的速度增长，远远高于固定电话用户5% ~10%的增长速度。

数据通信业务的全面发展取决于计算机的普及和国民素质的普遍提高。目前，我国数据通信用户数量仅为890万户，计算机普及率较低，1998年仅为0.3%，与发达国家差距非常明显。因此，数据通信业务的发展在短期内还存在一定的制约因素，但从中长期看，随着全球科技的飞速发展，信息时代的来临将不可逆转，数据通信领域的发展潜力不可限量。

该领域投资将在未来5年内逐步得到加强。据有关专家预测，我国数据业务用户2005年将增加到1.5亿户，电信网中的数据业务将在5至10年内超过话音业务，成为电信业的发展重点。

四、与发达国家相比，我国电信行业在国民经济中的地位比重有待进一步提高

电信产业对国民经济发展具有显著的直接效益和间接效益。电信产业是现代化社会中必不可少的基础部门，它对国民经济增长作用不仅表现为直接效益，而且更多地反映在间接效益上。国际电信联盟的研究表明，电信业对发达国家GDP增长的直接贡献度仅为6% ~9%，而间接贡献度却通常超过90%；据统计，90年代中期欧美各国因数据通信产业的大规模发展，每年节约资金数额占GDP的比重高达27%。由此可见，大力发展电信产业对促进国民经济增长具有重要意义。

与世界先进水平相比，我国电信业收入在国内生产总值中的比重仍然较低。根据国际电信联盟统计，在20世纪80年代初期，全世界大多数国家电信收入占国内生产总值的2%左右，至1996年，西方发达国家电信业收入一般已占到GDP值的4.3%左右，预计到2000年这一数字会达到5%。国外专家预测，2000年世界电信业总值将突破12000亿美元，首次超过全球汽车业的总产值，成为世界第一产业。从我国的情况看，电信业总收入在国内生产总值中所占比重由1990年的0.43%上升到1998年的2.51%，与世界先进水平相比差距仍然较大。

我国电信业投资力度将会进一步加大。电信产业的发展与其投资的增长密切相关。据统计，1980～1995 年世界主要发达国家的电信投资与其国内生产总值的比例平均为 0.71%，而我国同期平均比例仅为 0.34%。如果要在 5 年内使我国电信产业规模达到发达国家 4%～5% 的水平，投资比例至少应保持在 1.5% 以上。

上述分析表明，目前我国电信产业无论从发展速度、存量规模、技术结构、还是资金投入等方面都远远落后于世界先进国家。从国民经济增长的内在需求看，我国电信产业在今后一个时期不仅具有大力发展的必要性和紧迫性，同时也具备了广阔的市场需求和充分的技术条件。

（原载《中国投资》2000 年第 6 期）

积极发展消费信贷　推进新一轮信贷结构的战略性调整

党的十六大提出全面建设小康社会、到2020年国内生产总值翻两番的战略目标，这既为银行业提供了新的机遇和发展空间，也预示着新一轮竞争和结构调整的开始。建设银行要紧紧围绕全面建设小康社会目标的需要，不断提高金融服务水平，积极发展消费信贷业务，推进新一轮信贷结构的战略性调整。

一、建设银行信贷结构调整的历史回顾与可资借鉴的主要经验

20世纪80年代以来，我国产业结构经历了三次重大转换。与之相适应，建设银行信贷结构也经历了三次大调整。

（1）第一次信贷结构调整：在1986至1991年间，与党和政府实施的以加大对电力、煤炭等能源工业和原材料工业等行业的投资力度为主要特征的投资结构调整战略相适应，建行信贷资金投向的重点是能源、原材料等制约国民经济发展的“瓶颈”产业。

（2）第二次信贷结构调整：1991年至1995年，银行信贷资金的重点投向由原材料、加工业转向电力、石油等能源产业，同时也加大了对交通邮电、房地产开发等城市基础设施产业信贷资金投入。

（3）第三次信贷资产结构调整：从1996至2001年，国有商业银行信贷资金投向的重点由生产性行业逐步转向交通、电信、房地产业等非生产性产业。同时，消费信贷呈现出快速增长势头。

回顾建设银行前三次信贷结构调整，有两条值得特别借鉴的经验：一是自1981年开始，建设银行有计划的全面系统的行业投资信息调查工作，为建设银行制定科学可行的信贷政策，引导信贷资金的正确投向，避免重复建设和盲目建设，提高信贷资金的使用效益都发挥了积极的作用，使建设银行在宏观经济信息导向层面，比较主动地掌握了实施信贷结构调整的主动权，它使建设银行全行的信贷结构调整工作在科学的行业信贷政策导向下有序地进

行。二是在实施信贷结构调整过程中，建设银行的贷款项目评审工作对贷款决策科学性的保障支持作用。建设银行的专业化的贷款项目评估审查工作机制，在贷款项目审批决策的操作环节，为实现信贷结构调整目标起到了可靠而有效的支持保障作用，为优化贷款结构，贯彻实施国家产业政策和建设行业信贷政策，促进贷款项目决策的科学化和民主化，防范贷款风险，提高贷款项目成功率，收到了显著的效果。

由于建设银行的信贷业务是以中长期信贷业务为主，前三次信贷结构调整的重点是中长期信贷结构调整。这种信贷结构调整的结果对信贷资产质量的影响具有持续性。从这个意义上讲，当前，在各国有商业银行中，建设银行的资产质量和经营效益处在相对较优的水平，是由于建设银行较好地把握了前三次信贷结构调整的机遇，并为实施结构调整采取了一系列行之有效的支持保障措施，比较主动地掌握了信贷结构调整的主动权。由此可以得出结论：信贷结构状况决定着信贷资产质量和效益水平，主动地把握信贷结构调整的机遇，有效实施信贷结构调整战略，决定和影响着建设银行能否实现持续性发展目标的能力。

二、当前和今后的一个时期内，是建设银行实施第四次信贷结构的战略性调整的重要机遇期

由经济发展水平所决定，由人们消费需求不断增长和消费升级换代的要求所决定，由企业投融资结构的发展变化趋势所决定，在当前和今后一个较长时期内，国有商业银行信贷投入将由以生产经营性信贷投入为主，逐步转变为以包括服务业在内的消费信贷投入为主。这一时期，是建设银行实施第四次信贷结构的战略性调整的重要机遇期。

（1）商品供应充裕，基础设施产业有了长足发展，由此而引起的产业投资结构的变化，客观上要求商业银行的信贷资金投向与之相适应。改革开放以来，我国社会生产力有了极大的发展，社会物质财富有了极大的增长，市场供求关系实现了由卖方市场向买方市场的历史性转变，相当多的工业产品生产能力已相对过剩，市场需求相对饱和，一般工业品的短缺已告结束。基础设施产业经过近几年大量的建设资金投入，也有了大幅度的增长和发展，而且通过一定时间的发展增长后，在不久的将来也会有一个相对饱和期。无论是加工工业产业结构的调整变化，还是基础设施产业结构的变化，都要求商业银行的信贷资金投向结构做出调整。

（2）随着企业融资渠道多样化变化，直接融资比重不断加大，存贷款的差距进一步拉大，要求商业银行为信贷资金寻求新的销售市场。随着我国资本市场的逐步发展完善，企业融资结构中的直接融资比重不断提高，而间接融资比重呈下降趋势，商业银行在传统的批发业务领域里经营困难，竞争激烈，金融机构存款大幅度增长，而贷款增长速度相对较慢，存贷利差不断缩小。据统计分析，在全社会固定资产投资构成中，国内银行贷款所占比重由1991年的23.5%降低到2001年的19.45%；在国有经济固定资产投资构成中，国内银行贷款所占比重由1991年的28.1%降低到2001年的23.13%。一方面，由于银行贷款在企业融资结构中所占比重的降低，加上银行存款持续增长，近年来，国有金融机构的存贷款比率逐步增加，存款和贷款增速的变动方向相反，并且有进一步扩大的趋势。

另一方面，我国加入WTO后，更加激烈的金融竞争必然会使我国银行特别是国有商业银行批发业务的份额进一步减少。在传统的信贷业务领域，有效需求不旺与银行巨额存款资金寻找有效用途的两难选择中，为了使国有商业银行巨额存款资金寻找能够使其真正能够效益目标的有效用途，需要采取有效措施，拓展新的业务领域，开辟新的利润增长点，以挽回生产领域信贷需求萎缩的不利趋势。而大力发展消费信贷是一种现实而又可行的选择。

（3）顺应居民消费结构升级潮流，积极发展消费信贷，是解决人们收入渐进式增加与消费升级换代跳跃式增长的矛盾的有效途径，是连接人们收入水平增长滞后与消费升级换代增长的链条。目前，人们生活总体上实现了由温饱向小康的历史性跨越。我国居民支出和消费结构处在从温饱型向小康型转变的过程中，居民支出结构从过去的注重提高“吃、穿、用”质量向提高住、行和综合生活质量转变，消费结构由过去的万元级耐用消费品向十万元级、二十万元级乃至百万级的消费品升级换代转变。居民消费结构升级所具有的跳跃式特点，与人们收入水平的渐进式增长难以相适应，仅仅依靠即期收入的增加和既往收入的累积难以直接形成有效的消费扩张。特别是随着消费升级层次的提升，大宗耐用消费品的档次也越来越高，购买力积累和消费等待的过程也就更长。如住房消费、私人汽车消费，都需要一定时间的收入积累。通过消费信贷方式，用未来的钱圆今天的梦将是相当一部分消费者的选择。

（4）一系列制度改革促进了新一轮消费信贷热点的形成。1999年人民银行发布的《关于开展个人消费信贷指导意见》，其宗旨就是鼓励商业银行发展消费信贷业务。同时，根据国务院文件精神，对个人住房贷款利率，在按同档次固定资产贷款利率减档执行的基础上又下降了 10%。2001 年以来，国务院出台一系列住房制度改革政策，高等教育收费制度改革、养老制度改革以及医疗制度改革。这些政策为商业银行开展消费信贷提供了良好契机，也都在一定程度上加大了个人信贷需求。

（5）我国消费信贷业务起步晚，发展空间较大。与西方商业银行相比，我国商业银行消费信贷业务起步较晚。尽管近年来，消费信贷业务呈快速增长态势，但消费信贷在商业银行贷总额中所占比重仍然很低。2001 年底，我国国有商业银行消费信贷余额仅为 6990 亿元，占信贷总额的比重为 6.2%，与西方商业银行相差甚远。有关专家预测，到 2010 年，国有商业银行贷款总余额中，个人消费贷款占比将达到期 26.5%。由此表明我国消费信贷市场仍有很大的扩展空间。

综合分析表明，以积极发展消费信贷为主要内容的商业银行新一轮信贷资产结构调整阶段，目前仅仅是开了一个头，但这种调整变化趋势是不可以逆转的。能否把握住第四次信贷资产结构战略性调整的发展机遇，事关建设银行未来生存和发展的大局，不可等闲视之，坐失良机。

三、发展消费信贷需要解决的几个主要问题

（1）根据区域经济的差异性，研究确定发展消费信贷的重点区域范围，有计划、有步骤地实施信贷结构梯度调整。受经济发展不平衡的制约，不同区域的经济发展水平，人均所拥有的金融资源，人均消费水平，人均纯收入水平的差异很大，加之受地区经济特点和产业梯度转移影响，区域间产业结构差异也很大。由于经济发展的这种地区差异，加之产业转移的梯度性特点，消费信贷的市场需求也存在重大的地区差异。实施以发展消费信贷为主要特征的第四次信贷结构调整战略，需要从经济发展的区域差异性和不平衡性出发，按照梯度次序，实施消费信贷结构的区域调整。在近几年内，发展消费信贷的重点经济区域和城市顺序应该是，首先是广东、浙江、福建、江苏、辽宁、山东等经济发达地区和上海、北京、天津、深圳、大连等大城市，其次是经济特区城市和沿海开放城市，再次是省会城市和中等城市。对于其他一些经济发展水平较低的地区，仍处于第三次信贷资产结构调整阶段，即信贷资金投向的重点主要是电力、交通运输产业、电信产业、城市供水供气等基础设施产业。

（2）优选消费信贷营销对象，重点开发风险低、潜力大的客户群体。选

择风险低、潜力大、信用好的客户群是银行防范消费信贷风险的重要工作。由于消费信贷的发展主要受制于人们收入水平，一般而言，营销消费信贷的优选客户对象主要包括以下几种客户群体：一是在读大学生。该类客户群体一般具备较高文化素质，很可能成为较富裕的人群，具有较高开发价值；他们从读书、参加工作到成为“富裕阶层”需要经历一定的过程，而这一过程最迫切需要利用个人信用资源，如果银行早期与之建立经济联系，提供金融服务，可成为银行稳定的优质客户。二是从事于优势行业的文化素质较高的客户群体。目前，发展形势较好的行业有电信、电力、外贸、金融、计算机、教育、医药等。由于行业经营优势的特点所决定，这些行业的员工收入水平较高，对未来预期收入也持乐观态度，他们不仅有“用未来的钱圆今天的梦”的愿望，而且有实现愿望的潜在经济能力。三是国家公务员、全国性大公司或外资企业的管理人员及营销人员。他们不仅工薪水平和福利条件高，而且一般掌握较好的专业技能，预期收入高，失业风险较低。

（3）建立完备的个人信用评价系统。发展消费信贷的当务之急就是建立个人信用制度。目前，我国发行的信用卡已有数千万张；而个人住房贷款、汽车消费贷款、助学贷款、耐用消费品贷款等消费信贷业务也办理多年，积累了较多的客户信用数据。可以说，我国个人信用记录并非是一片空白。应鼓励更多的人通过使用信用卡或贷款消费建立自己的信用史，并且各商业银行之间应沟通信息，达到个人信用资源的有效利用，让诚信者贷款方便快捷，让逃债者受到惩罚。

当然，个人信用制度的建立也需要其他制度的配套。目前需要做的主要工作包括：培植观念、健全法制，建立信用评估、信用评核和失信惩戒体系，同时引入个人破产和市场禁入办法。比如，配合人事档案制度和户籍制度改革，建立全国性电脑查询中心，发展独立的评估机构和坏账处理公司等。

（4）建立适合消费信贷业务特点的担保制度。消费信贷与批发类信贷业务不同，借款人是分散的个体消费者，贷款购买的是超过其即期收入限度并较长时间才能归还贷款的财产或耐用消费品。因此，在发放消费贷款时，用抵押、担保作还款保证显得十分重要。在欧洲国家，一般采用住房抵押担保发放住宅贷款，在香港实行购房抵押，又称“按揭”业务，是购房的单位或个人以购房合同作抵押获得贷款的方式。美国的抵押贷款之所以具有较强的吸引力，不仅因为有三个抵押市场中介来增强抵押券的流动性和偿还力，而且还因为有抵押担保机构可以保证抵押贷款的如期收回。一旦购房者违约，住房贷款担保的机构承担金融机构的贷款损失。美国抵押担保的成功还在于设定了融资机构和二级抵押机构，并建立抵押保险，有效增强了贷款的清偿力。

在我国，建立适合消费信贷业务特点的担保制度，应着重解决以下几个问题：一是完善担保法，增加有关个人消费信贷的详细条款；银行可视各个贷款品种的规定及申请人资信状况，要求全部提供合适的担保方式，并对担保程序进行严格审查。二是培育规范的抵押品二级市场，使各种贷款抵押物能够迅速变现。三是，可考虑由政府出面组建消费信贷担保公司，为长期消费信贷提供担保。

（5）建立银行内部消费信贷的风险管理体系。大力发展消费信贷不等于可以忽视风险控制与管理。商业银行应尽早着手建立专门针对消费信贷的风险管理体系。从跟踪、监控入手，建立一套消费信贷风险的预警机制，加强贷款后的定期或不定期的跟踪监控，掌握借款人动态，对借款人不能按时偿还本息情况，或者有不良信用记录的，列入“问题个人黑名单”，加大追讨力度，并拒绝再度借贷。

并且，要进一步完善消费贷款的风险管理制度，逐步做到在线查询、分级审查审批、集中检查。从贷前调查、贷时审查、贷后检查几个环节明确职责，规范操作，强化稽核的再检查和监督。

（原载《建设银行报》2003年1月23日第三版）

优选客户　挖掘电影行业信贷商机

电影是深受人民群众喜爱的文化娱乐形式之一。电影行业包括电影制作、电影发行业，具有科技含量高、附加值高、环境污染小、绿色低碳的特点。大力繁荣发展电影产业，对于加强社会主义文化建设、促进经济社会协调发展、增强国家文化软实力具有重要意义。根据国家已发布的《文化产业振兴规划》和《关于促进电影产业繁荣发展的指导意见》精神，电影行业属于国家大力扶植的新兴产业，未来我国电影业将会有一个较大的发展。我行应加大对电影行业的信贷关注和支持力度。

一、电影行业近年来发展较快

自 1905 年诞生第一部电影以来，我国电影行业经过百余年的曲折发展探索，在我国经济、文化生活中的重要地位已经被人们所认识、确立，电影行业的产业属性和经济属性得到了肯定。2003 年起，我国推行了旨在打破地域垄断、实行市场化运作的电影放映院线制等一系列改革措施，使电影成为我国传媒文化产业中改革开放程度最高的一个行业，每年电影票房增长幅度都在 30% 以上，远远超过了 GDP 的增长速度。

（一）电影产量稳定增长，我国已成世界电影生产大国。2009 年故事片产量 456 部，居印度、美国之后的世界第三位。

中国内地 2001 ~ 2009 年 10 年间电影故事片生产快速增长的趋势如图 1 所示。

（二）票房收入连创新高。2009 年国产电影票房收入 62.06 亿元，海外销售收入 27.7 亿元，电影频道广告收入 16.89 亿元，电影综合效益 106.65 亿元，我国成为全球增幅最快的电影市场之一。电影市场从金字塔结构向梯形结构变化，高票房影片增多。2009 年产出 1000 万元以上票房的国产影片 40 部、1 亿元以上的 11 部、2 亿元以上的 5 部，改变了往年国产影片市场份额靠一两部超级大片支撑的局面。表明电影市场“二八定律”逐渐正常化，以主流大片为支柱、类型片为基础、中小成本影片为补充的影片生产格局正在逐步成形。

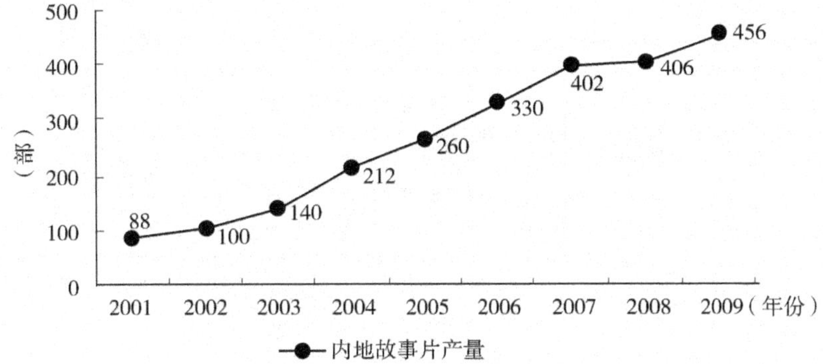

图1　中国内地2001～2009年电影故事片生产增长曲线

2003～2009年中国电影产业综合效益构成及增长趋势如图2所示。

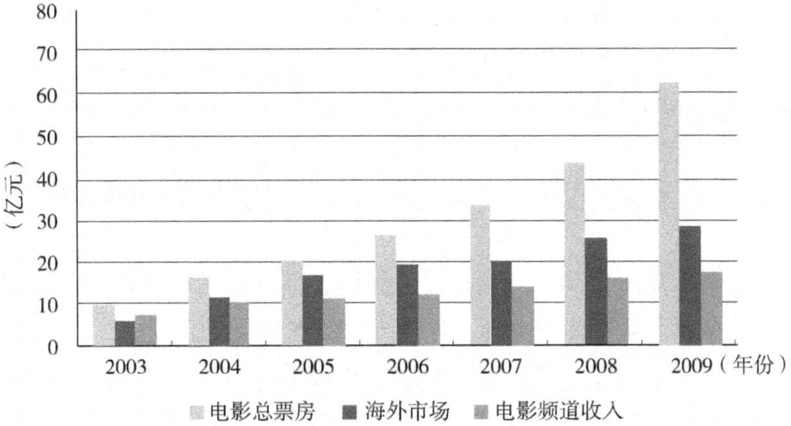

图2　2003～2009年中国电影产业综合效益

（三）多厅影院建设稳步发展，院线竞争的市场集中度更加明显。2009年我国平均每天新增1.7块电影银幕，城市院线银幕突破了4000块。万达、中影星美、广州金逸珠江、上海联和、南方新干线、北京新影联等6大主力院线票房收入合计40亿元，占全国市场份额的66.6%。民营企业及港资企业成为影院建设主力军。

2002～2009年9年间中国内地影院和银幕数增长发展趋势如图3所示。

（四）电影制作、发行市场主体的分化整合已经开始，专业化、集中化、规模化渐成趋势，我国电影产业继续呈现出活跃、上升的良好发展势头。中国电影集团公司、上海电影集团、民营的华谊兄弟传媒逐渐形成电影产业第

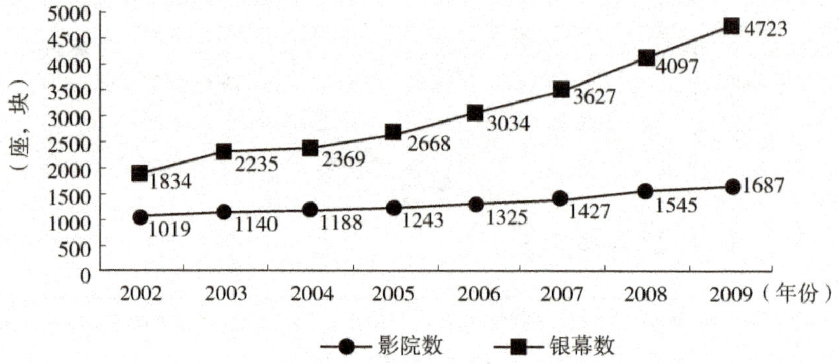

图 3　2002～2009 年中国内地影院和银幕数增长曲线

一阵营。国有的八一电影制片厂、西安电影集团、长春电影制片厂、天津电影制片厂，以及民营的保利博纳、橙天娱乐、光线传媒、北大星光、新画面等也形成了一定的电影生产和发行能力。一些新兴电影企业开始以中小成本逐渐形成自己的竞争优势。

二、电影行业融资需求旺盛，与银行合作形式多样

电影行业属于资金密集型产业。美国每部电影平均投资早已超过 1 亿美元。目前我国有影响力的商业大片投资最少 8000 万元，新建一座影院投资不会少于 2000 万～3000 万元。电影行业的发展离不开资金支持。国内银行与电影行业贷款合作形式，既有传统的股东个人无限责任担保、第三方抵押担保方式，也有国际流行的预售合同抵押贷款、版权质押贷款，还有新近推出的多片整体打包贷款、创作个体无抵押贷款等创新形式。

2004 年深圳发展银行贷款支持华谊兄弟拍摄电影《夜宴》，是民营文化企业获得银行支持的成功案例。2009 年 6 月，国内最大的民营电影发行机构保利博纳获得了工商银行的贷款支持，首批项目贷款 5500 万元，用于《十月围城》、《大兵小将》、《一路有你》等三部影片的制作发行费用，成为国有大型商业银行介入民营文化产业的标志性事件。在北京市文化创意金融市场中，北京银行文化创意企业贷款占金融机构发放总额的 90% 以上。北京银行先后与中国电影集团、华谊兄弟、万达院线等 280 余户高成长性文化创意企业客户建立合作关系。目前，该行已为文化创意产业提供 50 亿元的授信额度。2009 年 12 月，包括张国立、李少红等在内的国内 23 名知名影视导演获得了

民生银行的无抵押个人贷款，每人的授信额度约为500万元，贷款用于导演创意、立项或合作的影视项目，说明银行已经把授信的对象从企业延伸到了创作者个体。

三、作为国家大力扶植的新兴产业，电影行业发展前景广阔

（一）电影行业是个具有良好发展前景的新兴产业。2004年，我国的国内票房收入仅为15亿元；2007年达到33亿元，增长速度较快。据国家统计局数字，2008年我国国内生产总值30.067万亿元，人均GDP已经超过了3000美元。根据国际经验，当人均GDP超过3000美元时，人们的消费结构会由单纯追求“物质”向“物质”和“精神”并重转变。按照国际标准计算，这一阶段，我国文化消费支出总量应该达到4万亿元以上，而目前统计只有不到8000亿元。与相同发展程度国家相比，我国居民文化消费潜力还远未得到开发。未来中国经济必将进入一个投资与消费、外贸与内需更为平衡发展的时代，文化产业作为新兴服务业将有更大的发展空间。我国的电影行业将会以此为起点，进入一个更为健康的高速增长周期。目前中国13亿人口的电影票房收入仅为4700多万人口的韩国的1/4。假设中国人均每年花费10元在电影产业上，那么电影产业的年收入就能达到130亿元；人均每年花费50元在电影产业上，电影产业的年收入就能达到650亿元。业内人士预测，在可预见的将来，我国电影产业年收入将突破1000亿元大关。

（二）电影属于国家大力扶植的新兴产业。2009年7月22日，国务院常务会议讨论并通过国家《文化产业振兴规划》。此项规划是我国第一部文化产业专项规划，标志着文化产业已经上升为国家的战略性产业。规划提出了加大政府投入、加大金融支持、设立中国文化产业投资基金等五项重大政策措施。国务院办公厅2010年1月专题制定了《关于促进电影产业繁荣发展的指导意见》，鼓励金融机构加大对电影企业的金融支持力度。鼓励金融机构拓展适合电影产业发展的融资方式和配套金融服务；对符合信贷条件的电影企业，应合理确定贷款期限和利率，提高服务质量和效率。在中央政策引领下，各地政府根据自身财力情况分别给予相关企业税收减免、财政贴息等优惠政策，支持电影产业发展。比如，北京市政府先后出台了《北京市文化创意产业贷款贴息管理办法（试行）》、《北京市文化创意产业担保资金管理办法（试行）》，对采用银行贷款拍摄电影的企业，按贷款利息额的50%～100%提

供贴息支持；将担保与再担保机制结合起来，采取对合作担保机构的再担保费进行补贴等多种形式，帮助解决电影产业融资难问题。

四、建议加大对电影行业的信贷关注和支持力度

在国家支持电影产业发展的大环境下，电影行业必将获得大发展、大繁荣。电影行业的美好前景也必将给银行业带来新的信贷商机，我行应顺势而为，积极介入，加大对电影产业的信贷关注及支持力度。

（一）优选客户，实行名单制管理，重点支持品牌企业。在制片、发行环节，我行信贷应重点支持中影、上影、华谊兄弟、北京新画面、保利博纳等目前处于国内制片发行方前列企业的发展。对其他制片发行企业，我们则应该关注和选择那些拥有较完整产业链的公司。

在电影题材及制作方式方面，积极支持名导演、强阵容、大制作、跨国放映的主流电影；适当介入中等制作、符合人们娱乐需求的商业类型片、浪漫喜剧片。

在放映环节，2009 年底广电总局出台的电影票房分账调整政策，主要在向电影产业的两头——制片方和电影院倾斜，院线能获得的收益将越来越少，院线公司普遍只有 5% 甚至 2% 的票房分成空间。目前大部分中小院线生存困难，这些中小院线都是由原省市电影公司翻牌而来，不仅经济效益差，而且历史包袱重，发展潜力也很小。因此，对于院线公司，重点支持股东实力强、影院布局合理且已形成规模经济的大型资产联结型院线；择优支持具有大型电影集团背景、有政府政策支持的传统加盟连锁型院线。

对于影院，应优先支持大型资产连接型院线公司投资建设的影院项目；支持排名前十院线旗下的加盟或自建影院项目；对其他影院，在股东提供足额、可变现资产抵押或符合我行规定的第三方担保情况下，可按不超过其投资总额的 60% 提供信贷支持。在具体贷款安排时，对于影院建设项目，应综合考虑当地人均可支配收入、选址、交通人流量、土地成本、租金成本、投资回收期、票房预测收入等因素，并锁定院线和影院的收入为还款来源。

（二）在信贷品种安排上，应与电影产业特点和不同类型电影企业的运作规律相匹配。电影制片、发行企业在某种程度上具有与“承接大型施工项目的建筑企业”类似的特点，单笔贷款数额较大、一次性投入额大、周期较长，贷款往往需要“跟着影片走”。

影院建设一般投资回收期相对较长，比较普遍的回收周期为五六年左右，

但运营风险较小。它的主要资金需求具有长期性、较低风险的特征，适宜我行提供固定资产贷款支持。

今后，我国电影企业将呈现综合化、大型化、集中化的发展趋势。随着市场集中度越来越高，行业内的并购重组整合步伐将不断加快，这为我行开展并购贷款业务提供了一个新的领域。为此，在充分把握风险与收益平衡的基础上，我行应适时为优势电影企业提供并购贷款支持。

（三）在加大对电影行业信贷支持的同时，对制片、发行公司采取从紧控制额度、贷款后进先出、多重抵押担保、全程封闭管理的风险控制措施。在实际操作中，应根据制片、发行公司实力、“项目”风险状况、同业竞争情况，采取有效的风险控制措施：

1. 贷款后进先出。将电影制片、发行公司制作、发行的单部或几部影片视同一个“项目”看待，要求客户自有投入的资金不低于我行规定比例，“项目”自有资金先于银行贷款投入使用。待电影制作发行形成收益时，收入部分优先用于偿还银行贷款，剩余资金再用于股权投资回报及客户自我积累发展。

2. 全程封闭管理。要求电影制片、发行公司在我行开立专用账户，此账户专门用于核算拟投拍、发行影片的自有资金及贷款等资金投入、成本支出、收入归集、贷款偿还等。“项目”自有资金进入专用账户并在我行监督下优先使用；在客户自有资金使用完毕后，我行贷款方可通过此专用账户发放。在贷款发放时，应逐笔核实用途，确保不被挪用。影片发行形成收入时，应全额回款到专用账户。

3. 多重抵押担保。鉴于影片制作、发行风险相对较大，在要求企业提供保证措施时应做到“能保尽保”。质押措施包括影片本身形成的版权、票房收益权质押；抵押措施有房屋、土地、电影拍摄、制作设备等实物资产抵押；第三方保证措施有股东个人无限责任担保、关联公司担保等。

4. 对影院信贷支持应采取票房收入等资金账户质押、股东担保等风险控制措施。影院建设是一项“投入资金大、回收周期长、运营风险小”的项目。控制影院授信业务风险可主要采取监控票房收入等资金账户、要求股东担保或提供其他抵押物等措施来进行。

5. 从紧控制额度，期限周期匹配。贷款额度一般控制在影片制作、发行投资额度的50%～70%。贷款期限应与影片制作、发行的生产经营周期、投入产出周期相匹配。

（与蒋伯荣合作。原载《建设银行报》2010年11月12日第三版）

铁路行业改革趋势判断及银行信贷政策的建议

一、铁路行业发展改革的进展与下一步改革的趋势判断

（一）铁路发展现状与存在问题

1. 铁路行业现行经营与管理体制的特点

铁路行业是国民经济的重要支柱产业和基础产业。2010年末，铁道部总资产达到3.29万亿，总负债1.89万亿，总收入6857亿，职工212.31万人。2010年全国铁路行业完成旅客发送量167609万人次，比上年增长9.9%；完成货物发送量362929万吨，比上年增长9.3%。我国铁路行业现行经营与管理体制具有以下几个特点：

（1）经营具有垄断性。铁道部既是管理者，又是主要的投资者和经营者。对系统实行高度集中统一的经营管理体制，下属铁路局虽然为法人，但全路运输的组织调度、财务清算职能集中在铁道部，铁道部对全路的收入统一清算实行交叉补贴。

（2）铁路运输实行由政府管控的统一价格。虽然在国家批准的价格内，不同铁路价格有一定的浮动，但总体上是管理价格而不是市场机制调节价格。

（3）基于网络化的规模效应。铁道部系统实行的是路网和客货运营统一管理、统一核算的管理体制，技术和经济上有“设备联网、线路专用、生产联动、部门联劳”的特征。整体性和网络化决定了铁路的规模性，表现为存量资产规模和新建项目规模都很大。在规模效应下，铁路市场进入门槛较高。

（4）资产经营具有明显的长期性和专用性。车辆使用期限一般在10年以上，路基、桥梁、隧道、涵渠等使用年限长达几十年，甚至更长。铁路资产专用性很强，会形成较大的资本占用。

（5）铁路运输具有多方面比较优势。铁路运输在大流量、高密度的城际中短途旅客运输中具有较强的竞争优势。铁路运输有长距离、大运量、低成本、污染少、占地少、安全快捷的特点，可以全天候运输。从能耗上看，铁

路完成单位运输量能耗分别是公路、民航的1/8和1/11。在目前各种运输方式中，铁路是唯一可以实现以电代油的运输方式，在节约资源、保护环境方面也有较大优势。

（6）项目收益现金流前低后高。铁路资产使用的长期性、铁路建设的超前性、铁路生产（服务）能力不能储存或转移等特点，使其经济效益和财务效益具有显著的、前低后高的长期性特点。目前正在运营的铁路线路中，投入运营40～50年且客货流量稳定的铁路盈利能力相对较高，而项目运营初期盈利能力较低，随着客货运量的稳步提高其盈利能力逐步加强，现金流逐渐增多。

2. 铁路体制改革滞后带来经营管理问题凸显

（1）管理依靠行政命令，对市场反应不敏感，运营清算体制不透明，经营权力过度集中。我国铁路系统长期实行国家垄断经营、垂直领导、高度集中、政企不分、半军事化管理的体制，由此形成了体制僵化，机构庞杂，人员冗余，管理依靠行政命令，对市场反应不敏感，运营清算体制不透明，投资收益存在不确定性。经营权力过度集中，非铁路股东权益受损，过度追求高速度发展而忽视发展质量等一系列的问题。

（2）“十一五”期间铁路的超常规发展，投资能力严重不足。“十一五”时期，国家交通运输基本建设投资重点从民航、公路转向铁路。2008年扩大内需政策背景下，国家将2004年制定的《中长期铁路网规划》进一步调整，铁路建设进入高速发展时期。截至2010年底，全国铁路营业里程9.1万公里，较“十五”期末增长1.56万公里，增幅21%。

“十一五”铁路建设投资额连年增长迅猛，五年间完成固定资产投资总额24309.98亿元，比“十五”增长387.5%，其中完成基本建设投资总额达19787亿元，比“十五”增长529.1%。2005～2008年铁路年均投资不足1000亿元，2008年、2009年则分别达到3300亿元、7013亿元，2010年更是突破8240亿元。

而与此同时，铁道部系统投资实力并未相应增长。由于长期微利或亏损，铁道部用于投资的自有资金主要来源于铁路建设基金和折旧两部分，两部分资金长期保持在1100亿元左右。因而其激进的投资计划主要依赖大规模举债推进。

（3）近几年来铁路建设加速带来举债激增，债务负担沉重，近期铁路企业偿债压力较大。“十一五”路网建设提速，铁道部转向依赖债务融资弥补铁路建设的巨大资金缺口，铁道部负债总额从2006年的6400.77亿元逐年增长到2010年的1.8万亿元，资产负债率则从2007年的42.43%逐年上升到2010年的56%。2011年上半年，铁道部负债已达2.09万亿，负债率升至58.53%。

铁路系统经营现金流主要来自建设基金和折旧。2010年铁道部经营性现金流1587亿元，2011年预计经营性现金流约2000亿元，而保守估计还本付息则需2500亿元。考虑到2008年开始高铁新增贷款大幅上升，2009年、2010年投入运营的高铁项目将在2012年进入还本付息阶段，从2012年起铁道部的现金支出压力将会更大。

（4）由于铁路运输定价机制的程度市场化程度不高，铁路运价的调整上涨幅度跟不上近年来铁路铁路投资成本、能源消耗等运营成本的上涨幅度，导致铁路运营企业的财务效益较低（见表1）。

表1　现行铁路货物运价标准（2011年4月1日起调整）

类别	运价号	基价1				基价2			
		单位	新标准	调整前	上涨率	单位	新标准	调整前	上涨率
整车	1	元/吨	6.4	6.2	3.23%	元/吨公里	0.037	0.036	2.78%
	2	元/吨	7.0	6.8	2.94%	元/吨公里	0.0444	0.0432	2.78%
	3	元/吨	8.7	8.5	2.35%	元/吨公里	0.0498	0.0484	2.89%
	4	元/吨	10.8	10.5	2.86%	元/吨公里	0.0553	0.0537	2.98%
	5	元/吨	11.7	11.4	2.63%	元/吨公里	0.063	0.0612	2.94%
	6	元/吨	17.1	16.8	1.79%	元/吨公里	0.0869	0.0845	2.84%
	7					元/吨公里	0.2876	0.2795	2.90%
	机械冷藏车	元/吨	12.9	12.5	3.20%	元/吨公里	0.0875	0.085	2.94%
零担	21	元/10千克	0.126	0.122	3.28%	元/10千克公里	0.00062	0.0006	3.33%
	22	元/10千克	0.176	0.171	2.92%	元/10千克公里	0.0009	0.00087	3.45%
集装箱	1吨箱	元/箱	10.8	10.7	0.93%	元/箱公里	0.0426	0.0414	2.90%
	20英尺箱	元/箱	259	249.2	3.93%	元/箱公里	1.208	1.173	2.98%
	40英尺箱	元/箱	438.6	436.3	0.53%	元/箱公里	1.8904	1.8346	3.04%

（二）铁路体制改革最新进展与趋势判断

1. 铁路体制发展改革的最新进展

今年铁道部人事变动后，领导层显露出分权改革的意向，试图主动转换各路局经营机制，将人、财、物、事权逐步向路局下放。5 月中旬铁道部内部下发《关于加快转变铁路发展方式确立国家铁路运输企业市场主体地位的改革推进方案》。该方案的基本设想是，今后铁道部将主要行使政府监管、国有资产出资人代表和行业管理三大职能，同时逐步扩大地方路局的经营自主权。在财务制度安排上，铁道部将确立“收入来自市场、客运及专业运输承运清算、货物运输按票分段结算、提供服务相互清算”的财务清算体系，以打破“统收统支”的旧制度。据悉，武汉铁路局、郑州铁路局等路局已在 7 月前开始相关资产、人员的调整。

该《方案》打破了铁路系统“统一核算、收支两条线”的财务制度，对于调动路局积极性会起到一定作用。但是线路使用权和调度指挥仍然由铁道部统一安排，路局仍是其分支机构，而不是具有产权的市场竞争主体。总体来看，当前的分权改革仅是在现有管理体制下进行的一次修补，难以根除铁路高度垄断、政企不分的重大体制弊病。

2. 对铁路发展改革方向及趋势的基本判断

基于上述情况分析，结合前期的访谈调研，我们对铁路体制改革方向趋势的基本判断是：

（1）未来铁路体制的改革是必然的，而且将逐步深化，分拆重组是主方向。铁道部是目前唯一一个享受国家主权信用等级的政企合一机构，它的债务评级有着国家主权性等级的评级，市场的理解就是国家信用作支持。未来铁路体制的改革是必然的，而且将逐步深化。根据国内外改革分拆重组的经验，一般而言，负债会跟着资产走。

（2）实行彻底的政企分开，使铁路企业成为市场竞争主体。分离后的铁道部专司行业规划监督管理等职能，而路网资产、运输资产及业务则设立一个或若干个企业来承接。

（3）大通道、大干线等基础骨干网仍将掌握在国家手中。对涉及大宗物资和人员集中运输的基础骨干网络，如四纵四横线路、重要煤运通道、客货运干线等仍由国家控制。

（4）投融资行为、定价机制和效益的市场化，区分公益性线路和经营性线路，引入竞争机制，差别化投资。一是未来有可能对铁路实施分类建设和运营，开辟不同的投融资渠道。公益性铁路实行计划性建设和运营，以政府政策性资金和政策性补贴为主；二是经营性铁路以战略性投资为主，投资效益驱动成为投资行为的主要动因；三是铁路运输定价机制分阶段逐步趋向市场化，定价权逐步向经营主体下放，引入竞争机制提高经营效益，使投资效益能有效地体现铁路运输市场化经营和竞争的收益水平。

（5）投资主体和投资渠道将更加多元化。铁路投资由单一投融资主体向铁路局、地方政府、国有企业、民间资本等多元主体格局转变。铁路企业将自主经营，自主确定投融资方案。投融资渠道除直接投资入股外，各类非铁路行业投资者未来可通过产业投资基金、各类债券工具、集合信托计划、银行理财产品等多种渠道投资铁路企业。

（6）发展是主流，发展步骤是“降速度、保在建、上必须、重配套”。在建项目将力保国家重点，确需新上的项目面临结构调整，铁道部可能不再参与地方铁路投资建设。一是根据铁道部制定的铁路“十二五”发展目标：新线投产总规模控制在3万公里，“十二五”末运营里程将增加到12万公里左右，按照这个规模，“十二五”期间将安排基建投资2.8万亿元，较“十一五”增长41.4%，远低于“十一五”529.1%的增长速度。二是差别化对待在建项目，力保国家重点项目。发改委在“保在建”思路上与铁道部基本一致，但建议对在建项目结构进行进一步调整。主要思路是，具体指国务院或发改委批复的在建项目，总投资约2万亿元，占全部在建项目的2/3。三是梳理和清理在建的地方项目和支线项目。这类项目对经济社会发展并非至关重要，将会适度放缓投资建设进度，同时对较原规划缩短建设期限或提高建设标准的，积极整改，严格批复执行（改回原有期限和标准，拉平投资）。四是对于确需新上的项目（即铁道部讲的“上必须”），将通过在建项目调整，腾出投资空间。五是对于城际铁路（包括省内、城市群）和地方铁路，铁道部有可能逐步退出并不再参与新建，交给地方政府，部分煤运通道可鼓励或移交有需要的企业投资。

（7）随着铁路运输定价机制的逐步改革调整，铁路运输的竞争力将会进一步增强，铁路企业的财财效益、偿债能力和市场融资能力将会有较大提升。

二、对我行与铁道部系统全面业务合作的基本原则与策略的建议

（一）从铁路、道路、航空运输行业的资产负债率和从我行上述三大行业贷款余额各自在贷款总余额中所占比率分析看，未来我行对铁路运输行业的信贷投入仍有较大的增长空间

据对国内上市公司有关数据统计分析，2010 年末，道路运输业（大类）上市公司资产负债率平均为 42.49%，航空运输业（大类）上市公司资产负债率平均为 65.93%，水上运输业（大类）上市公司资产负债率平均为 67.46%，而铁路运输业（大类）上市公司资产负债率只有 24.49%（见表 2）。上述四大行业中，铁路运输业、航空运输业、上市公司资产负债率最低。2011 年 6 月末，铁道部资产负债率为 58.53%，也比水上运输业、航空运输业上市公司的平均资产负债率要低。

表 2　交通运输行业资产负债率情况

行　业	该行业国内上市公司 2010 年末资产负债率平均数（%）
铁路运输业	24.49
道路运输业	42.49
水上运输业	67.46
航空运输业	65.93

截至 2011 年 6 月末，我行对道路运输业（行业大类）贷款余额 4127 亿元，占我行贷款总余额的 9.59%，航空运输业（行业大类）为贷款余额 242 亿元，占我行贷款总余额的 0.56%，铁路行业（行业大类）1241 亿元，占我行贷款总余额的 2.89%。

综合上述数据，再考虑到铁路行业未来发展的市场需求以及铁道运输业在国民经济中的重要地位，我行对铁路运输行业的仍有较大的增长空间。

（二）我行与铁路行业及铁道部系统客户业务合作的基本原则

基于以上分析，我行应按照“建立全面业务战略合作关系”，“履约守

信，积极履行已签约合同的贷款投放”，“‘腾笼换鸟’保重点”，“适当提高铁道部授信集中度的‘容忍度’”的原则，与铁路行业及铁道部系统客户开展业务合作，以实现“双赢”目标。

（1）继续深化与铁道部系统全面战略合作关系。“十二五”期间，全国铁路营业里程将达到12万公里以上，其中高速铁路1.6万公里以上，西部铁路5万公里以上，复线率和电气化率分别达到50%、60%。未来五年估算铁路投资额将超过3万亿，融资需求超过2.2万亿。对我行而言，除了本外币存贷款、保证、票据、结算、理财、年金及资金管理等存量业务带来的各种综合性收益之外，“十二五”期间国家规划建设的高速铁路客运专线、经济发达地区城际快速客运系统、煤运通道扩建及机车购置需求将给我行带来千亿元以上的信贷增长空间，同时也将带动现金管理、直接融资服务、间接融资创新，海外业务支持等新兴战略业务的全面发展，派生出铁路系统上下游客户的多方面金融服务需求。

综合考虑铁路运输行业的特点和中长期发展趋势，建议继续将铁路行业及铁道部系统客户作为我行重点支持的行业和战略性客户，继续深化与铁路系统客户的全面业务合作。

（2）履约守信，积极履行已签约合同的贷款投放。在铁道部提供的本年度项目贷款需求清单的基础上，优先保证已签署合同的项目信贷资金投放，适当安排专项规模满足急需用款，对其中已签约未投放、已审批待签约的部分列为我行“必保”项目，采取“总行按一定比例专项配置一部分，分行自身安排一部分”的方式，力争满足客户需求，确保市场份额和我行的商业信誉。

（3）主动调整业务结构，“腾笼换鸟”保重点，加大到期存量贷款的回收力度，适度的新增贷款主要用于铁道部所确定的在建、必需、配套和重点项目。在积极推进落实监管要求的前提下，加快铁路系统非主营业务存量信贷资产的退出力度，继续盘活到期债券等资产，按照“保在建、重配套、上必须、优结构”的原则，腾出的规模用于支持名单内“四纵四横”、西部大开发重要线路、煤运通道、客货运干线、机车车辆购置以及重要的改造、配套项目。

（4）积极落实相关监管要求，适当提高铁道部授信集中度的“容忍度”，延长“集中度”达标宽限期。各商业银行对铁道部授信集中度过高的问题，是近几年来铁路行业的快速、超高速发展与铁路行业管理体制改革相对滞后，铁路项目建设融资渠道过于依赖银行体系共同作用的结果。解决铁道部授信系统集中度过高的问题，不宜采取“一刀切”的休克疗法，还需要在铁道行业未来改革与发展的过程中逐步解决，铁路行业的停滞发展解决不了授信集中度过高的问题。商业银行若简单地共同采取停止放贷等办法来解决集中度超标的问题，将严重损害存量铁路系统信贷资产质量。

随着“十二五”期间铁路建设投资的逐步完成，铁路管理体制的改革和融资渠道的拓宽，加上商业银行资本实力的不断充实，铁道部系统在我国商业银行体系中的授信集中度“超标”问题将在未来逐步得到缓解。

（全文载建设银行《决策参考》2011 年第 3 期，原标题为“关于我国铁路发展改革的重大问题及我行支持配合对策的研究报告”。与张楠、常科执笔。本次选摘其中第一、第三部分内容，题目是编者加的。）

五、切实防范金融风险

国有商业银行信贷资产质量何以如此

——从投资信贷体制缺陷和借款主体经营效益，辨析国有商业银行金融风险的成因

一、我国国有商业银行贷款资产质量不高，金融风险加大

（1）不良贷款率逐年上升，信贷资产质量下降。据有关资料，1994 年末，工农中建四大国有商业银行的平均不良贷款率已超过人民银行规定的监控标准，1995 年进一步上升，1997 年 6 月底，四大国有商业银行的平均不良贷款率又比年初增加 10 个百分点。

（2）国有商业银行经营效益大幅度下降。从资本金利润率指标看，1992 年工农中建四大银行资本金利润率平均为 22.22%，1993 年降为 15.20%，1994 年降至 11.07%，1995 年进一步降至 10%。1995 年与 1992 年相比，四大国有商业银行资本金利润率下降 12.2 个百分点，幅度很大。

（3）国有商业银行实收资本和所有者权益的增长幅度远远低于资产总额和贷款总额增长幅度，导致资本充足率逐年下降，影响了国有商业银行在国际金融市场上的资信度。根据有关统计资料计算，1995 年与 1994 年相比，工农中建四大银行的资产总额增长 13.11%，贷款总额增长 24.41%，而同期实收资本仅增加 8.32%，所有者权益增加 6.14%；1995 年与 1993 年相比，工农中建四大银行的资产总额增幅为 38.6%，贷款总额增幅为 32.85%，而同期实收资本仅增加 29.06%，所有者权益仅增加 20.34%。1995 年末，四大国有商业银行实收资本总额为 1983 亿元，贷款总额为 33671 亿元人民币（不含中行外汇贷款额）。若按不良贷款率 25% 计算，不良贷款资产总额达到 8417 亿元人民币。如果不良贷款中三分之一形成呆账，则有约 2806 亿元的呆账。超过实收资本总额。国有商业银行的资本金数量不足，难以发挥缓冲风险的作用。

（4）资本负债率逐年下降。从资本与负债的比例（反映了资本金在资金来源中的比例，按实收资本在负债及所有者权益中所占比率计算）看，从 1989 年到 1995 年，工农中建四大银行的这一指标一直呈下降和波动的态势，

并且 1991 ~ 1995 年四大银行资本与负债比率均在 5% 以下。1991 年四大银行平均为 3.79%，建设银行最高，也仅为 5.12%；1992 年平均为 3.07%，建设银行仍最高，为 4.51%；1993 年四大银行资本与负债比率降至 2.75%；1994 年降至 2.66%，1995 年进一步降为 2.46%。

（5）贷款质量下降的幅度远远高于贷款增加的幅度。1996 年与 1995 年相比，建设银行贷款余额增幅为 28.94%，而同期的不良贷款额增幅为 66.17%。不良贷款增幅比贷款余额增幅高 37.2 个百分点。

二、从投资信贷体制的缺陷和借款主体经营效益，辨析国有商业银行信贷资产质量不高的成因

国有商业银行经营效益差，信贷资产质量不高，不良贷款比率上升，相当一部分信贷资产处于高风险状态，这是一个不争的事实。究其原因是多方面的。根据对建设银行近几年所进行的贷款后评价及专题调研所得到的资料分析，投资信贷体制的缺陷和借款主体经营效益下降，是制约和影响国有商业银行信贷资产质量下降的重要外部原因。

（1）银行信贷资金政策性使用。由于投资、金融体制改革尚未到位，国有商业银行仍然承担着沉重的政策性贷款的任务，有相当部分商业银行贷款用于社会效益明显、企业财务效益较差，甚至毫无财务效益的公益性项目和基础设施建设项目上。这些政策性贷款期限长、风险大、盈利率低甚至亏损，在很大程度上影响了商业银行信贷资产质量。而且在短期内国有商业银行还难以完全不承担政策性贷款。

国有商业银行的政策性和营利性的双重目标，使其在信贷经营活动中顾此失彼，严重地影响了信贷资产质量。据建设银行粗略统计，固定资产贷款总额中，政策性贷款的比重大体在 50% 以上，这些贷款的平均期限大都在 5 ~ 10 年，甚至更长。这些贷款现已大多数开始进入偿还高峰期，由其政策性贷款性质所决定，不少项目或企业偿还银行贷款有困难而形成不良贷款。

（2）“大而全”、“小而全”和低水平重复建设的影响。固定资产投资领域“大而全”、“小而全”和低水平重复建设是我国经济生活中的痼疾之一。近十年来重复建设仍然呈加剧之势，并表现出许多新的特点：生产资料项目与生活资料项目重复建设并存；加工工业项目与原材料工业项目重复建设并存；“小而全”低水平的重复建设与“专业化”高技术重复建设并存；生产

性项目与基础设施项目重复建设并存；重复建设时间、空间相互交织，频率加快，周期间距缩短。据第三次全国工业普查对94种主要工业产品统计分析：产品生产能力利用率达到80%以上的只有35种产品，占35.1%；生产能力闲置1/3～1/5的产品有26种，占27.7%；生产能力闲置一半左右的产品有17种，占18.1%；生产能力利用不足半数，处于半停产或停产状态的有17种，占18.1%。大量的重复建设，造成生产要素配置效率低下和大量社会资源的闲置浪费，使企业经营环境恶化，经营效益下降，银行债权质量下降。

（3）有关部门、地方政府安排的自筹资金投资计划缺乏刚性约束。在建设项目审批决策阶段，有的地方政府、主管部门承诺项目自筹资金时，“一女多嫁”，“十口锅九个盖，哪里需要哪里盖”，开空头支票，自筹资金投资计划安排大大超出筹措能力，导致自筹资金到位率低，形成倒逼银行贷款用以弥补自筹资金缺口的局面。1996年，建设银行先后三次对30个在建项目和81个全部建成投产项目进行了后评价，据对其中资金来源到位情况数据完整的74个项目的统计分析，这批项目从开工建设到1995年底，根据年度投资计划的安排，累计应到位建设资金860.4亿元，而实际到位833.1亿元，资金到位率平均为96.8%。其中各种自筹资金应到位额为133.92亿元，而实际只到位101.1亿元，到位率只有75.5%，比全部资金到位率低21.3百分点，并且已到位的自筹资金中有相当一部分是银行和非银行金融机构的贷款。

在项目建设实施过程中，自筹资金和其他资金不到位形成的投资缺口，大部分通过年度投资计划的调整转嫁给国有商业银行，加大了贷款银行的经营风险。例如，据1995年建设银行对天津乙烯工程的调查，该项目在审批决策时，建设银行承诺贷款总额为3.5亿元，占该项目概算投资40亿元的8.7%。项目自1992年开工建设以后，由于自筹资金不落实，为保证工程进度不得不追加银行贷款。到1994年底建设银行已实际发放贷款8.07亿元，超过承诺贷款总额的1.3倍，为该项目已完成投资额23.35亿元的34.6%。此外，由于建设资金不能及时足额到位，项目实际投资完成额已经形成，储备与周转资金与投资混合使用，致使建设银行天津分行的6500万元储备贷款不能如期收回，加剧了建设银行信贷资金紧张状况。

自筹资金不落实形成了大量的工程拖欠款，延误了项目建设工期，并使许多项目丧失了市场机会，投资效益大幅度下降，还本付息成了无源之水。

（4）建设项目的负债过高。长期以来，国家没有建立完善的投资项目资本金制度，不少建设项目过度负债经营，对银行贷款依存度高，项目建成投产后偿债负担沉重，经营效益差。

据1996年建设银行对57个建成投产项目的典型调查分析，截止到1995年底，这批项目累计到位资金610.2亿元，其中自筹资金52.8亿元，债务资金557.4亿元，项目投资对债务资金依存度高达91.3%，其中有些投资项目债务资金依存度达到99%。如山西神头第二发电厂一期工程，1993年建成投产，实际完成总投资263877万元，其中可以作为资本金来源的只有“拨改贷”资金1000万元，其余99.5%的资金全部为银行贷款和各种债券资金。过高的债务资金比例使项目建成投产后偿债负担十分沉重。1995年，该企业发生各种贷款和债券利息62881万元，几乎与企业全年销售收入68394万元持平，当年实际亏损27140万元。青海铝厂二期10万吨电解铝工程，1992年底建成投产，实际完成总投资150454万元，企业未投入分文资本金，除3000万元“拨改贷”外，其余98%的资金全部为银行贷款和企业债券。在贷款评审决策阶段，为了取得建设银行贷款承诺，青海省有关方面曾承诺投入自筹资金19392万元。但由于青海省财政困难，自筹能力有限，这部分资金最终没有到位，而是全部转为银行贷款，使青海铝厂背上了沉重的包袱。1996年底该企业资产负债率高达82.9%，同时，由于受铝锭价格下降的影响，1996年企业亏损高达13998万元，拖欠建行贷款本息13681万元。

（5）投资概算普遍严重超支。由于建设项目审批机制不健全，投资概算缺乏有效的约束手段和政策，超支严重，使建设项目难以实现预期效益目标，影响了借款企业的债务偿还能力。

近十多年来，在我国固定资产投资领域，除了难以治愈的重复建设、盲目建设这个痼疾外，另一个痼疾是：由于没有建立起项目可行性研究和审批决策的责任制，投资管理不严，工程造价缺乏完善的管理制度，可行性研究深度不够，项目投资概算数与实际需要额差距很大，使项目预期投资成本、预期效益与建成投产后的实际状况差异很大。投资概算超支严重，而且超支幅度呈上升趋势，影响了投资项目的成功率。1987年到1996年，建设银行先后6次对795个全部建成投产项目进行了投资效益专题调查和后评价（不包括对在建项目的调查）。根据对调查资料的统计分析，这批项目原批概算投资总额为1751.7亿元，到全部建成投产为止，实际完成总投资2592.8亿元，概算超支幅度为48%。795个项目中，概算超支的项目729个，占项目总数的92%。

概算超支严重，导致项目投资成本加大，项目建成投产后不能实现预期效益目标。1993年，建设银行对全部建成投产的69个贷款项目进行后评价时，通过对统计数据较完整的48个项目的分析，这批项目1992年的实际利润额为5.11亿元，比可行性研究报告中预测的当年利润额6.84亿元少1.73

亿元，负偏差率为25%。

（6）借款主体经营效益下降，国有企业亏损面过大。从几个主要财务指标分析看，国有独立核算工业企业资金利税率1992年为9.89%，1993年为9.68%，1994年为9.77%，1995年降为8.01%；百元销售收入实现利润额1993年为3.61元，1994年为3.75元，1995年降为2.55元，1995年与1994年相比，下降27.1%；资本金利润率1993年为6.48%，1994年为8.2%，1995年降为5.96%，1995年与1994年相比，下降2.02个百分点。1997年上半年国有企业亏损面达到47.2%，国有独立核算工业企业在上年同期大幅度增亏的情况下，亏损又上升9%。

1995年与1994年相比，国有独立核算工业企业的工业总产值由22090亿元增加到258890亿元，增幅为17.2%；固定资产原值由23102亿元增加到30936亿元，增幅为33.9%，而利润总额则由829亿元减少到666亿元，减幅为19.71%，亏损企业亏损总额由483亿元增加到541亿元，增幅为12.02%。

（7）贷款合同缺乏应有的约束作用。目前，由于银企关系没有真正理顺，有些企业信用观念差，有借款之心，无还贷之意，不按规定和借款合同用途使用贷款，不按银企合作协议中对银行的承诺履行义务。同时，由于银行信贷资产权益保全的有关法规不健全，市场发育不完善，企业改革不规范，企业在转换经营机制过程中，一些非规范的兼并破产，导致逃债、废债、赖债现象严重，使商业银行债权被悬空，信贷资产严重流失。

国有企业是国有商业银行的主要客户，也是国有商业银行债权的主要载体，国有企业的经营状况直接影响国有商业银行的贷款质量。国有商业银行的不良贷款与国有企业较差的经营效益是一个问题的两个方面，但矛盾的主要方面是企业的不良债务问题，从而导致了国有商业银行大量不良贷款的存在。

三、几点政策建议

（1）加强项目建设前期论证工作，建立项目审批责任制，提高大中型项目和重点建设项目的审批质量，增强建设项目概算投资的科学性、准确性和可行性，实现投资项目决策和科学化和民主化。综合计划部门要通过研究制订指导性的长远发展规划、产业政策和区域发展政策，发布投资信息，进行信息协调，引导各投资主体的投资活动，抑制“大而全”、“小而全”和低水平重复建设。建立项目审批责任制，由于项目审批决策失误而造成损失的，应追究相关审批人员的责任。

（2）积极推广建设项目企业法人负责制，建立投资、决策、经营一体化，责、权、利相统一的投资责任主体。所有新开工建设项目都应严格按照国家已发布的《关于实行建设项目法人责任制的暂行规定》和《公司法》的有关规定，明确投资责任主体，由项目法人对建设项目进行筹划、筹资、决策、建设实施直至生产经营、债务偿还和资产保值增值实行全过程负责。

（3）取消建设项目自筹资金计划指标管理，建设资金的筹措要变间接融资为主为直接融资与间接融资并重，扩大直接融资比重，建立健全资本金制度。目前，国家在审批大中型项目和重点建设项目时，要求地方必须有一定的自筹资金是必要的。但自筹资金是一个较为模糊的范畴，自筹资金计划管理在固定资产投资管理工作中可操作性不强。在自筹资金实际筹措过程中，一些地方政府把银行和非银行金融机构贷款作为自筹资金安排，名为自筹，实为借款。这种管理体制给商业银行贷款管理和投资管理带来诸多问题。取消自筹资金计划管理以后，将建设项目所需资金计划分为债务资金和资本金两部分，并按其各自所具有的经济规律性进行筹措，除企业自有资金，项目合资各方的股本、企业发行股票、中央和地方财政无偿投入的资金作为资本金安排外，属于融资性的资金，均按照债务资金进行筹措管理。国家有关部门在投资项目审批决策阶段，应对建设项目所需资本金来源的可靠性、真实性和合规性进行审查。

（4）建立规范科学的信贷管理机制，增强商业银行贷款承诺的刚性约束力，确保商业银行贷款自主权落到实处。商业银行对项目评审决策承诺贷款时，不应受投资计划的约束，而应在符合建设项目资本金比例要求的前提下，根据借款企业的债务承受能力和银行信贷资金可供能力，贷款项目的资金需求和预期效益状况，以及商业银行贷款风险管理的要求承诺贷款。商业银行对借款企业承诺项目贷款时，只作一次性承诺。项目建设实施过程中，严格实行银行贷款与资本金按比例同步到位的制度，由于资本金不到位，或投资资金有缺口时，国家有关部门不应再要求银行追加贷款。

（5）建立贷款项目快速预警系统，以便对项目建设实施过程中出现的问题，如资本金不到位、投资概算超支、贷款逾期、项目产出物供求市场发生重大变化等情况，及时进行监控，研究采取相应的对策。

（6）按照现代企业制度要求，加快国有企业改革步伐，提高国有企业的经营效益，增强国有企业偿还债务的能力。

（原载建设银行政策研究室《决策参考》1997 年第 4 期）

认识特色　找出特点　把好固定资产贷款投放第一关

——学习王岐山行长《辨析个性，推进改革》一文的体会

王岐山行长在《辨析个性，推进改革》（见《建设银行报》1997 年 6 月 6 日第一版）一文中，运用唯物辩证法的科学原理，分析了建设银行改革与发展过程中面临的个性与共性问题，提出了把握建行改革与发展中的个性和特色，推进改革和发展的思路与策略。通过学习，我的体会是：从整体上看，建设银行在改革与发展过程中，存在着区别于其他国有商业银行的个性和特性问题，建设银行内部各个方面的工作也有着其个性和特色。把握住了其各自的个性和特色，各个方面的工作才会体现出特色，才会不断发展和进步，才会上新台阶。就固定资产贷款评审工作而言，也存在着一个如何认识建设银行信贷工作特色，找出其特点，并根据其特色和特点，适应其特殊要求，采取一些特殊措施，达到防范贷款风险、提高信贷资产质量的目的这样一个问题。

一、以中长期信贷为主是建设银行贷款管理工作区别于其他国有商业银行贷款管理工作的一个重要特色

根据国务院国发（1993）91 号文件《关于金融体制改革的决定》，中国建设银行转变为以从事中长期信贷为主的国有商业银行。这一定位，既考虑了建设银行长期从事固定资产投资拨（贷）款的历史原因，也考虑了建设银行在长期从事固定资产投资业务中所积累和集聚的人才和管理优势。尽管近几年来，其他国有商业银行也逐步介入了固定资产贷款领域，增加了固定资产贷款的发放力度，但是，建设银行在国有商业银行固定资产贷款领域中所处的主要地位，并没有改变。

根据有关统计数据计算，到 1995 年底，国家银行（包括国家开发银行和中国进出口银行）固定资产贷款为 9881.8 亿元。其中，建设银行为 4256.01

亿元，占44.1%；工商银行为2947.58亿元，占29.8%；其他国家银行占26.1%。在国家银行固定资产贷款总额中，建设银行固定资产贷款余额所占比重仍然远远高于其他国家银行中长期贷款余额所占比重。

上述情况表明，在贷款管理工作中，以中长期信贷为主，是建设银行区别于其他国有商业银行的一个重要特色。提高中长期贷款资产质量，对于提高建设银行整体信贷资产质量意义十分重大。

二、与流动资金贷款相比，固定资产贷款有其所固有的诸多特点

商业银行贷款，无论是流动资金贷款还是固定资产贷款，能否达到预期的效益目标，实现信贷资产的安全性、流动性、效益性的要求，制约和影响的因素有诸多共同之点，如银行自身经营管理水平的高低，风险防范措施是否落实，借款人资信状况，借款企业的经营效益，投资信贷政策的完善程度等等。但是，与流动资金贷款相比，固定资产贷款有其所固有的诸多特点。主要体现在以下几个方面：

（1）固定资产贷款期限长，周转慢。这是由固定资产贷款项目的特点所决定，一个大中型固定资产建设项目从开工建设，第一次资金投入起，到全部建成投产、固定资产贷款投入结束为止，少则两三年，多则十年八年；即或是依托于原有企业所进行的技术改造项目，除了单纯的设备购置项目外，其建设实施周期也不是一年半载的事情。固定资产贷款项目在建设实施期限内，贷款项目本身并不产生直接的经济效益，而只是占用投资资金。这也是固定资产贷款偿还期限之所以比流动资金贷款偿还期限要长、周转要慢的一个重要原因。

（2）贷款需求数额大。固定资产贷款项目，无论是新建项目还是技改项目，相对于企业流动资金贷款需求而言，在一个周转期内，一个大中型项目、重点项目，贷款需求数额，多至数十亿元，甚至上百亿元乃至数百亿元。

（3）固定资产贷款所形成的资产通常具有不可移动性、不易变现、专用性较强等特点。银行对企业发放的流动资金贷款所形成的资产，主要体现为企业的原材料、产成品、在产品、货币资金、应收账款，预付货款的占用等流动资产，其特点是移动性强，易变现，一般不具有专用性，有的流动资产其本身就体现为货币资金。与此相比较，固定资产贷款所形成的资产主要体现为企业的厂房、机器设备、水暖设备、土地、公共工程等固定资产。这些

资产一般具有不可移动性、不易变现等特点，有的固定资产还具有通用性差、专用性较强的特点。由于这些特点所决定，借贷双方的法律行为确定以后，一旦借款人出现经营风险或者破产被兼并，贷款银行的债权则处于十分不利的地位。

（4）外部环境、配套建设条件要求高。决定固定资产贷款项目成败的制约因素，除了项目本身所应具有的工艺的先进性、经济合理性、市场需求的必要性，技术上的可行性等条件外，同时还受到外部环境因素和相关配套建设条件的制约和影响。就生产性项目而言，要求原材料来源有保证，要求水、电、气、交通通信设施建设相配套等等。否则，项目建成以后就不能发挥应有的效益。

（5）产出物市场需求预测技术要求高，预测期限较长。由于固定资产贷款项目建设周期较长的特点所决定，就生产性项目而言，在项目建设实施期内，只有投入而没有产出，需要在项目建成投产以后才能进行生产运营，才会形成产出物。因此，在固定资产贷款项目贷款建设前期阶段，进行产出物市场需求预测时，需进行中长期预测，相对于一般的商业性需求预测而言，具有预测技术要求高、预测难度大、预测期较长等特点。

在实际经济生活中，有不少的固定资产贷款项目，都经历过一个苦涩的三部曲：在审批决策阶段看，产品处于市场成长期——决策英明正确，建设有必要；在项目建设实施阶段看，产品处于市场成熟期——胜利在望；在投产阶段看，产品处于市场过剩期——悔之晚矣。最终导致项目建成投产之日，成为停产之时，达不到预期效益目标，企业不能按约偿还借款，银行不良贷款率上升。究其原因，在于忽视了固定资产贷款项目产品市场需求预测所具有的特点和特殊要求。

上述特点，对固定资产项目贷款成功与否及固定资产贷款质量的高低，起着有别于其他共性因素的至关重要的作用。同时也表明，进行固定资产项目贷款审批决策时，需要考虑的制约因素更多、更复杂，需要进行更周密的论证分析。

三、从办理中长期信贷业务为主的特色和固定资产贷款项目的特点及要求出发，建设银行防范固定资产贷款风险，要立足于一个“早”字，把好固定资产贷款投放的第一关

由建设银行信贷业务的特色所决定，在贷款资产总额中，固定资产贷款

占有较大的比重。因此，提高固定资产贷款资产质量，防范和避免固定资产贷款风险，对于提高全部信贷资产质量和建设银行整体经营效益，具有十分重要的意义。

提高固定资产贷款资产质量，途径和方式是多样多种的，要求是多方面的。但是，从固定资产贷款项目自身所具有的特点看，防范固定资产贷款风险，在综合运用各种措施的同时，尤其要突出一个“早”字，立足于早防早治。只有这样，才能起到事半功倍的效果。

（1）建设银行贷款评审工作的起步与发展，是为适应建设银行作为管理固定资产投资的国家专业银行的职能特色要求和固定资产贷款项目的特点要求，结合学习世界银行、国外中长期信贷银行先进、科学的贷款管理方法，而逐步发展完善起来的。

党的十一届三中全会以后，随着经济体制改革的逐步推进，从1979年开始，建设银行开始利用一部分信贷资金发放基本建设贷款。1984年，根据国务院有关文件的精神和要求，结合学习世界银行贷款项目管理的方法，建设银行起步了项目评估工作。随着投资体制改革和金融体制改革的深化，建设银行也逐步强化了贷款项目评估工作，不断完善评估办法和“审贷分离”制度，凡建设银行利用信贷资金发放的贷款，坚持了“先评估后贷款，不评估不贷款，择优发放贷款”的原则，在建设银行贷款管理工作中，固定资产贷款项目的评估工作，处于十分重要的位置。

1994年实行金融体制改革以后，建设银行与其他国家专业银行一样，实行了政策性业务与经营性业务的分离，迈开了向国有商业银行转轨的步伐。根据《商业银行法》中所规定的“商业银行以效益性、安全性、流动性为经营原则”，“商业银行贷款，应当实行审贷分离，分级审批的制度”的要求，1994年以来，建设银行的固定资产贷款项目评估工作和“审贷分离”工作，在原有的基础上，得到进一步的巩固、充实、完善和发展。

十多年来的实践表明，建设银行的贷款项目评估和“审贷分离”工作，是对建设银行在计划经济向市场经济发展过程中传统贷款管理模式的改革和完善，是建设银行贷款管理工作向国有商业银行方向发展迈出的一大步。它对于提高建设银行贷款综合管理水平，支持国家重点建设，贯彻实施“双大”经营战略，防范和避免贷款风险，实现贷款决策科学化和民主化，优化信贷资产结构，提高贷款项目成功率和信贷资产使用效益，发挥了积极的作用，收到了显著的成效。

据统计，仅1994～1996年的三年期间，全行贷款评审部门共对11535个各类固定资产借款申请方案进行了评审，这些借款方案共申请建设银行人民币固定资产贷款3736亿元，外汇贷款（含转贷）46.6亿美元。经过贷款评审部门评估审查，各级贷款审查委员会集体审批决策，对符合建设银行贷款条件的7577个借款申请方案承诺了贷款，承诺人民币贷款总额2613亿元，外汇贷款额30.9亿美元。另有3334个借款方案（涉及人民币借款849亿元，外汇3.7亿美元），由于存在着借款企业资信度低，项目投资资金缺口大、自筹资金或资本金来源不落实，经济效益差，贷款偿还期限过长，或不符合国家产业政策要求等问题，经评审论证，集体审批决策后未予承诺贷款。

同时，建设银行各级贷款评审部门，通过贷款评估审查，对有发展前景的项目，积极提出合理化建议，协助项目法人完善拟建项目的建设条件及外部环境，落实缺口投资资金来源，落实担保措施，促进企业结算资金分流，发挥建设银行整体金融优势，为客户提供全方位优质服务，确保效益好的项目顺利建成投产，在提高了建设项目社会效益的同时，也提高了建设银行整体经营效益和企业经济效益。

正是基于多年来贷款评审工作所取得的显著成效，总行领导对全行信贷评审工作给予了高度重视和充分肯定，同时也为我行信贷经营体制改革后的贷款评审工作指明了发展方向。今年2月，王岐山行长着重指出："全行信贷评审工作总的是好的，是建行搞固贷的一大特色优势，要保持下去。这支专业队伍是可贵的。作为以中长期信贷为主的商业银行离不开这支队伍，要继续提高。特别是今年信贷体制的改革方案，对原有评审工作规程进行了改革，总的是责权更清晰了，要做好。"王岐山行长还多次强调："由我行率先在中国金融界实行的审贷分离制度，是贷款科学决策的一面旗帜，无论何时这面旗帜都不能丢，对固定资产贷款项目进行评估，是我行的特色，是我行的传统优势，一定要保持。由2000多名各类专业人才组成的评估队伍，是我行的可贵财富，为建设银行减少贷款风险、提高信贷资产质量做出了重要的贡献。"

（2）从建设银行信贷经营特色和固定资产贷款项目的特点出发，坚持"审贷分离"制度，加强固定资产贷款项目评审工作，是建设银行贷款管理制度体系中的一个重要组成部分。当前，贷款评审工作中有以下几个问题需要引起重视和关注。

——提高防范固定资产贷款风险的意识，切实提高评审质量，把好固定资产贷款投放第一关。根据资料介绍，有一位美国学者曾总结工作质量四个阶段，即苗头初期、诱发期、显露期和发展期。根据其研究得出的结论，工程质量的防治费用以每一阶段依次增加五倍递增，即所谓“五倍定律”，防治越晚，付出费用越高。在商业银行贷款风险管理工作中，也存在着类似“五倍定律”的情况，固定资产贷款的风险，如果在审批决策前期阶段，即风险的初始阶段不采取措施加以扭转和防范，等到贷款实施后，形成事实风险后再去解决，就会付出成倍的代价。因此，在贷款管理体系中，贷款评审决策工作处于至关重要的第一道关口的位置。在“双大”经营战略方针的指导下，按照科学规范的评审办法，加强对贷款项目个体的评估论证工作，提高评审质量，为贷款审批决策提供科学依据，对防范和避免贷款风险可以起到事半功倍的作用。

当前，建设银行贷款项目评审工作需要完善之处在于，在重点抓好对借款企业贷款项目进行评审论证的同时，要切实注重对借款人的资信状况进行评审论证，把两者摆在同等重要的位置，而切不可互为替代。更确切地讲，借款人资信状况评审是贷款评审方法体系的一个组成部分，不能把它割裂开来。

——要正确认识和处理好推行集体审批决策制度与建立风险责任制的关系。对固定资产项目贷款实行集体审批决策制度，是“审贷分离”制度核心内容的一个重要组成部分。有这样一种观点认为，对固定资产贷款实行“审贷分离、集体审批决策”制度，由贷款审查委员会审批决策贷款，贷款决策失误后，贷款的风险责任人不明，风险责任不清，集体负责而谁也负不了责。这里关键之处在于，如何认识集体审批决策制度与风险责任制的关系。实行贷款风险管理的根本目的和前提条件是：实行贷款决策的科学化，避免和降低贷款风险，减少因贷款决策失误而可能造成的损失。落实风险责任不是目的，只是手段。实行贷款风险管理，落实风险责任，不能片面地理解为对某个贷款决策自然人追究法律上的经济上的责任。（因渎职而造成贷款决策失误，应另当别论）。在贷款管理工作中，只有实行科学的、民主的贷款决策，才能避免和减少银行的风险责任和损失补偿。因此，实行贷款风险责任制和坚持集体审批决策制度，两者是一个有机的整体，彼此并不相互矛盾。建设银行多年来的实践充分表明，实行“审贷分离、集体审批决策”制度是降低贷款风险的行之有效的措施，也是减少建设银行经营风险行之有效的重要措施之一。缺乏科学决策、民主决策的贷款风险管理责任制，不符合贷款风险管理的要求。只有坚持了“审贷分离、集体审批决策”制度，实现贷款决策的科学化和民主化，贷款风险管理工作才能落到实处。

——正确认识和处理好实行“审贷分离”制度与贷款审批决策授权制的

关系。根据建设银行多年来的实践，“审贷分离”制度完整体系是：审贷分离，分级分段管理，集体审批决策。即：一是设置专职项目评审机构，并配备有与业务工作量相适应的专职评估人员；二是根据固定资产贷款项目不同管理工作阶段，合理划分项目评审部门与贷款实施管理部门的职责范围；三是凡是有贷款审批权限的各级行，成立信贷委员会，对贷款项目实行集体审批决策。客观地讲，在实行第二步信贷经营体制改革前，由于所有固定资产贷款审批决策权集中在总行，“审贷分离”制度在实施中，只体现了在总行内部的分段管理，而未体现总行、一级分行、二级分行之间的分级管理。

第二步信贷体制改革以后，在实行统一法人体制，强化集中管理的同时，全面实行分级的信贷授权管理，授予了各分行的不同贷款审批决策权限。因此可以说，第二步信贷经营体制的改革，为建立完善的、真正体现出既分段管理，又分级管理的“审贷分离”制度提供了前提条件。第二步信贷经营体制改革的初步实践已经表明，在实行统一法人体制的前提下，实行分级信贷授权管理，下放贷款审批决策权限，对于适应激烈的金融竞争需要，缩短管理半径，简化固定资产贷款审批决策环节，提高贷款评审决策工作效率，发挥着积极的作用。

在实施第二步信贷经营体制改革的过程中，应该予以关注的问题是，贷款审批决策权限的下放，实行分级信贷授权管理，分行自主经营、自主决策范围的扩大，并不是不要实行“审贷分离”制度。相反，贷款审批决策权限下放以后，由于贷款评估审批环节的减少，相应地加大了分行经营的风险责任，因而各分行权限范围内自主审批决策的贷款项目，更有必要实行“审贷分离”制度。

（原载《中国投资管理》1997 年第 10 期）

剥离不良资产　实现银企“双赢”

根据动荡不定的国际经济金融局势，结合我国经济金融实际情况，党中央、国务院审时度势，做出了剥离国有商业银行不良资产，交由专门的金融资产管理公司管理处置的决策。这是党中央、国务院借鉴、汲取国外正反两个方面的经验教训，做出的有效防范和化解金融风险的重大决策。它不仅为提高国有商业银行经营效益和资产质量、提高资本充足率，积极参与国际市场竞争创造了条件，同时可以有效帮助部分重点国有企业摆脱困境，优化其长期资产负债结构，促使其进入良性发展轨道。剥离不良资产，对部分重点企业实行债转股，给银行和企业带来的好处是十分显著的，可以实现银行和企业“双赢”目标。

一、剥离处置不良资产是全球银行业所面临的共性问题，而由政府出资设立专门机构处置不良资产是国外银行业化解金融风险的一种基本方法

银行业本身是一个风险经营行业，银行信贷风险永远与银行业务相伴，正如银行的收入与银行的支出一样不能分开。在世界金融发展史上，许多国家和地区的银行系统和个别银行，都在不同程度上出现过各式各样的银行危机。20 世纪 80 年代末期以来，全球银行业的危机出现了新的特征，即随着金融全球化、国际资本流动的加速、国际金融领域的创新和深化，以及经济体制的转轨，许多国家和地区出现了巨额不良资产，导致了整个银行业的危机，危及整个银行业的稳定，破坏国民经济的正常运行。无论是市场经济成熟的国家，新兴工业国家，还是尚处于经济转轨过程中的国家，都出现了银行体系的巨大不良资产，导致银行危机的情况。化解金融风险，处置不良资产成为各国政府、金融监管当局、银行和国际金融社会在世纪之交共同面临的一个重大问题。

例如，20 世纪 80 年代末 90 年代初，北欧四国（丹麦、挪威、瑞典和芬兰）都经历了严重的银行危机，几乎所有的银行都存在严重的不良资产问题。在法国具有“人民的银行”之称的法国里昂信贷银行，从 1992 年开始，信贷

经营业绩不断下滑，资产质量持续恶化，到1994年，其不良资产已占贷款总额的7.6%，337亿元法郎的坏账准备金只占不良资产的59.4%，由此产生了严重的银行经营危机。90年代日本“泡沫经济”破灭后，给日本的实体经济带来沉重打击，遗留下一系列严重问题，其中最突出的问题是使银行不良资产大量增加。1998年1月12日，日本大藏省根据新的统计标准公布的146家银行的不良资产（债权）总额为76.7万亿日元，占同期全国金融机构总债权额的13.1%，从1994年底到1997年末的三年间，日本有北海道拓殖银行等8家金融企业破产倒闭。

为了化解危机，各国政府、银行和国际金融组织采取了各种措施，解决银行体系的巨额不良资产，避免产生新的不良资产。进入20世纪90年代以来，全球银行业不良资产重组呈加速趋势，北欧四国对其银行业进行了大规模的重组，随后东欧经济转轨国家和拉美国家以及法国相继采取不良资产重组的策略稳定其金融体系；亚洲金融危机爆发后，日本、韩国和东南亚各国也开始对银行业的不良资产进行处置和重组。

按处置银行不良资产的集中程度不同进行区分，国外银行业处置银行不良资产分为集中处理和分散处理两种基本模式。集中处理是指由政府出资设立或直接经营一个单独机构，来统一处理银行体系或某类金融机构存在的不良资产。集中处理模式的特征是：政府直接参与管理银行不良资产的处理，不良资产处置受中央银行和专门监管机构的监督；利用财政资源一次性核销不良资产，充实银行的资本金。

分散处理是一种非集中处理模式，即由银行成立专门机构或工作小组处理自己的不良资产。其特点是，在不良资产处理的过程中，银行起主要的作用，但也需要政府提供各种支持和帮助，政府主要为银行提供融资支持，如为银行提供担保，提供营运资本等。

从目前国外处理银行不良资产方式的实践看，由政府出资设立专门机构处置不良资产是国外银行业化解金融风险的一种主要的方法。具体包括，一是政府直接注资；二是政府发行债券，与银行不良资产进行交换，以改善银行的资产负债表；三是在银行坏账严重的情况下，不良资产由存款保险机构接管，存款保险机构承担处理银行坏账后的损失。如80年代末，美国储蓄贷款机构破产，为维护金融体系的稳定，美国联邦存款保险公司成立了重组信托公司对储蓄存款机构的不良资产进行处置。在此期间，国会和联邦存款保险公司提供了近2000亿美元之多的巨额资金。北欧四国政府为银行注资的资金分别为：芬兰542亿芬兰马克，挪威249亿挪威马克，丹麦51亿丹麦马克，瑞典650亿瑞典法郎。泰国、马来西亚、印尼和韩国向银行体系注入资金分别为：泰国319亿美元，印尼171亿美元，马来西亚123亿美元，韩国576亿美元。1998年2月，日本国会通过了由政府制定的“存款保险法修改案”和“金融机能稳定化紧急措施法案”，总共投入公共资金30万亿日元，用于增加金融机构的资本金。从各国实践看出，政府融资是处置银行不良资产的最常用最有效的办法，特别是银行不良资产巨大，难以通过自身努力解决时更是如此。

二、中国处理银行不良资产采用的是由政府注入资金、集中处理的模式

（一）什么是剥离银行不良资产

根据动荡不定的国际经济金融局势，结合我国经济金融实际情况，党中央、国务院审时度势，做出了剥离国有商业银行不良资产，交由专门的资产管理公司管理处置的决策。党的十五届四中全会通过的《中共中央关于国有企业改革和发展若干重大问题的决定》中，明确指出要结合国有商业银行集中处置不良资产的改革，对一部分产品有市场、发展有前景但由于负债过重而陷入困境的重点国有企业，实行债转股。1999年7月，国家经贸委、中国人民银行又联合印发了《关于实施债权转股权若干问题的意见》，对债转股的目的、原则、选择企业的条件和范围、操作程序等作了具体的规定。目前，经国务院批准已正式成立了中国华融、中国长城、中国东方、中国信达等四家资产管理公司，分别接收和处置中国工商银行、中国农业银行、中国银行、中国建设银行等四家国有商业银行的不良资产，并已经确定四家国有商业银行的不良资产剥离总额近14000亿元，政府拿出400亿元的财政资源用于四家金融资产管理公司的资本金注入。由此也可以看出，我国处理银行不良资产采取的是政府出资集中处理的模式。

（二）金融资产管理公司用什么手段处置不良资产

根据已经颁发文件的规定，政府要求四家金融资产管理公司利用国家法律给予的特殊法律地位和专业优势，最大限度地保全资产，减少损失。为达此目的，国务院给金融资产管理公司规定了比一般银行金融机构要宽泛得多的经营业务范围。具体为：收购并经营银行剥离的不良资产；债务追偿，资

产置换、转让与销售；债务重组及企业重组；债权转股权及阶段性持股，资产证券化；资产管理范围内的上市推荐扩债券、股票承销；直接投资；发行债券，商业借款；向金融机构和中央银行申请再贷款；投资、财务及法律咨询与顾问；资产与项目评估；企业审计与破产清算；经金融监管部门批准的其他业务等。由此看出，金融资产管理公司经营业务手段，既包括了投资银行的全部业务手段，同时也具有商业银行的某些业务手段。

（三）为什么只剥离国有商业银行的不良资产

一是由国有商业银行在中国金融体系中的重要地位所决定。下面一组数字足以说明这个问题。1998 年底，我国金融机构各项存款总额为 110420.5 亿元，其中四大国有独资商业银行各项存款总额为 60368.06 亿元，占全国金融机构存款总额的 54.67%；1998 年末，四大国有独资商业银行贷款资产总额为 61422 亿元，占全国金融机构各项贷款总额 86524.1 亿元的 71%；1998 年底，四大国有独资商业银行不良贷款总额占中国金融机构不良贷款总额的比重为 73.15%。

二是因为国有商业银行是由过去的国家专业银行转轨而来的，不良资产的形成有许多历史的政策性原因。我国国有商业银行是背着沉重的历史包袱走过来的。众所周知，作为现在国家独资国有商业银行的中国工商银行、中国农业银行、中国银行和中国建设银行，是在 1994 年金融体制改革后才开始迈入商业银行门槛的。而在此之前，他们是作为国家专业银行，列入政府机构系列而存在的。而作为国家政府系列的国家专业银行，由其性质所决定，尽管用于发放贷款的资金其来源是银行所吸收的来自千家万户的存款，但是，这些资金使用用途的安排，银行并没有真正的自主权，大多数是根据政府的指令性计划办事，承担了相当多的政策性任务，如工资性贷款、救济扶贫贷款、农林水利贷款、粮食收购贷款、军转民贷款等。由于这类贷款所产生的直接经济效益不十分明显，导致银行贷款是投放的多，回收的少，而形成了大量的不良贷款。1996 年深化金融体制改革，实行政策性金融业务与商业性金融业务分离后，政策性银行成立以前国有商业银行所发放的政策性贷款余额并没有随着政策性银行的成立而分离，而仍留在国有商业银行。如据中国建设银行 1997 年调查，当年 8 月末，政策性贷款余额占全行贷款总余额的 25%，其不良贷款率高达 33.5%，中国建设银行是这样，其他银行也是如此。在激烈的金融竞争中，国有商业银行如果不卸掉沉重的历史包袱，是难以取胜的。

三是注入资产管理公司的资本金是由财政资金解决的，由国家的财政资金解决国有商业银行不良资产问题是情中之由。作为剥离处置银行不良资产的主要配套措施，是由中央财政拿出为数不少的资金作为金融资产管理公司的注册资本金。不良资产处置过程中所形成的损失，将来也需要财政来补偿。中国有句俗语："自己的孩子自己抱。"国家财政的资金用于解决国有商业银行的不良资产，而不是用于解决非国有商业银行的不良资产，这是情理之中的事情。

（四）剥离银行不良资产过程中，财政、银行、资产管理公司、企业四者之间的相互关系——各自扮演什么样的角色

（1）商业银行。商业银行按照国家批准的剥离不良资产的范围和条件，经过一定的审批程序后，确定不良资产的具体剥离对象（企业）。

商业银行向资产管理公司发出拟剥离不良资产的具体企业名单，向拟剥离的不良资产企业发出确权通知书，由原借款人对银行的债务权进行认可确认。

（2）企业。企业向银行和资产管理公司寄回债权确认书，资产管理公司按规定的程序接受银行拟剥离的不良资产（按账面价值转移和接收）。企业的债务由原贷款银行转移给资产管理公司，资产管理公司继承贷款银行对借款企业的债权，行使债权的主体权利。

（3）财政。免征资产管理公司在收购、承接、处置不良资产过程中的一切税收。

（4）资产管理公司。资产管理公司处置不良资产所形成的最终损失，由财政部认定后提出处理方案报国务院审批。对不良资产价值的评估和审核，由资产管理公司组织，原贷款银行、资产管理公司、中介机构的专家组成，并按规定报财政部认定。

三、债转股与剥离不良资产是一个问题的两个方面

（一）什么是债转股？什么样的企业可以债转股

剥离银行的不良资产与债转股是一个问题的两个方面。由于我国现有的政策规定银行不能从事投资活动，从严格意义上讲，没有剥离不良资产的政策，就不会有债转股。债转股作为处置国有银行不良资产、促进国有企业改

革的一种有效方法，它是指银行债权转变为资产管理公司对借款企业的股权。在实际生活中，债转股可发生在任何债权人与债务人之间。而我们所讲的债转股则是指国有商业银行作为债权人，实业公司特别是国有企业作为债务人时，将剥离的不良资产，通过债转股，将资产管理公司对实业公司的债权转变为对实业公司的股权，资产管理公司由债权人身份转变为实业公司的股东。

当借款企业出现问题时，债转股是商业银行所采取的一种资产保全措施，通过债转股，贷款银行希望在一定程度上恢复贷款对象的盈利能力和财务健康状况，减少商业银行的贷款损失。当贷款对象出现问题时，银行保全资产的措施是多种多样的。包括：催收；抵押品止赎；追索担保责任；诉讼并冻结账户；债务展期，调整币种，减免本息；破产起诉，清盘拍卖；治理结构重组。公司治理结构重组是针对原结构的薄弱环节进行实质性的改组，包括引入更具有治理经验的新股东。债转股是一种资产保全措施的综合运用。

（二）债不会全部转股——企业债转股的范围、条件

债转股是金融资产管理公司处置银行不良资产，化解金融风险，实现银行资产重组，追求银行资产价值最大化和损失最小化的重要手段和方式之一。成立资产管理公司的目标与实行债转股可以达到的目标是一致的。因此，债转股的企业贷款首先尽可能是银行剥离的不良资产。

根据国家有关政策的规定，金融资产管理公司所接收的剥离不良资产的债不会全部转股。具体范围是：“七五”、“八五”期间和“九五”前两年主要依靠商业银行贷款建成投产，因缺乏资本金和汇率变动等因素，负债过高导致亏损，难以归还贷款本息，通过债权转股权以后可转亏为盈的工业企业。

同时应是1995年及以前年度向商业银行贷款形成不良债务的工业企业。有些地位重要、困难很大的企业，时限可延至1996年、1997年、1998年。

作为债转股的企业，必须具有独立的企业法人资格。

债转股企业必须符合以下条件：产品要适销对路，有市场竞争力；工艺装备为国内国际先进水平，生产符合环保要求；企业管理水平较高，债权债务关系清楚，财务行为规范；领导班子的经营管理水平较高；转换经营机制的方案符合现代企业制度的要求。

（三）程序——债转股如何操作

企业债转股有比较严格的操作程序，具体包括：①根据国家经贸委在征求部门意见的基础上，通过双向选择，初步提出债转股企业名单；②贷款银

行审核确认企业是否符合债转股的条件；③金融资产管理公司对企业进行资产评估；④国家经贸委、财政部、中国人民银行对资产管理公司确认的企业债转股的条件、方案进行审核确认，报国务院批准实施。

四、剥离不良资产，实现银行与企业“双赢”

通过设立金融资产管理公司收购管理处置银行剥离的不良资产，对部分重点企业实施债权转股权，可以达到银行和企业“双赢”的目标。

对于国有商业银行而言，通过设立金融资产管理公司接收处置银行不良资产，可以给债权银行带来四个明显的好处：

（1）通过剥离和处置国有商业银行的不良信贷资产，可以降低银行不良资产比率，化解银行信贷风险，进而起到防范和化解金融风险的作用。目前我国四大国有商业银行在全国金融体系中占有极为重要的地位，其贷款总量超过全国金融机构贷款总量的65%。改善国有商业银行的信贷资产质量状况，对于稳定整个国家的经济和金融体系具有十分重要的意义。剥离和处置不良资产（14000亿元）后，以1998年底的“一逾两呆”数据口径计算，预计四大国有商业银行的不良资产比率可降低15个百分点左右，国有商业银行的信贷资产质量将得到明显优化，同时国有商业银行的资本充足率也相应有较大幅度的提高，从而使国有商业银行轻装上阵和更好地参与国际金融市场的竞争。

（2）通过剥离和处置国有商业银行的不良资产，金融资产管理公司通过发行特种金融债券收购银行不良资产，由债权银行以不良资产购买其债券，金融资产公司向债权银行支付利息，可以大幅度提高银行的财务效益。

近年来，我国国有商业银行长期累积的信贷风险问题逐步显露，相当一部分有问题贷款所占用的信贷资金成为无效或低效信贷资产。根据相关的会计准则规定，逾期2年的贷款才能挂账停息（1998年底财政部放宽标准调整为1年），按照权责发生制原则，银行对于部分实际未收回的应收利息付出了超额税金，易导致对银行经营收入的高估和银行实际收益的下降；同时，我国国有银行实行呆账准备金制度的时间还不长，呆账准备金提取比率相对偏低，坏账难以及时冲销，又使得银行的经营成本被低估，银行不得不为虚增利润而付出超额纳税和超额分红的代价。不良资产剥离后，有助于国有商业银行克服上述问题，增强银行抵御风险的能力，提高银行的实际盈利水平。如果金融资产管理公司发行的特种债券按年息2.25%（以一年期定期存款利率）计算，四大国有商业银行每年可以获得利息收入300多亿元，财务效益将较大提高。

（3）剥离银行不良资产，为商业银行建立健全内部的激励与约束机制奠定了基础。我国国有商业银行大量不良资产的形成有其历史的根源和诸多外部政策因素，银行内部各分支机构的信贷资产质量状况也极不均衡，这使得银行内部难以实施有效的考核和建立责权利对等的约束机制。下级行吃上级行的“大锅饭”，各分支机构之间相互吃“大锅饭”，是银行内部经营管理中的一个长期没有得到解决的问题，原因是历史遗留问题在各个分支机构中的体现程度不一样，剪不断，理还乱，缺乏综合考核的统一基础。通过剥离和处置银行不良资产，使银行过去的历史遗留问题得到解决，银行内部各个分支机构的资产质量处于一个大体相当的水平，为银行内部进行公平、合理的综合考核和明晰贷款责任、落实贷款责任制，进而为建立真正有效的激励与约束机制，创造了较为合理的统一基础。

（4）通过剥离和处置国有商业银行的不良资产，银行可以从中总结信贷经营管理工作中的经验和教训，找出管理工作中的漏洞，从而改进和提高银行经营管理水平。按照《商业银行法》，国有商业银行实行“三性”、“四自”的经营原则，随着国家投融资体制和金融体制改革的不断深化，国有商业银行的商业化运作空间和自主权逐步扩大，相应的经营责任和来自方方面面的风险压力也在加大。通过剥离和处置不良资产，在给债权银行带来新的发展机遇的同时，也对银行的经营管理提出了更高的要求。这使得银行在剥离不良资产的工作中，通过对剥离不良资产的审查、价值评估等工作，不得不认真地来思考形成大量不良资产的主观原因，寻找以前信贷经营管理中存在的漏洞和研究落实改进工作的措施。

中国建设银行通过对不良资产的剥离审查发现，导致大量不良资产形成的原因，除了借款企业和宏观经济环境等外部原因外，从银行自身找原因，主要是银行风险意识淡薄，风险控制措施不力。具体表现为：①贷前调查敷衍了事，评估信息失真导致评估结论失真和贷款决策失误。②贷款审批决策不严，对担保人的担保资格和担保能力没有进行认真的核实，对抵押物价值评估不真实，有的对抵押物没有办理公证和登记，导致无效抵押，致使借款人无还款能力时，银行债权无处追偿。③少数信贷人员违反银行的规章制度，为了个人的某些私利，对明知不符合条件的项目发放贷款。④贷后检查流于形式，信贷人员重发放贷款，轻视贷款管理，借款企业经营管理中出现了问题，贷款产生了风险，银行不能及时采取资产保全措施。⑤银行的风险管理约束机制不健全，没有贷款责任制，贷款出现了问题，造成了损失，无从去追究有关人的责任。致使违规发放贷款的情况不但没有杜绝，而且时常发生。

对企业而言，金融资产管理公司收购银行不良资产后，可以通过资产重组、债权转股权、直接投资等手段管理和处置不良资产，对债权企业也可以带来四个方面的好处：

（1）金融资产管理公司作为投资主体，对列入国家计划的债权转股权企业实行阶段性持股，可以使部分大中型企业增资减债，优化资产负债结构，增强企业经营效益和企业的竞争能力。长期以来，由于企业存在资本金比率低等先天不足的问题，企业财务费用负担过重，国有企业的经济增长质量和效益不理想，自身的资本积累速度缓慢，不少企业因此而陷入困境。实施债权转股权，资产管理公司对企业进行阶段性持股或资产证券化，可以使企业减轻债务负担，甩掉包袱，提高效益，增强企业竞争能力。同时，实施债权转股权与贯彻国家产业政策、优化经济结构相结合，还有利于促进企业技术进步和产品升级，增强发展后劲。

（2）金融资产管理公司在追偿债务、处置不良资产的过程中，通过资产的流动重组，可以运用投资银行等手段，使企业资本得到优化组合，资产结构得到调整。

作为专业的金融资产管理公司，在处置不良资产方面，具有一般商业银行无法相比的专业优势和更为灵活丰富的经营手段。资产管理公司可以综合运用资产置换、资产转让、资产销售、上市推荐、股票和债券的承销乃至直接投资等各种手法，促使企业内部以及企业之间的债务重组，调整和优化企业的资本结构，有利于提高企业的经营效益。

（3）金融资产管理公司通过对不良资产处置，使一部分不符合规模经济要求的、资源浪费严重的小企业被迫退出市场，有利于规范市场竞争秩序和环境，为企业的公平竞争创造良好的环境。

剥离银行不良资产后，一部分产品滞销、生产工艺落后、企业管理水平低下，没有发展前景的小企业和重复建设所形成的生产能力会逐渐失去政府扶持、银行信贷等以前赖以生存的条件，将被迫减产并转让或拍卖部分资产来偿还债务，甚至退出市场。不仅有利于规范市场竞争秩序和竞争环境，也有利于整个社会经济结构的调整。

（4）实施债权转股权，金融资产管理公司将作为投资主体对企业持股，运用自身所具有的知识优势和专业优势，参与企业的经营管理决策，有利于提高企业的经营管理决策水平，促进企业转换经营机制，加快建立现代企业制度。

资产管理公司运用债权转股权、资产证券化等手段处置不良资产的过程，实际上也是企业转换机制的过程。适应这种机制变化，企业必然要在财务、经营、管理等方面受到社会各界越来越广泛的关注，促使企业调整自己的经营管理方针，从自己的盈利能力、营运能力、资本结构、现金流量、行业风险、经营风险、管理风险、自然社会因素等各个方面加强管理，提高经营管理水平和综合实力，从而加快建立现代企业制度的步伐。

（原载《经济研究参考》2000 年第 29 期）

剥离不良资产热中的“冷思考”

从理论和实践看，将国有商业银行的不良资产剥离给金融资产管理公司进行处置和管理，不仅提高了国有商业银行的信贷资产质量和经营效益，化解了部分金融风险，使银行资本充足率得到了改善，同时可以有效地帮助部分重点国有企业优化资产负债结构，减轻财务费用负担，走出经营困境。因此，剥离不良资产，无论对银行或是对企业而言，可谓是利益均沾，皆大欢喜。

“凡事预则立，不预则废。”在剥离不良资产热中，对于在不良资产剥离后，仍然存在着哪些金融隐患，存在着哪些制约和影响商业银行提高信贷资产质量的消极和不利条件等问题，需要进行冷静的思考，做出符合实际的分析判断。如果不是这样，剥离不良资产所产生的积极作用，就会在我们的不经意中销蚀掉。

冷思考之一：已剥离掉的不良资产只是国有商业银行不良资产中的一部分。根据国务院已经确定的四大国有商业银行剥离不良资产总额计算，它只是1998年底国有商业银行不良资产总额（按“一逾两呆”口径计）的60%左右。

如果按贷款风险五级分类法口径计算，剥离不良资产总额占现实不良资产总额的比例则更低一些。以中国建设银行1998年按五级分类法评价得出的统计数据为例（限人民币部分），实际剥离的不良资产（本金）额，仅为不良资产总额的46%，如果再加上拟剥离的呆账贷款，剥离不良资产总额也只占全部不良资产总额的51%。滞留在银行内部的这部分不良资产，其风险仍然很大，优化这部分信贷资产质量的工作难度也同样是很大的。

冷思考之二：由于历史的原因，剥离不良资产前，国有商业银行系统内，各分行之间信贷资产质量差异很大，有的分行信贷资产质量很差，贷款不良率很高。剥离不良资产后，尽管从一家银行全局看，信贷资产整体质量有了较大的改善，但由于受到剥离规模的限制，信贷资产质量改善的程度和效果，在不同的分行之间差异很大。原有的信贷资产质量很差的分行，剥离不良资产后，信贷资产质量仍然很差，信贷风险仍然很大。相比较而言，这部分分行今后提高信贷资产质量，降低贷款不良率，防范和化解金融风险的工作任务，并不比剥离不良资产前有所减轻。如果从行际之间横向比较，提高信贷资产质量的工作压力，比剥离不良资产前更大了。

冷思考之三：从剥离不良资产后商业银行所面临的外部环境看，已剥离掉的不良资产仅仅是有形的不良资产，而导致形成不良资产的多种原因和各种内外部因素，并没有随着不良资产的剥离而消失。从现实状况分析，商业银行经营的外部经营环境难以从根本上得到改观。主要表现为以下几方面。

其一，借款企业的经营效益普遍较低，借款人的资产负债率过高，国有企业完全走出困境尚需较长时日；企业还款能力差的状况在短期内难有大的改观。根据有关统计资料分析，截至1999年11月底，全国独立核算工业亏损企业数虽然比上年底减少了5%，但企业亏损面仍高达三分之一，亏损企业的亏损额仍高达1230多亿元；截至10月底，全国独立核算工业企业的资产负债率达到62.3%，仅比1998年底的64%降低了1.7个百分点。由此表明，长期以来存在的企业资本金比率低，企业自身资本积累速度缓慢，企业财务费用负担过重等先天不足的问题在短时间内难以从根本上得到解决。

其二，在我国经济生活中，由于市场机制不完善，长期以来存在的“大而全”、“小而全”和低水平重复建设所形成的大量过剩生产能力，在短时间内也不能全部退出市场。由此所导致的企业之间为争夺市场相互倾轧，企业经营环境恶化的问题，在短时间内也不可能从根本上得到解决，由此也难以使企业的整体经营效益得到根本的改观。

其三，由于伴随着经济体制的某些缺陷所滋生的借款人信用意识差，在银企关系中，“欠债还钱”的市场经济规律并没有得到自觉认同，不合理的行政干预，企业采用不正当方式逃避银行债务的情况仍然难以避免，因借款人的道德风险导致银行资产质量不高的情况，并没有从根本上得到解决。最近存在的有些企业一方面向银行申请债转股，而同时又向银行申请贷款的事例，是对这个问题的最好注脚。

冷思考之四：长期以来，伴随着产业结构不合理而形成的商业银行贷款结构不合理问题，在短时间内也难以完全调整过来。随着中国加入世界贸易组织，外国商品和企业涌入中国市场后，在一定时期内，会对部分产业、行业和企业造成冲击。与之相联系，也势必会导致国有商业银行在这部分行业、企业中的现有存量信贷资产质量下降。

冷思考之后我们该怎么办？是陶醉于剥离不良资产后，对于化解金融风险，提高信贷资产质量产生的积极作用，掉以轻心？还是在正确认识和评价剥离不良资产积极作用的同时，把握剥离不良资产的契机，切实下功夫改善信贷经营管理工作，提高金融创新能力，完善银行治理结构，增强国有商业银行的竞争能力？这是在剥离不良资产热中，我们所不能回避的，又不能不认真思考的重大问题。否则，我们虽然剥离了现实的不良资产，不仅潜在的不良资产会转变成现实的不良资产，而且现实的优良资产也会转变成现实的不良资产。这正如中国的先哲们讲的：祸兮福所倚，福兮祸所伏。

（原载《金融时报》2000 年 2 月 19 日第 6 版）

做好信贷风险管理工作应关注的四个主要问题

自建设银行总行召开全国信贷风险管理工作会议以来，根据会议精神和部署，全行信贷风险管理的各项工作已经启动。由于信贷风险管理工作是一项新的工作，如何实施信贷风险管理工作，我们还处在边学边干的过程中。我个人认为，当前搞好建设银行信贷风险管理工作，应切实关注以下四个主要问题：

一、提高对信贷风险管理工作必要性和重要性的认识是能否搞好信贷风险管理工作的关键

第一，当前建设银行资产中绝大部分仍然是信贷资产，就全行实际状况而言，信贷资产质量低下，整体风险程度很高，信贷风险仍然是目前建设银行最主要的经营风险。贷款五级分类的结果显示，全行1998年末不良贷款额达4667亿元，占全部贷款余额的38.2%，比“一逾两呆”法的不良贷款率高出12.24个百分点；今年三季度末，按“一逾两呆”法统计，全行本外币不良贷款额达3874亿元，同口径比年初增加624亿元，不良贷款额达27.92%。信贷资产质量低下，不仅直接影响了建设银行经营效益的提高，而且也严重地威胁着建设银行的生存与发展。建设银行若不及时进行信贷体制改革，强化信贷风险的监控，就不能遏制住信贷资产质量不断恶化的势头。

第二，从过去大量的事例看，信贷监管体系不健全、贷款监控措施不力、信贷责任认定模糊，是造成大量不良贷款的主要原因之一。一是缺乏信贷风险的监管，高级管理层不能及时了解信贷资产的风险状况，只是出了问题才能发现风险，不能在事先和事中及时采取措施防范和化解风险；二是缺乏对信贷审批和信贷经营等各环节的责任认定，贷款出了问题，造成现实的损失后，也没有一个独立的部门来认定贷款责任，即使认定了责任，也落不到实处；三是没有专职部门对信贷风险监测和预警进行系统性的研究，信贷投放缺乏明确的政策导向。

第三，随着金融衍生产品的发展和金融工具的创新，商业银行所面临的

金融风险越来越大，风险种类越来越多，表现形式越来越隐蔽和复杂，对金融风险监管的要求也越来越高。近年来，商业银行信贷风险呈现出以下特征：一是为适应客户需求，商业银行不断推出新的金融产品和金融服务。对新的金融衍生产品风险，需要按照新的标准和规范对其进行评价，并采取与之相适应的风险防范措施；二是随着企业竞争加剧和投资银行业务的发展，企业之间的兼并重组与资本集中越来越频繁，由于资本市场发展不稳定，一个较小的投资者可以在资本市场上进行大的动作，融入较大数额的资本，这无疑也加大了商业银行的信贷风险；三是信息技术手段的迅速发展，在给商业银行带来巨大商机的同时，也给商业银行带来了新的信贷风险。这些新的变化，对商业银行信贷风险管理提出了新的挑战，需要我们重新学习和认真对待。

提高对信贷风险管理工作重要性的认识，需要树立正确、科学的信贷风险管理工作理念。简而言之，信贷风险管理工作理念至少包括以下三个方面的内容：

第一，银行信贷风险是信贷经营业务的伴生物，可以说是同一事物的两个方面。信贷风险管理和信贷经营是商业银行并行并重的两项基本业务。

第二，正如信贷经营是个循环反复的过程一样，风险管理也是一个永不停息的过程。风险管理能否达到预期目的，取决于银行高层管理者对风险控制与管理能力、清晰明了的风险管理政策、风险评价方法和手段以及对风险偏好认定（风险接受标准）四个要素。

第三，及时发现风险并提前采取风险控制措施是银行最高管理决策层的主要任务之一。银行经营管理追求资金“安全性、盈利性和流动性”的统一，在目前信贷风险较大的情况下，加强信贷经营管理，固然是提高经济效益的重要途径，加强信贷风险管理，同样也是提高经济效益重要保障。在商业银行内部实施有效的风险管理政策，其根本目的就是为了降低信贷风险损失，最大限度地提高银行资金的赢利水平。

二、搞好信贷资产质量评价是信贷风险管理工作的重点

按照贷款五级分类方法对各类授信业务的风险程度和质量状况进行科学评价，是各级行信贷风险管理部门当前工作中的重中之重。这是因为，信贷资产评价是整个信贷管理工作的前提和基础，即信贷资产质量评价结论是实施信贷风险监控工作的基础，是制定信贷政策的基础，是进行系统性风险分析判断的基础，是落实贷款责任的基础，是对各个基层行信贷经营管理工作

进行评价的基础。从今年剥离不良资产审查中所发现的问题看，有些基层行在贷款风险分类工作中，不按规定的程序和权限审批认定风险分类结果，导致贷款资产质量评价结果的失真，已给建设银行的信贷管理工作带来不可忽视的危害。这从反面说明了信贷资产质量评价工作所具有的基础性作用。

除了上述五点基础作用外，信贷资产质量评价结果还将会在具体操作层面起到以下三个方面的作用：

1. 信贷资产质量评价结果是确定信贷业务审批决策权限的依据

对于信贷资产质量较优的分支行，上级行应授予较高额度的信贷业务审批决策权，而对于那些信贷资产质量较差的分支行，上级行只能相应地授予其较低程度的信贷业务审批决策权，甚至不予授权。

2. 信贷资产质量评价结果是银行制订利润计划，提取贷款准备金的依据

具体而言，就是银行通过对每一笔信贷客户风险状况的评价，根据其信用风险等级的高低，确定不同的风险准备金提取比率。对风险较高的信贷资产，需要提取较多的贷款准备金，而对风险程度较低的信贷资产，则可提取较少的贷款准备金。

3. 信贷资产质量评价结果为银行确定客户黑名单提供依据

通过信贷风险等级评价，将那些信用度低、风险大的客户，特别是潜在高风险客户，经过风险委员会批准后，进入黑名单信息数据库。对于被列入黑名单的客户，信贷经营人员要实时跟踪客户的风险情况，并同客户一起洽商贷款补偿措施，包括抵押物的处置等，有利于最大限度地降低风险，减少银行信贷资产的损失。

三、在地、县分（支）行、办事处建立起一支在数量与质量上与信贷风险管理工作要求相适应的干部队伍是搞好信贷风险管理工作的立足点

信贷风险管理部门作为信贷业务管理体制改革的产物，部门是新设的，工作职能是新增的，员工队伍也是新组建的。目前这支队伍无论是在人员的数量上，还是在人员的素质上，都与信贷风险管理工作的要求有一定的差距。为此，必须在数量上加以充实，在素质上加以提高。

第一，从数量上看，要使风险管理部门的工作真正落到实处，除需在总行和一级分行设立专职的风险管理部门外，还需要在二级分行及县支行、营业部、办事处等各个基层行处建立起一支专职的、一定数量的风险管理干部

队伍。这是因为：1. 各地县分支行、营业部、办事处是信贷经营的主体，它们处于信贷经营的第一线，对客户的基础数据、客户的基本情况，它们了解得最清楚，掌握情况最及时。2. 以客户信息数据为基础的贷款质量评价工作，量大、点多、面广、频率高（根据现行政策规定，从2000年起，每季度需统计汇总一次评价结果）。这样大量的工作，没有一支立足于基层行的专业干部队伍也是难以完成的。

第二，从人员素质上看，要使信贷风险管理的工作做得更好，除了在工作岗位上边干边学外，还必须对广大员工进行专门的业务培训。目前这支队伍的员工来自方方面面：有的以前从事信贷管理工作，有的在项目评估部门工作，有的从事资产保全工作，有的在科技部门、行政后勤部门工作等。这些同志在以前的工作岗位上可能是业务能手、业务骨干，有的是所在业务领域的专家。但到信贷风险管理部门后，由于从事的是新的工作，难免就会产生一定的陌生感和不适应，更何况现在的贷款质量评价工作与以前的贷款质量评价工作，现在的高风险信贷业务审查工作与以前的信贷业务评审工作，现在的行业风险预警研究分析工作与以前行业信息调查工作，无论是工作程序，还是基本操作方法和工作深度的要求都有许多不同之点，都发生了很大的变化。

四、搞好贷款责任认定工作是信贷风险管理工作的难点

在过去一个较长时期内，我们的信贷工作基本上处于一种责任不明的状态，信贷经营者和信贷决策者之间缺乏责任认定和互相制衡的机制，使得提高贷款质量的相关措施缺乏运作的制度基础。今年的信贷业务管理体制改革把落实贷款责任制作为信贷风险管理部门的主要工作职责之一，抓住了问题的要害。

对于贷款责任的认定工作，不同工作岗位的人存在不同的顾虑和看法：信贷风险管理部门工作的同志对开展贷款责任认定工作有顾虑，认为认定贷款责任，就会得罪人；一些基层行（包括二级分行）的行长也有顾虑，认为大量的信贷业务都是由基层行经营的，基层行的行长是信贷经营的主责任人，搞贷款责任认定工作，等于把绳索往自己脖子上套。我们也可以由此想象出，搞贷款责任认定工作，推行起来将会有一定的难度和阻力。

但是，对于信贷风险管理工作而言，贷款责任认定工作不搞又不行。如果我们只搞信贷风险监管，只搞贷款质量评价，而对那些在监管和评价工作

中发现的存在明显主观责任而造成贷款损失的情况，不去认定和追究有关责任人的责任，那么信贷风险管理工作的作用和效果就会因此而大打折扣。所以，不论难度有多么大，贷款责任认定工作还是要开展起来。

为了消除对贷款责任认定工作的一些不必要的顾虑，从当前信贷经营管理工作的现实情况出发，贷款责任认定工作应本着先起步后逐步推进的策略，把握住以下几个要点：

一是合理界定贷款责任认定的范围。按照“过去的责任从宽，新的责任从严”的原则，贷款责任认定的范围应主要考虑三个因素：1999 年新的信贷业务管理体制正式运行以后经营、审批的信贷业务；这部分信贷业务的质量状况已列入可疑和损失类的风险等级；被人民银行、审计机关检查发现的存在比较严重责任问题的信贷业务。

二是贷款责任认定的主要对象。当前贷款责任认定的对象主要限于是由于信贷经营、信贷审批人员严重丧失工作责任心，违规经营、违章操作、有章不循等行为造成贷款损失和较大风险的主观责任。

三是按照责任分解的方法，确定责任主体。贷款责任认定的责任主体是指从事信贷经营和决策活动，并承担特定的审批或经营职责的内部员工。第一个责任层次的责任主体是经营主责任人和审批主责任人；第二个责任层次的责任主体是岗位责任人，包括信贷经营岗位责任人、信贷审批岗位责任人。坚持责任分解的方法，有利于防止和避免“责任推卸”、“责任替代”的现象，真正体现谁的责任谁承担的原则。

（原载建设银行政策研究室《决策参考》1999 年第 10 期）

可持续发展是商业银行改革的终极目标

国有商业银行是经营货币的特殊企业。作为国民经济体系的组成部分，它和其他类型的企业一样，也有一个能否实现可持续发展目标的问题。

一、国有商业银行的可持续发展性是由金融业的资源性所决定的

国有商业银行是金融企业，因而又是一种金融资源。主要体现在两个方面：物的资源性和机制的资源性。物的资源性是指国有商业银行的人才资源、资金资源、财产资源等物化资源；机制的资源性则包括国有商业银行的运行机制、功能机制、效能机制等方面的内容。

资源是发展的要素，对资源的长期合理开发和利用就是可持续发展。进而言之，对国有商业银行金融资源的长期合理开发和利用，就是国有商业银行的可持续发展性。国有商业银行可持续发展的中断，既表现为对物化资源利用的滥用、浪费和流失，也表现为运行机制的失衡、功能机制的失控和效能机制的失败。

首先，从企业微观角度分析。就金融企业的物化资源而言，在激烈的竞争中，处于竞争弱势地位的一方，会导致其优秀人才流失、资财损失浪费、资金供给能力和筹措能力下降、资金来源渠道中断、资金外流、经营亏损严重等一系列问题的发生，进而就会危及其可持续发展。当这些问题累积到使银行的发展难以为继，甚至倒闭破产时，就是可持续发展的中断。

其次，从宏观经济角度分析。国家根据宏观经济政策的需要，通过运用金融调控手段，以期达到调节经济发展的规模、速度和结构，促进经济发展的目的，是发挥金融运行机制、金融功能和金融效能作用的内在要求。实际经济生活中，由于金融机制自身或外部的原因，使得金融运行机制失衡、金融功能机制失效和金融效能机制失控，是金融可持续发展中断导致的严重恶果。

这说明，金融企业可持续发展的中断和滞阻，其外在表现是金融运行机

制失衡，金融功能机制失效和金融效能机制失控。其实质结果是金融危机，并进一步影响到经济发展的稳定性，导致经济危机。从这个意义上讲，经济危机与金融危机是可以互为因果的。

二、国有商业银行的可持续发展性是由经济与金融的相互依存性和金融在现代经济中的核心地位所决定的

在市场经济条件下，金融是经济的反映，金融市场是宏观经济情况的晴雨表，银行信贷资产质量是国民经济质量的映象。经济的可持续发展必然反映为金融的可持续发展，金融的可持续发展必然促进经济的可持续发展。金融与经济日益融合决定了金融可持续发展是经济可持续发展的充分必要条件。随着我国市场经济的不断完善，经济活动的货币化程度不断提高，金融产品不断丰富，金融活动对社会经济活动起着越来越大的制约和影响作用，同时也加剧了金融风险的生成因素，因而制约和影响着国有商业银行的可持续发展性。

一是从经济的货币化程度看。经济的货币程度决定了金融风险的程度，撇开其他因素不论，经济的货币化程度的高低与金融风险的大小是成正相关联性的。衡量经济货币化程度的主要指标是广义货币同国内生产总值的比率（即 M2/GNP）。我国的这一指标 1978 年为 0.32，以后逐年提高，1985 年为 0.58，1996 年达到 1.20，1997 年为 1.22，1998 年为 1.32。经济货币化程度的加速，使金融在社会资源配置和经济发展过程中发挥着越来越重要的作用，国家对宏观经济的调控主要通过运用金融杠杆来进行。但经济货币化的加速也会导致虚拟金融资产的迅速增长，加大金融风险。

二是从居民储蓄率看。居民储蓄率是指居民当期可支配收入中用于储蓄（包括居民银行存款、股票投资、证券投资、房地产投资和耐用品投资）所占的比重。近 20 年来，居民储蓄率也有了很大的增长。1980 年，我国居民储蓄率为 11.2%，1985 年为 19.7%，1990 年为 26.3%，1995 年略有下降，为 24%，随后又逐年回升，1998 年为 25.2%。

三是金融资产的多样化。改革开放以来，随着我国金融机构的巨大发展和金融市场完善，金融资产也由单一的银行资产向市场化、多元化方向发展。截至 1997 年底，我国资本市场的股票余额达到 644.04 亿股，国债余额为 5508.93 亿元，财政性金融债余额为 3486.9 亿元，其他金融债为 141.9 亿元，企业债余额为 521.02 亿元。1999 年底，我国城乡居民储蓄存款总余额达到 6

万多亿元。随着世界经济一体化和金融全球化，经济也将日益金融化，社会资产也将日益金融资产化。

四是在全社会固定资产总投资资金来源中，国内金融机构贷款仍然占有较高的比重。改革开放以来，由于投融资体制的改革，固定资产投资领域形成了投资主体多元化、投资方式多样化、资金来源多渠道化的局面，尽管国内金融机构贷款在全社会固定资产总投资资金来源中所占比重近10年来有所下降，但仍占有较高的比重。1985年为21.2%，1990年为23.5%，1995年以后各年均保持在19.2%～20%的占比水平。

由此可见，金融与经济相互依存性的加大，也增加了金融风险的程度。金融企业可持续发展的滞阻或中断，势必会对国民经济的持续健康稳定发展带来严重的消极影响。同样地，实质经济出了问题，也必然会影响到商业银行的可持续发展。从这个意义上讲，金融企业的可持续发展与经济可持续发展是等价的。

三、国有商业银行的可持续发展性是由金融业自身所特有的金融风险的特殊性所决定的

金融是现代经济的核心，而银行体系又是金融体系的核心。因此，银行危机是最主要的金融危机形式。金融风险如果酿成金融危机必然会导致商业银行可持续发展的中断。金融风险所具有的特殊性决定了国有商业银行可持续发展的重要性。金融风险主要有以下特性：

一是不确定性与客观性。在市场经济条件下，人们在从事金融活动过程中所面对的市场是不断变化的，而人们的认识能力和获取信息的能力是有限的，客观世界事物运动和发展的不确定性、金融行为主体的认识与行动的可变性以及人们认识问题的有限理性和信息的不对称性，使得在金融活动尤其是在信贷行为中产生逆向选择和道德风险，给银行带来巨大的信用风险，而且这些风险或风险的某些程度不可能完全被提前认识或者完全避免。

二是普遍性。由于资金融通具有偿还性的特点，融出资金方要在将来的某一时间内收回资金并获得报酬；资金融出方要同时偿还本金并付出利息。但由于未来存在许多不确定性因素，融出方可能无法按时、按预期的报酬收回本金和利息。这种可能性在资金融通过程中是普遍存在的，因而金融风险也是普遍存在的。

三是隐蔽性和突发性。由于金融机构具有一定的创造信用的能力，因而

可以在较长时间内通过不断创造新的信用来掩盖已经出现的问题和事实上的损失；银行经营的垄断性和政府干预或政府特权，也会使一些本已显现的金融风险被人为地行政压制所掩盖。被掩盖的风险因素不断积累，最终会突发性地表现出来。

四是迅速扩散性。银行作为融资中介，实质上是一个多边信用共同建立起来的信用网络。由于中介媒介的作用，多边信用的任何一个环节出现链条断裂，必然带来连锁反应，并具有数量倍数扩散效应，同时由于金融机构之间存在密切而复杂的债权债务关系网络，一旦某个金融机构的金融资产价格发生贬损以至于不能保持正常的流动性头寸，都有可能形成较大范围内的甚至全局性的金融风险，成为金融危机导火线，从而引起社会的动荡。

五是可控性。金融风险可以通过有效的制度安排和精确的预测，运用现代的信息技术手段和保险机制加以控制，经营主体和监管主体通过有效的制度安排和管理手段对隐蔽的客观的金融风险实施事前预测，事中防范和事后化解。金融风险的可控性意味着有些风险或风险的程度是可以被提前认识或者避免的。

由此可见，金融风险的存在是国有商业银行在实施可持续发展进程中不可回避的一个现实问题。防范和化解金融风险，建立和健全风险管理机制，对于实现国有商业银行的可持续发展目标具有决定性的意义和作用。

四、实现国有商业银行的可持续发展，应成为国有商业银行改革的努力方向和终极目标

从商业银行的经营性质和经营目标出发，检验国有商业银行可持续发展目标的标志是：它具有能够持续不断地为客户提供优质高效的金融服务的能力；具有不间断的金融创新能力；有适应市场需求不断变化的竞争能力；对信贷风险及其他类型的金融风险具有很强的抵御、防范和化解能力；通过选择合适的发展方式，不间断地实现经营效益的增长目标；提高商业银行信贷资产质量和经营效率，确保信贷资产的安全性和流动性；在社会公众心目中和国际金融市场上具有良好的信誉和资信度；信贷政策等金融杠杆的运用对社会经济活动和宏观经济的发展能够发挥有效的调节作用。实现国有商业银行的可持续发展，应成为国有商业银行改革的努力方向和终极目标。

（原载《建设银行报》2000 年 6 月 16 日第三版）

完善国有商业银行风险管理体系，切实防范和化解金融风险

一、当前，国有商业银行仍面临较大的金融风险

第一，不良贷款率居高不下，信贷资产质量差。以 1994 年国家专业银行实行政策性业务与经营性业务分离以后国有商业银行成立为起点，即使按照传统的“一逾两呆”统计口径，国有商业银行的不良资产比率也是相当高的，远远超过人民银行的监控标准，而且逐年呈上升增长趋势。以建设银行为例，1998 年末与实行商业化改革后的 1994 年末相比，按“一逾两呆”法统计的不良贷款率增加了 3.5 倍，其中，呆滞呆账率增加了 7.7 倍；1999 年底，剥离不良资产后的不良贷款率仍然是 1994 年末的 3.5 倍。建设银行是这样，其他国有商业银行也是如此。

如果按照国际上比较通用的信贷资产质量五级分类方法，国有商业银行的不良贷款比率则更高。根据对有关资料的分析测算，1998 年末，四大国有商业银行贷款资产总额为 61422 亿元，占同期全国金融机构各项贷款总额 86524.1 亿元的 71%，而按“一逾两呆”法统计的同期四大国有商业银行的不良贷款总额，却占中国金融机构不良贷款总额的比重为 73.15%。国有商业银行的不良贷款率高于全国金融机构不良贷款率的平均水平。

1999 年底，国有商业银行的不良贷款率较之上年末有了较大幅度的下降，这完全是得益于政府所采取的剥离不良资产的大政策。如果不考虑剥离不良资产的政策因素，1999 年国有商业银行的不良贷款率仍然是上升的。事实上，已剥离掉的不良资产只是国有商业银行不良资产中的一部分，滞留在银行内部的不良资产，其风险仍然很大。由于诱发不良资产形成的内外部因素并没有从根本上消除，随着时间的推移，不仅现有的不良贷款资产会朝着更劣质方向变化，而且原本属于正常的信贷资产有一部分也会转变成不良资产。

第二，国有商业银行实收资本和所有者权益的增长幅度远远低于资产总额和贷款总额增长幅度，影响国有商业银行在国际金融市场上的资信度。根

据有关资料统计分析，1995 年与 1993 年相比，四大国有商业银行的资产总额增幅为 38.6%，贷款总额增幅为 32.85%，而同期实收资本仅增加 29.06%，所有者权益仅增加 20.34%。1997 年与 1994 年相比，四大国有商业银行的资产总额增幅为 18.28%，贷款总额（其中中国银行贷款额不含外汇贷款）增幅为 64.6%，而同期实收资本仅增加 20.22%，所有者权益仅增加 8.22%。

第三，资本充足率低，抵御金融风险的能力脆弱。长期以来，国有商业银行资本金补充只有两条渠道，一是依靠自身积累，二是财政增拨资本金。从近几年银行经营实际看，由于银行的盈亏很大程度上受国家利率政策的调节，银行自身积累能力受到所担负的宏观经济、金融角色的制约，资本金补充的第二条渠道形同虚设。第一条渠道由于受到国家财政资金来源的限制，资本金的补充也难以满足其实际的需求。1998 年经中国人民银行和财政部多次磋商研究，并经全国人大常委会审议通过，财政部发行了 2700 亿特别国债，所筹资金用于补充四国有商业银行资本金。尽管如此，国有商业银行的资本充实率仍不能满足商业银行法所规定的标准。例如，中国建设银行 1999 年末实收资本总量为 851 亿元，考虑未分配利润等因素，资本净额为 945 亿元，经加权后的资产总额约为 17600 亿元。据此计算的资本充实率约为 5.37%。建设银行是这样，其他国有商业银行也同样存在着资本充实率达不到规定标准的问题。

第四，国有商业银行的外部经营环境在短时期内难以有大的改观，导致形成不良资产的外部因素依然存在。一是长期以来存在的企业资本金比率低，企业自身积累速度缓慢，企业财务费用负担过重，借款企业的经营效益普遍较低，借款人的资产负债率过高，企业还款能力差等先天不足的问题在短期内难以从根本上得到解决。国有企业完全走出困境尚需较长时日。

二是在我国经济生活中，由于市场机制不完善，长期以来存在的“大而全”、“小而全”和低水平重复建设所形成的大量过剩生产能力，在短期内也不可能全部退出市场，由此所导致的企业之间为争夺市场而相互倾轧，企业经营环境恶化的问题，在短期内也还可能从根本上得到解决，因此也难以使企业的整体经营效益得到根本的改善。

三是由于伴随着经济体制的某些缺陷所滋生的借款人信用意识差，在银企关系中，“欠债还钱”的市场经济规则并没有得到广泛的认同，不合理的行政干预，借款人采用不正当的方式逃避银行债务的情况仍然难以避免，因借款人的道德风险导致国有商业银行信贷资产质量不高的问题，并没有从根本上得到解决。

第五，长期以来，伴随着产业结构不合理而形成的商业银行贷款结构不合理的问题，在短时间内也难以完全调整过来。随着中国加入WTO，外国商品和企业涌入中国市场后，在一定时期内，会对部分产业和企业造成强烈冲击。与之相联系，也势必会导致国有商业银行对这些产业和企业的现有存量信贷资产质量下降。

第六，经营行为受多目标约束，使国有商业银行作为“经济人”的角色错位。在现代西方市场经济学中，经济主体被假定为追求效用最大化的“经济人”。作为“经济人”的所有经济主体，它具有追求自身利益最大化或效用最大化的禀性，即先天性的趋利避害。我国国有商业银行作为经济主体，也应该具有这种先天性。但是，自1994年金融体制改革后，国家专业银行虽然实行政策性金融业务与经营性金融业务分离，成立了国有商业银行，但由于受各种微观和宏观因素的制约，尽管国有商业银行的商业化经营理念有了很大的提高，但经营行为的多目标约束，使其难以完全体现“经济人”经营理念，即不能以追求利润的最大化作为其唯一的经营目标，它不得不接受政府对其实行的多目标约束，承担大量的非商业化经营的任务。比如，上交更多的税收和利润以弥补中央财政的缺口，承担一定数量的政策性贷款，用于政府直接指定的企业或项目。这种经营行为的多目标约束，使国有商业银行的经营行为难以完成“经济人”的角色定位。

二、金融风险的特殊性决定了防范和化解金融风险的客观必要性

金融风险是指经济主体在从事资金融通活动中遭受损失的可能风险，它具有以下六个主要特性：

第一，金融风险具有不确定性与客观性的特点。在市场经济条件下，人们在从事金融活动过程中，所面对的市场是不断变化的，而人们的认识能力和获取信息的能力是有限的，客观世界事物运动和发展的不确定性，金融行为主体的认识与行动的可变性，以及人们认识问题的有限理性和信息的不对称性，使得在金融活动尤其是在信贷行为中产生逆向选择和道德风险，给银行带来巨大的信用风险。而且这些风险或风险的某些程度不可能完全被提前认识或者完全避免，而只能部分地被提前认识或者部分地加以避免。

第二，金融风险具有普遍性的特征。由于资金融通具有偿还性的特点，融出资金方要在将来的某一时间内收回资金，并获得报酬；资金融出方要同

时偿还本金并付出利息。但是由于未来存在许多不确定性的因素，融出方可能无法按时、按预期的报酬收回本金和利息。这种可能性在资金融通过程中是普遍存在的，因而金融风险也是普遍存在的。

第三，金融风险具有隐蔽性和突发性的特征。由于金融机构具有一定的创造信用的能力，使银行的存款此存彼取，贷款此还彼贷，因而可以在较长时间内通过不断创造新的信用来掩盖已经造成的事实上金融损失和出现的问题；银行经营的垄断性和政府干预或政府特权，也会使一些本已显现的金融风险被人为地行政压抑所掩盖。被掩盖的风险因素不断的积累，最终会以突发式的方式表现出来。

第四，金融风险具有迅速扩散性的特征。金融以信用为基础，银行作为融资中介，实质上是一个多边信用共同建立起来的信用网络。由于中介媒介的作用，多边信用的各方不具有一一对应的原始借贷关系，而是互相交织，互相联动，任何一个环节出现链条断裂，必然带来连锁反应，并具有数量倍数扩散的效应，产生多米诺骨牌现象。

第五，金融风险具有后果严重性的特征。由于金融机构之间存在密切而复杂的债权债务关系网络，一旦某个金融机构的金融资产价格发生贬损以至于不能保持正常的流动性头寸，都有可能形成较大范围内甚至全局性的金融风险，成为金融危机导火线，从而引起社会动荡。

第六，金融风险具有可控性的特征。金融风险的前述五个特性并不表明人们对金融风险是无能为力的，而是可以控制的。即金融风险可以通过有效的制度安排，精确的预期，现代的信息技术手段和保险机制加以控制，经营主体和监管主体通过有效的制度安排和管理手段对隐蔽的客观风险进行事前预测，事中防范和事后化解。金融风险的可控性意味着有些风险或风险的程度可以被提前认识或者避免。

金融风险的上述特性表明，金融风险的存在是国有商业银行在改革与发展进程中不可回避的一个现实问题，建立和健全风险管理机制，对于防范和化解金融风险，实现国有商业银行改革与发展目标，具有决定性的意义和作用。

三、建立完善的风险管理体系，切实防范和化解金融风险

建立完善的国有商业银行风险管理体系，需要从以下七个方面进行改革：

第一，银行内部建立一种良好的“风险控制文化”。这里至少包括四个方面的内容：一是形成一种风险控制的文化氛围。无论是决策层还是管理层，都有责任通过其言行来强调风险控制的重要性，从而营造一种氛围，使所有员工都认识到风险控制的必要性，并在各自的工作岗位中自觉地增强风险意识。二是形成一种风险防范的道德评价和职业环境。通过大力加强职业道德教育，形成一种道德评价标准，促使全体员工恪守诚信原则，高效诚实地开展工作。三是认识金融风险存在的客观必然性和风险管理的持久性。金融风险是商业银行经营业务的伴生物。风险管理与业务经营是商业银行并重的两项基本业务。正如经营业务的运行是个循环反复的过程一样，风险管理也是一个永不停息的过程。四是风险管理工作能否达到预期目的，取决于银行高层管理者对风险控制与管理能力、清晰明了的风险管理政策与手段、风险评价方法以及风险偏好（风险接受标准）等四个要素。因此，及时发现风险并提前采取风险控制措施，应成为最高管理决策层最主要的工作任务之一。

第二，建立全方位的风险管理体系。在现代市场经济条件下，随着金融衍生产品的发展和金融工具的创新，商业银行所面临的金融风险越来越大，风险种类越来越多，表现形式也越来越隐蔽而复杂，银行的风险与银行业务活动相随相伴，对风险管理的要求也越来越高。因此，国有商业银行的风险管理，应是全方位的风险管理，既包括对信贷风险的管理，同时也应将市场风险、国家风险、地区风险、利率风险、汇率风险、投资风险、结算风险、财产风险、财务风险等多方面的风险纳入风险管理的范畴，并建立与之相适应的风险管理组织机构体系。

同时，还应将人事风险纳入国有商业银行风险管理工作的范畴。早在1979年，邓小平同志就强调指出：“政治路线确立了，要由人来具体执行。由什么样的人来执行，……结果不一样。”在现实生活中，由于管理者的决策失误和违规经营，或者由于经办人员的违规违法操作，造成了巨额经营损失，形成了巨大的金融风险，这样的事例也是很多的。因此，国有商业银行的风险管理应是全方位的风险管理。忽视其中的任何一个方面，都可能危及其实现可持续发展的发展目标。

第三，实行事前主动引导型风险管理与事后被动督导型风险管理并重、风险的源头控制与末端治理相结合的风险管理方式。事后被动督导型的风险管理是指，在银行经营业务活动的进行过程中和过程形成结果后，根据行为结果对行为过程的合规性、合法性所进行的评价分析和管理，又可称之为末端治理型风险管理。事前主动引导型风险管理是指，在风险管理对象的行为过程启动之前，风险管理决策层和风险管理部门根据风险预警系统及其他多种渠道所得到的资料，经过综合研究分析并形成决策，制定出防范、规避风险的对策和措施后，及时向风险管理对象提供政策导向和预警性的风险信息。这种方法，又可称之为源头控制型风险管理。相对于主动引导型风险管理方法而言，被动督导型的风险管理方法，有两个主要的缺陷：

一是加大了风险管理的成本。由于是根据行为结果进行事后的监督管理，当事实风险形成后，化解与治理事实风险所需要的成本费用肯定比事前防范的所付出的代价要大得多。有一位美国学者曾研究得出工程质量风险管理费用的“五倍定律”。他把工程质量管理分为四个阶段，即苗头初期、诱发期、显露期和发展期。根据其研究得出的结论，工程质量的防治费用以每一阶段依次增加五倍递增，即所谓“五倍定律”，防治越晚，付出费用越高。大量的实际事例表明，在国有商业银行的风险管理工作中，风险管理与防治的费用，尤其是信贷风险的管理与防治费用，存在的不仅是“五倍定律”，而是“十倍定律”、“二十倍定律”。

二是根据行为结果对行为过程的合规性、合法性进行的评价监督的风险管理方法，容易助长某些人违规经营、违规操作的侥幸心理。按照这种管理方法，通常的情况下，只要行为结果好，人们是不太认真关注其行为过程的合规性、合法性的。这是由于受到我国传统文化观念的影响，人们习惯于轻程序重实体，以“成败论英雄”。过去，国有商业银行的许多经营损失和风险资产，相当一部分是由于一些单位的决策管理人员或者经办人员，在“试一试”、“可能会成功”等心理支配下，违规经营违规操作所造成的。他们在事前所抱的期望是，以经营的成果去证明其违规经营行为的正确性，而并非恶意。主动引导型风险管理方法，有利于弥补被动督导型风险管理方法的上述缺陷。

在商业银行的风险管理工作中，应重在防范，突出一个“防”字。要通过建立经营决策信息导向、风险预警分析、风险评价系统和风险控制、风险信息反馈与风险责任约束机制，使风险管理工作达到防患于未然的目的。只有这样，风险管理工作的作用才不限于是“亡羊补牢”，而首先是起到“未雨绸缪”的作用。

第四，由惩戒功能为主的信贷风险管理机制，转变为惩戒功能与激励功能相并重的信贷风险管理机制。商业银行信贷风险监管的职能任务之一是为落实贷款责任制提供依据。即通过风险管理工作，对于在信贷业务过程中的违规操作、有章不循的行为，根据所造成的风险损失的大小，通过责任认定，给予有关责任人以惩戒，追究其责任是风险管理工作重要职责。在当前大量存在的贷款监控措施乏力、贷款责任不明晰、违规经营屡禁不止、系统性风险频发的情况下，强化风险管理工作的惩戒功能是非常必要的。

但是，从长远发展趋势看，需要进一步完善风险管理工作的功能作用，建立惩戒型风险管理与激励型风险管理相并重的风险管理机制，在风险管理过程中，结合人事激励机制和奖惩机制的改革，通过贷款后评价，对于按章操作、依规经营、防范和化解风险措施得力、市场营销效果显著、贷款成功率高的信贷经营管理人员和经办人员，及时给予精神的和物质的奖励，真正体现责权利的完整统一。惩戒型风险管理与激励型风险管理相并重的风险管理机制，有利于处理好风险管理与银行经营、防范风险与业务开拓的关系，使风险管理工作既有利于保证银行资产的安全性和效益性，又有利于促进银行的稳健经营与发展，防止产生“监管悖论”的现象。

第五，商业银行贷款资产质量分类结果由社会中介咨询机构认定，以确保风险分类认定结论的客观性和准确性。近两年来，随着中央银行监管力度的加大，国有商业银行内部的评价考核体系和考核方法的完善，信贷资产质量的好坏，不良贷款率的高低已经成为评价各行及其分支机构经营管理水平高低、经营成果好坏的重要标准之一。但由于目前各行贷款资产质量状况是由各行（包括各分支机构）自行评价认定的，这种管理方法给了某些分支行的管理人员，特别是分支行的主要负责人，为追求虚假的经营绩效，进行“机会主义”选择以漏洞可钻。他们有时为了某种需要，人为地抬高或降低贷款资产质量的风险等级，导致贷款质量评价认定结论与实际情况出入很大，一些贷款资产的真实风险被掩盖，使上级管理行的风险防范措施滞后，信贷风险管理和金融监管工作发挥不了应有的作用。

为了解决这些问题，可以通过建立公正独立的有资格的社会中介咨询组织，对商业银行，重点是对国有商业银行的贷款资产质量状况进行评价认定，以确保贷款风险分类认定结论的客观性和准确性，保证银行利润的真实性和银行准备金的充足性。作为工作的起步，可以由社会中介咨询组织先对国有商业银行的数额较大、质量状况明显差的贷款实施评价认定或审核确认，取得经验后逐步推广。

第六，由只重视对信贷资产质量评价分类认定的信贷风险管理体制，转变为对信贷资产质量的评价分类认定与对贷款客户及其合作伙伴的信用质量评价监管相结合的信贷风险管理体制。国有商业银行传统的信贷风险管理方法是按照“一逾两呆”法评价信贷资产质量的。由于它是以会计柜台贷款账户自动生成的数据作为评价信贷资产质量的唯一依据，此所得出的结论，并不能准确反映信贷资产风险的真实准确的情况，使信贷风险管理工作达不到预警、防范和化解金融风险的目的。

按照国际上通行的贷款质量五级分类法，它主要是以借款人偿还银行贷款的可能性及还款能力的大小作为评价贷款质量等级好坏的依据的。银行贷款客户经营效益的好坏，企业经营未来发展前景状况如何，企业及其合作伙伴信用程度的高低，直接决定着贷款质量等级的好坏。自2000年开始，我国国有商业银行普遍推行了贷款质量五级分类方法。在目前存在着借款人的经营行为不规范，企业信息披露的渠道和方式还不可靠的情况下，为了确保对信贷资产的风险判断不走样，需要建立银行内部掌握的客户资信评价体系，定期根据客户及其合作伙伴的财务报表、产品的产销情况和其他相关资料，对客户的信用状况和贷款偿还能力进行监管和评价，并以此作为判断信贷资产风险程度的主要依据。

第七，在市场营销、业务开拓以及对不良资产实施处置和保全等措施过程中，要由对政府行政干预的过度依赖，转变为以依靠经济金融法律手段为主。在实际工作中有时存在着一种相互矛盾的现象：国有商业银行的有些同志，一方面抱怨地方政府行政领导对银行信贷等金融业务活动的行政干预太多，影响了商业银行的信贷决策等经营行为的自主性；另一方面，市场营销和业务开拓过程中，不是首先着眼于改进服务手段提高服务质量，完善金融服务产品去争取客户，而是热衷于找地方政府行政领导人出面协调，期望依靠其影响力，为银行开拓市场，扩大某项业务的市场份额；当债务人不能按期偿还银行贷款时，或者银行贷款成为不良资产，需要采取处置和保全措施时，不是首先通过采取经济或法律的手段去保全银行资产，也是热衷于找地方政府领导人出面干预，对债务人施加影响力，以达到收回贷款，减少资产损失，保全资产的目的。

现代市场经济是现代市场机制与现代政府调控有机结合，在社会经济活动中，二者发挥各自的功能作用，相互配合，相互弥补，相互纠错是实现市场经济运行效率的必要手段。但是，商业银行在防范金融风险保全信贷资产的过程中，过度依赖政府行政干预措施对银行债权人的利益实施保护是一把“双刃剑”。如果首先不是着眼于改善自身的管理机制，增强银行自身的风险控制和管理能力，而是过度地依赖政府的行政干预措施，从近期看，它在维护银行债权人利益，减少商业银行系统性风险等方面，可以达到一定的效果。但从长远看，减少了市场对银行的管理，弱化了银行自身的管理能力，其结果是增加了银行的系统性风险。同时，还可能会助长政府干预的越位行为，造成政府对商业银行自主经营行为的不合理干预和侵权。这对商业银行的经营管理来讲，将是得不偿失的。在商言商，还需要在商倚“商”。这里的“商”是指市场，指经济的、金融的法律的手段和措施。也就是说，国有商业银行在市场营销、业务开拓以及对不良资产实施处置和保全等措施过程中，要由对政府行政干预的过度依赖，转变为以依靠经济金融法律手段为主。

（原载国务院发展研究中心《经济工作者学习资料》2000年第50期）

控制贷款前的风险源头　防范信贷风险

当前，信贷风险仍然是国有商业银行面临的主要金融风险。防范和化解信贷风险的工作应贯穿信贷经营活动的全过程。国内外大量的事例表明，防范信贷风险着眼于贷款前的风险源头控制，立足于早防早治，可以使信贷风险管理工作收到事半功倍的效果。

信贷风险的源头控制是指在风险管理对象的行为启动之前，信贷审批决策和风险控制部门，根据风险预警系统及其他多种渠道所得到的资料，经过综合研究分析并形成决策，制定出防范、规避风险的对策和措施后，及时向风险管理对象提供政策导向和预警性的风险信息；通过开展产业行业调查分析和行业信贷政策研究，引导信贷资金的正确投向，为宏观的信贷决策提供保障支持；通过建立客户资信评估机制和贷款评估审查机制，为贷款审批等微观决策提供保障和支持。实施贷款风险源头控制，应着重把握以下主要环节。

一、适应经济结构调整和投融资体制改革的要求，加强行业产业发展趋势和行业信贷政策研究工作，实施信贷政策导向机制

改革开放以后，针对经济结构中存在的问题，遵循世界各国工业化加速阶段产业结构发展的一般规律，对扭曲的产业结构进行矫正，使我国工业结构跨入以加工组装工业为中心的高加工度化阶段，劳动密集型工业、资本密集型工业向技术密集型和知识密集型工业转换的阶段。但是，由于受到居民消费需求变化，市场竞争日益激烈，城市化步伐加快，消费结构快速升级以及经济全球化发展趋势的制约和影响，我国经济结构中的深层矛盾日益显现出来，经济结构的不合理成为国民经济发展中的突出问题，使经济结构和产业结构的调整成为必然趋势。同时，面向知识经济时代、高技术经济时代转变的趋势是不可逆转的。对于信息产业、高新技术产业，我们知之甚少。在新的、变化了的产业结构中，如何使贷款投向做出科学合理的选择，准确地寻求未来发展的支撑点和依托点，这也是国有商业银行的行业产业调研分析

工作面临的新任务和新课题。为使商业银行的信贷经营活动在科学可行的行业信贷政策的指导下进行，使商业银行的信贷政策服从于、服务于国家产业发展政策，客观上要求商业银行切实加强产业发展趋势和行业信贷政策的研究和分析。

“十五”大以来，实行新的投融资体制改革以后，大量的竞争性投资项目是由作为投资主体的企业法人自主决策的。单个投资主体由于受到生产经营活动范围的局限，所能掌握了解的投资信息，其来源渠道以及数量和质量都受到了较大的限制和约束。再加上我国的咨询服务业发展滞后，使投资主体的信息获取渠道与投资决策所需要的信息资料导向形成了不对称。在这种情况下，为了防范贷款风险，作为企业融资对象的贷款银行，需要建立起有利于克服上述矛盾的行业产业调查分析研究机制。否则，对企业投资决策的盲从，给商业银行所带来的风险，将会比对政府进行项目审批决策时的盲从所带来的风险更为严重。

产业发展趋势与行业信贷政策的研究是一种前瞻性、超前性的决策分析。科学合理的行业信贷政策导向，有利于防范系统性风险的发生。在市场经济条件下，国有商业银行为了保证在市场不断发生变化的动态趋势中把握正确的资金投向，有必要通过开展产业行业发展趋势和行业信贷政策研究分析，使信贷投放在深思熟虑的行业产业信贷政策的指导下进行。

二、建立贷款项目储备系统，为优化贷款选择提供项目来源

实行新的投融资体制，政府放弃对一般竞争性项目的选择审批权后，对国有商业银行的信贷优选工作，提出新的要求。

在传统的投融资体制下，尽管国有商业银行有了一定的贷款审批决策自主权，但无论是竞争性项目还是非竞争性项目，无论是大中型项目、重点项目还是小型项目，投资项目审批决策权都属于政府有关部门，各级综合计划部门、行业主管部门也因此建立起了与之相适应的、较为完善的项目推荐筛选及评价工作体系，而国有商业银行自身并没有建立起与贷款审批决策自主权的要求相适应的贷款项目备选机制，它们对政府有关部门的项目备选、推荐机制有很大的依赖性。

在新的投融资体制下，政府部门在计划经济体制要求下所建立起来的投资项目推荐、备选、评价机制，对大量的竞争性投资项目已没有其实用价值。

国有商业银行目前还没有真正建立起有效完善的贷款项目推荐备选机制和行业信息信贷政策导向机制，导致贷款项目储备推荐工作形成“真空带”，使国有商业银行对贷款项目决策时，失去了可靠的决策支持，不利于实现最优化信贷审批决策的目的。因此，国有商业银行需要建立贷款项目储备系统，为优化贷款选择提供项目来源。

三、建立贷款客户评价系统

当前，国有商业银行信贷资产质量不高，贷款不良率长期居高不下，除了银行内部风险控制措施不力外，国有企业经营效益差，偿债能力弱，也是国有商业银行信贷资产质量不高的直接和主要原因。通过建立贷款客户评价系统，对借款企业的资信状况、经济技术实力、经营管理水平、企业经营战略、企业的竞争能力等方面进行论证评价，可以达到选择优质客户的目的。

四、完善贷款评估审查系统

商业银行对企业发放的贷款能否取得成功，除了受到贷款客户资信状况等诸多因素制约和影响外，同时还取决于贷款投向的合理性，贷款项目产出物的市场需求情况，生产建设条件的可靠性，工艺技术和设备的先进性，经济效益的可行性等因素的制约和影响。为了防范可能存在的贷款风险，需要在贷款发放前，落实贷款的抵押或担保措施。通过建立贷款评估审查机制，按照科学规范的方法，对贷款投入的必要性，项目工艺技术选择的先进可靠性，项目建设规模的合理性，以及财务效益、社会效益、银行相关效益的可行性等进行系统的评估论证，为实现贷款科学决策提供保障和支持。只有这样，才可以对信贷风险达到早防早治的目的，使信贷风险管理工作收到良好的效果。

（原载《中国金融》2000 年第 9 期）

消费信贷业务的风险分析与对策研究

近两年，我国消费信贷市场空间不断拓展，住房信贷、汽车信贷、耐用消费品信贷、助学信贷等业务获得迅速发展。2000年，全国金融机构贷款余额增加1.33万亿，同比增长14.3%，其中消费贷款累计增加2592亿元，比1999年多增加1693亿元，占全部金融机构各项贷款多增额的68%，在全年贷款总增长额中的贡献率为19.7%。

随着消费贷款规模的不断扩大，制约该项业务发展的因素及在发展中存在的问题和风险也逐步暴露出来，在有些地区还表现得比较明显。商业银行应加强对消费信贷问题的研究和风险的分析与识别，以便及时采取措施，防范消费信贷风险。

一、消费信贷发展中的风险分析

（一）消费信贷面临的政策风险

住房制度改革，实行住房分配货币化，通过住房补贴和住房公积金来补足旧体制下职工工资中住房消费含量不足的部分。但首先贴补的资金是个问题，就住房公积金而言，尚有三分之一的单位未办理住房公积金。况且，住房补贴的额度更大，除财政供给的行政事业单位外，有多少单位能补贴得起，住房补贴的面积有多大，均难判断。

其次，房价和居民收入比过高。商品房价与居民收入是影响住宅业健康发展与商品房顺利进入居民家庭消费的两个重要因素，房价和居民收入比过高，超出大多数家庭可承受的极限，售后面临很大的政策性调整空间。

再次，现阶段我国的住房一、二级市场很不完善，有关规定也不完备，所以大量非商品房产在政策上规定或要求进行商业信贷支持。而一旦购房人无力还贷，这些非商品房产抵押在许多政策规定上无法进行过户转让等，很难得到充分的处置权。

（二）消费信贷风险主要来自借款人的收入波动和道德风险

商业银行对消费者信用的把握决定了消费信贷的开展程度。在美国，消费信贷之所以成为人们乐于接受的消费方式，除个人信用制度比较健全外，银行有周密完备的信用网络，借助于计算机等现代化管理手段，建立了一整套信用消费管理体系，银行和商家通过网络可及时了解消费者的信用情况，因而能够迅速确定能否向消费者提供贷款。美国消费者到银行申请按揭购车，银行职员立即将他的“社会安全保险号码”输入电脑，查询以往的消费贷款有无不良记录，查实能按时还款后，立即通知汽车经销商为其选车。而我国目前尚未建立起一套完备的个人信用制度，银行缺乏征询和调查借款人资信的有效手段，加之个人收入的不透明和个人征税机制的不完善，银行难以对借款人收入的完整性、稳定性和还款意愿等资信状况做出正确判断。

在消费信贷过程中，各种恶意欺诈行为时有发生，银行采用当面对证或上门察看等原始征询方式，已经不能保证信用信息的时效性和可靠性。比如，浙江省某银行自2000年初开展住房和汽车消费信贷以来，发现约有15%的借款人根本就没有在银行代扣账户上存钱。如此高的违规比例显然会造成很大的道德风险。此外，一些借款人由于收入大幅下降或暂时失业等市场原因，无法按期还款。尽管这种情况目前还不多，但随着业务量扩大，相应的风险将呈上升趋势。例如，在发放助学贷款时，许多银行经常采用学生互保方式，如果宏观经济形势恶化，毕业生就业压力上升，那么大多数学生都可能无法按时偿还贷款，这种互保方式蕴含的风险自然会显现出来。

（三）银行自身管理薄弱致使潜在风险增大

目前国内商业银行管理水平不高，更缺乏消费信贷方面的管理经验，同一个借款人的信用信息资料分散在不同的业务部门，而且相当一部分资料尚未上机管理，难以实现资源共享。通常，仅仅凭借款人身份证明、个人收入证明等比较原始的征询材料进行判断和决策，对个人的信用调查基本上依赖于借款人的自报及其就职单位的说明，对借款人的资产负债状况、社会活动及表现、有无违法记录、有无失信情况等缺乏正常程序和渠道进行了解征询。

由于现阶段尚未形成一套完善的管理消费信贷业务的规章制度，操作手段相对落后，主要仍采用手工办理，且从事消费信贷业务的人员紧、网点少，往往不能做到每笔贷款的审查都与借款人当面调查核对。加之一些业务人员素质不高，审查不严，难免会有疏漏。同时，贷后的监督检查往往又跟不上，一旦发现风险不能及时采取补救措施，致使消费信贷的潜在风险增大。

（四）消费贷款的担保制度及相关法律不健全

现行的法律法规条款基本上都是针对法人制定的，很少有针对消费者个人贷款的条款，这使得银行开办消费信贷业务缺乏法律保障，对出现的问题往往无所适从。由于消费信贷业务的客户均是消费者个人，比较分散，并且贷款金额小、笔数多，保护银行债权的法规又不健全，特别是在个人贷款的担保方面缺乏法律规范，风险控制难以落实。加之个人信用制度、个人破产制度等尚未建立，在实际司法过程中，保护借款人或保证人正常生活而忽视银行债权法律保护的现象时有发生，也给风险防范造成了一定的负面影响。

（五）借款人多头贷款或透支，导致信贷风险上升

目前，国内许多银行之间、部门之间缺乏整体的联动机制，使一些道德水准不高的借款人有机可乘。如公司业务部、房地产信贷部、零售业务部、银行卡部等基本上是各自为政、自成体系地办理各不相同的消费信贷业务，且各自都有一套不完整的借款人信息资料、一套核算管理办法和风险控制措施等，致使一些借款人在同一或不同银行里多笔借款或透支的现象时有发生，增加了消费贷款风险。如上海一家银行对一位贷款人情况进行调查时发现，这名贷款人竟然用同一抵押物在6家银行办理了抵押贷款。

（六）抵押物难以变现

一旦消费贷款发生风险，银行通常会把贷款的抵押物作为第二还款来源，而抵押物能否顺利、足额、合法地变现，就成为银行化解资产风险的重要环节。由于我国消费品二级市场尚处于起步初创阶段，交易秩序尚不规范，交易法规也不完善，各种手续十分烦琐，交易费用偏高，导致银行难以将抵押物变现，影响了银行消费贷款的健康发展。随着消费贷款规模的扩大和抵押贷款的增加，这类问题将会变得更加突出。

（七）缺乏资产证券化的有效手段，导致银行流动性风险增加

个人住房贷款、汽车消费贷款等主要消费贷款期限都较长、金额较大、客户较分散，而商业银行的负债期限相对较短。在允许银行参与的资本市场发育尚不健全的情形下，银行无法通过资产证券化等方式建立融通长期资金的渠道，从而形成“短存长贷”的格局，使资产负债期限结构不匹配，流动

性风险显著上升。

（八）利率尚未市场化，消费信贷缺乏相应的风险补偿机制

消费贷款的一个显著特点是客户分散且数量大，客户风险状况存在显著差异。因此，对不同客户群体应采取不同的利率定价，以实现贷款风险收益的最大化。但由于目前我国利率尚处于管制阶段，商业银行无法通过差别定价的贷款策略，增加对高风险客户贷款的风险贴水，从而不能有效地降低消费贷款的平均损失率。

（九）发放指令性消费信贷，形成巨大的风险隐患

近年来，为扩大内需，刺激消费，人民银行制定了有关指导原则，鼓励各商业银行发展消费信贷业务。在具体实施过程中，一些商业银行为了扩大消费信贷规模，对基层行下达硬性的放贷指标，出现了不少违规操作现象。不少银行擅自降低贷款标准和担保条件，对高风险、低信用的客户提供消费贷款。一些地区的基层行甚至为了完成贷款任务，给大量收入无保证的下岗职工发放金额高达数万元的消费贷款。这种现象的蔓延势必造成新一轮的风险积聚，不利于消费信贷业务的健康发展。

二、发展消费信贷，防范消费信贷风险的对策建议

面对消费信贷发展过程中出现的各种风险，商业银行亟须建立一套防范消费信贷的风险管理体系。具体应从以下几方面入手：

（一）培育多类型、多层次的消费信贷体系

美国消费信贷机构主体非常多，包括商业银行、商家、信用合作社、销售财务公司、保险公司等，消费者能非常方便地得到他们提供的商品、服务及现金方面的消费信贷。而我国的消费信贷才起步，提供消费信贷的机构主体目前主要集中于四大国有商业银行，其他金融机构介入很少。所以，目前应当积极鼓励和支持更多的银行及有关金融机构和商家开展这项业务，培育与我国城乡居民现阶段消费结构与特点相适应的消费信贷体系。同时，结合我国的经济实际，应考虑集中各种资源和力量，重点开发住房抵押贷款和汽车贷款这两项能够形成市场规模，风险收益比率合理，又有长远发展潜力的消费信贷业务。

（二）逐步建立全社会范围的个人信用制度

建立科学有效的个人征询体系，是银行控制消费信贷风险的前提和保证。从目前的实际出发，可以分两步走：第一步，先在银行内部以信用卡个人信息资料为基础，将本行其他部门保存的个人客户信息资料集中起来，建立全行性个人客户信用数据库，使每个客户都有相对完整的信用记录，并以此为基础建立个人信用总账户，个人与银行的所有业务均通过总账户进行。同时，加快建立国内各金融机构之间的信息交换制度。

第二步，由中央银行牵头建立一个股份制个人征信公司，联合金融机构、政法部门、劳动力管理部门、企事业单位等，搜集整理个人收入、家庭财产、信用记录、社会交往中的行为品德情况、重大活动情况等记录，评估个人信用等级，为发放消费信贷的金融机构提供消费者的资信情况。可以先易后难地组建征信公司，起初只联合金融机构，以后再逐步扩大到其他部门。征信公司应遵循“会员免费提供信息，有偿提供查询服务”原则，把各家金融机构作为会员，金融机构免费向征信公司提供个人信用记录，参加组建的其他部门同样要免费提供有关的个人资信情况。金融机构和个人查询时要付费，以便保证征信公司正常的市场化运转。目前，这项工作的试点已经在上海展开。我国第一家地方资信机构——上海资信有限公司其实就是一家金融联合征信机构，它最重要的信息来源于组成该公司理事会的十几家商业银行。为了不违反《商业银行法》，这些银行又是该公司的唯一客户。上海资信有限公司不向社会其他个人或单位提供该公司的消费者个人信用调查报告，但它的工作将非常有助于商业银行消费信贷业务和信用卡业务的发展。政府应下大力气将此成功经验向全国推广，为消费信贷的全面开展创造条件。

（三）建立科学的个人信用评价体系

在建立全社会个人信用制度和信用档案的基础上，各银行还应根据自身业务特点和发展战略制定具体的个人信用等级评价体系。要根据个人的信用、资信状况、财产状况等，结合在金融机构以往的行为记录，对所有个人客户进行分类，并按类别分别核定贷款额度，以此作为放贷的基本标准，使之从源头上发挥防范信贷风险的作用。

信用评价体系一般采用积分制，具体分成三个部分：①基本情况评分：包括个人的一系列情况，如出生年月、学历、职业、工作地点、工作经历、工作单位、家庭情况等等，不同情况有不同的积分。②业务状况评分：在信用记录号下，每发生一笔业务，无论是存款、贷款、购买国债还是其他金融债券、信用卡消费、透支等，均有一定的积分。③特殊业务奖罚分：如个人信用记录号下屡次发生信用卡透支，并在规定期限内弥补透支就可以获得额外奖分；个人贷款按期还本付息情况良好可以获奖分；若发生恶意透支，并且不按时归还所欠本息，则应额外罚分，甚至列入黑名单。最后根据上述累积得分评定个人信用等级。

信用评价体系是消费信贷风险管理的基础，银行可以根据个人信用状况规定不同层次的服务与优惠，如信用累积分达到 15 分，可直接通过电话转账、用透支的方式以定期存款抵押贷款，这时抵押折扣率可以为 60%；在信用积分达到 20 分以上时抵押折扣率可提高到 65%，25 分时可提高到 70%，依次类推。同时还可规定，客户向银行贷款可以依据贷款额大小和还款及时程度获取积分。因此，一个股民可能首先会把自己的定期存款集中到该行以获取信用积分，以便使自己在股市行情突变时有可能及时方便地融资；然后尽量把每天股市资金账户的余款转回储蓄账户以提高信用积分，使自己的信用资源获得更大的利用价值，这样也可促使股市资金向储蓄账户的回流；另外，还可在行情允许时合理使用银行贷款并及时清仓还款，以累积信用积分。同时，对积分达到一定程度者，可增大其信用卡透支额度，延长其期限，并可给予其异地存取款免收手续费或按年退还手续费的奖励。个人消费贷款、按揭贷款利率在可行范围内可适当下浮，个人贷款担保可根据信用状况等进行调整。而对信用积分低的客户，则限制其办理某些业务。列入黑名单的客户，银行应拒绝提供服务。

（四）建立银行内部消费信贷的风险管理体系

从跟踪、监控入手，建立一套消费信贷风险的预警机制，做到市场前景与风险研究、建章立制等先行，避免“先发展后治理”。加强贷款后的定期或不定期的跟踪监控，掌握借款人动态，对借款人不能按时偿还本息情况或者有不良信用记录的，列入“问题个人黑名单”，加大追讨力度，并拒绝再度借贷。

要进一步完善消费贷款的风险管理制度，运用制度保障规避消费信贷风险，逐步做到在线查询，分级审查审批，集中检查。从贷前调查、贷时审查、贷后检查几个环节明确职责，规范操作，强化稽核的再检查和监督。

银行内部要建立专门机构，具体办理消费信贷业务，重点开发风险低、潜力大的客户群体，这是银行防范消费信贷风险的重要工作。一般而言，可供选择的客户对象包括：①在读大学生。一般具备较高文化素质，很可能成为较富裕的人群，具有较高开发价值。他们从读书、工作到成为“中产阶级”有一过程，而这一过程最迫切需要利用个人信用资源，如果银行早期与之建立经济联系，提供金融服务，可能获得终身客户。②从事优势行业的文化素质较高的年轻人。目前，发展形势较好的行业有电信、电力、外贸、金融、计算机、教育、医药等。③国家公务员、全国性大公司或外资企业的管理人员及营销人员。他们不仅工薪水平和福利条件高，而且一般掌握较好的专业技能，预期收入高，失业风险较低。银行对重点客户应加大营销和调研力度，在促进业务发展的同时，有效降低贷款的预期损失比率。同时建立消费信贷审批委员会，作为发放消费信贷的最终决策机构，做到审贷分离，形成平衡制约机制，以便明确职权和责任，防范信贷风险。

（五）实现消费贷款证券化，分散消费信贷风险

消费信贷一般期限较长，造成商业银行短资长贷，加大了流动性风险。西方国家的对策是实现消费贷款证券化，赋予其转让、流通职能，从而达到分散消费信贷风险、缩短放款机构持有时间的目的。我国商业银行也应以此为鉴，加快实现资产证券化进程。

在证券化过程中，商业银行将其持有的消费信贷资产，按照不同地域、利率、期限等方式形成证券组合，出售给由政府组建的专门机构或信托公司（SPV），由其将购买的贷款组合经担保和信用增级后，以抵押担保证券的形式出售给投资者。由于消费贷款具有利率变动、借款人违约、提前偿还等多种风险，通过 SPV 对证券组合采取担保、保险、评级等信用手段可保护投资人的利益，同时也降低了发行人的融资成本。同时，抵押担保证券以消费贷款的未来现金流量为基础，期限较长，相对收益风险比值较高，为金融市场中的长期机构投资者提供了较理想的投资工具。

（六）探索多样化担保方式，完善担保机制，消除风险

消费信贷与其他贷款不同，贷款人是一个个的消费者，贷款购买的是超过其即期收入限度并较长时间才能归还贷款的财产或耐用消费品。因此，在发放消费贷款时，用抵押、担保作还款保证显得十分重要。在欧洲国家，一般采用住房抵押担保发放住宅贷款。在香港实行购房抵押，又称“按揭”业务，是购房的单位或个人以购房合同作抵押获得贷款的方式。美国的抵押贷款之所以不亚于其他贷款的吸引力，不仅因为有三个抵押市场中介来增强抵

押券的流动性和偿还力，而且还因为有抵押担保机构来保证抵押贷款的如期收回。在美国进行住房贷款担保的机构有官办的，也有私营的，一旦购房者违约，由它们承担金融机构的贷款损失。美国抵押担保的成功还在于设定了融资机构和二级抵押机构，并建立抵押保险，有效增强了贷款的清偿力。目前，我国消费信贷采取的担保方式主要有存单、债券质押、房产抵押、第三方保证。面对以上担保方式，应积极探索多种担保方式，如多业联合方式、组合担保方式、抵押率差额担保方式等，利用客户能够支配的不动产设定担保。同时我国要尽快健全抵押担保制度，具体应注意几方面：①应完善担保法，增加有关个人消费信贷的详细条款；②应培育规范的抵押品二级市场，使各种贷款抵押物能够迅速变现，以保证稳定的长期资金来源；③可考虑由政府出面组建消费信贷担保公司，为长期消费信贷提供担保，这也是一些西方国家发展消费信贷的成功经验。如美国有四家政府性质的按揭担保机构，主要为符合规定条件的个人提供住房贷款担保，并向银行收购部分个人住房贷款，发行住房按揭担保债券，从而在很大程度上解决了部分居民难以提供担保和银行的资金流动性问题，促进了个人住房贷款的发展；④要建立个人破产制度，完善信用担保机构。个人破产如同企业破产一样，在个人资产远远小于个人负债、无偿还可能的情况下，实施个人破产制度，是对社会经济的有效调整，也是重建个人信用的重要方法。在限定破产人豁免债务的同时，规定下次消费信贷时限定严格的条件。通过完善担保机制，转嫁个人违约风险，消除银行后顾之忧。

（七）把个人消费贷款与保险结合起来

由于银行难以掌握借款者个人的健康状况和偿还能力的变化，这是个人消费贷款最主要的经营风险。法国、德国、加拿大等国家在开展消费信贷业务中，都规定客户必须购买死亡险，以减少银行风险。我国也可以借鉴国外经验，将个人消费贷款与保险公司的有关险种、产品组合起来运作。如银行在发放某些消费贷款时，可以要求借款人必须购买某种特定保险。一旦借款人发生意外，不能偿还贷款时，保险公司就要向保险受益人支付一定金额的保险赔偿金，而这笔赔偿金又足以偿还银行贷款本息。这样，一方面可化解银行的经营风险，实现消费信贷风险的合理有效转换，另一方面也有助于保险业的发展。当然，这种险种的保费应当较低廉，使消费者既可以得到银行贷款，又可以得到保险的益处。

（八）实行浮动贷款利率和提前偿还罚息

（1）人民银行应加快利率市场化进程，在利率浮动比率、贷款比例和期限安排上，给商业银行以更大的余地，以便更好地为客户服务，更好地防范风险。同时，应允许商业银行在办理消费信贷业务时收取必要的手续费、服务费，以补偿商业银行信贷零售业务付出的成本。在消费信贷的利率方式安排上，一般应采取浮动利率制，按年度调整一次，从而减少银行利率风险。

（2）对贷款期限长、利率风险大的住房贷款尽快实行固定利率和浮动利率并行的利率制度。固定利率是指按照事先确定的利率计算全部贷款期内的全部利息，该利率不再做任何调整和改变。浮动利率是指在贷款合同有效期内，只规定最初一段时间内的利率，在合同到期后，就要根据事先约定的新利率计算方法，按照当时的市场利率重新确定下一阶段贷款利率，浮动利率包括一年期、三年期、五年期等不同期限。通过消费者对两种利率的自由选择，增加消费者的风险和收益意识，规范消费者和银行之间的行为方式和业务往来。

（3）实施提前还款罚息制。由于消费信贷一般为长期贷款，当利率下跌时，消费者会提前偿还固定利率的贷款，而以较低的利率举借新债。借新债还旧债，会导致银行丧失贷款收益，并给银行重新安排资金造成困难。为此，银行应收取高于预定利率的罚息，弥补信贷资产损失。

与发达国家相比，我国的消费信贷刚起步，在业务范围、领域、品种、数量、规模、比例和质量等方面都处于一个较低的水平，还存在很多不完善的地方。但是消费信贷的发展空间和前景十分广阔，除了政府政策引导，银行广泛宣传、不断开拓业务范围和品种外，消费者更新观念也是一个重要方面。因此，我们要提倡积极有效的消费观念、积极又经济的理财观念，碰到困难也可以向银行求助的互助观念，以及消费与投资并重的发展观念，以便更好地促进消费信贷的发展。

（与武剑合作。原载《投资研究》2001 年第 9 期）

增强商业银行风险管理与内部控制能力

最近，央行对中资商业银行市场准入管理提出了统一的规范要求，对减少分支机构层次、提升分支机构功能确定了统一管理模式，要求商业银行以“总行—分行—支行”的机构层级模式为目标，加大分支机构精简力度，人民银行原则上不再受理各商业银行支行（不含支行）以下分支机构增设申请。这些规范要求，对于提高中资商业银行的核心竞争力，有效应对中国入世后外资银行的挑战，具有十分重要的现实意义。

第一，建立规范统一的管理模式，有利于提高商业银行集约化经营水平，提高商业银行的风险管理与内部控制能力，降低成本费用，提高经营效益。

当前，经营集约化程度低，分支机构设置过多过滥，同一地域内重叠设置分支机构，经营粗放仍然是制约商业银行提升竞争力的一个主要因素。由此带来的消极后果是：不仅使各分支机构所经营的资产，负债规模过小，加大了成本费用，降低了经营效益，而且使分支机构网点过多与精减人员的政策难以协调配套，使一些分支行不得不在两难之间寻找平衡点，致使不少基层网点混岗现象严重。一些行之有效的内控措施不能落到实处，风险管理与内部控制能力弱化，内控制度形同虚设，金融案件时有发生。通过大力精简分支机构，压缩分支机构数量，既有利于提高商业银行经营集约化水平，降低单位经营资产的成本费用，又有利于各商业银行在有限人力资源的条件下，根据业务操作流程的内控要求，配备岗位人员，实施岗位分离，增强相关业务岗位之间的相互制约性，防止和避免产生违规操作。

第二，建立规范统一的管理模式，有利于增强经营管理政策的统一性，增强商业银行的统一法人意识。

由于我国商业银行分支机构设置没有统一的模式要求，同一银行内各分行的管理模式差异也很大，有的分行采用的是“一级分行→二级分行（支行）→分理处（县支行）”三级管理层次；有的分行采用的是“一级分行→城区支行”二级管理层次；有的分行则采用“一级分行→二级分行→支行→分理处”四级管理层次。由于管理体制的差异，不同分行内的各分支机构，尤其是县级支行和分理处的职能定位也是差异很大。面对各分行的不同管理模式，商业银行总行所制定的有关政策和制度，要么只限于指导性而没有强制性，从而使全行的政策缺乏统一性；要么各分行对总行统一性和强制性要求严格的政策和制度，采取变通方式，“上有政策，下有对策”。建立各行系统规范统一的管理模式和机构层级模式，对于增强全行政策的统一性，强化商业银行的统一法人意识，能起到必要的组织保证作用。

第三，建立规范统一的管理模式，有利于商业银行建立快速的市场响应机制，提高经营决策水平，避免和减少决策失误所产生的风险。

随着经济生活市场化程度的不断提高和金融深化，商业银行经营策略面临着众多的变化和挑战，它要求商业银行建立快速的市场响应机制，由过去的等客上门向主动营销转变，及时发现并满足客户的需要和需求，在保证决策科学性的前提下，提高决策审批工作效率。按照商业银行目前的机构层次，客户和市场对商业银行金融服务的需求信息，由经办行传导到有权审批行，大都要经过“（支行）分理处→二级分行→一级分行→总行”四级依次传导。由于传导环节多，管理半径过长，容易导致信息量的递减、信息真实性的衰变和弱化，加剧信息的不对称程度，既降低了审批决策工作效率，也影响审批决策工作质量，使银行丧失了市场，丢了客户，制约了发展。

（原载《中国投资》2002 年第 6 期）

如何防范过快的信贷投放所潜伏的金融风险

随着我国经济增长速度加快，商业银行信贷投放的积极性也持续高涨。为防范系统性金融风险，央行采取了适度控制措施，提高了准备金率，同时加强以风险控制为重点的窗口指导，贷款扩张势头得到了有效控制。但在经济结构不尽合理、社会信用环境不够完善、相当多的借款主体公司治理结构不规范、商业银行自身的内控机制和风险管理机制欠缺的情况下，这种过快的信贷投放可能潜伏着较大的金融风险。因此，当前形势下商业银行发展信贷时，应将重点放在防范可能潜伏着的金融风险上。具体可从以下几个方面着手：

一、保持合理的信贷投放力度

从宏观角度看，当前我国经济运行进入新一轮增长周期，国民经济增长潜力巨大。从微观角度看，实体经济的质量有了较好的优化，银行业信贷发展的主流是健康有序的，不良资产比率和金额都有较大幅度下降。当前，应注重保持货币政策的连续性和稳定性，对金融机构加强“窗口指导”和风险监控，避免政策上大起大落。商业银行应保持信贷投放的适度、合理增长，将信贷增长速度保持在一个合理区间内，为保持国民经济的持续健康稳定增长，提供一个强劲、持续的动力引擎。

二、实施差别化的信贷政策

随着市场经济的蓬勃发展，信贷业务的规模、范围、品种、方式等都将不断地丰富和扩展，商业银行应本着有所为、有所不为的原则，立足自身优势，实施有计划、有重点、差别化的发展战略。

（1）要实施行业差别化的信贷战略。即根据不同行业的风险情况，实施有针对性的信贷政策，优化配置资源，降低新业务的信贷风险。从2003年情况看，烟草、电信、石油开采、电力等优势行业的A级风险水平最低，是各家银行的营销重点。但这些行业垄断性强，企业资金充裕，融资渠道宽，随着银行间竞争日趋激烈，对这些行业的平均信贷收益率趋于降低。相比之下，广电、邮政、医药、电子、新闻、教育等B级行业尽管具有一定风险，但这类行业增长速度快，发展前景好，贷款需求旺盛，应作为商业银行信贷营销重点。而航空、纺织、有色、建筑、房地产开发等行业风险处于中等水平，发展过程中不确定性较大，应坚持审慎经营原则，在基本保持现有规模的前提下，通过“回收移位再贷”，加快客户结构调整。对零售、批发、旅馆、餐饮、娱乐、装修等信用风险较高的D、E级行业，要严格控制信贷投放，加速存量资产回收和信贷退出。

（2）实施区域差别化的信贷战略。当前，我国商业银行区域信贷政策应突出三方面：一是以长江三角洲、珠江三角洲和环渤海地区为重点，加大对东部地区的投入力度；特别是环渤海地区，经济增长速度加快，资金需求量增加，有望成为我国区域经济的一个新的增长点，应予以重点支持。二是配合西部大开发政策，以一批国家重点建设项目为依托，扩大信贷投放规模；同时，加强对工程项目的配套服务，促进全行信贷资产质量稳步提高。三是加大对中心城市和重点区域的政策倾斜力度，提高资金、人才、技术等各项资源的配置效率；同时，加强风险监测、考核与控制，避免片面追求业务规模的扩张。

（3）实施客户差别化的信贷战略。应加快建立和完善风险评级体系，对客户信用风险进行全面、科学的分析评价，提高风险识别和判断能力，为客户差异化战略的实施创造条件。要根据客户风险等级以及竞争对手情况，重新进行信贷市场定位，细分信贷客户群，锁定目标客户。要避免在大集团、大客户的争夺上过度消耗资源，而要与其他银行展开错位竞争。应重点支持那些已完成改制、产品有市场、经营有利润、借贷守信用、具备研发能力的中等规模企业，在这一客户群上我们具有外资银行和国内小银行所不具备的经验和优势。

（4）实施产品服务的差别化信贷战略。即根据利润贡献状况，将客户划分为不同等级，实施差别化的金融服务。

三、强化产业信息和宏观经济发展趋势调查研究

当前，迫切需要商业银行进一步强化产业信息和宏观经济发展趋势调查研究工作，加强对行业信贷风险的整体评价分析，加强对行业信贷政策、区域信贷政策的研究分析工作，加强对产业发展方向和变化趋势的研究分析工

作，其中主要包括产业结构的变化，产业升级换代的趋势和产业选择方向的研究分析，加强对经济发展周期的研究分析工作，并使之专业化、职能化和制度化，使之实现为优化信贷投向结构和信贷审批决策提供科学依据的目标。

四、加快完善授权管理体系

从授权政策看，今后一个时期，我国商业银行应根据形势变化和业务发展需要，及时调整信贷授权政策。从授权制度看，首先要建立灵活、高效的授权评价体系。其次，实现动态的差别化的信贷授权管理。第三，建立以总行、一级分行为中心的信贷审批、信贷经营相结合的授权管理体制。

五、强化风险管理与内控措施

一是要完善和规范授信业务程序。商业银行需要进一步健全审贷分离制约机制。这不仅要从实际上做到机构分立，更应该做到职责分明、相互制约、协调发展。

二是实行民主科学的授信决策。商业银行要切实规范贷审会工作制度，广泛开展信贷讨论，集体审议大额和疑难授信业务，分析客户授信风险，把握贷款合理投放，并要充分发挥会计、稽核部门的临柜和日常密切监督作用，形成环环相扣、相互制约机制。信贷审批决策权的行使，必须服从风险管理的要求，明确划分权责，要有一个健全的内部自我约束和自我控制机制。

三是要做到有章可循，规范运作、严格管理。根据信贷业务管理的一系列办法和规定，结合各地实际，依照经营合规化、操作规范化、文本标准化的要求，及时修订信贷管理制度和操作使用文本，并通过电子化手段的应用，不断提高信贷管理水平。

六、实施客户综合授信管理

实施客户综合授信管理要求商业银行收集市场动态和客户经营情况，采用多种分析方法，充分评价客户偿债能力和意愿，确定客户风险等级，审慎地界定授信额度。

第一，要科学测评客户信用风险等级。采用各种方式，按照客户的现金流量、财务状况分析其营运能力、盈利能力和偿债能力，根据客户的行业、产品、经营管理、经营者素质和信誉等因素分析其发展前景、管理能力、信用状况，经综合评定后得出客户信用等级。通过信用评级把信贷风险防范的重点从事后监督转为事前防范，以风险评级的标准衡量潜在客户，提高客户选择的效率和质量。

第二，要合理核定客户综合授信额度。核定授信额度的依据是客户偿债能力，以客户上年末或近期的净资产，乘以该客户信用等级相对应的最高授信系数，测算对该客户综合授信额度的基础值，并综合分析客户的偿债能力、市场发展前景、非财务因素、信用支持程度和在本银行结算业务量以及从其业务中获得的收益等因素后核定。

第三，实行信贷组合管理，分散贷款风险。通过授信业务的对象风险评级组合、行业企业类别组合、授信业务品种组合、业务回报率和期限组合，来防范和分散授信业务在某一客户、某一行业或某一产品上的集中风险，也要尽可能规避社会经济环境和周期的风险。同时根据市场和客户经营变化、资金往来情况等，适时调整客户授信额度，一般每季确定调整计划一次，从而保持贷款安全性和流动性、盈利性的统一。

[原载国务院发展研究中心《经济要参》（内部刊物）2004 年第 11 期]

风险管理体系的完善与商业银行的可持续发展

商业银行是经营货币的特殊企业，同时又是高负债、高风险的经营性企业。商业银行，尤其是国有股份制商业银行，作为国民经济体系的重要组成部分，有一个能否实现可持续发展目标的问题，其发展的最终结局或是发展壮大，或是倒闭破产。面对商业银行所处的激烈竞争环境和复杂多变的国际国内经济金融形势，基于对当前影响我国商业银行可持续发展的主要制约因素的分析，我们认为，建立完善的风险管理体系，防范系统性金融风险，实现商业银行的可持续发展，应成为我国商业银行改革与发展的一种目标选择。

一、商业银行面临能否实现可持续发展的问题

（一）金融资源的物化属性与商业银行的可持续发展

商业银行与其他金融企业一样，也是一种金融资源。其资源性体现在两个方面：物的资源性和机制的资源性。金融资源物化属性的外在体现是指商业银行的人才资源、资金资源、财务资源、资产资源等物化资源。资源是发展的要素。如果缺少其中的任何一种资源，商业银行就难以运行下去。简而言之，对商业银行的金融资源的长期合理开发和利用，就是商业银行的可持续发展性。商业银行可持续发展的中断，既表现为对物化资源利用的滥用、浪费和流失，也表现为运行机制的失灵、功能机制的失效和效能机制的失控。

就金融企业的物化资源而言，在激烈的竞争环境中，处于竞争弱势地位的一方，如果经营决策失当，会导致其优秀人才流失，资财损失浪费，资金供给能力和筹措能力下降，资金来源渠道中断，资金外流，经营财务状况和资产质量恶化等一系列问题的发生，进而就会危及其可持续发展。当这些问题累积到使银行的发展难以为继，甚至倒闭破产时，就是可持续发展的中断。比如，自20世纪90年代初期日本泡沫经济破灭后，日本金融企业的坏账增多，不良债权居高不下，银行资本金急剧收缩，资本充足率低，亏损严重，最终导致日本金融危机爆发。1994年底，日本大藏省不得不做出让日本金融

机构大范围破产倒闭的决定，从而打破了日本银行不破产的神话。这些都是金融企业可持续发展中断或发展受阻的典型例子。

（二）金融资源的机制性与商业银行的可持续发展

商业银行金融资源的机制性，体现在商业银行的运行机制、功能机制和效能机制等方面。金融是宏观经济调控的重要杠杆，它在建立和完善国家宏观调控体系中具有十分重要的地位。政府根据宏观经济政策的需要，通过运用金融调控手段，以期达到调节经济发展的规模、速度和结构，促进国民经济持续稳定健康发展的目的，这是发挥金融运行机制、金融功能机制和金融效能机制作用的内在要求。实际经济生活中，由于金融机制自身或外部的原因，使得金融运行机制失灵，金融功能机制失效和金融效能机制失控，产生金融可持续发展中断的严重恶果。

11 年前，自 1997 年 5 月泰国金融风暴爆发后，在不到两个月的时间里，金融风暴波及东南亚各国，随后又扫荡中国香港、韩国、俄罗斯等国家和地区，致使这些国家和地区的货币普遍大幅度贬值，金融财富大量流失，金融市场剧烈动荡，金融机构资金供给能力受到限制，社会资金周转失灵，众多企业破产倒闭，投资减少，产出下降，失业增多，货币严重贬值，经济发展速度下降，经济危机加深，引发强烈的经济动荡和剧烈的社会动荡。

东南亚金融危机事例表明，金融业可持续发展的中断和滞阻，所体现的外在表现也是金融运行机制的失灵、金融功能机制的失效和金融效能机制的失控，其实质是经济危机或叫现实危机，其直接的表现形式则是金融危机，而金融危机又进一步影响到经济的稳定性，加剧了经济危机。从这个意义上讲，金融危机是可以独立存在的，经济危机与金融危机也是可以互为因果的。这正如马克思在《资本论》中所分析的那样："在再生产过程的全部联系都是以信用为基础的生产制度中，只要信用突然停止，只有现金支付才有效，危机显然就会发生。[1](P554-555)" "一旦劳动的社会性质表现为商品的货币存在，从而表现为一个处于现实生产之外的东西，独立的货币危机或作为现实危机尖锐化的货币危机，就是不可避免的。[1](P585)"

（三）金融在现代经济中的核心地位与商业银行的可持续发展

马克思在分析信用制度和货币在资本主义社会再生产过程中的作用时指出："信用制度是资本主义的私人企业逐渐转化为资本主义的股份公司的主要基础，同样，它又是按或大或小的国家规模逐渐扩大合作企业的手段。[1](P498)”“商品生产以商品流通为前提，而商品流通又以商品表现为货币，以货币流通为前提；商品分为商品和货币的这种二重化，是产品表现为商品的规律。同样，资本主义的商品生产，——无论是社会的考察还是个别的考察，——要求货币形式的资本或货币资本作为每一个新开办的企业的第一推动力和持续的动力。[2](P393)” 马克思在这里所分析的虽然是指资本主义商品经济条件下，信用制度和货币的积极作用和重要地位，但同样也是市场经济条件下的普遍和一般的规律。

邓小平同志曾精辟地指出：“金融很重要，是现代经济的核心。金融搞好了，一着棋活，全盘皆活。[3](P366)” 在高度发达的市场经济条件下，以融通资金为己任的金融业几乎包括了与货币流通和银行信用有关的一切活动。货币资金是沟通整个社会经济生活的媒介和桥梁，现代一切经济活动都离不开货币资金的运动。在现代经济运行过程中，货币资金起着“血液的作用”，无论是再生产过程的周而复始的循环，还是社会经济生活周而复始的各个环节的运行，哪一个环节也离不开货币和信用等金融活动，离不开金融机制的“造血”和“输血”功能。

此外，随着我国社会主义市场经济机制的不断完善和金融深化，经济活动的货币化程度不断提高，金融产品不断丰富，金融活动对人们的经济生活起着越来越大的制约和影响作用，同时也增加了金融风险的生成因素。

由此可以看出，经济的可持续发展必然反映为金融的可持续发展，金融的可持续发展必然促进经济的可持续发展。两者互相促进，两者的可持续发展是互相依存的。金融可持续发展依存于经济的可持续发展，而金融与经济日益融合决定了金融可持续发展又反作用于经济可持续发展。金融业可持续发展的受阻或中断，势必会对国民经济的持续健康稳定发展带来严重的消极后果。同样地，实体经济的问题也必然会影响到金融企业的可持续发展。从这个意义上讲，金融的可持续发展与经济可持续发展也是互相依存的。

二、系统性金融风险是制约和影响商业银行可持续发展的关键因素

系统性金融风险是由于经济周期的衰退性波动或重大风险突发事件而导致商业银行整体资产质量恶化、经营运行失效而形成的风险。系统性金融风险是由外生性引发，加之内生性风险管理机制和风险管控手段缺损而形成的。

系统性金融风险一旦产生，会影响到一个国家的整个金融体系和金融企

业的可持续发展。例如，2007年春季以来，以美国新世纪金融公司遭受次级抵押贷款危机为发端的美国“次贷危机”的日益蔓延，不仅招致美国自21世纪以来的第一场金融危机，大量的金融企业破产倒闭，形成了让全球震惊的“华尔街金融海啸”，也使其他国家投资者遭受重大损失，对我国经济的正常发展产生巨大的负面冲击，使我国的商业银行形成了难以估计的资产损失，对全球实体经济的危害刚刚显露苗头，大有成为引爆全球金融危机导火索的可能，对全球经济金融的危害性至今仍未见底。这些都是因系统性金融风险而导致金融企业可持续发展中断的典型例子。[4]

从美国“次贷危机”的形成过程、原因及其危害性可以看出，系统性金融风险具有以下显著特征：

一是传导性。世界经济一体化，中国经济融入世界经济体系后，我国经济的发展在很大程度上依存于进出口增长速度、国外市场对我国出口产品的需求，依存于对外投资的质量和效益。当世界经济特别是当我国主要贸易国和金融资产投资国出现金融风险和经济危机时，外生于这些经济体的经济金融危机必然会传导给我国的金融企业，影响我国经济的发展速度和经济质量，进而对我国商业银行的资产质量产生严重的负面冲击，形成系统性风险，我国的金融企业难以独善其身。

另一方面，金融是国民经济的命脉，同时又是经济的映像。从整体看，商业银行的资产质量取决于我国实体经济的质量和银行每一个客户的经营效益与财务状况。当国内的实体经济发展处于衰退期，客户的财务状况和偿债能力出现危机时，也必然会传导给商业银行，并使之形成系统性风险，商业银行也同样难以独善其身。

二是渐进性。系统性金融风险的形成最主要表现为信用风险，而信用风险又是与宏观经济中的诸多因素相关联的，如宏观经济走势、产业结构的调整、进出口贸易的变化、政策法规的变化、自然资源状况的变化、贷款客户经营状况的变化等诸多因素。但是，这些因素的变化一般需要经过一个较长时间的渐进变化的过程，是个案风险长期积累的结果，它的形成和产生具有其可循的规律，不具有突发性，它不同于操作风险，它不是偶发性的风险。

三是全局性。系统性金融风险不是指某一家企业或某几家银行存在的风险。系统性风险一旦形成，它所危害的不限于某一个金融企业，某一家商业银行，更不限于某一家银行的某一个分支机构，而是对一国甚至整个世界的金融体系带来危害。因而系统性金融风险具有极大的破坏力，危害性的后果极为严重。

因此，系统性金融风险是制约和影响商业银行可持续发展的关键因素。如何防范系统性金融风险，事关金融体系和所有金融企业能否实现持续发展目标的大问题。就商业银行而言，防范系统性金融风险，应成为商业银行风险管理工作的重中之重。

参考文献

[1] 马克思恩格斯全集：第25卷［M］．北京：人民出版社，1975.

[2] 马克思恩格斯全集：第24卷［M］．北京：人民出版社，1975.

[3] 邓小平文选：第3卷［M］．北京：人民出版社，1993.

[4] 何德旭，葛兆强．我国银行业的发展趋势与风险防范［J］．中国金融，2008，（8）．

（全文原载《中国浦东干部学院学报》2009年第1期，本次选摘其中第一、二部分）

六、投资管理史话

通向共产主义的伟大实践

中华人民共和国的成立，第一次向中国人民提出了一项历史性的任务，管理好全国的经济，把她建设成为一个具有现代工业、现代农业、现代科学技术和现代国防，有中国特色的社会主义国家。

本来，马克思、恩格斯曾经设想过社会主义革命胜利以后，国家将对整个国民经济犹如一个工厂一样进行自觉的社会的统制和管理，使社会生产的无政府状态让位于社会的有计划调节。列宁在《国家与革命》中也进一步设想“整个社会将成为管理处，成为一个劳动平等、报酬平等的工厂”。[①] 中国人民革命的胜利，立即以苏联为榜样，在我国的经济建设中把马克思、恩格斯、列宁的这些非常伟大的设想付诸实践。这种实践，全部问题的难点就在于：当今世界上生产力最发达和生产社会化程度最高的资本主义国家，至多也只是对一个工厂或者一个企业集团进行过管理，还没有任何一个资本主义国家对全国的经济进行过这样的管理。何况我们是从不发达社会进入社会主义的，没有经过资本主义发展阶段，商品经济和生产社会化程度都不发达，不可能实行单一的全民所有制，不可能取消商品和货币。而苏联在这方面的经验也还不成熟。因而在新中国成立后的三十多年中，对经济建设的管理（包括对投资的管理），前期采用了直接控制为主的产品经济的模式，现在转向以间接控制为主的有计划商品经济的模式，但对整个社会主义建设来说，尽管会碰到许多难题，也许会遭受挫折，但它却是通向共产主义的必经之道。

在经济建设的伟大实践中，对投资的管理也经历了很大的变化。最初我们不承认生产资料的生产是商品生产，总认为像基本建设这类投资活动，只能由国家计划安排，不为市场和价值规律所左右。因此，对基本建设项目，只能由国家计划来安排，其资金由国家拨款，物资由国家调拨，施工由国家调度，建成投产以后，生产的产品，也要由国家（通过商业、物资部门）统购包销，盈利上缴财政，亏损由财政补贴。直到1978年党的十一届三中全会实行改革、开放、搞活的政策，我们党明确提出了在社会主义初级阶段，实行有计划的商品经济，在打破了财政统收统支、计划高度集中和一切信用集

---

① 《列宁全集》第31卷第97页。人民出版社1985年版。

中于银行的体制，出现了多种投资主体、多种资金渠道、多层次投资决策和多种投资方式以后，在投资领域，也相继实行了把财政拨款改为银行贷款，出现了投资公司、租赁公司、社会集资、集团企业的横向资金融通、发行债券以至股票，开放了资金市场，就使金融和投资领域，出现了五彩缤纷的局面。无论过去的已有改革以及今后如何改革、投资，都将是探索经济奥秘的一把钥匙。

（与曹尔阶先生合作。原载《投资与建设》1988年第2期）

第一家管理长期投资的专业银行
——交通银行

在旧中国，上海是金融中心。1949 年，上海有中外银行、钱庄 300 多家，许多大银行的总行都设在上海。国民党政府的四大银行——中央银行、中国银行、交通银行和农业银行，后面三家的总管理处，都设在上海。交通银行原来是一家侧重于实业投资方面的银行。上海解放后，中央人民政府就派张平之接管了在上海的交通银行总管理处。经过一段时间的整顿，于 1949 年 11 月 1 日重新开业。1950 年 1 月，交通银行总管理处由上海迁到北京，张平之任总经理。这一年 2 月，第一次全国金融会议决定，交通银行成为在人民银行总行直接领导下，办理对工矿、公用事业投资和长期贷款的专业银行。尔后，根据金融机构分工、长短期信贷业务分开管理的要求，交通银行把短期信贷业务和组织长期资金市场的工作，先后于 1950 年 4 月和 1952 年第二季度，移交给人民银行办理。这样，交通银行就成为新中国第一家办理长期投资的专业银行。

交通银行开业以后，承担了两项主要业务：一是代表国家管理公私合营企业的公股股权；二是办理国家基本建设项目的投资拨款。

为什么要由交通银行来管理公私合营企业的公股股权呢？解放初期，公私合营企业中的国家公股主要是没收官僚资本后形成的。旧中国的官僚资本，主要是以蒋介石、孔祥熙、宋子文、陈立夫四大家族为主的代表大地主、大资本家、大买办利益的国民党政府的财产。新中国成立前夕，官僚资本约占全国工业资本的 60% 左右，占全国工矿、交通运输业固定资产的 80%。旧中国官僚资本除了一批全国性和区域性的工业独占组织外，在大批民族资本家的私营企业中也占有资本股权。新中国成立以后，人民政府没收了全部官僚资本。官僚资本中那些独占性的工业组织当然地收归国家所有，成为中央各工业部门骨干性的国有企业，另一部分在私营企业中的官僚资本股权，则成为国家在这些企业中的公股。

另一方面，有些私营企业看到私人资本与国有企业合伙经营有利可图，也纷纷提出与国有企业合股经营，出现了一批新的公私合营合股企业。

人民政府为了管理好公私合营企业中的国家公股，推动和促进生产的恢复和发展，就赋予交通银行管理公私合营企业中公股股权的职能。当时，交通银行派出了大量干部，参加公私合营企业的董事会，参与公私合营企业的整顿清理工作，帮助他们制订生产经营发展计划，改善经营管理，为推动和促进国民经济的恢复和发展，做出了贡献。这一经验，对于今后经济体制改革中的合资合营企业以及国家控股的企业，国家如何管理公股，也将有非常重要的参考价值。

交通银行的另一项重要任务，是办理国家基本建设项目的拨款。新中国成立初期，在财力非常有限的情况下，国家在财政开支以保证战争胜利为主要任务的同时，仍然挤出一些资金，用在恢复和发展经济与文化卫生事业上。这一时期，基本建设项目的投资拨款工作是由交通银行负责办理的。1951 年 2 月 19 日，交通银行总管理处在北京召开了第一次全国基本建设拨款会议，参加会议的有交通银行在六个大区的区分行经理和各省市分行的经理，制定了一系列的基本建设投资拨款章程、制度和办法。1952 年 6 月，政务院又批准设立东北区基本建设投资银行，接受交通银行总管理处的领导，专门办理东北区基本建设投资的拨款监督工作。

交通银行办理基本建设投资拨款，是在完全没有经验的情况下，参照苏联的做法，在实践中不断探索的。它办理投资拨款的具体工作内容主要有以下几项：

一是及时供应建设资金。监督资金的合理使用，当时有一个很大的矛盾：拨款办法规定交通银行要按照批准的基本建设计划和工程项目技术设计预算才能拨款，而实际执行中程序并不正常，文件很不完备。过于强调按计划、预算拨款，就会延误开工，所以当时实行了一个变通办法，在文件不齐备时，实行主管部门负责制，凭主管部门批准施工的文件先拨款，事后再作检查监督。

二是为财政调度资金。新中国成立之初，国家确定了工程，财政上就要拨款，往往工程预算要集中支付，而财政收入却要一笔一笔逐日逐月地收款。经常出现建设单位宽打窄用，领了钱用不出去，而财政用款却很紧张。交通银行办理拨款以后，在银行内部实行按建设项目匡算用款进度和调度资金的办法，就缓解了财政收入和支出方面的矛盾，便利于财政调度。在 1952、1953 年，资金调拨，几乎是仅次于拨款的一项重要业务。

三是管理重点工程。自 1953 年起进入第一个五年计划以后，交通银行在国家重点建设项目和重点建设工程所在地，设立了专门机构，负责办理这些项目的各项拨款工程。比如，治理淮河的工程，跨安徽、江苏、河南诸省，就在蚌埠治淮指挥部所在地，设立了专门管理治淮拨款的蚌埠专业分行；在长春汽车厂，也设置了专门办理汽车厂拨款的专业分行。

四是集中主要力量核定出包工程的预付包工款和按工程建设进度结算工程款。这是当时交通银行花力气最多，也是建设单位和包工企业矛盾较大的一个重要方面。

此外，交通银行在拨款监督过程中，还抓了审核建设单位设备器材供应计划、动员建设单位内部资源、调剂处理积压器材，防止损失浪费等工作。

交通银行从开业到1954年9月中国人民建设银行成立止，前后共五年。它在五年中的各项业务实践，为中国人民建设银行的设置，准备了干部，积累了经验。

（与曹尔阶先生合作。原载《投资与建设》1988年第2期）

"年终一刀砍"的来龙去脉

新中国成立初期，基本建设工作中有一道难题，就是每到年终，财政部都会规定：当年基本建设没有用完的钱，年终一律注销。那时办理基本建设拨款的交通银行，也相应宣布建设单位年终没有使用的拨款限额，一律不能结转。人们望而生畏，形象地称之为"年终一刀砍"。

这个办法是从1952年底开始实行的。结果钱砍了，工程不能砍，许多项目一过年，工程不能继续施工，甚至连工资都发不出来，最后，只好重新申报计划。那时项目不多，投资额也不大，比较容易解决。到了1953年底，财政部又是一纸公文：年终结余一律注销。又引起矛盾重重。

这个问题一直反映到当时兼任财政部部长的邓小平同志那里。邓小平在1954年初所做的有名的"六条指示"中，在谈到结余不上缴时，讲到基本建设结余应该按工程不按年度。所以1953年终没有一刀砍，允许能转到1954年，投资结转了9.2亿元，拨款结转了8.2亿元。结转以后，未完的基本建设工程可以连续施工，深得人心。但是，财政预决算上又有一些具体手续不能处理。一方面，财政决算是收付实现制，财政上没有支付的钱都要作为预算结余，转给银行去平衡信贷；另一方面，1953年末应完未完工程结转的拨款，没有列入1954年的财政预算，以致1954年决算支出上冒出了一块，出现了赤字，受到了中央的批评。所以，1954、1955、1956、1957年又连续恢复了"一刀砍"。加上1955年非生产性建设搞得很多，建设银行削减了很多非生产性建设项目和投资，人们对财政、银行很害怕。流行过两句话："财政屁股上一把刀，不是砍就是削。"建设单位未到年终就纷纷突击花钱，所以每年年底，财政部还要发一道"防止年终突击花钱"的禁令。

直到1958年，财权下放，各地政府一改，财政部又宣布基本建设结余可以结转使用，再一次取消"年终一刀砍"，连续取消了两年。又发生了新的矛盾：许多建设单位，在预算上宽打宽用，年终家家有结余，全国的结余很大。1958年结转24亿，1959年结转38亿。但财政收入有限，而且在年终，财政结余的收入要全部转给银行，次年不能再用，而基建结余却要留给单位。这笔结余究竟是拿上年的钱用，还是拿当年的钱用，在认识上、实践上都有些问题，这同当时财政上"上年财政结余不能动用"的平衡理论的制约也有影响。一直到1961年初，三年“跃进”的问题集中暴露，财政部门落实收支，实际收入当中水分很大，减除水分，收入落下来一大块，而支出却是一个不少。从平衡财政来说，首当其冲的当然又是这个基本建设年终结余。因此自然而然地于1960年终，再一次恢复了“一刀砍”。

“年终一刀砍”的执行者是银行，前期是交通银行，后期是建设银行，人们总是指责银行是“一刀砍”的忠实执行者。十年动乱中，这也成了建设银行执行所谓“资产阶级管、卡、压”的一条重要“罪状”。

实际上，“年终一刀砍”是一个财政平衡问题，而基本建设项目跨几个年度，必须按工程连续施工，不能因年度而中断，这又是一个实际问题。两者是不同性质的两个问题，也是完全可以分别处理的。从财政来说，当时实行财政收付实现制，收入必须是当年的收入，支出也必须是当年的支出，收大于支的结余转给银行去平衡信贷，财政部门在决算处理上既不能动用上年结余来解决当年的支出，也不能把没有支用的钱列作当年支出决算。对于基本建设跨年度施工的大项目，按理说，问题也不大。大项目年年都有工程，今年的年终结余砍掉了，当年应完未完工程明年继续施工，可以先花下一个年度的预算拨款，照理是不会发生脱节的。但是，在新中国成立初期，银行按计划监督拨款十分严格的情况下，项目之间，打酱油的钱不许买醋，就可能发生矛盾，矛盾最大的是那些原来计划当年竣工的项目，好不容易列进了计划，争取到一笔预算拨款，年终一砍，第二年再也列不进计划，就真正发生了脱节。所以，后来对待这个问题，财政仍按收付实现制，年终结余一刀砍；小项目的应完未完工程允许年终预提。大项目的应完未完工程则允许在次年预算拨款中调剂使用。这样就比较妥善地解决了这个问题。

（与曹尔阶先生合作。原载《投资与建设》1988年第3期）

基本建设的第一个定义

什么是基本建设?

“基本建设”这个词，是在学习苏联的过程中，从苏联引进来的。原文的意思是指基本投资，或者投资。但是，在较早的译文中，却用了“基本建设”这个词，并广为流传。如1946年莫斯科外文局出版的《列宁主义问题》，把基本建设投资译为“基本建设金”（《大转变的一年》，第366页）。1948年莫斯科外文局出版的联共（布）党史《简明教程》中，在谈到工业建设时，三处谈到基本建设，分别为“基本建设事业”、“基本建设工程”、“基本建设投资”（分别见该书第346、347、364页）。这是早期的关于基本建设的翻译。因此，早在东北解放区的经济建设中，就一直使用了基本建设这个经济术语。

新中国成立以后，在经济建设中，也把基本建设这个词一直沿用下来。一九五二年一月九日，中财委颁发了《基本建设工作暂行办法》，这是新中国第一个基本建设管理程序的文件。这个文件第一次提出：“凡固定资产扩大再生产的新建、改建、恢复工程以及与之连带的工作为基本建设。”这是后来人们经常援引的第一个关于基本建设的定义。其实，起草这个文件时，只是想说明固定资产的新建、改建、恢复工程以及与之连带的工作就是基本建设，并没有想到要区分固定资产的扩大再生产和简单再生产，更没有想到以后在这一区分上会发生什么纠葛。但是，在20世纪70年代，有不少同志的文章引用这个定义，却从“固定资产扩大再生产”即“基本建设”那一层意思上做开了文章。以为这个定义，可以作为他们主张把基本建设投资专用于固定资产扩大再生产而不包括简单再生产的理论依据。

真实的历史是，当时的基本建设投资，就是指包括固定资产投资的全部投资，既包括扩大再生产的投资，也包括简单再生产的投资。这不但因为简单再生产是扩大再生产的起点和基础，而且当时许多老企业如鞍钢、永利宁厂、上海江南造船厂的更新改造和扩建，都是由基本建设投资安排的。历史上的基本建设这个词，几乎就是固定资产投资的同义语。这一点，也许是后来写文章的这些同志没有想到的。

当时，之所以采取这种一切固定资产的建设和购置，都要通过基本建设计划安排的做法，一方面是因为在经济管理上缺乏经验，同时也是为了集中国家的财力、物力用于重点项目。还要说明，这又是同当时财政上实行的统收统支的体制有关。当时，企业的折旧基金全部上缴财政，企业固定资产的更新改造，也是随着扩建、改建工程由国家财政直接投资拨款的。

“一五”时期，为了适应生产管理的需要，工业部门提出，要把一些比较零星分散的“四项费用”即所谓“技”（技术组织措施费）、“新”（新产品试制费）、“劳”（劳动安全措施费）、“零”（零星基本建设投资）费用，先从基本建设中分离出来，由财政上另外开辟专门的资金渠道给予保证。所以，在一九五三年以后的一个较长时间内，基本建设的概念就是，除了“四项费用”以外的全部固定资产投资，都是基本建设。

（与曹尔阶先生合作。原载《投资与建设》1988 年第 4 期）

基本建设程序的轮廓

——“四阶段”设计

“不依规矩，不能成方圆。”搞基本建设，也必须有个“规矩”，这就是“基本建设程序”。

基本建设投资，是建立新的生产能力和维护原有生产能力的投资活动。它与其他经济活动一样，客观地存在着内在的规律和秩序，要求遵循一定的工作程序。在资本主义社会，全社会的投资活动是自发地盲目地进行的，自始都不存在有计划的社会调节。但是，由于市场竞争机制的作用，单个企业的投资活动和单个项目的建设，却是按照一定的程序，遵循一定的规律，有计划有秩序地进行的。新中国建立以后，我们要逐步建立有计划按比例发展的国民经济，当然不能像资本主义国家那样，让单个企业盲目自发地进行基本建设投资，也不能重蹈国民党政府的覆辙，把本国经济当成外国资本的附庸。当时只有苏联搞了32年的有计划的社会主义建设，所以我们义无反顾地“以俄为师”，取法苏联。从一开始就有计划地安排全国的基本建设投资活动，并强调每个单个建设项目的投资，都要按基本建设工作所固有的程序办事，有秩序地进行工作。

新中国成立不久，1949年10月21日，中央人民政府政务院成立了财政经济委员会（简称“中财委”）。陈云任主任，薄一波、马寅初、李富春任副主任。中财委一成立，立即从全国生产战线抽调了一批得力干部充实到了基本建设部门，并采取多种措施培训基本建设的后备力量。1950年8月20日中财委召开的全国计划会议上，要求新的建设必须经过调查、勘察、设计，然后按照施工图组织施工。这就是建国初期所设想的基本建设程序的最初轮廓。这一年的12月，在政务院第二十一次政务会上讨论通过了由陈云同志起草的《关于决算制度、预算审核、投资的施工计划和货币管理的决定》。这个《决定》，总结吸取了过去解放区经济建设投资方面的经验教训，要求“中央人民政府和地方人民政府批准的一切企业投资或文化事业的投资，在请领款项之前，必须审慎设计，做出施工计划、施工图案和财务支拨计划，并须经过各级政府或其财经、文教机关的批准”。规定这一工作程序，目的是力图避免在新时期的经济建设工作中，只凭热情和愿望，因缺乏切实的设计和必要的施工计划，造成损失浪费。

1951 年 3 月 28 日，中财委颁发了新中国成立后第一个全国性的《基本建设工作程序暂行办法》。第一次提出建立基本建设工作程序，并把这个程序的全过程划分为：计划的拟订及标准、设计工作、施工与拨款、报告与检查、工程决算与验收等五个工作阶段。针对当时基本建设工作中一度出现的好大喜功、求速成而不务实效的错误倾向，《人民日报》还在 6 月 16 日发表题为《没有工程设计就不可能施工》的社论，首次提出施工必须先有设计的原则。中财委发出通知，要求在全国基本建设工程中，检查基本建设工程设计。再次强调，任何基本建设都必须有慎重的正确的设计，然后施工。

新中国成立之初，恢复经济头两年的基本建设投资中，使我们深刻认识到，搞基本建设，必须有一套科学的工作程序，根据客观规律的要求，有步骤地开展。1952 年 1 月 9 日，中财委颁发了《基本建设工作暂行办法》，进一步对基本建设管理程序，包括基本建设的范围，组织机构，计划的编制与批准，设计、施工、验收交接与工程决算等工作，做出了较为全面的规定。《暂行办法》把建设单位分为“限额以上”和“限额以下”两种类型，在执行基本建设程序上也有不同的要求。这是为了便于各主管机关对建设单位在计划、设计、施工等管理上有所区别。

对于基本建设工作程序，《暂行办法》规定了四个步骤：

第一步：提出计划任务书，作为确定建设对象的建设计划方案，它必须符合国家建设的方针与任务，符合国家长期建设计划。

第二步：根据批准的计划任务书，进行设计。设计文件是进行基本建设工作的基本依据。设计工作必须依次按“初步设计”、“技术设计”、“施工图设计”进行。《暂行办法》还详细规定了工业项目初步设计和技术设计各自应包括的 10 项主要内容。

第三步：根据批准的设计文件列入基本建设计划，进行施工。

第四步：工程竣工以后，依照技术文件组织验收，以检查项目建设的完工情况，是否符合设计文件的目标和规格要求，检查工程是否能进行生产或使用。

基本建设设计工作，按照计划任务书、初步设计、技术设计和施工图设计四个阶段进行，也称为四阶段设计程序。这个四阶段设计程序描绘了基本建设程序的轮廓。它为以后建立科学的基本建设程序奠定了基础。

以四阶段设计为核心内容的《基本建设工作程序暂行办法》，对于建立基本建设工作的正常秩序，提高基本建设工作效率，提高投资效益，起到了十分重要的作用。特别重要的是，它对即将到来的“一五”时期大规模的基本建设作了充分的思想准备和组织准备。

（与曹尔阶先生合作。原载《投资与建设》1988年第4期）

“156 项”——第一个五年建设计划的核心

从 1953 年开始，我国开始了第一个五年建设计划。20 世纪 50 年代的经济工作者，有一个非常熟悉的词——“156 项”，即苏联帮助我国设计和建设的 156 个建设项目。我国第一个五年建设计划，就是以这 156 个建设项目为骨干、以 494 个限额以上建设项目为中心来进行的。

这里，有必要回顾一下“一五”计划的背景。新中国成立以后，我们经过 1950 年至 1952 年三年经济恢复时期，执行了“边稳定物价，边抗美援朝，边建设”的方针，工农业生产得到了迅速恢复和发展，各项社会改革逐渐展开，国家财政状况有了根本好转。社会总产值由 1949 年的 557 亿元，增加到 1952 年的 1015 亿元，国家财政收入由 1950 年的 65.2 亿元，增加到 1952 年的 183.7 亿元。我国已经有条件来进行大规模的社会主义建设。

所谓“156 项”，原来是 141 项，其中包括过去三年苏联已经帮助中国设计的 50 个企业，都是在 1953 年 5 月 15 日，中苏两国在莫斯科签订的《关于苏维埃社会主义共和国联盟政府援助中华人民共和国中央人民政府发展中国国民经济的协定》中确定的。以后，又经过两国政府商谈，增加 15 个项目，共计 156 项，简称为“156 项”。

在这“156”个项目中，扣除两项重复计算和 4 项因厂址、地质问题没有建设，实际正式施工的项目为 150 个。这些项目主要有煤炭 25 个，电力 25 个，军工 44 个，有色金属 13 个，钢铁 7 个，化工 7 个，石油、轻工、医药共 5 个。这些重大项目，包括了鞍钢、长春汽车厂、哈尔滨汽轮机厂和电站设备厂、哈尔滨量具刃具厂、北京电子管厂、我国第一个飞机制造厂以及武汉长江大桥，成昆、鹰厦铁路，淮河的梅山水库，佛子岭水库等。根据设计，150 个项目新增主要生产能力为：铁 237 万吨，钢 200.6 万吨，钢材 142.1 万吨，铝锭 3.9 万吨，原煤 1000 万吨，发电机组容量 120.35 万千瓦，载重汽车 3 万辆，合成氨 5 万吨。这些数字，现在看来建设规模并不能算大，但却真正是我国经济的骨干，我们正是从这样一些数字起步的。而且直到现在，许多企业如鞍钢、长春汽车厂、兰州化工厂等，仍然是我国经济的骨干。这 156 个建设项目的概算总投资为 187.8 亿元，实际投资为 196.3 亿元。

为了集中力量搞好“156 项”的建设，党和政府从全国生产建设战线调集了最优秀的干部和科学技术工作者，许多人至今都以曾在“156”项工程工作过引为骄傲。而“156”项工程，确实也为我国的经济建设，培养了一代新人。

“一五”时期，“156项”的建设，我们认真学习苏联的经验，工作非常慎重，基本建设的前期工作比较扎实、充分。当时，在周恩来、陈云、李富春等老一辈无产阶级革命家的带领下，基本建设程序得到了最完善的贯彻实施。“156项”，几乎每一项工程，都是集中了中外专业人员，慎重研究建设方案，一般都是几个方案进行反复比较，“七次思量，一次剪裁”，然后才做判断。从选择厂址，收集设计基础资料，确定设计任务后，进行设计、设备订货，建筑安装施工等工作环节，都是严格执行基本建设程序，反复论证后完成的。156项工程之一的武汉重型机床厂，从1953年就开始选址，编报设计任务后，勘察设计，设备订货和其他筹建的准备工作，搞了三年多，1956年才正式开工建设。年产三万辆汽车的长春第一汽车制造厂，仅设计时间就整整花了两年半。

国务院在审批“156”的计划任务时，周恩来同志是在反复听取各方面的意见，特别是听取专家的意见以后才慎重确定的。修建武汉长江大桥时，采用的是经过中外专家共同研究提出的管桩基础。这种管桩钻孔法有明显的优点，能在距水面37米以下施工，而且不影响工人身体健康。但是，当时，这么大的桥梁采用管桩基础在我国是第一次，在世界上也是少有的。为了不使国家在财力、物力上造成浪费，周恩来同志仔细地听取了各方面的意见，提出了一定要经过试验才能施工的要求。各有关方面对设计方案经过三个月的讨论和半年试验，证明确实可行，周恩来同志才报经中央批准。

在确定“156项”重点建设项目时，当时的国家计划委员会主任李富春同志亲自率领有关部门的负责人和专家，到各地对重点厂矿的建设条件一项一项地进行实地考察，了解情况，白天选择厂址，晚上主持讨论，经过反复研究，选出比较有利的建设方案，报请政务院批准。“一五”时期，一些重大建设项目的计划任务书，也是李富春同志亲自主持讨论、认真研究和解决的。为了确定项目，李富春同志的足迹踏遍了祖国的大江南北。

在安排“156项”的建设过程中，国家注意综合平衡和总体规划，各部门之间分工负责，职责分明，各项建设协调发展。例如：“156项”之一的兰州炼油厂建设时，就在兰州西固区搞了个总体规划，除炼油厂外还安排了几个化工厂和一些轻纺工业项目。电力部门集中搞西固热电站、供热供电，铁路部门搞工业区的编组站，市政部门搞西固区的市政规划。“一五”时期，“156项”决策时比较慎重，重视和加强了建设前期工作的管理，积累了投资项目管理工作的经验，基本建设投资取得了较好的经济效益。

（与曹尔阶先生合作。原载《投资与建设》1988年第5期）

中国人民建设银行的成立

新中国成立以后的三年国民经济恢复时期，我国基本建设投资规模不大，主要是一些恢复性和改扩建性的建设项目。直到1954年中国人民建设银行成立前夕，我国建设项目的投资拨款及其监督工作，都是由当时的交通银行和东北区基本建设投资银行负责组织实施的。

1953年，中国共产党提出了实现社会主义工业化和完成对农业、手工业和资本主义工商业社会主义改造（即“一化三改”）的过渡时期总路线。从1953年开始，我国进入第一个五年计划时期，为了实现社会主义工业化，大规模经济建设在全国陆续展开，基本建设工作提到了经济工作的首位。基本建设工作的对象也发生了很大变化，由过去的恢复性的建设项目和一般性改扩建项目为主，发展成以投资额较多、技术复杂的新建项目为主。其中，许多项目的建设不是哪一家工程公司能承包施工的，而需要多个部门的精密分工和协作配合才能完成。同时，基本建设工程大规模展开，出现了不少建设项目工程预算和造价偏高，设备器材积压，浪费严重。不少建设、施工单位财务制度不健全，严重违犯财经纪律等问题。而当时的交通银行，既要办理基本建设投资拨款工作，还要办理公私合营企业的公股股权清理和财务管理工作。而且，随着国家对资本主义工商业的社会主义改造加紧进行，交通银行管理公私合营企业的任务也日益繁重。在此情况下，国家需要有两个专业银行，分别承担管理基本建设投资拨款和管理公私合营企业公股股权的工作。为了使国家巨额投资资金能发挥最大效能，借鉴苏联管理基本建设投资的经验，1954年5月10日，中央人民政府财政部向中财委提送了《关于在交通银行原有机构和干部基础上正式建立办理基本建设投资拨款监督工作的专业银行的报告》。中财委同意了财政部的报告，并将专业银行定名为“中国人民建设银行”。据说，本来拟定名为“中国建设银行”，周恩来总理建议加上“人民”两个字。周恩来说，还是加上“人民”好，一个叫中国人民银行，一个叫中国人民建设银行。6月18日，中共中央批准了中财委的报告，9月9日，政务院第224次会议通过并发布了《关于设立中国人民建设银行的决定》。《决定》的主要内容是：

（1）在中央人民政府财政部系统内设立中国人民建设银行。

（2）凡国家用于基本建设的预算拨款以及企业、机关等用于基本建设的自筹资金，均集中由中国人民建设银行根据国家批准的计划和预算监督拨付。

（3）中国人民建设银行应根据国家批准的信贷计划，对国营及地方国营包工企业办理短期放款。

（4）中国人民建设银行应负责办理基本建设拨款的结算业务。

（5）中国人民建设银行应监督基本建设资金专款专用，并对建设单位和包工企业的资金运用、财务管理、成本核算以及投资计划完成情况等进行检查监督。

同年10月1日，中华人民共和国五周年纪念日，中国人民建设银行正式成立。西北区财政部副部长马南风出任建设银行总行第一任行长，靳崇智、陈望歧为副行长。东北区基本建设投资银行同时改为建设银行的分支机构。交通银行成为管理公私合营企业公股股权的专业银行。中国人民建设银行的成立，标志着我国基本建设投资管理工作进入了一个新的发展阶段。

（与曹尔阶先生合作。原载《投资与建设》1998年第5期）

一九五三年的“泻肚子”与一九五七年的“反冒进”

新中国成立以来的经济建设中，人们公认第一个五年计划时期综合平衡较好，基本建设的计划安排比较稳妥可靠。这是就“一五”时期的计划情况而言的。在“一五”时期，同样存在着某些急功近利、急于求成的情绪，也发生过两次投资规模偏大的小失误。

第一次失误是1953年的“泻肚子”。

新中国成立初期，经过1949年至1952年的三年国民经济恢复建设，工业生产得到了迅速的发展，社会总产值由1949年的555亿元，增加到1953年的1015亿元，国家财政收入总额由1950年的65.2亿元，增加到1952年的183.7亿元。其他各项社会改革也依次展开。

1953年，看到上年财政有了结余，又看到国营商业部门1952年的库存比1951年增加了24亿元，就误认为商业库存太多，在商业部门搞了一次所谓“泻肚子”、“转弯子”，压缩商业库存，挤出流动资金来搞建设，以致1953年的基本建设投资增加20%。结果，预算执行中出现了财政赤字，影响了市场，影响了经济。但是，当时工作谨慎，及时采取了增产节约措施，使这一失误很快得到纠正。后来，毛泽东集中了大家的智慧，总结了这次失误的教训，得出了“增产、节约、多留后备力量是巩固国家预算的可靠的三道防线”的著名论断。

产生这次失误的另一个原因是，有些部门和地区产生了急躁情绪，在基本建设工作中，不是从当时、当地的现状出发，而是不顾经济和技术的可能条件，不分轻重缓急，对建设速度提出了不切实际的过急要求，到处铺摊子，贪多冒进。一些建设项目不按程序办事，不量力而行，造成了返工浪费。这次冒进的问题刚一露头，就被党中央及时发现。从第二季度开始，《人民日报》相继发表社论，严厉批评了在基本建设中那种贪多冒进、百废俱兴、企图把一切好事在一朝一夕办完的错误倾向，强调必须贯彻“重点建设、稳步前进”、“量力而行”的建设方针，要求各部门、各地方的建设计划和每一项工程的建设，从需要与可能相结合的观点上去考虑，基本建设工作必须按照一定的程序去进行。由于党和政府的重视，各方面的工作也做得比较深入细致，各部门和各地区，推迟了一些当时条件不成熟和力所难及的工程，取消了一些无法办到的项目，使一度出现的盲目冒进和不按基本建设程序办事的倾向很快得到了纠正。

第二次失误是1956年的“冒进”。

1955年，毛泽东在农业合作化问题上批判了“小脚女人”。这一年农业又在前两年欠收后，获得了大丰收，农业总产值比1954年增加40亿元，增长率达到7.5%，是新中国成立以来增长率最高的年份。这一来，有些领导同志滋生了骄傲自满情绪，要求1956年在农业、手工业合作化和对私营工商业的社会主义改造方面迈开步伐。1956年，《人民日报》在元旦社论《为全面地提早完成和超额完成五年计划而奋斗》中，公开批评所谓“安心于一种落后的发展速度的保守主义的错误”，指责这种思想是右倾机会主义性质。当时，全国上下对实现国家工业化的热情空前高涨。在制订1956年国民经济计划时，有些同志急于求成，认为有必要把生产指标订高一些，把基本建设的速度加快一些，以便提早和超额完成第一个五年计划的任务。这年初，党中央还根据毛泽东的倡议，提出并公布了《1956年到1967年全国农业发展纲要(草案)》。

由于多种因素的影响，在经济工作中，不少同志超越了客观情况所允许的条件去硬办一些还办不到的事情，企图把七年或者十二年才能做完的事情，在三五年甚至一两年内做完。许多地区和部门在安排沿海工业发展时，过分强调对原有企业进行改扩建，企业不分大小，不分主次和缓急，要求把所有的旧设备更换成新设备。

在急躁冒进情绪的影响下，1956年的基本建设投资计划一马当先，由上年9月预定的112.7亿元，加码到140亿元；基建支出占财政支出的比重，由上年的30.2%上升到45.7%。当年的财政收入只比上年增长15.8%，财政支出只比上年增长22.7%，而基本建设投资却比上年增长62%，大大超过财政增长速度。

基本建设投资增加过猛，带来了严重的后果。先是引起了生产资料供应紧张，钢材、木材和机械设备供应不足，影响到列入计划的新开工项目，有20%不能按期开工。由此又挤占了轻工业和手工业用的材料，主要是钢材，大约挤占了4.4个百分点，使消费品生产受到影响，继而又引起消费品市场供应的紧张。投资增长过猛，加上这一年工资总额实际增长37%，超过了原定增长14.5%的计划，也增加了市场生活资料供应的紧张。另外，这一年财政信贷也多支出近30亿元，又引起财政信贷的紧张，财政出现了赤字，银行多发了票子。其结果：基建冒了一些，管理松了一些，资金分散了一些，市场紧张了一些，人们概括为四个字："冒、松、散、紧"。

周恩来、陈云及早发现了这方面的问题，及时提出开展反冒进活动。1956年6月《人民日报》发表社论，《要反对保守主义，也要反对急躁情绪》。周恩来提出1957年的基本建设要作适当的压缩。陈云总结了1956年冒进的失误，提出安排经济计划要坚持财政收支、信贷收支和物资供求三大平衡的规点，提出了建设规模必须同国力相适应的著名论断。1957年1月，陈云对当年的经济工作提出三项措施：开展增产节约运动，压缩基本建设投资，控制社会集团购买力。后来，在2月召开的全国计划会议上，把1957年的基本建设投资计划定为111亿元，比1955年减少20%。

1957年的反冒进活动，对保证当年生产建设的稳步发展，保证第一个五年计划的胜利完成，起了积极的作用。

（与曹尔阶先生合作。原载《投资与建设》1988年第6期）

“大跃进”时期的投资包干

新中国成立以来，中国历史上有过三次投资包干。第一次发生在1958年，第二次发生在1971年，第三次发生在1978年以后。

第一次投资包干是在1958年的“大跃进”时，从石景山钢铁厂开始的。石景山钢铁厂（简称“石钢”）就是现在首都钢铁公司的前身。“一五”时期，几度酝酿扩建，三次上马，三次下马。1958年时，原来批准的扩建方案是投资二亿四千万元，扩建一个年产48万吨钢的钢厂。“大跃进”中，“石钢”向冶金部提出拨二亿四千万元的投资包干使用，把钢产量从48万吨扩大到120万吨。所谓“投资一顶二”，引起了各方面的重视。

石钢的投资包干，就其实质来说，同现在的承包经营制，调动经营积极性，在某些方面有相似之处。石钢的包干告诉人们，既然依靠工人群众运动实行投资包干，比建设银行的拨款监督还灵，为什么还要舍近求远？所以，1951年5月，国务院下达了《关于改进基本建设财务管理的几项规定》，提出年度国民经济计划和国家核定的基本建设投资（包括储备资金），在保证不降低生产能力，不推迟交工日期，不突破投资总额和增加非生产建设比重的条件下，交由各有关建设部门和单位统一掌握，自行安排，包干使用。这个文件下达后的三个多月，投资包干制在全国18个厂矿中推行。

1958年7月6日至10日，冶金部和财政部在石景山钢铁厂联合召开了投资包干现场会议。冶金工业系统的26个厂矿企业的代表和建设银行系统的200多个分行、支行、办事处的代表，参加了这次会议。国务院副总理李先念在这次会上的讲话中说：“投资包干制是我国基本建设管理制度的一个方向，是一面鲜明的红旗，它完全符合多快好省建设社会主义的方针。”李先念还指出：投资包干制也是一种生产关系的改变，它改变了上下级之间、企业与企业之间、人与人之间的关系。投资包干的本质是依靠党委、发动群众、权力下放、责任下放。这样一种生产关系的改变，有利于促进生产力的发展，大大加快建设速度。

但是，在“大跃进”那种瞎指挥和浮夸风盛行的情况下，尤其是在“钢铁翻番”的政治压力下，投资包干的推行很快走了样。在冶金部直属的一些大型钢铁企业，“投资一顶二，产量翻一番，速度快一倍”很快就成为实现钢铁翻番的措施，成为在基本建设中任意扩大建设规模和修改设计的合法形式，在基本建设领域带来了极为严重的混乱。

首先是合法地扩大了建设规模。在这以前，基本建设中，统治人们思想的是“计划就是法律”。生产领域，超额完成计划是好事，可以表扬。而在基本建设领域，超额完成了投资额，要向国务院写检查。实行投资包干制以后，有了“投资一顶二，产量翻一番”，企业就可以名正言顺地突破扩大建设规模这个禁区，任意扩大规模。

其次表现为任意修改原有的设计和标准，不少项目随意改变原批准的设计任务书所规定的内容。既然是投资一顶二，产量翻一番，原来设计的60吨的钢厂，要扩大成120万吨，原来60万吨钢厂订购的设备，全部要改订成120万吨钢厂的设备，原来的矿山、煤、电、运输等协作关系，也要扩大成120万吨钢的协作关系，这就必然打乱了经济秩序，破坏了原来的协作关系。

“大跃进”时期的瞎指挥和浮夸风，把投资包干引向了混乱。财政部很快就察觉了这一点。1959年5月，国务院颁发了一个由财政部起草的《国务院关于改进基本建设财务管理制度的几项补充规定》。针对当时任意扩大投资规模的问题，《补充规定》强调，“实行基本建设投资包干以后，建设部门和建设单位必须执行统一的国家建设计划，保证完成国家既定的建设任务。建设计划有重大变动时，投资包干的数额，也应当作相应的调整”。“建设单位节约下来的投资，用于增加新的建设项目时，必须事先报告建设部门或计划部门”，而不得擅自扩大建设规模。

针对一些建设单位任意修改原有的设计和标准的问题，《补充规定》强调，“建设单位和建筑企业应当根据批准的设计文件所规定的建筑结构施工，不能片面地求多、求快、求省而忽视工程质量。需要修改建筑结构时，应当经过设计部门同意；利用代用材料，必须经过切实的试验和工地管理机构批准，以保证工程的耐用年限和安全”。

为了加强对基本建设资金的监督使用，随时了解和掌握基本建设资金的使用情况，保证执行全国一盘棋的方针，《补充规定》中还要求：“建设部门应当按季向财政部门报送基本建设用款计划，建设部门对所属建设单位的用款情况，应当定期检查，并根据各单位的工程进度，及时地组织资金调剂。在工程进行中，建设部门、建设单位和建筑企业应当向财政部门按月提送统计报表，按年按季编造决算报告。工程竣工以后，建设单位应当向建设部门和财政部门提送竣工决算。”“各级财政部门对建设部门应当按季或按月核定用款限额，根据政府批准的基本建设计划和建设项目排队所确定的施工次序，在用款限额范围内，对建设单位进行拨款，并监督资金的合理使用。”

但是，正当财政部准备组织贯彻实施这个补充规定的时候，1959 年 7 月，中央政治局在庐山召开了扩大会议。这个会议原来是根据毛泽东在武昌会议、郑州会议上批评“浮夸风”和“共产风”的精神，来纠正当时经济工作中存在的“左”倾错误，而且会议前期也是按照这个宗旨进行的。可是，会议后期的主题却发生了完全相反的变化。7 月 14 日，彭德怀根据他亲自到地方调查和参加一些重要会议所了解到的一些情况，对当时国民经济中存在的一些重要问题，写信给毛泽东，陈述了他对“大跃进”和大炼钢铁的意见。彭德怀提出的意见是正确的，提意见的方式也是符合党的组织原则的。但是，这封信受到毛泽东的严厉批判。自此之后，会议急转直下，由纠“左”变成了反“右”，批判了所谓的“彭德怀为首的右倾机会主义反党集团”。党的八届八中全会，即庐山会议后，在全党范围内开展了一场反对右倾机会主义的斗争。这就使得经济工作中，原来的“左”倾错误更加严重地发展起来，投资包干也走入了更混乱的境地，投资包干的范围也迅速地扩大。

1960 年 2 月，国家计委、国家建委、财政部在广州召开了全国基本建设投资包干经验交流会议。据会议的不完全统计，1959 年全国实行投资包干的建设单位达到五千多个，占全国投资总额的 40% 左右。其中冶金、煤炭、水电、石油、化工等系统实行包干的投资额占本部门投资总额的 75% 到 85%。这次会议，肯定了投资包干制度的积极作用，确定要在基本建设中继续广泛地推行这项制度。

由于“左”倾思想的影响，在推行基本建设投资包干的过程中，把“投资一顶二，产量翻一番，速度快一倍”的口号当作投资包干的模式到处套用，助长了竞相浮夸，有的地区提出“投资包干化”，有的单位吹嘘实行投资包干实现了“一厂变三厂”、“一库变四库”。加之投资包干办法本来不够严密，只强调发挥地区、部门和单位积极性，没有强调计划管理；只强调包干结余留用，没有强调超支不补；只强调群众监督，没有强调专业管理。结果导致冲击国家计划，使新中国历史上的第一次投资包干制度陷入失败。

（与曹尔阶先生合作。原载《投资与建设》1988 年第 7 期）

“两本账”和投资“层层加码”

恩格斯说过：“一旦社会占有了生产资料，……社会生产内部的无政府状态必为有计划的自觉的组织所代替。”列宁也说：“建成社会主义就是建成集中的经济，由中央统一领导的经济。”新中国成立后，我们根据恩格斯列宁的科学设想，学习苏联计划方法和管理体制的办法，从1953年起，进入第一个五年计划时期，对国民经济发展中的生产、建设、流通、分配等方面实行集中统一的计划管理，并取得了举世瞩目的成就。在成就面前，也滋长了骄傲自满和急于求成的情绪，进入第二个五年计划时期后，采用了“两本账”的计划方法，试图把建设速度搞得更快一些，结果事与愿违。欲速不达，反而导致了计划层层加码和投资规模膨胀，造成了严重后果。

1958年1月，毛泽东写了《工作方法六十条（草案）》，提出了“两本账”的计划方法，制订生产计划，中央两本账，第一本是公布的必成的计划，第二本是不公布的期成的计划。地方也有两本账，第一本账就是中央的第二本账，这在地方是必成的，第二本账是地方期成的。全国评比，以中央的第二本账为标准。

这种两本账的计划方法，导致了部门、地方、企业纷纷制定两本账，基本建设投资计划层层加码，刺激了基本建设规模恶性膨胀。第二个五年计划的基本建设投资，1956年“八大”建议的投资数只比“一五”基建投资500亿元增加一倍左右，到1958年5月八大二次会议时，提高为1500亿～1600亿元，比“一五”增加二倍以上。到了8月，国家计委向中央报送的第二个五年计划的意见书，又提出一系列的高指标，基建投资3850亿元，比“一五”增长6.8倍。由于脱离财力和物力的许可程度太远，在实际安排年度计划时，没有落实，但它却给“二五”的基建规模定了一个膨胀的基调。

在“大跃进”的声势下，财政部提出了“多收入，多支出，多建设，更多的收入，更多的支出，更多的建设”的口号。1958年以来编制的年度基本建设计划，由于两本账、高指标和层层加码，投资规模恶性膨胀。1958年的基本建设投资计划，在1957年8月全国计划会议时，确定的控制数字为116亿元，只比1957年预计执行数增长8.7%，同年11月的计划会议修改为130.59亿元，比原提出的控制数字增加13.46亿元。1958年2月全国人大一届五次会议通过的1958年度国民经济计划，确定为145.8亿元，比1957年预计执行增长17.8%。国务院指出，这是国家的第一本账，各省、市、自治区和各部门要在此基础上再编制1958年计划的第二本账。3月的中共中央成都会议，确定把“鼓足干劲，力争上游，多快好省”的口号作为党的社会主义建设总路线的基本内容，并提出了1958年计划第二本账，基本建设投资达到175亿元，比人大一届五次会议批准的计划增加29.2亿元。年末实际完成基本建设投资总额269亿元，比上年增加126亿元，增长78.7%。投资在国民收入中的比重，由上年的15.3%，提高到24%，积累率由上年的24.9%提高到33.9%。

1959年的投资计划，在1958年8月北戴河政治局扩大会议上，安排为500亿元，一开始就把盘子定高了。12月党的八届六中全会（武昌会议），已经觉察到指标过高的问题，提出要压缩空气，反对浮夸，基本投资由500亿元降为360亿元。1959年4月八届七中全会（上海会议）继续调低，减为260亿~280亿元。后来发现了物资紧张，8月在八届八中全会（庐山会议）上又缩减为248亿元。但在9月以后“反右倾、鼓干劲”的影响下，又追加投资13.6亿元，加上上年结转的投资20亿元，投资规模仍达281亿元，重新回到4月上海会议的水平。年末完成的基本建设投资总额达到349.7亿元，全年施工的限额以上项目达到1000个，积累率由上年的33.9%，又上升到43.8%，成为新中国成立以来最高的一年。

1960年的生产建设计划，在执行“两本账”的计划方法上最为典型。1960年4月10日，全国人大二届二次会议通过的1960年计划指标，钢为1840万吨，已比1959年增长38%，煤炭为4.25亿吨，铁路货运量为7.2亿吨，国家预算内基本建设投资325亿元，当年施工的限额以上建设项目1520个。这是第一本账。5月10日，国家计委、国家建委，国家经委提出了第二本账：钢产量提高到2040万吨，煤炭4.62亿吨，铁路货运量6.7亿吨，基本建设投资扩大到382亿元，比第一本账超过57亿元。5月30日，中央批准同意并转发了“三委”的第二本账的计划安排。这第二本账对外没有公布，但它对中央各部来说，都是必成的账。因此，各部又有第三本账。冶金部的第三本账，钢产量则为2200万吨，相应地，煤炭第三本账为4.7亿吨，铁路货运量的第三本账为8亿吨，基本建设投资自然也要大大超过。到6月份，据统计局统计，全国实际施工的大中型项目达1500个，投资规模达到450亿元，比第二本账安排的基建投资还多50亿元。因此，同年8月，国家计委、国家建委、建议缩短基建战线，把第二本账由382亿元，压缩到44.38亿元，停建和缓建施工的限额以上项目299个，减少567项单项工程。当时由于经济工作中“左”的指导思想并未根本扭转，这些措施并没有得到真正贯彻实施，压缩后的投资规模仍然很大。年终实际完成的基本建设投资总额达到388.7亿元。基本建设投资在国民收入中的比重达到31%，是新中国成立以来最高的一年，全年施工的大中型建设项目多达1815个，比上年增加454个，这一年的积累率仍高39.6%。

三年“大跃进”，实行“两本账”的计划方法，造成了生产建设上的“层层加码”，投资规模恶性膨胀，导致国民经济重大比例关系严重失调。1960年下半年，被迫进行全局性的经济调整。后来，1961年1月，中共中央下达《关于调整管理体制的若干规定》中，一再强调“所有生产、基建等各项工作，都必须执行全国一盘棋，上下一本账的方针，不得层层加码”，作为调整经济的一条重要措施。

（与曹尔阶先生合作。原载《投资与建设》1988年第8期）

调整时期建设银行的“四板斧”

1958年开始的三年“大跃进”，使基本建设投资规模严重失控，给国民经济发展带来了极大的消极影响。1960年下半年，中央觉察到了这个问题，8月，在北戴河召开的中央工作会议上，提出了对国民经济实行“调整、巩固、充实、提高”的八字方针。1962年2月，刘少奇、陈云在西楼会议上，提出非常时期要采取非常措施。基本建设要退够，要下马。中央把控制投资规模的任务交给了建设银行，要求建设银行为国家“守计划、把口子”。

建设银行怎样完成这一任务？这时的建设银行是作为财政部系统内管理基本建设财务的职能部门而存在的，既管了预算资金的分配，又管了拨款，可以一直跟踪拨款，监督到项目。建设银行根据中央在非常时期对建设银行提出的要求，利用自身工作具有财政和银行双重职能的特点，采取了四项非常措施。

第一项措施是对地方基本建设，实行专案拨款。在“一五”时期，地方基本建设投资都是由国家预算作为专项统一安排。三年“大跃进”中放了权，地方可以自行安排基本建设投资。在实行“调整、巩固、充实、提高”的八字方针后，1961年基本建设大下马，收回了地方安排基本建设的权限。建设银行为了在基本建设财务拨款工作中，贯彻执行八字方针，决定从1961年起，恢复专案拨款。各省、自治区、直辖市的地方级基本建设支出预算，改由中央财政通过建设银行总行对各地区实行专项拨款。地方级基本建设用钱，都由建设银行逐项划拨。这样，就有效地保证了基本建设资金不被挪用，支出预算不被突破，从资金上管住了计划。

第二项措施是抄转基本建设计划。“大跃进”中提倡所谓的层层加码的“两本账”的计划方法，部门有部门的计划，地方有地方的计划，企业有企业的计划，计划之外有计划。建设银行按计划拨款，以哪一本计划为准？面对多种计划无所适从的混乱状况，建设银行采取了果断措施，由建设银行总行和分行，直接根据国家批准的年度基本建设计划，逐级抄转下发，作为拨款依据。各基层建设银行严格按照总行、省分行抄转的计划拨款。部门、单位自行编制、下达的计划，对建设银行的拨款，一律无效。这样才真正做到了上下一本账。

第三项措施是清理拖欠。基本建设一下马，砍了项目，砍了投资，也砍了拨款。这一来，建设单位已经订购和到货的机械设备就付不了款。结果，建设单位拖欠了机械厂的设备款，机械厂只好拖欠钢厂的钢材货款，钢厂也只好拖欠焦化厂的焦煤货款，焦化厂只好拖欠煤矿的精煤货款，煤矿又好拖欠电厂的电款和铁道交通部门的运输款如此等等，引起一系列连锁拖欠，一时反映上来累计的拖欠上百亿元，生产企业难以促进，形势严峻。建设银行组织调查，发现这种连锁拖欠，在单位之间是可以互相抵销的。因此，建议由国家从上年财政结余中拿出一笔钱，作为特种清理欠款的贷款，只准转账归还欠款，不准提现。清理的结果，到 1962 年第二季度向中央报告时止，全国基本建设单位共计拖欠货款 12.3 亿元，其中属于 1961 年底以前的旧欠有 11 亿元，结果只动用上年结余 12.3 亿元，就清理了经济领域的连锁拖欠，疏通了资金周转渠道，搞活了企业的资金。

第四项措施是恢复“年终一刀砍”。1958 年“大跃进”，改进基本建设财务管理体制，取消“年终一刀砍”，建设单位上年应完未完工程没有用的拨款结余，可以结转到下年使用。1958 年结转了 24 亿元，1959 年结转 38 亿元，1960 年应完未完工程如果结转也有四五十亿元，累计起来在 110 亿元左右。这对调整时期的财政无疑是一个沉重负担。所以，建设银行提出恢复“一刀砍”。1960 年起，一刀砍掉了上年累积结余 110 亿元，缓解了财政困难。

这四项非常措施，有人称为“四板斧”。后来的实践证明，建设银行在调整时期采取的这些主要措施，对于控制基本建设投资规模，调整国民经济的重大比例关系，起到了重大作用。

（与曹尔阶先生合作。原载《投资与建设》1988 年第 8 期）

大小“三线建设”是怎样上马的？

20 世纪 60 年代后期和 70 年代，我国在投资布局上，从“备战”出发，花了大量投资进行“三线建设”。

什么叫“三线建设”？就是按照备战的格局，根据各地区战略位置的不同，将全国划分为一、二、三线三类地区。一线地处战略前沿，三线地区为全国的战略后方，大西南、大西北为三线地区。在一、二、三线地区内，又依本地区情况，划出若干地方以为本地区内的三线地区。习惯上，将前者为大三线，后者为小三线。

三线建设问题，最初是在 1964 年提出来的。

三年“大跃进”造成的经济比重失调，经过 1961 年至 1962 年的调整，国民经济得到了初步恢复和发展。1963 年，在即将着手制订第三个五年计划的时候，党中央把“解决吃穿用，加强基础工业，兼顾国防和突破尖端”作为最初制订第三个五年计划时遵循的原则。这本来是十分正确的。

但是，正是这个时期，苏联赫鲁晓夫单方面撕毁协议和合同，撤退专家，陈兵中国边境，美国支持台湾国民党窜犯大陆，印尼政府驱逐华侨，国际形势趋于紧张。在这种情况下，毛泽东同志基于对国际形势和战争危险的估计，提出了加快三线建设、积极备战、准备打仗的思想。

1964 年 5 月，中共中央在北京召开工作会议，讨论发展国民经济的第三个五年计划的问题。会前，毛泽东在听取国家计委关于“三五”计划汇报时指出：要搞三线基地，一、二线也要搞点军事工业，有了这个东西就放心了。根据毛泽东的意见，7 月 3 日，李富春给国家计委的关于 1965 年计划的指示信中提出了“一九六五年要积极进行三线建设的筹备工作”的要求。8 月中旬，中央书记处召开专门会议，研究三线建设。毛泽东在谈话中再次提出，要准备帝国主义可能发动侵略战争。并提出，现在工厂都集中在大城市和沿海地区，不利于备战。工厂可以一分为二，要抢时间迁到内地去。各省都要建立自己的二、三线。

到了 1965 年 6 月 16 日，毛泽东在杭州听取余秋里关于编制“三五”计划的汇报以后说，第一对老百姓不要丧失民心，第二是打仗，第三是灾荒，计划要考虑这三个因素。同年 8 月，中共中央召开工作会议，确定“第三个五年计划的方针是，立足于战争，从准备大打、早打出发，积极备战，把国防建设放在第一位，加快三线建设，逐步改变工业布局”。同时还提出，第三个五年计划期间，必须集中国家的人力、物力、财力，把三线的国防工业原料、材料、动力、机械、化学工业，以及交通运输系统逐步建设起来，使三线成为一个初具规模的战略大后方。

这一年的11月中旬，毛泽东在山东、安徽、江苏、上海等地视察时，又一次要求各地做好备战工作。他说，打起仗来，不要靠中央，要靠地方自力更生。争取快一点把后方建设起来，把小三线搞起来。至此，就完整地提出了大小三线建设的战略构想。

如何在第三个五年计划期间或更短时间内建成三线战略大后方？国家在安排建设计划时，大幅度地削减沿海地方的投资，把三线地区作为投资建设的重点，对沿海工业基地，采取停（对沿海省、市停止增加投资，维持原有投资水平）、砍（砍掉短期不能见效的项目，缩小建设规模）、搬（把沿海建设项目搬迁到内地）、帮（老一分为二，以老带新）的措施。为此，国家建委专门召开全国搬迁工作会议，制订“三五”搬迁规划；后来确定继续迁建和新迁建的项目152个。

1966年，在三线地区的攀枝花、酒泉、武汉、包头、太原等战略后方动工兴建了五个大型钢铁工业基地；在贵州的六枝、水城和盘县等地动工兴建了十二个煤矿区，电力建设重点则是四川的映秀湾、夹江、龚咀，甘肃的刘家峡，湖北的青山等水、火电站；机械工业建设重点则是为军工国防服务的四川德阳重机厂、东风电机厂、贵州轴承厂以及其他一大批内迁项目。其中，仅西南纵深的攀枝花钢铁工业基地一期工程，就成为年产生铁100万吨、钢80万吨、钢材60万吨、采矿120万吨的大型钢铁联合企业。

“三五”期间，军工及大小三线建设的投资，约占整个固定资产投资的40%以上。1966年计划施工的大、中型项目846个，其中内迁项目就有152个，占18%，大小三线建设及一、二线国防工业、备战工程投资，占当年国家预算内基本建设投资总额155.7亿元的一半。到“三五”期末的1970年，仅大三线建设投资即占全国基本建设投资的60%。1970年施工的大中型项目1113个，其中大三线项目663个，占60%。“三五”期间，沿海十一省市的基本建设投资总额比“二五”减少了43.2%，而大三线地区云、贵、川、藏、陕、青、甘、宁、新等八省区的基本建设投资总额比“二五”增加了28.1%。

三线建设，从备战需要出发，采取靠山、隐蔽、分散的方针。“三五”

期间新上的项目，以及内迁项目，绝大部分厂址选择在大小三线地区。林彪一伙出自篡党夺权的需要，提出“用打仗的观点，观察一切，检查一切、落实一切”，把靠山、隐蔽、分散的建设方针，进一步推向了极端，提出“山、散、洞”的口号。结果许多建设项目不讲条件，不加分析地一律进山进洞，成倍地增加投资，建成后留下很大后遗症，有的甚至报废。如第二汽车制造厂，厂址选在湖北省十堰，已属三线地区。但迫于山、散、洞的要求，生产车间大都进洞，而且强调分散，车间与车间相距十里八里，甚至一二十里，给汽车生产的总装配带来困难。后来国家不得不再花大量投资，调整布局，适当集中。

在加快小三线建设的同时，为了备战的需要，全国城乡各地大面积兴建人防工程。1972 年起，除国家财政预算每年专列人防建设投资四亿元外，还要求地方财政每年拨一亿元，集体企业每年筹集一亿元，规定民用建筑必须建防空地下室，每年投资四亿元。以上四项，每年用于防工程的投资就有 10 亿元。实际上各地向企、事业单位摊派，平调物资和劳动力修建的人防工程，比国家投资还要多。在人防工程建设中，建成了一些平战通用的地下设施，特别是一些地下通道和服务设施，多年来一直起着地面设施的补充作用。但许多人防工程，追求指标和形式，投资很多，标准很高，用处不大，造成闲置，剥蚀坍塌。

以备战为指导方针的投资格局，贯串于十年动乱的全过程。它形成了投资结构和区域布局的畸形，只讲积极备战，不讲平战结合；只讲国防军工，忽视基础配套；只讲大小三线内地建设，忽视利用沿海工业基础；只讲战时经济体制需要，脱离和平环境必须注重提高投资效益的原则。十年来的粗略估算，大小三线建设中无效投资达 1600 多亿元，人防工程投资 140 多亿元，长期不能发挥投资效益。

（与曹尔阶先生合作。原载《投资与建设》1988 年第 9 期）

建设银行的两次撤并与恢复

建设银行是为适应我国社会主义建设事业的需要而建立和发展起来的。自 1954 年 10 月成立以后的三十多年来，先后经历了两次撤并、两次恢复的曲折发展过程。

第一次撤并是在 1958 年。这次撤并是在改进基本建设财务管理体制、加强建设银行财政职能的名义下进行的，实际上是在“大跃进”的冲击下，把建设银行当成“大跃进的绊脚石”而撤并的。

“一五”期间，建设银行花了很大精力去核定基本建设工程的预付款额度，审查计算工程进度的“二号表”，现场计算已完成的工程量，审查建设预算，审查器材供应等，原想为国家节省建设资金，但却同建设单位、施工企业的矛盾很大。财政部门也认为，建设银行的这部分工作，仅仅是资金供应上早给晚给、多给少给的问题，不起决定性的作用，起决定性作用的应是抓住管预算、分配资金的职能，才能对财政支出有所调节。在 1958 年，财政部副部长王学明提出“两闸并一闸”，“简化二闸，加强一闸”。加之当时“左”倾错误的影响，在基本建设领域，取消了经济核算，把推行投资包干、权力下放、依靠群众，同计划管理、财政监督对立起来，把拨款监督工作同建设单位、施工企业管理对立起来，把建设银行的拨款监督工作看成是“大跃进的绊脚石”。在这种形势下，建设银行机构随之发生了重大变动。1958 年 6 月起，财政部把原来由自己直接办理的审批财务计划、财务决算和管理施工企业财务等财政工作，交给建设银行办理。基本建设财务拨款工作，改归财政部门直接管理，取消了建设银行的垂直领导，建设银行总行改为财政部基本建设财务司，对外只保留了建设银行的牌子，实际上是撤销了建设银行。各省、自治区、直辖市分行直至基层经办行，都做了相应的变化，并入同级财政部门内作为一个基本建设财务的职能部门。全行干部由 1957 年的 17000 余人，一下子减少到 10000 人。

建设银行并入财政部门以后，名存实亡。由于基本上只管预算，取消了财务管理和拨款监督，管了“一闸”，丢了“二闸”，导致了许多计划外工程和投资损失浪费，建设规模急剧膨胀，造成了国民经济重大比例关系失调，给财政调度造成了很大困难。

人们从投资规模恶性膨胀的严重后果中，开始认识到搞社会主义建设，没有建设银行不行。国务院副总理兼财政部长李先念指示抓紧恢复建设银行。1961年9月，财政部在青岛召开了建设银行工作会议，为建设银行的恢复做了必要的准备。1962年3月，经国务院批准，财政部发出《关于恢复建设银行机构加强领导的通知》。通知进一步明确了建设银行的职能和任务，指明了建设银行与各级财政部门必须分别设置，建设任务较多的省辖市和重大建设单位所在地应分别设置分行。省、自治区、直辖市的干部编制，由总行管理，支行、办事处的干部编制由省、自治区、直辖市分行统一管理。同时任命许毅为行长，任超为副行长。这是建设银行第一次重新恢复建制。当年底全国就恢复组建了260多个分支机构，人员增加到13000人。

建设银行机构重新恢复以后，各方面对建设银行的工作给予了积极的支持，广大干部职工努力进行工作，严格执行国家基本建设计划，加强拨款监督管理，收到了显著效果。

“文化大革命”期间，建设银行第二次被撤销。1970年6月，财政部军管会、人民银行军代表向国务院提出报告，以加强基建拨款工作，改革建设银行机构的名义，建议把建设银行并入人民银行，今后，基建拨款除由财政部门确定计划指标外，建设银行的其他业务由人民银行办理。这个报告经国务院批转下发后，各地建设银行机构第二次被撤销，全国从事基本建设财务拨款的人员，由原来的17000人，一下子减到2600人。

建设银行第二次撤销后，财政部设立的基建财务组，仅有12个人。建设银行并入人民银行以后，把按国家计划监督管理的基本建设拨款，改为按一般企业存款管理。“存款自由，取款自由”，有钱就拨，要钱就给。全国大部分地区连续几年不编基本建设财务决算，有的经办行连拨款账也不记，年终决算时背着一麻袋传票到分行报账，报多少算多少；有的地方甚至连一些基本情况和拨款数字也反映不上来。

建设银行机构撤销以后，由于放松了基本建设财务和拨款监督工作，造成了“投资大敞口，花钱大撒手，施工吃‘大锅饭’”的混乱局面。1970年多拨款50.55亿元，1971年多拨款51亿元。

1972年初，国务院领导发觉了这个问题，并采取了相应措施，在人民银行仍然并入财政部的情况下，指示财政部抓紧恢复建设银行机构。同年4月，国务院批转了财政部《关于恢复建设银行的报告》。这是建设银行第二次恢复建制。

（与曹尔阶先生合作。原载《投资与建设》1988年第9期）

“八字方针”和“全国一盘棋”

三年“大跃进”，工农业生产的计划指标过高，基本建设规模过大，使国民经济各部门的比例关系，特别是农业、轻工业、重工业之间的比例关系以及积累和消费的比例关系严重失调。由于高指标、瞎指挥和浮夸风，在生产建设中违反客观规律，废除了一些不该废除的规章制度，同时由于生产建设的发展规模过快过大，使职工人数和城镇人口大量增加，加重了城市的负担。又由于农业生产关系超越客观实际的变革，挫伤了农民的积极性，使农业生产力受到很大损害，1959~1960年连续两年农业减产，到了1960年下半年，整个国民经济和人民生活都遇到了严重的困难，开始认识到需要对国民经济进行一些调整。

6月，毛泽东在《十年总结》中回顾了新中国成立以来经济建设的发展过程，开始提到了“大跃进”、人民公社化中的某些教训。他强调指出，我们对于社会主义建设经验还不足，在我们面前，还有一个很大的未被认识的必然王国。我们要在今后实践中，继续调查它、研究它，从而找出它固有的规律。

7月，北戴河中央工作会议，初步议论了对国民经济实行调整的问题，但当时的提法还是开展以保粮、保钢为中心的增产节约运动。实际上，这个提法本身是矛盾的。保粮，使农业增产，保证人民生活，这当然是对的。但工业方面钢铁工业生产指标过高却是整个国民经济比例关系全面失调的一个重要原因，国民经济要调整，首先就应当压缩钢铁生产指标，现在提出保钢，强调能不能完成1860万吨钢，是国内外注目的大事情，是一个政治问题。这是要求继续保持工业生产的高指标和“大跃进”，同调整国民经济的要求是背道而驰的。这一提法本身，反映出对调整的认识是不一致的。

接着，苏联照会中国政府，片面决定在7月28日到9月1日之间，召回全部苏联专家。据统计，“一五”以来，苏联帮助中国设计和建设的项目有304项，到1960年上半年，完成108项，正在建设的有201项，苏联在华专家有800人，这时撤退全部专家，使我国遭到了严重困难。

这时，粮食越来越紧张，北京地区在饭馆吃饭原来是不收粮票的，现在报经中央批准对饮食业凭粮票供应。市场商品越来越紧张。

中央发出《关于全党动手，大办农业，大办粮食的指示》，明确指出，农业是国民经济的基础，粮食是基础的基础，加强农业是全党的长期的首要的任务。要求各地方坚决充实农业战线，首先是充实粮食生产战线的劳动。要求精减城镇职工和动员盲目流入城市的农村劳动力回到农村去，保证在农忙季节参加农业生产的劳动力至少达到劳动力总数的80%以上，要求把当年冬天和1961年春天参加水利建设的民工，从原来的七千万人减少到一千万人。

1960年8月，统计局统计全国实际的投资规模达到450亿元，比国家第二本账还多50亿元。为了改变基本建设战线越拉越长的状况，国务院同意国家计委、国家建委的报告，把1960年的基本建设投资从382亿元压缩到344亿元，减少37.2亿元。在第二本账计划施工的980多个限额以上项目中要求停建和推迟建设299项，缩小建设规模38项，减少单项工程567项。计划外施工的限额以上项目116项，同意列入计划的只有13项，其余的一律停建。这是三年“大跃进”中第一次压缩基本建设战线。

在这一系列调整措施后，中央提出了“八字方针”。本来，在7月北戴河中央工作会议讨论运输问题时，李富春根据前一段时间的酝酿，提出应当对工业进行“调整、巩固、提高”，以后在会议讨论农业、冶金和计划问题时，又多次重申了这个意见。8月底，在向国务院汇报1961年计划时，再一次提出了应对国民经济进行调整、巩固、提高的问题。周恩来总理听取汇报后，加以完善，从而形成了“调整、巩固、充实、提高”的八字方针。9月30日，中共中央在转发国家计委党组关于1961年国民经济计划控制数字报告的批语中说，1961年，我们要“使各项生产、建设事业在发展中得到调整、巩固、充实和提高”。这是中央文件第一次正式提出调整国民经济的“八字方针”。

1960年12月31日，财政部提出改进财政体制，加强财政管理的意见，以克服财经纪律松弛、资金管理混乱和财权分散的现象。文件要求中央到地方实行上下一本账，坚持收支平衡，不打赤字预算。基本建设必须按计划和预算拨款。文件指出，不准化预算内收入为预算外收入，不准把预算外开支挤入预算内开支，不准将利润留成用于计划外基建，不准将大修理和基本建设开支挤入生产成本。同时提出，各项基本建设投资，都必须由建设银行进行拨款监督。这是毛泽东提出两本账的计划方法以后，第一次提出全国上下一本账问题。

1961年1月14日，中共中央八届九中全会在北京举行，毛泽东同志也指出：一定要缩短重工业和基本建设战线，延长农业和轻工业战线。他还指出，做工作要求三点：情况明，决心大，方向对。情况明是第一条，是工作的基础，情况不明，一切无从谈起。要求1961年搞一个实事求是年，大家都去做调查研究。

在八届九中全会上，李富春同志在报告1961年国民经济计划安排情况时，指出了当前国民经济发展中存在着许多困难和问题。主要粮食和其他农产品供应比较紧张，工业的原材料，特别是煤炭和木材供应比较紧张，工业生产交通运输的某些环节秩序不正常，一些产品质量下降，机器设备失修，一些地区、企业事业单位存在着“五风”①。针对这些问题，按照“调整、巩固、充实、提高”的方针，在安排1961年国民经济计划的时候，应当把农业放在首要地位，尽可能地提高农业、轻工业的发展速度，适当控制重工业特别是钢铁工业的发展速度，适当缩小基本建设的规模。李富春提出，安排生产建设，应当遵循五先五后的原则，即先生产，后基建；先采掘，后加工；先维修，后主机；先质量品种，后数量。

这次全会第一次正式向全党和全国人民宣布，必须对国民经济实行调整、巩固、充实、提高的方针。当时的提法是，适当地缩小基本建设的规模，调整发展速度，在已有的胜利的基础上，采取巩固、充实和提高的方针。这次会议安排的1961年国民经济计划还没有全面、切实地贯彻八字方针。基本建设规模作了一定的压缩，重工业尽管放慢了发展速度，钢、铁、煤、电等主要工业指标，仍然维持在上年的过高的水平上没有坚决降下来。

既然要调整经济，克服困难，就必须强调集中统一，强调全国一盘棋。为此，1961年1月20日，中共中央做出《关于调整管理体制的若干暂行规定》。主要规定是：

（一）经济管理大权应当集中到中央、中央政治局和省三级。最近两三年，应当更多地集中到中央和中央局。

（二）1958年以来，各省、市、自治区和中央各部下放给各省、县、公社和企业的人权、财权、商权和工权，放得不适当的一律收回。

（三）重要物资由中央统一管理，统一分配。

（四）财权集中，各级都不许搞赤字预算，货币发行权归中央。

（五）各部门、各地方都不许突破劳动计划。

（六）所有生产、基建、收购、财务、文教、劳动等各项工作任务都必

---

① 中共中央在1960年11月发出通知，要求彻底检查和纠正“五风”，即共产风、浮夸风、瞎指挥风、特殊化风、强迫命令风。

须执行全国一盘棋、上下一本账的方针，不得层层加码。这是中央第一次正式向全党全国人民宣布要执行全国一盘棋、上下一本账的方针。

（与曹尔阶先生合作。原载《投资与建设》1988 年第 10 期）

“七千人大会”与“西楼会议”

1960年下半年开始提出“调整、巩固、充实、提高”的八字方针，1961年的八届九中全会也决定要用两三年时间进行调整。由于情况不明，认识不一，虽然1961年也减少了基建投资38亿元，减少施工项目129个，但实际施工的投资规模仍然很大。在八字方针提出的一年多时间里，主要工业生产投资仍然维持在过高的水平上。直到1961年9月，中央觉察到这个问题，已经丧失了一年多的时机，这时中共中央才发出《当前工业问题的指示》，明确提出所有工业部门和企业，在今后七年内都必须毫不动摇地执行调整、巩固、充实、提高的方针；在近三年内，必须以调整为中心。这个通知提出：“现在，再也不能犹豫了，必须以最大的决心，把工业的生产指标和基本建设规模降到确实可靠的水平上，要从实际出发，从全局出发，在应当后退的地方，必须坚决后退，而且要退够；在应当前进和可能前进的地方，必须积极前进。”

为了统一全党的思想，1962年1月，中共中央在北京召开了扩大的中央工作会议，这就是著名的七千人大会。在这次扩大会议上，刘少奇代表中央向大会做了报告。毛泽东、周恩来、邓小平在大会上讲了话。

这次会议对当时的经济困难和工作指导上的错误，作了比较实事求是的分析。过去一直把1958年的“大跃进”以来出现的严重经济困难，主要归咎于自然灾害。这次会议则指出，这几年经济困难的发生，就全国来讲，一方面是受自然灾害的影响，另一方面，在很大程度上是由于工作上的错误引起的。而有些地方甚至是三分天灾、七分人祸。毛泽东同志在会上做了自我批评。他说：凡是中央犯的错误，直接的归我负责，间接的我也有份。会议在分析经济困难和工作错误的基础上，初步总结了社会主义经济建设的基本经验教训，着重指出，搞经济建设既要考虑需要，又要根据可能；既要高速度，又要按比例；发展国民经济，必须以农业为基础，经济计划必须符合实际，留有余地；全民所有制和集体所有制，决不能混淆，要充分发展商品生产和商品交换，坚持等价交换的原则；要坚持按劳分配，反对平均主义；等等。毛泽东强调要好好总结经验，正确认识客观世界。他指出：中国的人口多、底子薄、经济落后，要使生产力很大地发展起来，要赶上和超过世界上最先进的资本主义国家，没有一百多年的时间，我看是不行的。

这次会议强调要恢复和健全党的民主集中制，加强集中统一，反对脱离群众、破坏民主作风的倾向，反对分散主义的倾向。为了在经济工作方面加强集中统一领导，刘少奇在报告中提出了十项要求：一、国家计划必须保证全面完成。改变计划或者补充计划，必须经过中央批准。二、凡是产品在全国统一调度的重点工业企业，归属中央管理；已经下放给地方的，必须在1962年内逐步收回。三、所有基本建设的项目和投资都必须纳入国家计划。四、国家规定的生产资料调出计划，必须保证完成。五、国家规定的生活资料的收购任务和上调任务，必须保证完成。六、国家确定的劳动计划，必须坚决执行。七、国家规定的工农业产品的价格，不准任意变动。八、国家财政预算规定的收入必须完成，支出不许超过。九、国家规定的信贷计划和现金管理制度，必须严格遵守。十、国家规定的出口计划必须保证完成，进口计划不准地方和部门擅自变动。

这次会议，尽管由于历史条件的限制，没有能够指出几年来经济工作指导错误的“左”倾性质及其思想根源和社会根源，但是它对经济工作经验教训的初步总结，以及确定的一些具体政策和措施，对于统一全党和全国人民的思想，坚定地实行“调整、巩固、充实、提高”的方针，具有重要的意义。当然，对经济困难的程度和原因在认识上也不是一致的。林彪就认为“总路线、大跃进、人民公社是正确的”，并且认为，“我们的困难，恰恰是由于我们有许多事情没有按照毛主席的指示去做而造成的”。

七千人大会以后，又碰到了一个问题，1962年的财政出现了二三十亿元的赤字，这是以前没有估计到的。当时毛泽东同志不在北京，为了进一步分析经济形势，1962年2月21~23日，在中南海西楼，由刘少奇主持召开了中央政治局常委扩大会议，后来大家称为西楼会议。在西楼会议上，刘少奇认为，现在处在非常时期，要采取非常措施，非统一集中不可。他强调工业要退够，基本建设要退够。陈云同志在会上实事求是地全面地分析了当前财政经济工作的形势和问题，提出了他对解决问题的意见。陈云同志特别强调提出“已经摆开的基本建设规模，超过了国家财力物力的可能性，同现在的工农业生产水平不相适应”，指出当前的“基本建设规模过大，农业负担不了，工业也负担不了”。参加扩大会议的刘少奇、周恩来、邓小平等同志都赞成陈云同志的讲话。在刘少奇同志的建议下，1962年2月26日，国务院召开各部、委党组成员会议，陈云同志作了《目前财政经济的情况和克服困难的若干办法》。陈云同志在这个著名的讲话中提出了六点办法，强调恢复和调整从

1960年算起，大体上要五年；强调“精兵简政”，减少城镇人口；强调增产日用生活品，增加高价商品，扩大高价馆子，回笼货币，制止通货膨胀。

西楼会议以后，刘少奇、周恩来、邓小平专程到武汉向毛泽东同志汇报会议情况和中央同意陈云同志讲话的批示。毛泽东表示同意，并且决定成立中央财经小组，陈云任组长，李富春任副组长。

1962年3月18日，中共中央批发了陈云、李富春、李先念等同志的讲话文件。同年3月，陈云同志在中央财经小组会议上指出，“要准备对重工业、基本建设的指标‘伤筋动骨’。重点是‘伤筋动骨’四个字。要痛痛快快下来，不要拒绝‘伤筋动骨’。当时，周恩来同志插话说，可以写一副对联，上联是“先抓吃穿用”，下联是“实现农轻重”，横批是“综合平衡”。

如果说“七千人大会”是统一了全党对于调整的思想，“西楼会议”则是采取了切实有效的具体调整措施，使调整落到实处。

西楼会议以后采取的具体调整措施中，最著名的是强调集中统一的《银行六条》和《财政六条》。即《关于切实加强银行工作的集中统一，严格控制货币发行的决定》（简称《银行六条》）和《关于严格控制财政管理的决定》（简称《财政六条》）。

当时，由于国民经济比例失调，也由于许多地方违反财经纪律，随意向银行增加贷款，擅自挪用银行贷款作为财政性开支，致使国家发行了过量的货币。针对这种现象，中央强调指出，银行工作必须实行高度集中统一，把国家的票子管紧，把信贷管紧，而且在一个时期内，要比1950年统一财经时管得更严更紧。而在《财政六条》中则重申了后面我们将要提到的“十项禁令”。

20世纪60年代调整经济的措施总的精神是强调集中统一，以指令性计划和行政措施为主，它在产品经济模式和集中计划以及财政统收统支的体制下，迅速有效地控制了投资规模，使它重新回到同工农业生产水平和人民生活相适应的程度，收到奇迹般的神效。

这些调整措施，概括起来主要是：

（1）压缩基建投资，停建和缓建一批项目，人们称之为“下马”。1960年，全国施工的项目有8.2万个，其中大中型项目1815个，1961年调整后，全国施工的项目砍掉一大半，减为3.5万个，大中型项目减为1409个。1962年进一步压缩，全国施工的项目减为2.5万个，其中大中型项目减为1003个。

（2）收回下放的企业。1957年，中央各部所属企业、事业单位有9300个，1958年下放了88%，减少到1200个，1959年部分上收，也只有2400个。1961

年开始上收，经过五年调整，1965 年统计，中央所属企事业单位已达 10533 个。

（3）对工业企业实行关、停、并、转。

三年跃进，全民大办工业，工业生产规模迅速扩大。1957 年有工业企业 17 万个，1958 年增加到 26.3 万个，1959 年增加到 31.8 万个，1960 年为了保钢，压缩了一些工业企业，仍为 25.4 万个，职工人数也是直线上升：1957 年为 3101 万人，1958 年为 5194 万人，1959 年为 5275 万人，1960 年为 5969 万人。1962 年西楼会议后，决定对物资消耗大、生产成本高、产品质量差、经过整顿仍然亏损的中小企业一律关停并转。经过整顿，工业生产的规模迅速压缩下来。全国工业企业，1961 年压缩为 21.7 万个，1962 年为 19.7 万个，1963 年为 17 万个，1964 年为 16.1 万个，1965 年为 15.8 万个；企业职工人数，1961 年降为 51.71 万人，1962 年降为 4321 万人。

（4）压缩城镇人口和减少职工。从 1961 年开始，经过两年半，总共精减职工 1940 万人，减少城镇人口 2600 万左右。

（5）进一步压缩社会集团购买力。停止非急需的修缮和停止购买非生产性商品，减轻市场需求压力。到 1961 年底，社会集团力已由 1960 年的 75.4 亿元减少到 49.4 亿元，增强了市场的供应能力。

（6）冻结存款。

（7）严禁擅自兴建楼馆堂所。

（8）清仓核资，清理拖欠贷款，狠抓扭亏增盈，处理遗留问题。1962 年底，国营企业亏损额已从 1961 年的 108 亿元下降到 98 亿元。

（9）降低企业利润留成比例，从 1961 年 1 月起，由原来的 13.2% 降至 6.9%。此项资金，一律不准用于计划外基本建设。

（10）重申不准挪用生产流动资金搞固定资产建设，重申长短期资金应分口管理。

（11）重申制止侵占国家资金的十项禁令：①不许挪用上缴利润和税款；②不许挪用银行贷款；③不许挪用应当归还其他单位的贷款；④不许乱挤生产成本；⑤不许挪用企业的定额流动资金；⑥不许挪用固定资产的变价收入；⑦不许挪用折旧基金和大修理基金；⑧不许自行提高企业各项专用基金的提取比例；⑨不许挪用企业的“四项费用”；⑩不许挪用基建单位储备材料和设备的资金。

（与曹尔阶先生合作。原载《投资与建设》1988 年第 11 期）

“三五”计划怎样转上备战轨道?

中国的国民经济，经过1961~1965年的五年调整，克服了“大跃进”带来的严重经济困难，国民经济得到了全面的恢复和发展。1964年12月，周恩来总理在三届人大一次会议上宣布：调整国民经济的任务已经基本完成，工农业生产已经全面高涨，整个国民经济已经全面好转，并且将要进入一个新的发展时期。

1963年，在即将着手制订“三五”计划的时期，党中央把“解决吃穿用，加强基础工业，兼顾国防和突破尖端技术”，作为制订第三个五年计划应当遵循的原则，这本来是十分正确的。

1964年5月，国家计委提交中共中央工作会议讨论的“三五”计划初步设想也是贯彻了上述原则的。这个计划设想的“三五”基本建设投资额原为一千亿元，当时毛泽东同志指出：农业是一个拳头，国防是一个拳头，要使拳头有劲，屁股就要坐稳，屁股就是基础工业。但是，在此以后，毛泽东同志越来越强调以阶级斗争为纲，强调在城乡“四清”运动中要整党内那些走资本主义道路的当权派，同时过分强调战争的危险性，提出要准备打仗，打第三次世界大战，立足于早打大打。

1964年8月中旬，在中央书记处讨论内地建设问题时，毛泽东同志在谈话中指出，要准备帝国主义可能发动侵略战争。认为现在工厂都集中在大城市和沿海地区不利于备战。工厂可以一分为二，抢时间迁到内地去。各省都要建立自己的战略后方。成昆、川黔、滇黔这三条铁路要抓紧修好。根据这一精神，会议决定首先集中力量建设内地，在人力、物力、财力上给予保证。新建的项目都要摆在内地，沿海能搬迁的项目要搬迁。接着在12月提出加快攀枝花、酒泉、重庆等内地建设和加快成昆线等五条线路的建设，增加内地建设的投资近200亿元。当然，在战争危险仍然存在的条件下，对帝国主义发动战争不能不有所准备。但是，后来的事实证明，当时对战争爆发的可能性和紧迫性作了过分的估计。

1965年6月毛泽东同志在杭州听了余秋里同志关于编制第三个五年计划的汇报。毛泽东提出：一、基本建设五年搞1080亿元的投资规模大了，搞八九百亿元，内地建设也要从四五百亿元，压到三百多个亿。建设项目不要搞得那么多，少搞些项目就能打歼灭战。二、农轻重的次序要违反一下，搞农业要学大寨，农业投资不要那么多，要减下来。三、内地建设，鉴于过去的经验欲速则不达，还不如小一点、慢一点能达到。四、工业布局不能太分散了。五、对老百姓不能搞得太紧张，这是个原则问题，总之，第一对老百姓不要丧失民心，第二是打仗，第三是灾荒。计划要考虑这三个因素。

会后，根据这一精神和各大区汇报的意见，国家计委重新草拟了第三个五年计划的初步设想，把基本建设投资总规模定为850亿元，其中：内地投资360亿元左右。重新草拟的“三五”计划设想提出：第三个五年计划必须积极备战，把国防建设放在第一位，加快内地建设，逐步改变工业布局；发展农业生产，相应地发展轻工业，逐步改善人民生活；加强基础工业和交通运输的建设，充分发挥沿海地区的生产能力；积极、有目标、有重点地发展新技术，努力赶上和超过世界先进技术水平。

这样，就把第三个五年计划完全转上了备战的轨道。

（与曹尔阶先生合作。原载《投资与建设》1988年第12期）

“四五”计划纲要与新的投资膨胀

十年动乱，前四年乱批乱斗，生产建设停滞。自1970年以后，基本建设投资开始膨胀。这次膨胀是从讨论“四五”计划纲要开始的。

1970年2月，全国计划会议上讨论的《1970年国民经济计划和第四个五年计划纲要（草案）》，提出了一些脱离实际的高指标。

《“四五”规划纲要》的总要求是：狠抓备战，集中力量建设战略后方，建立不同水平、各有特色、各自为战、大力协同的经济协作区，初步建成我国独立的、比较完整的工业体系和国民经济体系。

这次投资膨胀，仍然是从钢铁工业开始的。文化大革命一开始，把1961年和1962年调整国民经济的正确措施，批判为所谓“下马风”。说“上马是方法问题，下马是路线问题”。这样，工业仍然回到了“以钢为纲”。《“四五”计划》的要点：第一，工业仍是以钢为纲。提出1975年产钢3500万~4000万吨。各省、自治区都要有一批中、小钢铁企业，地县也要有小矿山、小铁矿、小钢厂，形成大中小结合、星罗棋布的钢铁工业布局。第二，扭转南粮北调。第三，扭转北煤南运。第四，大力发展地方“五小”工业——小煤矿、小钢铁厂、小有色金属厂矿、小化肥厂、小电站、小水泥厂和小机械厂等，形成为农业服务的地方工业体系。力争在一两年内每个县都建农机制造厂，三五年内每个公社和有条件的大队都有修配站。第五，大家动手办机械工业，各行各业都要自己武装自己。多数省、市、自治区要逐步做到能够成套地供应单机、机组和车间、工厂所需的设备。第六，要求“四五”期间，除少数产品由于受资源限制需要由国家统一调配以外，一般轻工业产品都要尽可能做到省、区自给，这个规划纲要草案，虽然没有正式下达，但对以后的投资膨胀影响很大。

“四五”计划一开始，就出现了层层加码。如前所说，《四五纲要》提出1975年生产钢3500万~4000万吨、生产能力达到4000万吨，已经是脱离实际的高指标。6月，冶金部召开重点钢铁厂座谈会，在鞍钢、武钢、本钢提出产量翻番口号的影响下，又自行加码，提出1975年产钢4000万吨，生产能力达到5000万吨的目标。在此前后，煤炭会议也提出“大干三年，扭转‘北煤南运’，力争1972年实现江南九省的煤炭自给”。全国电力工业会议也提出了“老厂一厂变一厂半，新厂快马加鞭，发电能力翻一番，全国县县都有电”的口号。在这一气氛下，只能用“大基建”来保生产的高指标。1970年基本建设投资额，原定计划指标是228亿元，到了10月，经几次追加，实际完成312.55亿元，比上年的201亿元增加111.72亿元，增长55%。自1970年以后，每年基本建设投资都在320亿元以上，基建投资增加，迫使财政平衡上只能多打预算收入，寄希望于超收。1974～1976年连续三年钢产量没有完成计划。财政收入也连续三年没有完成计划，这三年财政赤字42.6亿元，迫使银行增发货币来平衡财政收支。这就是人们说的“基建压财政，财政挤银行，银行发票子”。

1970年开始的投资膨胀，还带有比较隐藏的性质。因为从20世纪60年代开始，国家计委和财政部陆续地把一些简单再生产的投资不断从基本建设投资中分离出去，财政预算中另以挖潜改造费用开支。这些费用，包括：“五小”工业补助、短线产品措施费、简易仓棚投资、商业网点投资、油田维护费、煤炭、林业、冶金矿山的开拓延伸投资以及企业用折旧基金支付的设备更新投资等。由于把越来越多的简单再生产性的投资从基本建设中分离出去，就使得基本建设投资占财政支出的比重通常只占35%左右，这就造成一种基建投资还占不到财政支出40%的假象，掩盖了投资膨胀。

（与曹尔阶先生合作。原载《投资与建设》1989年第3期）

第二次投资大包干

20 世纪 70 年代初期，重新提出了投资大包干。

这次大包干，是在 1970 年 9 月中共中央九届二中全会讨论的《第四个五年国民经济计划纲要草案》中提出来的。《纲要草案》要求实行基本建设投资大包干、物资大包干和财政收支大包干。这是基本建设第二次投资包干。

这次基本建设投资大包干的要求是：“按照国家规定的建设任务，或者建设项目，由地方负责包干建设，投资、设备、材料，由地方统筹安排，调剂使用，结余归地方。”这次实行投资大包干的目的，是为了支持地方发展“五小”工业，实现自给自足，自成体系。

1971 年 5 月的全国基本建设财务会议再次重申实行投资大包干。但是，鉴于“大跃进”时期第一次投资包干的失败，人们充满了对投资包干的担心。李先念同志和余秋里同志一再告诫说：“投资包干同加强经济核算和群众监督的关系，要在纪要里写清楚。”“搞投资包干，更要讲核算，更要发动群众参加管理。”“那种把投资包干同加强经济核算、加强财务管理对立起来的观点，是完全错误的。”而这一点正是“大跃进”时期投资包干失败的重要原因之一。

但是，20 世纪 70 年代的投资大包干，碰上了另一个背景，即在基本建设中实行施工指挥部的制度。这件事要回溯到 1965 年 10 月的基本建设工作会议。这个会上对施工企业的管理提出三项要求：

（1）加强施工队伍建设，逐步推行亦工亦农的劳动制度。

（2）改革施工队伍的管理体制，仿照解放军的组织形式，既有野战军、特种兵，又有地方部队。把工交各部的专业安装队伍和专业性很强的土建队伍，按行业或联合相近行业，组成若干个全国性建设托拉斯。

（3）开展施工队伍管理制度的革命，主要是取消甲乙承发包制度，实行现场的统一领导和全面负责制。

1966 年 1 月，在北京、河北、河南、湖南、福建、江西等省市，试行改变承发包关系，实行建筑公司负责制。接着，在 2 月召开的西南三线建设会议上，总结基本建设管理工作革命化，中心环节是实行党委一元化领导，取消沿袭多年的甲、乙方承包制度，成立现场统一领导机构，由施工单位负责。

这时的改革，已经包含了“左”的东西。文化大革命一来，立即涂上了政治色彩，说甲乙方承发包制是资本主义、修正主义的利润挂帅的产物，说现场指挥部则是“政治挂帅”、“革命化”、“军事化”。到了1970年1月，国家建委和第一机械工业部在湖北襄樊联合召开的全国基本建设施工管理体制改革现场会上，就以推广第二汽车厂、江山机械厂、焦枝铁路所谓政治建厂、大打人民战争的经验，而把施工现场指挥部的方式推向了全国。1975年5月更提出要“彻底打破封、资、修的甲乙方承发包制度，建设工程要实行统一领导，组织大会战”。

1971年的基本建设投资大包干，就是在这样的背景下实行的。1975年5月，国家建委颁发《基本建设大包干试行办法》规定投资包干应对建设规模、施工日期、工程质量和投资总额包干。如同1958年的投资大包干的特征是建设单位包打天下一样，70年代投资大包干的特征，却是由施工现场指挥部出面的乙方包打天下。但是，既然在基本建设的经济生活中，甲方和乙方是一个不可或缺的客观存在，甲方和乙方在经济上必然会有这样或那样的矛盾，这是一个客观存在。因此，企图以任何一方来代替另一方的“包干”，都是包不住的；第二次投资大包干的失败，也就没有什么好奇怪的了。

（与曹尔阶先生合作。原载《投资与建设》1989年第3期）

“一省一个工业体系”

我国前30年经济建设中的投资膨胀，贯串着一个“左”的指导思想，就是不切实际地要求各省、市、自治区建立独立的工业体系。

这个要求最初是在“大跃进”中提出来的。1958年1月，毛泽东同志在《工作方法六十条（草案）》中第一次要求在五年到十年内，各地方的工业产值（不包括中央直属企业的产值）都要超过当地的农业产值。以后，1958年6月，中共中央做出决定，将全国划分为东北、华北、华东、华南、华中、西南、西北等七个经济协作区，要求七个协作区或者有条件的各省，建立比较独立的、完整的、情况各异的工业体系。这一不切实际的要求，带来了两个严重后果。一方面，把中央企业下放了88%，各省又层层下放，下放过了头。特别是铁道、交通、邮电、航空、港口、电网、商业大批发站等关系国家经济命脉的重要企业下放后，很快造成了地区分割、线路不通、流转不灵的状况，阻碍了经济建设的发展，影响了人民生活。另一方面，为了让地方能够自成体系，又不适当地扩大地方的计划权限，从条条为主改变为地区为主的条块结合制度，实际上是放手让地方扩大基建规模。允许地方对中央确定的建设规模和建设项目可以突破，可以层层加码，自行增加投资。地方只要有钱，可以兴办工厂，包括大中型建设项目。

1959年3月，陈云同志在《红旗》杂志上发表了《当前基本建设工作的几个重大问题》一文，强调指出：“建立完整的工业体系，不是短时间所能解决的。我们的力量有限，建立工业体系不能首先从协作区或省、自治区开始，全面铺开，齐头并进，而只能首先从全国范围开始，然后才是各个协作区，再后才是一些有条件的省、自治区。现代工业不能没有分工和协作。在一个省、自治区内企图建立完整无缺、万事不求人的独立的工业体系是不切实际的。”

但是，这一教训并没有引起重视。

“文化大革命”中，再次提出要求地方尽快建立起完整的工业体系，以便打起仗来能够各自为战。用毛泽东同志的说法，“打起仗来，不要靠中央，要靠地方自力更生”。其结果，又一次重蹈“大跃进”中建立地方工业体系的覆辙。一方面把一大批在“大跃进”中下放给地方管理，在调整时期又收回中央各部管理的中央企业，重新下放给地方管理。另一方面，又在1970年的《“四五”

计划纲要》上重新提出块块为主的计划体制。即所谓在中央统一领导下，实行由下而上、上下结合、块块为主、条块结合的办法，然后在地区和部门计划的基础上制订全国统一的计划。这一设想，实际上是把计划管理上的“条条为主”再次改变为“块块为主”。但是，在“文化大革命”中，“块块为主”的局面始终没有形成。这是因为大批大中型企业下放以后，虽然从数量上说1965年中央直属企业一万多个，1970年只剩下不到150个，中央直属工业产值占全民所有制工业产值的比重已从1965年的46.9%，下降到1970年的8%。但是由于许多下放企业的产品是面向全国，地方不知道要给企业安排多少全国性的生产任务，而中央有关部门又不知道地方能给企业分配多少物资，造成生产任务与物资供应之间衔接上的困难。而且这批企业经济联合面广，生产技术复杂，地方管不了，最后不得不仍由中央各部来安排计划，称为“直供企业”。这样的“直供企业”有2000多个。因此，计划管理上“条条为主”的状况基本上没有改变。

但是，尽管不能实现“一省一个工业体系”，地方对基本建设的权限，还是大大扩大了。

在基本建设投资管理体制上，过去对地方基本建设投资，是由中央各部确定项目，分配投资，再纳入地方基本建设预算。1964年曾打算在年度计划批准以后，纳入地方财政预算，由地方自行安排。同年11月决定将地方农牧业、农业机械站和修理网、农垦、林业、水利、气象、水产、交通、商业、银行、高教、卫生、文化、广播、体育、科学、城市建设等18个部门的投资划归地方统筹安排，中央部门不再下达建设项目和投资指标。地方的工业基本建设，大中型项目由中央安排，小型项目由中央部商同地方具体安排。

为了加强地方“各自为战”，1970年，国家确定在今后五年内，安排80亿元资金，用于支持地方“五小”工业，由省、市、自治区掌握使用。

1974年进一步采取“四、三、三”的比例分配投资，即投资的40%由中央主管部门直接安排，30%由中央部会同地方安排，30%由地方统筹安排，使地方投资权进一步有所扩大。1969年，地方安排的投资，只占14%，1974年和1975年提高到27%。

这样一来，地方小型工业又有了进一步的发展，有300个县办了小钢厂，有90%的县建立了自己的农机修造厂。但是，地方工业的发展，并没有实现“一省一个工业体系”，也没有给全国经济发展带来多少好处。不少地方工业的发展，带有很大的盲目性，造成严重的损失和浪费。

（与曹尔阶先生合作。原载《投资与建设》1989年第3期）

产品经济模式下，投资项目经济评价理论与实践的曲折历程

对投资项目进行经济评价，是投资决策管理工作的重要内容和独立工作环节。投资项目经济评价理论是否符合我国国情，方法是否科学，评价结论是否正确，对于减少项目建设实施过程中的损失浪费，缩短建设工期，提高投资效益关系极大。

从新中国成立以后到1978年中共十一届三中全会召开的29年中，在传统的产品经济模式下，我国的投资项目经济评价理论与实践工作，经历了由初步创立和应用、两次被冲击、两次恢复的曲折发展过程。

（一）“一五”时期，采用技术经济论证方法选择建设项目

新中国成立后，经过1950年到1952年的三年恢复建设，我国国民经济得到恢复和发展，财政经济状况有了好转。1953年进入“一五”计划时期，开始了以“156”个重点建设项目为中心的大规模经济建设，先后成立了国家建设委员会、中国人民建设银行等基本建设管理机构，投资项目决策管理工作，在实践中逐步得到了完善和发展。从1955年3月到1956年5月的一年时间里，当时的国家建委、国家建工部，就基本建设项目决策和计划统一问题，先后制发了四个管理办法和规程，要求安排建设项目时，要进行技术经济论证，考虑产、供、销、运的综合平衡，坚持先勘察后设计，先设计后施工的原则。同时还把项目建设前期工作划分为“设计任务书—初步设计—技术设计—施工图设计”等四个工作环节。

第一个五年计划期间，在“156”项重点项目建设中，技术经济论证方法得到了充分的贯彻实施。这些重点工程从选择厂址，收集设计基础资料，确定设计任务书，进行设计，到设备订货，建筑安装施工等各个环节，都是严格按照基本建设程序，反复进行技术经济论证后完成的。

第一个五年计划期间，采用技术经济论证方法选择项目，对项目建设前期工作比较重视，项目决策时比较慎重。在项目决策工作中，十分注意综合平衡和整体规划，各个部门之间职责分明，各项建设协调发展，把项目的建设与项目建成投产以后的生产、原材料供应来源、产品销售市场及运输等一

系列问题，进行综合论证分析，充分考虑到了项目的相关配套建设，因而基本建设投资取得了较好的经济效益。例如，“156”项之一的兰州炼油厂建设时，就在兰州西固区搞了个总体规划，除炼油厂外，还安排了几个化工厂和一些轻纺工业项目。电力部门集中搞西固热电站，供热供电；铁路部门搞工业区的编组站；市政部门搞西固区的市政规划。

（二）“大跃进”运动中，基本建设程序被践踏，技术经济论证方法被摈弃，投资项目决策工作濒于自流

1958 年至 1960 年的“大跃进”运动，在急于求成等“左倾”思想的影响下，瞎指挥、浮夸风盛行。在基本建设领域内，出现了完全脱离实际的“日落是平地、日出是工厂”的快速施工方法，必要的基本建设管理规章制度，被当作“大跃进”的绊脚石，当作妨碍生产力发展的陈规陋矩遭到破除和被践踏，基本建设管理机构被撤销了，投资项目决策管理工作几乎不复存在。

由于“大跃进”运动的干扰和冲击，许多项目在建设前期没有进行深入细致的调查勘察工作，不搞技术经济论证分析，项目决策工作中出现了无章可循、有章不循的混乱局面，到处出现了边勘察、边设计、边施工、边生产的状况，给基本建设工作带来了许多消极的影响和难以估量的损失浪费。

面对“大跃进”运动对基本建设项目决策工作的干扰和破坏，当时的国家建委主任陈云，1958 年 12 月在杭州召开的全国基本建设工程质量现场会议的讲话中严肃地指出：必须清醒地认识到在基本建设方面，我们自己的本领不大，这是一个现实问题。从事基本建设工作的同志，既要勇敢，又要谨慎小心。破除不必要的规章制度，不能把合理的规章制度一概打倒，这就如同破除迷信，不能把科学当迷信去破除一样。基本建设必须提倡实事求是的精神，必须遵守必要的程序。

1959 年 3 月，陈云在“红旗”第五期发表了《当前基本建设工作中的几个重大问题》的文章，对基本建设的一系列重大问题，作了精辟的论述。在投资项目管理方面，陈云认为，基本建设项目要进行统一排队，项目设计要根据不同时间、地点和条件提出不同的要求，“该洋则洋，可土则土”。同时根据需要和可能，来改进洋的，提高土的，并且使洋的和土的适当地结合起来。

可惜的是，陈云同志这些渊源于实践，有利于促进投资决策科学化的一系列思想，在当时的实际工作中并没有引起重视，没有得到真正的贯彻执行。

（三）调整时期，改进和加强投资决策工作，技术经济论证方法内容得到充实

为了扭转由于“大跃进”运动所造成的投资项目决策工作中的混乱状况，在1960年11月召开的全国基本建设会议上，国家计委主任李富春，就基本建设及其管理问题，作了综合性的发言。他强调投资项目决策工作必须注意十个问题：①原料；②材料；③设备配套；④维修配件；⑤进口可能；⑥节约劳动力；⑦运输能力；⑧技术力量；⑨布局；⑩投资的可能。

这次会议和李富春的讲话，对于恢复被“大跃进”破除了的基本建设管理制度，加强和改进项目决策工作，起到了积极的作用。尔后，1962年5月，国务院先后颁发了关于加强基本建设计划设计管理等内容的三项规定。同年12月10日，中共中央、国务院发出《关于严格执行基本建设程序，严格执行经济合同的通知》，1963年1月30日国家计委发出《关于认真编审基本建设设计任务书的通知》，3月28日，又发出《关于编制和审批设计任务书和设计文件的通知》。这一系列的文件和规定，恢复了“一五”时期技术经济论证方法，重新规定和充实了投资项目决策管理工作各环节的内容和深度。

恢复和重建后的投资项目决策方法，具有以下四个突出特点：

一是深化了项目建设前期工作的内容。这一时期，项目设计任务书的内容包括项目建设规模，产品方案，生产工艺方法，资源条件，项目所需的材料、燃料、动力，项目建设地点，占地面积，项目建设进度，投资估算等12项主要内容。

二是扩大了编制设计任务书的建设项目范围。当时有关文件规定要求所有大中小项目都要编制设计任务书；对于设计任务书未经批准而正在建设的大中型项目和续建项目也要补报补批设计任务书；不仅新建项目，而且扩建项目和进行整体改造的建设项目，也要编制设计任务书，并按规定程序报批。

三是规定工业和非工业建设项目都要按照基本建设程序办事，不仅国家预算拨款安排的建设项目要按程序办事，地方机动财力安排的项目也要按程序办事。

四是进一步明确了基建计划和基建程序的关系。规定列入国家基本建设年度计划的建设项目，必须有经过批准的设计任务书，没有设计任务书的项目，只能作为预备项目，不能拨款和施工。

（四）“文化大革命”对投资项目决策工作的冲击

1966年夏开始的“文化大革命”，使刚刚得到恢复和改进的投资项目决策管理工作又一次遭到冲击和破坏，“边勘察、边设计、边施工、边生产”的“四边”项目到处存在，而且与“大跃进”相比，它的形式更左，声势更大，持续的时间更长，范围更广，损失也更严重。在基本建设工作中，违反自然规律和经济规律，违反基本技术常识的事例，处处可见，有时甚至发生明知技术上不可行非要把厂址选在那里的咄咄怪事。有的项目随意变更厂址，任意改换工艺；有的项目则把基建当试验厂，不从实际情况出发，只凭长官意志蛮干；有的项目是踩脚定址，地图上画线定点，因而项目建设工期越来越长，损失浪费越来越大，工程质量事故不断发生。有的水库建成以后无水可蓄，成了旱库；有的煤矿、铁矿开采剥离以后，无矿可采，只好放水养鱼；有的工业项目建成后，主体工程与辅助工程不配套，主辅机不配套，或者没有燃料、动力、原料，不能投入生产；有的电力项目建成后，发电、输电、配电不配套而不能产生效益。

应该看到，“文化大革命”期间，从整体和全过程看，基本建设程序遭到空前破坏和践踏，投资项目决策管理工作陷于瘫痪境地。但是，其中有两段时间，即1971～1973年和1975年，周恩来同志和邓小平同志先后主持党中央、国务院的日常工作时，曾着手进行国民经济整顿工作，投资项目决策管理工作中的混乱状况在局部和短时间内有一定的改善。

（五）“新时期”再次重视投资项目决策管理工作，技术经济论证方法再度恢复和应用

1976年10月，粉碎“四人帮”后，我国进入国民经济发展的新时期，实行了利用外资引进国外技术和装备的政策，这本来是正确的。但是，由于当时的经济指导思想还是急于求成，提出了一些过高的不切实际的国标和目标，规划了十四片基地，120个重大项目，1978年突击签订总投资达58亿元的22个引进项目。这22个项目中因为不按建设前期论证分析，不少项目的原材料没有着落，相关项目不配套，有的产品销路也有问题。不按基本建设程序办事，不搞技术经济论证分析，造成巨大的损失浪费。

上述问题的出现，很快使人们又一次认识到，搞基本建设，不重视投资项目决策工作不行，必须严格按照基本建设程序办事。

1978年4月，根据当时基本建设工作中存在的问题，国家计委、建委、

财政部制定颁发了《关于基本建设程序的若干规定》等五个文件；1978 年 7 月，经国务院批准同意，国家建委吸收了 1962 年国务院颁发的《关于基本建设设计文件编制和审批办法的几项规定》的主要精神，经过修改补充，重新印发了《设计文件的编制和审批办法》；1979 年，中共中央、国务院批转了《关于改进当前基本建设工作的若干意见》；同年 5 月，国家计委、国家建委联合颁发了《关于做好基本建设前期工作的通知》。这一系列的文件和规定，把按基本建设程序办事，重新提到了经济建设工作的重要议事日程，突出地强调了“先勘察、后设计、先设计、后施工”的工作要求，形成了“计划任务书—初步设计—施工—验收支付使用”等四阶段的基本建设工作程序，要求对投资项目进行技术经济综合分析。

新的基本建设程序对投资项目决策管理工作，做出了如下细致具体的规定：①根据国家发展国民经济的长远规划和建设布局，编制计划任务书，作为确定基本建设项目，编制设计文件的依据，②通过详细认真地调查原料、燃料、工程地质、水文地质、交通、电力、水源、水质等建设条件，在综合研究和多方案比较的基础上，提出项目选点报告，选择确定项目的建设地点；③根据批准的建设项目计划任务书和选点报告，编制设计文件，为安排建设项目和组织工程施工提供依据；④建设项目计划任务书批准后，进行各项建设准备工作，组织设备订货，落实水、电、运等外部条件和施工力量；⑤根据批准的初步设计和总概算，对项目进行计划安排，列入年度计划。

这一时期的基本建设投资项目决策管理程序运转图如下：

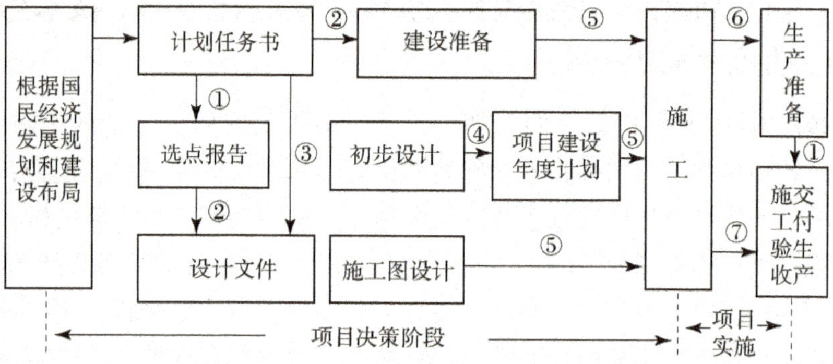

从上图中可以看出，投资项目决策阶段是指项目施工前的各项工作，它是项目管理工作全过程的重要组成部分，只有做好了基本建设项目决策工作，才能取得整个工作的主动权。

新的基本建设程序中所规定的项目决策管理工作，包括了计划任务书、勘察设计、选择建设地点、编制设计文件、进行施工建设的准备、编制安排项目施工年度计划等五个工作环节。从工作内容的深度来说，计划任务书所包含的内容，由1962～1965年调整时期要求反映的12项内容充实为以下14项内容：①项目建设的依据；②建设规模；③产品方案；④生产方式或工艺原则；⑤矿产资源、水文地质条件；⑥原材料、燃料、动力、供水、运输等协作配合条件；⑦资源综合利用和“三废”治理的要求；⑧建议地点；⑨占用土地的计算；⑩防空防震等要求；⑪项目建设工期；⑫投资控制数；⑬劳动定员控制数；⑭主要的经济技术指标。这一时期，在项目决策工作中，特别重视项目建设厂址的多方案比较，强调进行技术经济的综合分析，同时强调提高产品质量。对技术复杂的建设规模特别大，需要做三段设计的工程项目，要求至少在工程开工前两年下达计划任务书；一般大中型项目，也要求在开工前一至二年下达计划任务书。

但是，再度恢复和重建起来的投资项目决策方法和决策手段，有其局限性。随着时间的推移，随着基本建设工作的新特点不断出现，它的局限性和不完善之处日益显露出来。其局限性主要表现在以下两个方面：

（1）项目建设前期工作时间较短。项目决策的论证分析，一般是就项目论项目，而不是把项目置于整个国民经济的整体环境中进行研究，没有把项目建设与生产联系起来进行研究，没有对项目进行投入—产出、费用—效益的对比分析。建设前期由于决策时间仓促所带来的一系列问题，主要是通过设计和施工阶段的工作来弥补解决的，一般是通过延长设计时间、修改设计文件、改变施工建设进程等方法，去解决项目建设前期工作中的不足和纰漏，进行事后补救的。即采取的是“亡羊补牢”的办法。

在第一个五年计划时期和国民经济调整时期，项目规模不是很大，项目所采用的技术也不十分复杂，项目配套工程也比较简单，加之重点建设项目比较少，往往是若干个部门、若干个地区、若干个单位围绕着一个重点项目配套平衡，形成四面八方保重点的局面。

在社会化大生产条件下，项目建设规模越来越大，项目所采用的技术越来越复杂，项目配套建设工作的要求越来越高，对项目建设前期工作内容的广度和深度提出了更高的要求。在这种情况下，建设前期工作时间短所带来的问题，仅仅依靠设计和施工阶段来弥补是不能完全解决问题的。必须在项目建设前期给予充足的时间，进行充分的论证分析，在立项时就搞好配套建设规划和综合平衡，做到未雨绸缪。

（2）由于受到产品经济模式下高度集中的计划管理体制的限制，对项目决策时，没有充分重视项目建设对市场的依赖作用，对项目进行分析论证时，很少对市场供需情况进行分析预测。这一时期，我国生产力水平仍很低下，市场物资比较匮乏，企业产品实行统购包销，市场供需矛盾突出，形成卖方市场。项目决策时，虽然没有对市场进行预测，也不会发生项目建成投产后，产品没有销路的问题。因此，项目建与不建，听从计划安排，也不会产生太大的问题。

中共十一届三中全会以后，以对外开放，对内搞活为中心的经济体制改革，传统的产品经济模式逐步向商品经济模式转换，企业生产的产品，由过去的统购包销转向市场，不仅消费资料是由消费者选购，生产资料也由国家调拨转向由工厂自由选购。在这种情况下，项目决策阶段，就不能不考虑市场需求状况对项目的影响，就不能不进行市场需求预测，把项目建设置于商品经济的竞争环境中去接受市场的检验。这就要求突破在产品经济模式下所建立的项目决策管理模式，采用适合于商品经济发展需要的投资项目决策方法，选择建设项目，要使项目决策方法在理论与实践上来一次飞跃。

（原载《技术经济》1989 年第 2 期）

经济评价方法在投资项目决策工作中的初步应用

（一）建设银行对建设项目进行可行性调查，为经济评价方法的初步应用做了舆论准备

中国人民建设银行作为管理固定资产投资的国家专业银行，坚持按照基本建设程序办事是它进行投资管理的一条基本经验。在有些时期，建设银行还参与计划，研究经济，对投资项目决策提出重要的参考意见。历史经验表明，参与计划、参与项目决策以及进行经济研究，首先必须大力开展项目的可行性调查工作。为此，建设银行继 1978 年对已投产的 80 个大中型电厂、电站的投资效果进行全面调查之后，1980 年又对 1978 年引进成套设备的 22 个大型项目的建设情况进行了调查。结果发现，在确定这些项目时，存在突出的问题是，没有对项目进行可行性研究。与此同时，建设银行对国内正在建设而又不具备可行性研究报告的大中型项目进行了大规模的可行性调查，着重调查市场的可行性、技术的可行性和经济的可行性。

1981～1982 年，建设银行组织全行力量，对 1786 个大中型项目（包括一部分节能项目和停缓建项目）和 1001 个大中型企业更新改造方案和设想，作了可行性调查。根据调查结果，向全国计划会议提出了两批建议：1981 年对不具备建设条件的 27 个建设项目提出了停建或缓建的建议，对 59 个原来停缓建的项目因条件变化，提出了恢复建设的建议。1982 年分别向国家计委和国家经委提出了对 102 个基本建设项目和 97 个大中型企业安排 1983 年固定资产投资计划的建议。

建设银行根据开展项目可行性调查的结果，向国务院写了报告，建议今后在确定项目时，一定要实事求是地进行可行性研究，扎扎实实地做好建设前期工作。建设银行大规模的可行性调查工作，为从立法上推进经济评价方法在投资决策工作中的应用，进行了舆论准备和思想准备。

（二）从国家立法上将经济评价方法纳入可行性研究工作中

对项目建设进行可行性研究，这是由于现代社会化大生产条件下，建设

项目的特点和客观要求决定的。1982 年，国务院领导在《关于第六个五年计划的报告》中指出，“所有建设项目必须严格按照基本建设程序办事。事前没有进行可行性研究和技术经济论证，没有做好勘察设计等建设前期工作，一律不得列入年度建设计划，更不准仓促开工”。1981 年 3 月 3 日国务院在《关于加强基本建设计划管理，控制基本建设规模的若干规定》中，规定所有利用外资进行基本建设的项目都要有批准的项目建议书、可行性研究报告以及设计任务书（有些项目的设计任务书可由可行性研究报告代替），“所有新建、扩建大中型项目，不论是用什么资金安排的，都必须先由主管部门对项目的产品方案和资源地质情况，以及原材料、煤、电、水、运等协作配套条件，经过反复周密的论证和比较后，提出项目的可行性报告。”在项目的可行性报告中，就包括了经济评价的内容。这就第一次从国家立法上把经济评价纳入了项目投资决策工作中。同年 3 月 26 日，国家计委、国家建委、财政部印发了《关于制止盲目建设重复建设的几项规定》，要求“引进成套项目（包括成套进口、政府贷款、补偿贸易、合资经营等各种形式），必须做好可行性研究，进行技术经济论证”。

这一时期，虽然重点强调了利用外资进行建设的项目和引进成套项目采用经济评价方法，编制可行性研究报告，但是，对国内建设项目的可行性研究，还是要求不严，重视得不够。同时，对于如何进行系统的经济评价，可行性研究报告应当包括哪些基本内容，也缺少一个比较完善的办法。

1982 年 6 月，国务院技术经济研究中心委托中国基本建设经济研究会、安徽省基本建设经济研究会在合肥市召开建设项目可行性研究讨论会。半年后，国务院技术经济研究中心由马洪同志主持，在北京召开建设与改造项目经济评价讨论会。这两次会议，都对建设项目可行性研究的认识、项目经济评价的原则与方法等问题，进行了专题讨论，交流了开展可行性理论研究的成果和实践经验。这两次会议，推动了经济评价方法在投资项目决策工作中的应用。尔后，1983 年 2 月，国家计委制发了《关于建设项目进行可行性研究的试行管理办法》，第一次对进行可行性研究的建设项目的编制范围，可行性研究报告的编制程序，项目经济评价所包括的内容，可行性研究报告的预审和复审等做出了系统的规定。

投资项目决策工作中，通过采用经济评价方法选择建设项目，对提高投资项目决策的科学性、减少决策失误、提高投资效益收到了良好的效果。但是，20 世纪 80 年代前期所采用的经济评价方法，在实际应用中也暴露出一些问题，存在诸多不完善之处。

第一，对项目进行经济评价时，常常只对一个方案进行论证分析，而没有进行多方案的比较研究，因而不能保证投资项目决策的最优化。

第二，经济评价的深度精度不够，尤其是对投资估算的精确度不高，不能满足项目决策的需要。我国的建设项目可行性研究方法，是从西方国家引进来的。西方国家将工业项目建设的全过程划分为投资前时期、投资时期和生产时期。投资前时期又划分为机会研究阶段、初步可行性研究阶段、详细可行性研究阶段和评价与决策等四个阶段。机会研究阶段的主要任务是迅速而经济地提出项目投资方向的建议，类似我国基建程序中的项目建议书。详细可行性研究阶段的工作内容和深度相当于我国的扩大初步设计。在国外，是以详细可行性研究报告作为项目决策依据的。介于机会研究和详细可行性研究两者之间的是初步可行性研究。我国的可行性研究工作的深度和广度只相当于国外的初步可行性研究，主要表现在对投资生产成本及经济效益估算的精确度不高，误差一般都在 ±15% 左右，有的高达 ±20% 。因此，这样的可行性研究报告满足不了项目审批决策的需要。

第三，对项目进行经济评价时，一般只分析项目财务经济效益可行性，很少进行国民经济效益和社会效益分析。事实上，由于我国价格体系的不合理，商品价格严重背离价值，以及局部利益与整体利益，企业利益与国家利益存在着一定的矛盾，有些项目建成投产后，尽管财务效益好，而并没有给全社会带来多少好处，有的甚至产生了负效益；而有些项目尽管财务效益不好，而对国民经济的增量贡献却很大。典型的例子如煤炭建设项目。由此表明，只分析论证项目的财务效益，而不分析项目的国民经济效益，也不能保证项目决策的科学性。

第四，对项目进行经济评价时，没有考虑资金的时间价值，没有对项目的效益进行动态分析，一般只作静态分析。

第五，建设单位和编制可行性报告单位，同属一个主管部门，有些项目可行性研究报告带有浓厚的“长官意志”，缺乏公正性和科学性。根据有关文件规定，需要进行可行性研究的项目，一般是由项目建设主管部门向设计或咨询单位下达进行可行性研究的计划，委托设计和咨询单位进行可行性研究。由于这些设计或咨询单位隶属于项目主管部门，他们有时是唯主管部门意志是从。有的主管部门为了多上项目，就授意或暗示设计咨询单位编制可行性研究报告时人为地降低投资额，少计成本，无根据地多计效益，变不可行为可行，以便保证项目通过决策审批关。因此，某些项目表面上看来是可行的，实则是不可行的。

值得一提的是，尽管20世纪80年代前期项目决策工作中采用的经济评价方法存在上述诸多不完善之处，但相对于党的十一届三中全会以前在传统的产品经济模式下所采用的技术经济论证方法来说，无论从理论上还是实践上，都是一次飞跃。它对于建立和完善后来的经济评价方法与参数，起到了不可估量的推动促进作用。

[原载《技术经济》1989年第3—4期（合刊）]

经济评价方法与参数在银行项目评估工作中的应用

在我国开展项目评估工作，是由中国投资银行率先实行的。1980 年我国恢复在世界银行的席位以后，开始向世界银行借入资金。1981 年，我国政府决定设立中国投资银行，作为办理世界银行中小型项目借贷的中间金融机构。中国政府与世界银行经过一年多的多次谈判后，于 1982 年 12 月签订了第一笔 7000 万美元的工业信贷协定，并由中国投资银行转贷给国内企业。

世界银行对向它借款的各中间金融机构有一个共同要求，即选择贷款项目必须事先进行周密的研究评估工作，在谈判过程中，世界银行建议中国投资银行编写一本《工业贷款项目评估手册》，作为中国投资银行开展这方面工作的依据。1981 年下半年，中国投资银行开始进行《工业贷款项目评估手册》的编写工作；于 1982 年 3 月完成了初稿，同年 9 月提正了修正稿，这是我国第一本比较系统的项目评估手册。

中国投资银行在编写《工业贷款项目评估手册》的过程中，得到了世界银行专家的紧密配合和帮助，并充分借鉴和吸收了由世界银行或联合国工业发展组织出版并推荐采用的《项目估价实用指南》、《工业项目评价手册》等评价方法，采用了我们许多同志过去不曾了解的成本——费用分析法、现值分析法、影子价格、国民经济评价等方法，并将其应用于项目评估工作中。这在国内实属首创。

继中国投资银行开展项目评估工作以后，建设银行开展的项目评估工作，扩大了经济评价方法的应用范围，促进了经济评价方法与参数的理论研究。从新中国成立开始至 1979 年的 30 年，我国投资项目管理是以直接计划控制为主的，投资主体单一化，投资项目决策是以计划部门为主直接进行的，投资的分配和项目安排是按指令性计划办事。

随着经济体制改革的逐步深入，国民收入分配结构和资金关系发生了很大变化，国家预算内直接掌握的财力比重相对下降，部门、地区和企业留用的预算外资金逐年增多，随着居民的工资收入和手持货币的大幅度增加，银行吸存的资金越来越多，因而银行利用存款发放的贷款资金也逐年增加。

但是，建设银行利用存款发放贷款的项目，大多数是计划、主管部门归口切块安排的。建设银行在贷款前由于没有对每个项目进行切切实实的评估论证，往往经济效益并不理想，贷款资金回收期限长。

建设银行吸收的存款来自千家万户，都是短期的间歇性资金。如果贷款资金不能按期回收，既影响了建设银行的自身经济利益和信誉，也影响存款客户提用资金。基于这种原因，1984 年建设银行规定，凡是申请贷款的建设单位，在对拟建项目经济合理性、技术可行性和建设必要性进行周密可行性论证的基础上，大中型项目至少提前半年分别将项目建议书和可行性研究报告送建设银行总行和有关省市、自治区、计划单列市分行进行评估，并根据项目财务效益和国民经济效益的评估结论，确定是否发放贷款。

与适应建设银行开展项目评估工作的需要，1984 年初，建设银行在借鉴参考国内外项目评价方法及应用实践经验的基础上，制定印发了《中国人民建设银行项目评估试行办法》（试行稿），经过近一年的试行，1984 年底又颁发了《中国人民建设银行项目评估实施办法》（修改稿），同时第一次测算了全民所有制工业企业 13 个工业部门的基准投资利润率，基准投资利税率和基准投资国民收入率，作为《建设银行项目评估的参考数据》予以印发试行。

在《评估实施办法》试行两年的基础上，经 1986 年初建设银行工作会议讨论修改后，同年 4 月，又印发了《中国人民建设银行工业项目评估试行办法》和《工业项目评估参考数据》，作为建设银行项目评估工作的准则。

1986 年 5 月，中国人民建设银行和国务院经济技术社会发展中心在昆明联合召开了投资项目可行性研究和评价讨论会。这次会议，对推动我国项目经济评价方法，尤其是国民经济评价方法的理论研究和应用工作，促进投资项目决策的科学化起到了积极的作用。1986 年国务院发布的《关于控制固定资产投资规模的若干规定》中，正式将项目评估作为项目建设前期一个重要工作阶段。《规定》要求，建设项目，必须先提出项目建议书，项目建议书批准后，可以开展前期工作，进行可行性研究。可行性研究报告必须达到深度。编制大中型项目设计任务书时，必须附可行性研究报告，并经过有资格的咨询公司评估，提出评估报告，再由国家计委审批。

建设银行自 1984 年开展项目评估工作以后，经过全行上下共同探索实践，健全了评估机构，建立了一套较为完整、实用的评估办法、制度，项目评估水平有了明显的提高，取得了较好成果，朝着贷款决策科学化民主化方向迈讲一大步，同时也为进一步完善经济评估方法积累了经验。

根据我国投资项目决策管理的实践经验，建设银行对项目进行经济评估时，一般坚持以下原则：

一是商品生产的原则。社会主义生产，是以生产资料公有制为基础，以商品经济为机制的有计划的社会化大生产，仍然是商品生产。建设银行对投资项目进行经济评估时，首先是评估项目建成投产后所生产的产品是否符合市场需求，其中主要包括两个方面的工作：①弄清社会需要，了解市场需求发展变化趋势；②评估论证项目建成以后所生产的产品，是否能够接受市场竞争的检验。

二是利息的原则。即对拟建项目进行评估论证时，评估人员认真分析论证项目建成投产后的经营成果，是否承受得了偿还借款本息的负担。

三是投入产出的原则。既考虑一个项目的贷款投资资金是否有来源，同时也考虑项目的其他投入，如原材料、原料、动力、交通运输等的短缺程度，以及解决这些问题所需要的相关投资。同时还考虑相关配套项目同步建设所需要的投资，据以衡量项目产出的直接经济效益和间接经济效益。

四是经济效益评估指标多样性的原则。项目评估时，是通过一组效益指标，从不同的侧面反映和衡量项目的。这些评估指标主要有：反映项目财务效益的指标，如投资利润率，投资利税率，贷款偿还期，财务收益净现值，财务内部收益率等，反映项目国民经济效益的指标如投资净产值率，净产值现值，净产值内部收益率等。

五是微观效益与宏观效益相统一，微观效益服从宏观效益的原则。建设银行不是以项目的财务效益状况作为取舍项目的唯一依据，还同时考虑项目建设是否有利于实现国家宏观整体的要求，是否有利于调整产业结构。分析投资项目的建设对整个国民经济和全社会有哪些影响和贡献。当项目的微观效益与宏观效益发生矛盾时，则以宏观效益的好坏作为取舍项目的标准。

六是投资信息先行的原则。为适应项目评估工作需要，“六五”期间，建设银行对 34 种全国或区域性的产品进行了投资信息调查预测，编印发行了近 40 万字的综合投资信息和近千万字的分类投资信息，引起国务院和有关领导部门的重视。

建设银行通过开展项目评估工作，在投资决策领域，打破了长期以来存在的计划部门定项目，建设银行当“出纳”、“奉命贷款”的格局，取得了显著的成效。据全国 35 个建设银行分行的不完全统计，到 1987 年底，各地共评估了 2000 多个项目，其中有近 300 个项目由于投资效益不佳，不具建设条件，经建议后撤销了这些项目。对一批存在规模偏大，占地过多等问题的项目，经提出建议后作了调整。以上两项共压缩节约投资 47 亿元，节约外汇 2300 多万美元，节约耕地 1167 亩。

对于经济评估审查，确认投资效益好，具备建设条件的项目，建设银行开放“绿灯”，积极扶持上马，并根据实际需要，核增投资6.68亿元。

讲项目评估工作，不能不提到中国国际工程咨询公司。1985年，国家计委加强了中国国际工程咨询公司。仅1986年一年，中国国际工程咨询公司接受国家计委、国家经委的委托，组织180多个单位，880多人次的专家力量，完成了总投资达320多亿元的85个大中型项目和技术改造限额以上项目的评估，对48个项目的工程技术方案和建设内容，提出调整和修改意见，使建设方案的技术经济更趋合理，科学可靠，为23个项目协调了部门之间、部门与地方之间的关系，落实了建设条件，对不具备建设条件的两个项目，建议取消立项，对需要进一步研究的两个项目建议推迟建设。通过项目评估，有40个项目核减投资20亿元，取得了明显的效益。

自1982年后，以中国投资银行为先导，建设银行和中国国际工程咨询公司为主体所开展的项目评估工作，推进了我国项目经济评价方法与参数的研究进程，扩大了经济评价方法的应用范围，实现了投资项目经济评价理论与实践的第二次飞跃。

（原载《技术经济》1987年第5期）

投资项目经济评价理论与实践的第三次飞跃

对投资项目进行经济评价，是党的十一届三中全会以后投资项目决策工作领域出现的新事物和新方法。在较长的一段时间内，项目经济评价中一些有关的理论和方法问题，如国民经济效益评估中价格调整的理论与方法，国家参数的测算，相关投资与相关效益的计算问题等，都没有取得公认的研究成果，使经济评价方法尤其是国民经济评价方法的应用范围受到了极大的限制。

1986 年 5 月，中国人民建设银行和国务院经济技术发展研究中心，在昆明联合召开的投资项目可行性研究和评价讨论会上，与会同志就如何加强投资项目经济评价的理论研究与应用工作，提出了很多有价值的建议，要求有关部门加强对这项工作的组织和领导。根据这次会议讨论的意见，会后，建设银行总行与国务院经济技术社会发展研究中心联合向国务院提交了《关于促进投资项目决策科学化的建议》的研究报告。这个报告针对当时我国在投资项目决策方面存在的问题，从如何改进投资项目决策的管理体制、如何建立投资项目决策的全面负责制和一贯负责制、怎样改进决策分析技术和方法等三个方面提出了政策建议，引起了国务院领导同志的高度重视。

同年 7 月，国家计委组织国内有关大学、科研机构、设计规划部门和业务主管部门从事项目经济评价理论研究和应用工作的专家，学者和实际工作者共 20 余人，组成“建设项目经济评价方法和参数”编制组，开展了经济评价方法与参数的研制工作。编制组费时数月，在充分吸收国内几年来项目经济评价理论研究和实践成果，其中主要是国务院经济技术社会发展研究中心和建设银行的理论研究成果和实践经验，并在参考、借鉴国外项目经济评价方法的基础上，于年底提出了“建设项目经济评价方法”、“建设项目经济评价参数”、“中外合资经营项目经济评价方法”和“关于建设项目经济评价工作的暂行规定”等四个规定性文件（送审稿）。1987 年 3 月，国家计委在广州召开了专家讨论会，对上述四个规定性文件（送审稿），进行了可行性论证。经审查批准后，国家计委于 1987 年 10 月正式颁布了述四个文件，并由中国计划出版社出版。这些文件对经济评价工作的管理、经济评价的程序、方法、指标体系等都做了明确而系统的规定和说明，并第一次发布了经济评价各类国家级参数，在评价的理论基础和方法论方面也作了必要的阐述。《建设项目经济评价方法与参数》的颁布，填补了我国建设项目经济评价方法的空白。在此之前，我国还没有一套适合于各级各类部门、单位开展评估，评价工作的经济评价方法。《建设项目经济评价方法与参数》颁发以后，有关工业主管部门、金融机构、工程设计咨询单位相继制定了实施细则，推动了我国建设项目经济评价方法的实际应用，实现了投资项目经济评价理论与实践的第三次飞跃。

作为投资项目经济评价理论与实践第三次飞跃的标志，国家计委颁发的《建设项目经济评价方法与参数》有以下三个显著的特点：

一是第一次将国民经济评价引入投资项目决策机制中，系统地提出了进行国民经济评价费用——效益统一划分原则、指标体系和调价方法。在此之前，国内有些部门如建设银行、中国投资银行等，虽然也制定印发了国民经济评价的方法和指标体系，并将其应用于投资项目决策工作中，但是由于其职能范围的限制，这些评价方法的应用范围，局限于本系统内。由政府综合计划部门制定颁布适用于各部门、各设计咨询机构和金融机构的项目评价（评估）工作的经济评价方法与参数，在我国还是第一次。

二是制定并测算了较完整的参数指标体系和参数值。在国家计委颁发的《建设项目经济评价方法与参数》中，不仅提出了如社会折现率，影子汇率、影子工资、贸易费用率、影子价格等，适用于国民经济评价时应用的参数，而且测算并颁发了适用于财务评价，与财务评价指标相对应的近200个行业的投资利润率、投资利税率、内部收益率等财务基准值，并要求以这些基准值作为对应行业项目财务评价的判断依据。

三是根据确定影子价格的原则，采用计算分解成本的投入产出模型，根据含755种货物的1985年全国投入产出表，测算并颁布了255种一般货物的价格或价格转换系数；依据国际市场的口岸价格，采用回归分析方法，测算并颁布了237种进口货物的口岸价格或价格转换系数；采用分解成本法，测算并颁发了29个市和43个煤矿的原煤影子价格，以及东北、华北、西北、华东、中南、西南等六大电网的电力影子价格。当然，这些货物的影子价格的精确程度和适用性有待于实践的检验。但是，政府发布数量如此之多的投入产出物的影子价格，不仅在我国是首次，在世界上其他采用经济评价方法的国家和国际组织，也是从来没有过的事。

（原载《技术经济》1989年第5期）

七、他山之石

国外咨询业面面观

为促进我国咨询事业的发展，综合有关文献资料，将欧美、日本等经济发达国家的咨询业概况和某些具体做法介绍如下，以资借鉴和参考。

一、国外咨询业概况

咨询是指经验丰富的、掌握先进技术和先进管理知识，精通某一方面或多方面的经济、技术业务的技术人员、专家、学者，运用自己的知识和经验、技术才能和技术判断，以独立公正的行为，接受雇主的委托，为委托方提供智力服务，为其经济活动寻找最经济、最有效、最合理的实施办法，以期达到一定的目的所进行的活动。经济、技术咨询服务在欧美、日本等经济发达国家十分发达，它作为独立的职业被赋予很高的权威，即使在资本主义世界经济不景气的情况下，仍保持着较强的势头。英国早在 20 世纪初就正式成立了“咨询工程师协会”。目前，英国有各种各样规模类型的咨询企业 2000 余家，其中有工程咨询公司 900 余家。1980 年英国咨询企业在全世界 119 个国家受聘承担咨询服务，同年有 70 家咨询公司为将近 100 个国家编制各种行业的可行性研究。咨询业每年为英国赚回数亿英镑的外汇。

法国目前有咨询企业 1000 余家。其中大型咨询企业 30 余家，职工近 20000 人。联邦德国现有咨询企业 2000 余家，咨询服务的领域十分广泛，包括建设、矿业、农业、交通、通信、能源、经济、经营管理等。

起步较晚的日本咨询业，自从 1965 年开始向欧美学习咨询工作以来，经过十多年发展，1975 年进入稳定发展的阶段，目前约有咨询企业 250 余家，年咨询营业额达 1.1 亿美元。有名的大型综合咨询企业有三菱综合研究所、野村综合研究所、系统开发研究所等。这些咨询企业在日本经济、技术的发展中起着重要作用。如三菱综合研究所，自 1970 年成立以来，目前有工作人员近千名，其中研究人员 300 多，1982 年的营业额达 89 亿日元，比成立时增加了 13 倍。该所下设 21 个部（室、社）机构，咨询研究的范围既有国内的，也有国外的，咨询的内容包括国内外经济研究、产业解剖分析、企业改组结构论证、新技术开发的咨询、单纯的商品预测、民用交通方面的项目、城市开发环境与公害治理、能源资源问题、技术预测、国民生活上的问题等十个方面。

美国咨询业由于美国的科学技术进一步发展和其他因素的影响，发展到目前有各种类型的咨询机构共350余家，每年营业额超过300亿美元，仅从事管理咨询的人员就有40000多人，有名的咨询企业有1972年10月建立的国际应用系统分析研究所等。

国外咨询业是一个独立的行业，各咨询企业的咨询活动享有充分的独立性。这里包含两个方面的内容：一是咨询企业本身的独立性，任何咨询企业都是独立的法人，而不为他人所左右；二是咨询活动独立性，咨询企业与其他任何企业的关系在经营上、资本上和其他任何关系方面都是独立存在的。这样就保证了咨询研究活动能独立地进行，专家们以自己的科学研究结论作为领导者决策的依据，这种咨询结论，不是用以阐述或证明领导者的意图和愿望，它只对自己科学研究结论负责，而不对领导者现行的或将来的决策负责。这样，咨询的结论完全可以与现行政策相抵触，与领导者唱“对台戏”。澳大利亚国家级科技咨询机构——科学技术委员会主席在谈到咨询活动的独立性时明确地指出：“整个过程是完全独立地进行的，联邦总理从不作指示，我们也不向他进行任何请示，一切由科学研究得出客观结论。”

二、咨询机构的类型

国外咨询业是一个服务范围十分广泛的行业，企业规模有大有小，形式也多种多样。目前有以下几种类型：

（一）按咨询服务的性质分类，有以下几种

（1）工程咨询，主要服务对象是对工程建设项目进行可行性研究及评价，编制设计图纸和文件，对施工实施监督检查等。

（2）产品、技术服务咨询，其服务范围是以出售技术、知识为职业，包括新技术、新工艺、新产品、新设备的研制与开发，老产品、陈旧工艺设备的改进与发展，产品技术性能的评价鉴定，科技成果的推广、转让，科学技术预测、技术、管理人员培训等。

在联邦德国，科技咨询服务的内容更广泛，包括：①政策咨询，主要确定科学技术发展方针、战略目标；②工作咨询，主要确定论证长期、中期或年度工作任务的优先项目；③专题咨询，即对某项需要确定的专题任务进行

评价；④拨款咨询，即确定工作任务各项目的拨款分配去向；⑤责任咨询，对一个单位、部门或领导人的工作效果进行评价。

（3）经营管理咨询，其咨询服务范围有以下七个方面：①企业组织发展与政策制定；②生产管理；③市场销售的长远规划与战略；④财务管理、财务决策与预算控制；⑤人员管理与选用；⑥情报提供与程序控制；⑦经济与环境研究。

（4）综合咨询，这是一种带有战略性、全局性的咨询，其特点是对社会经济发展规划、战略决策提供咨询服务。

（二）按咨询机构的组织形式分类，大致有以下几类

（1）外部常设咨询机构。这类机构是由本单位以外的科技、经济专家组成的，为本单位领导人决策所进行各方面咨询服务的咨询企业。

（2）内部咨询机构。即在本单位常设的，专为领导人决策提供咨询服务的企业。

（3）临时委托咨询。即由领导人或有咨询任务的单位就某一专题，委托某个专家或研究机构所进行的咨询。

（三）从咨询机构的管理形式看，也有三大类型，以联邦德国为例，在2000余家的咨询机构中，有：

（1）非营利的半官方咨询机构有10家。这类机构是指那些每年签订的咨询合同总数中的半数以上来自政府各部门，每年经费的50%是由国家负担的企业。这类咨询企业同样具有法人的地位。

（2）营利的企业性咨询机构有30家左右。

（3）绝大多数是以自由组织形式开展工作的私人咨询组织，约2000家。在联邦德国，政府对咨询机构的建立无任何限制性规定，只要按开业规定进行注册即可开展工作。咨询机构的生存不是政府决定的，完全由市场需求和咨询业务质量及咨询专业人员的声誉所决定。

三、咨询机构对咨询专业人员的基本要求

咨询人员是咨询机构的主体，咨询人员的素质（包括专业水平、实际工作能力、外语水平、职业道德水平、个人品质等）对咨询机构的信誉、声誉乃至生存起着决定性的作用。国外认为，咨询有无成效的关键在于成员的选

择。因此，他们要求从事咨询服务的每一个成员必须具有与所承担任务相适应的专业水平和工作能力。在澳大利亚，对参加咨询委员会的成员有更严格的约束条件：

（1）具有足够的科学素养。一般应受过高等教育，咨询委员会成员的多数人应具有硕士或博士学位。

（2）要有一定的专业威望。在他的专业领域有一定的权威性，既要有理论知识，也要有丰富的实际经验，对专业的了解不仅有一定的深度，而且能知道其发展前景。

（3）要有广阔的视野，不能拘泥于自己的专业，知识面要广，能全面系统地观察问题。

在英国，“咨询工程师协会章程”明确规定了咨询专业人员的行为准则和应遵守的道德规范。有咨询专业人员的职业要求随个人在咨询业务活动中所承担的任务、技术等级、工种等内容而有所不同。但有共同的基本要求：

（1）咨询人员必须具有和所承担的任务相适应的科学技术、经济知识；

（2）必须对开展业务所遵循的法律、规章制度、标准文件等有一定程度的理解；

（3）必须具有一定的社会活动能力，并且积极参加有关学术团体、学会、协会活动。他们认为这是开展咨询业务，吸收新技术情报，提高业务水平所必需的。

此外，咨询企业对咨询人员的个人品质，诸如风度、仪表、社交能力等也有严格的规定和要求。

四、咨询服务的一般程序

由于咨询服务内容的广泛性，各种不同服务对象的咨询活动，并无一个统一的程序。咨询服务的程序是由咨询服务对象的性质、特点所决定的。不同性质特点的咨询服务对象，咨询服务的程序也不同，有的程序较为简单，有的则较为复杂。以澳大利亚的科技咨询服务活动为例，在接受咨询研究课题以后，咨询服务大体经过以下六个阶段：

第一步，成立咨询研究小组或咨询专题委员会。

第二步，研究小组或专题委员会收集有关背景材料，进行专家和公众的调查访问，并将调查、收集所获得的材料进行分析综合汇总，然后及时分发给咨询小组的全体成员，以便及时掌握咨询信息。

第三步，研究小组或专题委员会经过研究和讨论，形成共同观点后，提出咨询研究报告草案。

第四步，科技咨询委员会审议研究小组的咨询研究报告草案。这种审议是充分自由的，对报告草案的批评也十分严厉，有的咨询研究报告往往反复多次，才能最后定稿。

第五步，科技咨询委员会对专题小组的咨询研究报告做出正式决定后，向委托咨询的领导人拟写正式咨询报告，同时研究小组或专题委员会解散。

第六步，将战略的政策性的咨询研究报告作为正式出版物，公开发行，但那些需要保密的咨询报告例外。

英国的工程咨询程序与工程项目的建设程序基本是一致的。大体经过以下三个步骤：

第一步，投资前研究。首先由投资者提出投资设想，委托给咨询企业，进行机会研究，分析在此行业中投资是否可行，如果咨询后答案是肯定的，则委托给咨询企业进行初步可行性研究。如果初步可行性研究显示出良好的投资效果和前景，再进一步委托咨询企业进行可行性研究。投资前的三种研究，内容一个比一个多，精度一个比一个高，成为投资前咨询研究的三部曲。

第二步，咨询企业接受投资者委托，编制设计文件、图纸及招标文件，并协助投资者招标，评价、签订承包合同。

第三步，进行施工管理咨询服务。投资者在与施工和试车投产承包商签订承包合同后，为了监督施工的进展情况，保证工程质量，常常聘请咨询企业作为自己的代理人进行施工管理服务。施工管理咨询服务的主要内容是：①作为投资者的代理人负责施工监督，包括签署工程量证明书；②负责解决承包商在施工中出现的技术问题；③当承包商提出财务上的要求而和投资者发生争议时，咨询企业在两者之间承当仲裁人的角色。

五、政府对咨询业的重视与支持

由于咨询业在国家的技术、经济发展中起着日益重要的作用，欧美、日本、澳大利亚等各国政府都十分重视咨询业的建立和发展，并从金融、财政政策及情报资料来源等方面给予以大力的支持。

（1）对咨询业从资金方面给予补助支持。例如，英国政府为了鼓励劳务出口，对咨询公司出口咨询服务，从财政上给以保证和资助。英国出口信贷保证部规定，咨询公司和国外签订的大型工程咨询合同，如果中途雇主（即被咨询方）毁约，政府可以给咨询公司以损失补贴。日本政府为促进本国咨询企业在国外承揽业务，对在签订国外咨询业务合同前所进行的预备性调查和谈判，政府给予一定的补助金。同时，对于在国际机构从事情报搜集、联系及咨询宣传报道的工作人员给予补助全。

（2）从税收政策方面给咨询企业以优惠待遇。

（3）从情报资料方面给咨询企业以协作支持。正确的咨询结论来源于全面、可靠、准确的情报资料。为了保证咨询业务的顺利进行，欧美、日本、澳大利亚等各国政府都十分强调各方面、政府各部门对咨询企业所需要的情报资料给以协作和支持。澳大利亚政府各部门对咨询活动所需要的情报资料都毫无保留地提供，他们把隐藏情报资料的行为看作是学术水平、学术道德低下的表现，对隐藏情报、资料，导致咨询结论错误，造成领导者决策失误的有关部门和个人，政府要追究他们的行政甚至法律的责任。为了给咨询企业提供情报资料，英国政府的贸易部在伦敦设有大型商业情报图书馆，专门收集世界各国商业情报，提供给咨询企业及有关部门参考。英国驻外使馆商务处都负有收集驻在国商业情报的职责，有时直接向国内咨询公司通报情况。日本政府也十分注意利用驻外机构为国内咨询企业搜集情报资料。

（4）精神鼓励。为了促进咨询业的发展，有的国家除了在财政、金融、情报资料等方面给咨询企业以支持外，还注意从精神方面给以鼓励。如英国，对承担国外工程成绩显著，赚回外汇较多的咨询企业，政府给予“女王奖章”。在英国，受到女王奖章被认为是殊荣。

此外，欧美、日本、澳大利亚等国家政府，还从出国人员考察、进修，业务保险等方面给咨询企业以优惠待遇。

六、咨询费的构成要素与计算

咨询服务是咨询企业或个人向被咨询者提供智力产品和信息产品的活动，它是一项体力劳动和脑方劳动相结合的复杂劳动，咨询者根据咨询服务内容的复杂程度、工作量的大小、服务时间的长短及工作质量的好坏，有权利向委托方收取一定的咨询费。这种咨询费是委托方给咨询者的咨询服务的报酬。

在国外，不同的咨询服务活动有不同的收费标准，而且这种标准都是由各行业暗地里制定，各个国家的咨询服务计费标准也不相同，计酬方式也有区别。以日本为例，咨询费的构成要素大致包括以下四项：

（1）直接人员费。这种费用是指直接从事于某项目咨询服务工作的所有专家、技术人员的薪金，薪金包括这些人员每月的工资总额、附加工资，（即健康保险、生命保险费、退休金、社会保障费），出差津贴等。

（2）间接费。这种费用是指不包括在直接人员之内的管理人员和一般事务人员等的工资费用，及该咨询公司的办公费、水电费、机械器具和办公用品的折旧费、消耗品费以及一般通信费、搬运费、会议费、捐税、书刊杂志费等。间接费通常是按直接人员费的一定百分比提取的。

（3）技术费。技术费是作为咨询人员接受职业上的技术知识的培训、进修而必须支付的费用。这种费用一般是直接人员费和间接费两项合计金额的20% ~30%。

（4）直接经费。直接经费是指咨询企业承担工程咨询任务后，因工作需要出国所必须支付的出国准备费、差旅费、购买资料费、电子计算机使用费、关税、进出口手续费以及利用外部特殊业务的报酬等费用。

由于咨询服务的种类和特性不同，咨询费计算方法也多种多样。这里以日本和英国为例。

在日本，与咨询费构成因素相适应，一般采用以下七种方法计算咨询费：

（1）日计金额方式。即按咨询者在咨询服务过程中所需要的全部劳动时间，按日（或以周、月为单位）来计取咨询报酬。日计金额方式适应于咨询服务所需的咨询时间期限短、人数少的咨询对象。但是，这种日（或月）计报酬金额因咨询者本人的资历、名望和经验不同而有较大的差异。见下表：

直接咨询人员报酬标准

分　　类	报酬标准（日元/人月）	为制造行业工人平均工资标准（1980 年）的倍数
1. 顾问工程师、技术专家或同等条件者	920000	3.8
2. 经理、总工程师或同等条件者	760000	3.1
3. 主任工程师或同等条件者	680500	2.8
4. 高级工程师或同等条件者	600000	2.5
5. 中级工程师或同等条件者	520000	2.1
6. 初级工程师或同等条件者	420000	1.7

（2）概算估计方式。即在工程项目的咨询服务范围没有做出明确决定时，咨询者对咨询报酬金额提出概算，并对其上限与下限做出规定，然后会同委托方协商谈判，以确定一个双方都能接受的标准额。

(3)(直接人员费×系数+直接经费)方式。

(4)(费用合计+固定费)方式。这里费用合计是指直接人员费、间接费、技术费和直接经费等四项费用的合计，固定费用是指双方通过交涉后所决定支付的一种临时费用。

(5)对估算的咨询工程项目的投资费或实际工程费采用一定的百分比计收咨询费方式。

(6)固定一揽子支付包干合同方式。即咨询者在咨询工程项目未实施前就决定咨询费。采用这种方式，要咨询合同中规定，实际工作中，当咨询范围有了根本性变动时，咨询费也随之变动。

(7)包雇费方式。即咨询委托方在一定期间内，雇请咨询人员，并支付咨询费。这种包雇费是以委托方同意支付的报酬和咨询方所提供的服务内容为基础的。咨询人员在咨询服务期限内，因咨询活动需要所支付的差旅费等，由雇请方承担。

英国工程咨询业是历史最长的咨询行业。在长期的实践中，他们在主要业务方面总结出一套咨询计酬方式。根据咨询服务类型不同，目前有以下四种较为流行的计酬方式：

(1)计时付酬方式。这种方式与日本所采用的日计金额方式基本相同，即以耗用的工时作为计算基础，支付咨询酬金。当对工程项目咨询服务的内容和期限长短事先难以做出明确的估计。采用固定的一次总算付酬或按工程费用百分比计提咨询费的方式都不合理的情况下，采用计时付酬方式是适宜的。采用计时付酬方式时，咨询单位可以把咨询合伙人、咨询专家、技术人员及支援人员所付出的时间计入收费工时总额中。

(2)固定的一次总算付酬方式。固定的付酬额是按工程造价的一定比率提取的。该方式适用于以下两种情况：①当咨询工程的性质和要求提供的咨询服务内容比较明确，而且不会有重大改变；②咨询方与委托方均已同意对咨询工程的费用所做的计算。

(3)以咨询工程项目的安装和建筑估计费用或实际费用为基础，按一定的百分比加直接现金开支支付咨询费的方式，这种方式适用于计算在咨询工程项目投资后期，为设计图纸、制定其他招标、评标文件资料所支付的咨询费用。

(4)聘期定金方式。当咨询人员受聘担任仲裁人或公证人时，对这类业务采取一笔总算聘金加其他开支，由委托聘请方一次支付给咨询人员。咨询人员在受聘期内为聘请方提供咨询服务。

由于咨询工程项目建设周期较长，咨询服务的内容较多，而咨询费是通过多次支付的。为了排除通货膨胀、市场物价波动对咨询费实际价值的影响，通常采用以下计算方式对这种影响加以修正：

$$咨询费 = 咨询费\ 单价 \times \left[0.9 \times \left(\frac{I_t}{I_0}\right) + 0.1\right]$$

式中　0.9——咨询费的成本率；

0.1——相当于咨询费中的利润率，即咨询费单价是由咨询费成本和利润两部分组成；

1_t——签订咨询合同时的物价指数；

I_0——每次支付咨询费时的物价指数。

（$I_t > I_0$）

（原载《经济研究参考资料》1985 年第 86 期）

南朝鲜是如何管理投资的

南朝鲜经济比较发达，是亚洲“四小龙”之一。因此，进行资本输出，从事海外投资，是南朝鲜经济、金融活动和经济金融政策的一个组成部分，并有一套与之相适应的管理制度和管理方法。

一、南朝鲜海外投资的现状

近二十年来，由于南朝鲜经济获得了一个比较稳定的较快的发展速度，南朝鲜本币币值坚挺，雇员工资水平有所提高，工业生产所需的基本原材料得到了一个较为稳定的供应来源，加之南朝鲜当局采取了一些较为灵活的政策以及国际经济环境的变化，使得近几年来南朝鲜的海外投资迅速增长。

从1968年到1990年2月底，南朝鲜海外投资总额达到15亿4千9百万美元，投资项目951个，其中，仅今年头两个月，海外投资额达1.05亿美元，投资项目52个。

从南朝鲜海外投资项目的部门结构看，贸易部门占40.6%，加工工业部门占34.5%。

从南朝鲜海外投资金额的部门行业结构看，矿业部门占26.1%。主要是用于资源开发项目的投资加工工业部门占38.8%。

从南朝鲜海外投资项目数的地区布局看，东南亚地区355项，北美洲地区325项，分别占项目总数的37.3%和34.2%，

从南朝鲜海外投资金额的地区布局看，东南亚地区和北美洲地区分别占投资总额的29.1%和43.1%。

上述情况表明，在过去的22年中，南朝鲜海外投资的主要对象是东南亚地区和北美洲地区。

南朝鲜通过海外投资活动，进行资本输出，带动和促进了南朝鲜自身经济的发展，并从中得到了不少好处。主要体现在以下两个方面：

一是通过资本输出，带动了商品出口，即资本输出带动了商品输出。据南朝鲜银行的统计资料，在资本输出的同时，南朝鲜国内企业向其国外子公司输出商品468.26亿美元，商品输出额相当于资本输出额的42倍。

二是通过资本输出，所获得的税收利润、工资的总收益达到14.87亿美元，相当于其资本输出额的1.3倍。据资料介绍，南朝鲜海外投资与国民收入的比率呈上升趋势，海外投资100美元所增加的国民收入，1986～1988年为30～37美元，1990年初则上升为40～70美元。

南朝鲜金融经济专家抱怨，目前，南朝鲜海外投资在地区布局和部门结构上存在着不平衡的问题。从地区布局看，东南亚地区和北美洲投资比重占80%左右，从部门结构看，在加工工业部门内部，1989年，纺织行业、制鞋业和玩具业的投资比重占18%，电子和电力行业的投资比重为16.2%，钢铁和有色金属行业的投资比重占26.3%。他们认为，造成这种状况的主要原因在于：

一是当局对企业的海外投资活动重视不够，制度不当；

二是海外投资企业缺乏竞争；

三是在目标国家中，海外投资活动竞争激烈；

四是海外投资市场尚未打开，主要是对中国、苏联、东欧等社会主义国家的投资市场尚未打开；

五是对中小企业的海外投资活动支持重视不够。

二、南朝鲜产业银行对海外投资的管理方法

作为南朝鲜重要的工业性金融机构，南朝鲜产业银行在致力于国内金融业务的同时，还广泛开展国际金融业务，对海外投资活动实施有效的管理，以此帮助南朝鲜政府和企业进行资本输出，以图达到提高南朝鲜的国际地位，并增强国际市场上的竞争力。

（一）建立金融支持与海外投资相互联系的管理体系

南朝鲜产业银行对外投资活动的支持主要包括两方面的内容，也就是采取两种不同的投资方法。一种是对国内企业发放贷款，以此引导并支持国内企业从事海外投资（称之为A种方法），另一种是对国内企业的海外子公司直接发放贷款（称之为B种方法）。这两种方法都各有其限制条件。

（二）对海外投资活动提供金融咨询服务和投资信息服务。其内容分别为

（1）对计划项目提供金融咨询服务，其中包括：

海外投资的程序、方法；海外投资时的海外参股的方式；筹措资金的手段和方法；为海外投资者寻求国外伙伴；对海外投资项目试行资信调查。

（2）提供投资信息服务。其中包括：

为海外投资者介绍目标国家的投资环境，主要包括目标国家的外资体制、金融体制、税收政策和投资政策等；

（3）其他金融服务，主要包括：

为重要的海外资源开发项目筹措资金；为国内企业的兼并活动提供咨询服务；通过南朝鲜企业对其有关的债券、财产实行担保和管理。

（三）对海外投资活动进行指导。主要内容有两项

（1）调查评价海外投资的可行性；

（2）与南朝鲜的企业相联系，进行海外投资时，进行商品输出，使资本输出与商品输出相联合进行，以资本输出带动商品输出。

三、实行海外投资许可证制度

根据南朝鲜当局的有关规定，凡是进行海外投资的企业和金融机构的海外投资活动，都要经过南朝鲜银行或南朝鲜海外投资管理局的审查批准后，方可从事海外投资业务。

（一）审查许可的内容

（1）对海外投资者进行资格审查。受到银行金融控制的违法顾客不能从事海外投资业务，银行对其海外分支机构（子公司）也不予提供贷款。

（2）对海外投资方式进行审查，其内容包括：参与研究海外投资计划，制定参股计划和参股方案；与外国政府、企业签订保证协议书或收购抵押担保物；向目标企业（海外投资对象）派遣专职管理人员，在国外购置不动产，并与之建立所有权关系；对于非居民投资，主要集中于海外资源开发项目和高技术工业项目。

注：非居民：在西方的外汇管制法令中，凡不在境内定居的自然人或法人，都属于非居民。

（二）实行海外投资许可证制度的方式

（1）凡需要从事海外投资的企业，每一项海外投资业务需向南朝鲜银行

提出申请，通知南朝鲜银行进行审查。南朝鲜银行进行审查许可的条件是：对与南朝鲜没有建立正式外交关系的国家，每一项投资额不能超过200万美元；通过海外投资能使资本得到增殖。

（2）南朝鲜银行的普通许可证。审查许可的条件是：每一项投资额不能少于206万美元，但不能超过500万美元。

（3）下列海外投资业务需经过海外投资甄别委员会审查许可：每一项投资额可能会超过500万美元；对与南朝鲜没有正式外交关系国家的投资；对与南朝鲜没有建立正式外交关系的社会主义国家的投资，如果投资额超过100万美元的话，在投资前应通知南朝鲜国际私营经济委员会；没有满足投资者的限制规定条件的投资项目。

（三）南朝鲜银行的作用

在海外投资活动中，南朝鲜银行主要起两方面的作用：

（1）要求海外投资者筹措必要的资金，并且国内资金应有一个可靠的比例数；

（2）对海外投资活动实行调节，其目的在于：

一是为了防止在目标国家、目标企业中，国内不同的海外投资者相互竞争；

二是为了防止出现海外投资活动损害目前南朝鲜现成的出口市场的可能性。

（此文为作者1990年3月参加《南朝鲜产业银行国际研修班》后汇报材料的一部分。原载《吉林投资》1991年第5期）

南朝鲜产业银行的信息调查和项目评价工作

南朝鲜产业银行的调研工作主要包括宏观调查、贷款项目和投资企业的商务分析和工艺技术调查分析三部分内容。在业务分工上，调查部、商务分析部和工艺技术服务部各有侧重。

（一）宏观调查

这项业务主要由调查部负责实施。其主要职能任务是对经济发展趋势、南朝鲜的工业结构、私营工业和法定问题，包括南朝鲜银行的活动、功能、作用等问题，进行广泛的调查研究。通过调研活动，为南朝鲜政府制定银行的贷款、信用政策提供必要的信息资料。

工业调查是南朝鲜产业银行最主要的调研活动的一部分。其基本中心内容是，在经济环境和经济状况急剧发生变化的情况下，对南朝鲜主要工业的现状和未来发展前景进行调查、研究和预测。

作为南朝鲜政府的国家财产调查的组成部分，南朝鲜产业银行对全部行业的资本股票（资本库存品）进行调查统计，并按照银行的商务调查分析指标，对矿产部门和加工工业部门短期的商业趋势和发展方向进行预报预测。与此相类似，南朝鲜产业银行还对设备的投资动向每年进行两次统计调查，以此了解和掌握南朝鲜国内的设备投资趋势。南朝鲜产银行通过对调查统计资料的处理分析，定期出版“设备投资计划调查和短期经济调查”等刊物。

除了工业调查之外，南朝鲜产业银行调查部还开展专题研究活动。专题研究的内容主要包括经济问题和工业现状等方面的内容。

作为调查活动的组成部分，南朝鲜产业银行定期出版“经济评论”月刊，主要刊载根据调查统计资料而写的各种各样的评论文章和分析研究报告，其目的旨在帮助外国人了解南朝鲜的经济状况。

（二）商务分析

这项业务主要由商务分析部负责组织实施。商务分析部有一批金融专家和经济专家，他们通过采用电子计算机对工业经营信息资料进行计算和分析，对贷款项目和贷款企业进行商务分析研究，并以此支持银行的金融活动。商务分析主要包括贷款项目和贷款企业的金融、经济可行性研究，资信调查以及管理咨询等活动。

1989 年，南朝鲜产业银行商务分析部对 1020 个企业进行了资信调查，对 49 个项目进行了可行性研究，进行了 74 项贷款调查，同时还收集调查整理了 1087 家企业的商业信用资料。除此之外，作为南朝鲜产业银行管理咨询活动的组成内容，南朝鲜产业银行每两年举办一次国内高水平的研修班（研讨会）。

（三）工艺技术调查分析

这项业务由工艺技术服务部负责实施。工艺技术调查分析，是从工艺技术角度出发，对预期贷款项目进行评价论证，对项目进行工艺技术可行性研究。在对项目进行工艺技术可行性研究过程中，同时也考虑项目的贷款条件和企业的资财价值，也包括对资本需求量的评价，建设方案评价，技术援助方案评价等项内容。

1989 年，工艺技术服务部进行了 1694 项工艺技术调查研究，142 项工艺技术可行性研究，570 项资本需求方案评价和 666 项建设方案评价；同时还对 174 项和 142 项其他类型的技术援助方案分别进行了评价论证和调查分析。

与上述活动相联系，南朝鲜产业银行还发行“工业与工艺技术”月刊，介绍提供产品和工艺学等方面的信息，并根据工艺技术调查资料出版专题调查研究报告。

需要指出的是，由于南朝鲜实行的是市场经济，一般不存在商品价格扭曲的问题，同时也由于其生产的无政府状态，南朝鲜产业银行在项目评价过程中，判别项目是否可行的标准，主要是项目贷款的必要性，贷款项目的建设条件，贷款企业的资信等级、工艺技术是否先进以及项目的财务可行性等，他们不对贷款项目作国民经济评价。

（此文为作者 1990 年 3 月参加《南朝鲜产业银行国际研修班》后汇报材料的一部分。原载《中国投资管理》1990 年第 11 期）

法国、意大利银行咨询业务的情况

一、内容广泛、形式多样的咨询服务是银行业务发展的新趋势

近几年来，为适应欧洲联合和欧洲货币统一的进程，意大利和法国的国有银行逐步实行股份化和私有化，银行之间的竞争日趋激烈，银行业务朝着多样化和综合化方向发展，投资银行与商业银行之间原有的业务分工被打破。为适应银行竞争的需要，不仅投资银行开办投资、金融咨询业务，各商业银行有的已经开办了投资、金融咨询业务。无论是投资银行还是商业银行，他们都认准了这一条：咨询业是市场经济发展的必然结果，也是使市场经济发展保持活力的需要；发展投资、金融咨询业务，既是银行业务的必要组成部分，又是银行业务的优势所在。银行界认为，在投资信贷业务中，银行与企业的利益是相互一致的。业主希望通过投资活动获取最大利闰，取得最佳效益；银行家也总是希望将信贷资金投向那些风险最小、资信程度较高、贷款回收较快的企业和公司。只有企业的经营效果较好、投资盈利率较高时，才能保证银行贷款能够较快回收，避免贷款风险。从这点上看，银行家和业主、贷款者和借款者是处在同一条航船上的两个人，风雨共济、祸福同享。正因为如此，法国和意大利的银行十分重视发展投资、金融咨询业务，客户需要什么咨询，银行就提供什么咨询。银行咨询业务既贯穿于银行金融业务的全过程，同时又是银行业务的一个重要组成部分。银行通过开办内容广泛、形式多样的投资、金融咨询业务，密切银行与企业的关系。

在法国和意大利，银行咨询业务的内容主要有以下几个方面：

（一）开展投资贷款项目的可行性研究和评价工作，为减少贷款风险，为银行和企业进行投资决策提供科学依据

在市场经济条件下，项目生产产品是否有销路，项目所采用的工艺技术是否成熟，业主是否以较少的资本投入获得较多的效益，是否能以较低的费用筹集到建设资金等，对投资项目的成败起着直接的制约和影响作用。基于

此，法国和意大利的银行都十分重视贷款项目的建设前期工作，他们有一批懂经济、懂金融、了解经济、技术、市场信息的专门人才从事贷款项目的可行性研究和评估论证工作。一些较大的银行，尤其是较大的中长期投资银行，设有专门的职能部门或咨询机构从事这项工作；一些人员较少、资金较少、没有条件设立专门职能部门或咨询机构的小银行，在有关业务部门内，也有一批专门人才从事项目评估和投资、金融咨询工作。例如，法国欧洲联合银行、意大利商业银行等，除了由银行集团的财务公司对贷款项目进行评估论证、提供咨询服务外，在银行内部还设立有项目审查部门（有的叫专业分析部、有的叫特殊业务部），专司贷款项目的评估审查之责。

项目可行性研究和评估论证工作，作为银行的一项传统咨询业务，一般可分为三种类型：一是，贷款银行提出意向性贷款项目，由银行集团的咨询机构从产品市场需求、工艺技术、企业资信程度、财务赢利性和经济性等方面，对项目可行性研究报告提供咨询评估意见，由贷款银行根据咨询评估结论，决定是否贷款。二是，贷款银行不提出具体意向性项目，而是委托咨询机构根据贷款银行的资金状况，从市场上寻找项目，根据投资机会，编制项目可行性研究报告，提出预选项目，提交贷款银行从中择优贷款。三是，接受企业、公司委托，帮助客户编制项目可行性研究报告，同时帮助客户制定筹资方案，并参与项目融资活动。

（二）为国有企业私有化和企业资产股份化提供资产评估服务

在西欧国家中，法国和意大利是较早实行部分企业国有化的国家，在国民经济生活中，国有企业占有较大的比重。80 年代中后期以来，受美国和其他西欧国家经济衰退的影响，意大利和法国经济危机日益加深，通货膨胀持续高涨，经济发展速度减缓。为了解脱经济危机的困扰，重振经济，法国和意大利政府除了采取各种财政、金融、贸易等措施外，把部分国有企业的私有化作为摆脱经济危机的一剂“药方”，将部分国有企业实行资产股份化管理。另一方面，东欧、原苏联等国家发生剧变后，都不同程度地对国有企业实行私有化改造，将原有资产股份化后出售。

国有资产股份化，企业要进入市场，首先需要对原有资产进行重新估价；另外，有些企业需要通过市场实行兼并、改组、联合等，也需要对原有资产重新估价。据此，意大利和法国的银行界把开展资产评估业务作为银行咨询业务的一项重要内容。譬如，在法国电视一台的私有化过程中，法国欧洲联合银行曾作为电视一台的金融财务顾问，参与了该电视台的资产估价、股份售卖等全部工作，提供咨询服务。法国里昂信贷银行投资公司曾参与了匈牙利一家酿酒公司的资产估价和股份售卖工作。这样的例子还有很多。

银行在从事资产评估业务中形成了一套比较科学的方法和制度。较通行的做法是：

（1）对企业现有设备、厂房和劳动力素质等进行估价；对在未来生产经营活动中不能发挥效用的闲置资产，则不计入企业资产价值中。

（2）对企业的社会经济环境，如企业与上下游企业关联性、企业职工福利状况、企业经营管理水平和管理质量等进行分析评价。

（3）调查分析企业产品在市场上的地位、产品流向及其市场占有率，分析企业产品的市场需求发展趋势。

（4）调查分析企业的财务制度，企业流动资产的构成及走向。

（5）计算企业的盈利能力并预测企业未来的盈利，根据企业现金流量表，对企业未来效益进行现值分析。

（6）根据计算、预测结果，估算企业资产的实际价格。

（7）在企业资产出售过程中，银行作为企业的财务金融顾问，参与企业与投资者、买主与卖主的谈判，有的还作为企业的律师，维护企业的利益，但又不损害投资者或买主的利益。

（三）为企业、公司股票、债券的发行、买卖、转让提供金融咨询

在市场经济条件下，随着市场的发育和完善，投资者通过在市场上发行股票、债券筹集建设资金是一种十分有效的方式，也是市场经济发达的重要标志。在这个过程中，企业是否具备发行股票、债券的条件，企业发行股票、债券需要办理哪些法律手续，应该经过什么样的程序，怎样才能避免投资风险，不损害购买者的利益，等等，这一系列的问题，需要一个超脱的、精通投资、金融业务、了解市场信息的机构提供咨询服务，释疑解难；同时，对发行股票、债券的企业，还有一个对企业原有资产如何进行估价的问题，这也在客观上为银行开展股票、债券的发行、转让等金融咨询服务提出了客观需要和广泛的市场。

在法国和意大利，为企业股票、债券发行、转让提供金融咨询服务，是各银行咨询机构开展咨询业务的一个共同点。目前还没有设立专门咨询机构的银行，该项咨询业务则是由银行内部的专业部门经办的。如法国兴业银行的资金部，意大利西耶纳银行的股票证券部等，都办理为企业提供股票、债

券发行、转让等项金融咨询业务。

（四）为国内外客户提供目标国家关于投资、进出口贸易等方面的咨询服务

一个企业、一家公司在目标国家进行投资或开展进出口贸易等方面的业务，需要了解和掌握这些国家有关投资、进出口贸易等方面的一系列法律和规定，而且，不同的国家，同一个国家在不同时期内，这些法律和规定又是不同的。另一方面，投资建设一个项目，必然与周围地区的、国际国内的经济、技术、产品销售市场有着千丝万缕的联系，需要掌握、了解国际国内的信息，具有国际性，即使一个地区性的项目，也需要非常广泛的信息支持，因而也具有国际性。为了满足上述几方面的客户需求，需要一些专门的机构为其提供信息服务。法国和意大利的银行正是看中了这一点，他们利用其自身的业务优势、人才优势，为国内外客户提供投资方面的咨询服务。投资咨询服务的内容包括：

（1）提供目标国家关于投资方面的法律、税收、财务、保险等方面的咨询服务。

（2）提供引进技术、设备进出口等方面的咨询服务，包括技术状况、设备性能、设备询价等。

（3）提供目标国家的政局形势分析等咨询服务。

（4）提供目标国家的产品市场需求信息等咨询服务。

（5）提供项目融资方面的咨询服务。具体包括：投资者应选择何种货币作为结算手段？应如何获得投资担保？进行汇率风险分析预测等。

二、为企业兼并提供咨询服务是银行咨询业务的新领域

企业兼并是目前国际上日益流行的一种投资活动。推动企业兼并的原因，一方面是因为企业集团为了加强其国内、国际市场上的竞争能力，需要通过兼并活动扩大企业集团的资本实力，以追逐更多的超额利润；另一方面，也是更主要的方面，各个国家，尤其是西方发达国家，在其长期的发展中，积累了巨额存量资产，随着技术进步、市场变化，原有的企业结构、产业结构不能适应经济发展的要求，使相当部分存量资产发生沉淀闲置，有的企业甚至因此而濒临破产。通过企业兼并和企业的重新组合，实现存量资产的调整，促进生产要素的合理流动和资源的合理配置，优化企业结构和产业结构，成

为这些国家的一项重要经济措施。

再者，在法国和意大利部分国有企业私有化和东欧、独联体各国国有企业私有化过程中，都发生大量的企业兼并与改组，这也为银行发展企业兼并咨询服务提出了客观要求。我们访问的几家银行中，有的设立财务公司，有的设立企业兼并与收购服务部，参与企业兼并与收购活动，并使之固定化和职业化。意大利伦巴弟储蓄银行财务公司仅 1991 年对 613 个企业的兼并业务提供了咨询服务，这些企业资产总额达 250 亿美元，企业涉及范围包括银行业、工业、农业、商业、跨国公司等。法国东方汇理银行财务公司 1991 年为 100 余家企业的兼并业务提供了咨询服务，企业兼并发生金额达 300 多亿法郎，目前已签订有 100 多项有关企业兼并的咨询合同。

银行参与企业兼并与收购，主要是通过以下方式和步骤进行的：

（一）银行充当企业兼并的中介人，为企业兼并双方或某一方出主意，充当其财务、金融顾问

当一个公司出于某种原因，要购买另一个企业时，便成了自愿的买主；当另一个公司要卖掉某个企业或公司时，便成了自愿的卖主。在企业兼并过程中，买卖双方有其不同的利益要求，卖主希望卖出高价钱，而买主则希望以较少的费用支出买到企业。买主与卖主各自利益的矛盾很难由买卖双方自行协调解决，往往需要去找银行的咨询机构。银行作为买主与卖主之间的中介人，有时同时充当买卖双方的顾问和代表，为买卖活动做出安排，进行撮合，协解纠纷，解决矛盾，以实现他们的自主选择。有时，银行仅代表买主或卖主的某一方顾问参与企业兼并，咨询人员利用企业兼并的专业知识、广泛的工业知识、经济信息和法律、财务、金融知识，帮助客户出谋划策，制订购销措施和谈判技术，维护客户的利益。

（二）为企业兼并提供技术咨询服务

其中主要包括：

（1）充当企业兼并双方的估价人，对企业资产实行估价。在企业兼并过程中，银行按照科学的方法，通过对企业资产进行评估论证，确定一个为兼并双方能够共同接受的公平合理的资产价格。

（2）结合企业兼并咨询业务，帮助兼并者对企业进行诊断，帮助企业改进经营管理，建立和健全财务制度，为兼并者提供法律、环境、效益分析等方面的咨询服务。

（3）结合企业兼并咨询业务，为兼并方制订筹资方案，物色投资伙伴兼并公司进行大宗的企业兼并，往往需要投入巨额资金。兼并公司出于对资金的需求和稳妥考虑，对银行在资金上有较强的依赖性。在这种情况下，银行结合咨询业务，帮助兼并公司制订筹资方案，为企业兼并筹集资金。包括为兼并公司提供过渡性贷款，安排商业性贷款，或者代理兼并公司发售债券等。有时，银行为了减少兼并双方的风险和互不信任感，消除卖主对企业兼并的某些顾虑，银行也直接为兼并公司投入资金，购买一定的股份，使企业兼并得以实现。

三、咨询业务的国际性是银行咨询业务的新特点

开展跨国咨询服务，咨询业务的国际性是法国、意大利银行咨询业务的一个显著特点。我们在访问中了解到，法国和意大利各银行，尤其是有专门咨询机构的中长期投资银行和规模较大的商业银行，为客户所提供的咨询服务的内容，不论是进行贷款项目的可行性研究和评价论证，为客户寻找投资机会，物色投资伙伴，还是办理企业资产评估业务，不论是为企业股票、债券发行、转让提供咨询服务，还是参与企业兼并与收购活动，或者为客户提供其他咨询服务，其客户对象都具有国际性，决不限于本国范围。

银行咨询业务的国际性主要体现在以下三个方面：

（1）建立广泛的咨询机构网络，同国际性的咨询业务建立合作关系。其中最典型的是法国东方汇理银行和法国欧洲联合银行。法国东方汇理银行财务公司作为该银行集团的专业咨询机构，除在巴黎总部有 22 名高级职员外，在欧洲其他国家、东京、纽约等都建立有分支咨询机构，共有 54 名高级职员。此外，东方汇理银行在其他国家和地区的分行中，还有一大批职员从事咨询服务工作。依克斯公司作为法国欧洲联合银行集团中从事咨询服务的专业公司，在欧洲各国、日本、中国香港、韩国等国家和地区都设立有分支机构，从事国际咨询服务；依克斯公司与世界银行等国际性的金融、咨询组织，与一些国家的咨询机构建立有长期的业务合作关系，而且是世界上第五大咨询公司——DRD 集团的股份公司，依克斯公司 80% 的股份为欧洲联合银行所有，20% 为 DRD 集团持股。

（2）银行咨询服务的客户对象具有广泛的国际性。据介绍，东方汇理银行在 1991 年办理的 300 亿法郎资产金额的企业兼并咨询业务中，只有 20 亿属法国企业的兼并业务，其余都是为国外企业的兼并提供的咨询服务。法国欧

洲联合银行、法国巴黎国民银行等都曾为匈牙利和俄罗斯等国家的国有企业私有化和企业兼并提供了资产估价等方面的咨询服务。法国欧洲联合银行集团所属的依克斯公司，其咨询服务的对象，80%的客户是国际性的，在法国本土的客户只占20%。

(3) 银行咨询业务为银行的国际业务和国家的进出口贸易业务提供服务。其中包括向所在国的出口商、企业集团和投资者以及政府提供关于目标国家的政治风险分析、市场需求动态、经济技术信息、产品询价、设备报价、汇率利率风险预测、贸易结算的币种选择以及关于目标国家的税收、金融、投资、保险等方面的法律和规定等咨询服务。

四、咨询机构的独立经营是银行咨询业的基本特征

在法国和意大利，银行咨询业和其他咨询业一样，是一个独立的业务系统，各咨询机构享受充分的独立性。这里包含有两个方面的内容，一是咨询企业经营的独立性。银行的咨询机构，不论是银行全资性的咨询公司，还是股份性的咨询公司，都是独立的法人，实行独立核算，自主经营。二是咨询活动的独立性。尽管银行的咨询公司与银行在经营上、资本上或人事方面有着密切的联系，但在具体的咨询活动中，咨询人员是以自己公正科学的研究结论和正确判断作为客户决策依据的。这种咨询的结论，不是用以阐述、图解客户的意图和愿望，它只是对科学研究分析的结论负责，对客观事实负责。这样，就保证了各项咨询活动能独立地进行。

咨询机构的独立性，决定了银行既是咨询公司的股东和老板，同时又是咨询公司的客户和服务对象；咨询机构既为银行投资贷款决策服务，同时又为社会客户、为企业服务，为银行创造利润。尽管银行是咨询公司的股东，但银行委托咨询公司的一切咨询业务，包括对银行贷款项目提供可行性研究和评估论证等方面的咨询服务，银行都向咨询公司支付费用。简言之，咨询公司的一切咨询服务都是有偿性的。

各银行在咨询业务的实践中，总结积累了一套较为可行的咨询收费办法。其中有代表性的咨询收费办法是，根据咨询进程和咨询项目的成功与否收取咨询服务费。一个项目通过咨询成功了，比如企业兼并双方买卖生意做成了，或者一个贷款项目从市场上筹集到了成本低廉的资金，咨询收取的费用则多些，有的咨询收费高达咨询项目资金总额的3%～5%；如果一个项目通过咨询没有成功，一般情况下，只向客户收取成本费用。这种

收费往往是较优惠的。

五、对发展我国银行咨询业务的几点建议

改革开放以来，我国的投资、金融咨询业务有了较快的发展。在银行贷款项目评估方面，我国银行界尤其是国有商业银行已经制定了较为科学可行的评估办法和制度，建立了较为完善的组织体系，有一支数量可观、结构合理、懂得专业技术、经济、金融知识，了解市场信息的项目评估专业队伍，为促进银行贷款决策的科学化起到了重要的保证作用。

银行咨询业与其他咨询业一样，是市场经济发展的必然产物。发达的咨询业是衡量现代社会经济发达程度的重要标志之一，发达的银行咨询业则是衡量银行经营管理水平的重要标志。加快发展银行咨询业，可以促进银行金融业务的发展，提高银行金融服务的社会化和专业化水平。

1992 年 6 月，中共中央、国务院发布了《关于加快发展第三产业的决定》，最近召开的中国共产党第十四次全国代表大会，以邓小平建设中国特色社会主义的理论为指导，明确提出我国经济体制改革的目标是建立社会主义市场经济体制。社会主义市场经济的发展，必将为我国咨询业的发展提供广阔前景。为此，我国银行在进一步巩固和发展以项目评估为重点的传统咨询业务的同时，应进一步扩大和发展以资产评估、参与企业兼并为重点的全方位的社会咨询业务。具体建议是：

第一，全面推广和进一步完善审贷分离制度，强化贷款风险管理。固定资产贷款项目具有资金需求量大、建设环境与产品市场需求状况易变、资金回收期长等特点，具有很高的风险度。为了避免和减少投资贷款风险，确保信贷资金的安全性、流动性和效益性，银行要按照审贷分离原则对各种投资贷款尤其是固定资产贷款项目实行全方位的科学管理，全面推行审贷分离、分级分段管理和集体审批决策制度，严格抓好贷款项目决策审批、建设实施、贷款资金回收等各环节的管理工作。所有固定资产贷款项目，都应由专职项目评审部门或专职咨询机构按照科学方法，从市场、技术、经济效益、贷款偿还等方面进行评估论证，择优选定项目，经集体审批后发放贷款。

第二，建立专门机构，办理参与企业兼并业务。企业兼并是市场经济发展的必然结果，又是保证市场经济正常运行机制的一种重要方式。长期以来，困扰我国经济发展的一个突出问题是，企业结构和产业结构不合理，存在着一大批消耗高、成本高、效益低的企业，生产要素投入不足与部分资产存量

闲置并存，重复建设项目多，社会资源浪费严重。其中一个重要原因在于，缺乏对投资存量进行灵活调节的市场机制。

企业结构、产业结构调整优化的过程，其实质是优化投资增量与企业不断改组、兼并相结合的过程。通过企业兼并和重新组合，实现存量资产的调整，促进生产要素的合理流动和资源的优化配置。目前，企业兼并在我国已有了一定程度的发展。社会主义市场经济体制的进一步发展和完善，企业兼并业务必然有一个大发展，它将为我国银行开展参与企业兼并的咨询业务提供了一个新的契机。机不可失，银行宜及早介入企业兼并领域。

第三，大力开展资产评估业务。企业兼并也好，企业股份化也好，还是与国外投资者合作办企业也好，都需要对企业原有资产进行重新估价。开展资产评估业务，建设银行和中国投资咨询具有人才、经验、业务等方面的优势，可大有作为。结合资产评估业务，建设银行还可以为客户提供资金投入，制定筹资方案，提供市场信息以及其他方面的金融服务。

第四，银行的咨询企业要积极主动地与国外咨询组织和国际咨询机构合作，成立中外合资咨询公司，走出国门，开展跨国的咨询业务，并以此促进和推动银行国际金融业务的发展。随着投资资本在国际流动和国际贸易的发展，国际经济联系日益广泛，其相互依存性也日益密切。与之相适应，咨询业务的国际化也是一个必然趋势。我们应抓住这一机遇。

（本文为作者1992年10月参加“建设银行咨询业考察团”后，为考察团执笔所写的考察报告。考察团团长为苏文川副行长。原载《经济研究参考》1993年第33期）

项目后评价工作考察报告

1994 年 9 月 3 日至 20 日，我随同中国财政部项目后评价工作考察团，先后对瑞典、英国、加拿大、美国等 4 个欧美国家的 14 部门和世界银行的项目后评价情况进行了考察，了解了欧美四国和世界银行开展项目后评价工作的状况。情况如下：

一、项目后评价工作的根本目的在于总结过去工作中的经验教训，改进和完善管理，为未来决策工作提供依据

瑞典、英国、加拿大和美国都是较早开展项目后评价工作且发展较快的国家。这些国家的审计、财政部门和海外援助发展机构以及一些私营部门，一般都是具有后评价职能和相应的后评价组织机构。世界银行也是如此。他们通过审计、后评价和监测等方式，检查政府财政开支和公共投资项目、援外项目的执行情况及经验教训，以达到改进和完善管理水平，提高工作效率和投资效益的目的。

瑞典政府在 20 世纪 30 年代就对国家投资的项目进行效果检查，并将检查结果向社会公开。自 1945 年建立后评价制度以来，后评价范围对象由过去仅限于公共投资项目，逐步扩展到了国家的财政金融政策、计划政策、社会福利政策以及政府行政管理手段等领域，而不限于一般意义上的工程项目后评价。通过对国家政策及其变化进行后评价，检查政策实施结果，系统的提出改进完善政策的建议，为政府和议会决策提供依据，起到了良好的效果。瑞典国会为了监督检查海外援助发展机构的工作质量，确保海外援助发展基金的使用效果，于 1993 年初还特别设置了一个在议会直接领导下的瑞典国际发展机构分析研究委员会。这个由国会议员、各党派人士和学术团体的代表组成的后评价机构，专司评价海外援助发展机构的工作有效性和工作质量之职，直接向议会汇报工作。

英国财政部的后评价工作，对政府投资的项目进行检查和评价，把项目后评价作为财政部一项主要工作职能。英国财政部的项目后评价工作，由财政部下属的中央采购部（即相当于采购司）承担，并于 1991 年颁发了评价指

南（称为“绿皮书”），他们不仅对资金支付手段，投资项目的各种不同投资风险进行后评价，总结项目决策、项目建设实施的经验教训，而且通过“评价指南”对中央各部门的后评价实施指导作用。

加拿大国家审计署，对各部门评估工作进行审计，评价的重点是经济性、工作效率和效益，他们不仅对政府部门机构的项目评估情况和投资项目决策质量、项目投资效益进行审计和后评价，并且将审计、后评价的结果、所发现的问题直接向政府、国会汇报。

美国会计总署作为美国的最高审计机构，它有一个专门的部门从事公共部门投资项目的评估和后评价工作，通过对项目质量进行后评价，将项目决策不合理、管理不善等方面的问题向社会进行曝光，让社会舆论施加压力，而通过项目后评价发现的项目投资决策中存在的资金使用不当、行贿受贿、以权谋私等违法行为时，则提交司法部门立案侦查。美国会计总署从 70 年代开始后评价工作，每年进行后评价的项目有 1000 多个，其中每年向议会听证会对 300 多个项目提供听证。美国政府还规定，只要从政府获得投资的项目，要一律接受美国会计总署审计和后评价。为使项目后评价法律化，1994 年 5 月份，美国政府通过法案规定，到 1998 年以后，联邦政府投资的所有项目，要一年一度进行成果汇报，以此检验项目建设情况。一些州政府亦通过相应的法案，并把每年 9 月份作为客户向政府报告项目成果月。这些措施加强了项目中间评价，无疑地有助于提高项目的执行质量和效益。

瑞典、英国、加拿大和美国的海外援助发展机构，都把项目后评价作为项目执行周期的一个组成部分，把项目后评价结果作为是否予以继续贷款援助的主要条件之一。

世界银行项目后评价始于 60 年代，当时仅体现为项目完成总结评价。后经过逐步发展完善，到目前，世界银行已建立了一套完整的项目后评价方法体系和组织机构体系。世界银行业务评价局长柯布（KOPP）先生在会谈中指到：“世界银行许多职员都认为，世界银行从成立到今年虽有 50 周年，但仍不是庆贺的时候，而是应通过对过去进行反思总结，制定出更严格更完善的贷款管理方法、政策执行系统和项目后评价方法，提高信息资料的准确性和后评价结果的真实性。”这主要是由于一些世界银行捐款国，尤其是一些发达国家，对世界银行捐款资金使用方向和使用效果提出疑问和不信任，一些非政府组织也要求世界银行向捐款国公众提供有关捐款援助的更多的信息，因而也要求世界银行通过加强项目后评价工作，检验考查捐款资金的使用效果。

目前，世界银行对各国贷款的项目全部做项目完成执行报告，即在贷款项目建成完工后，由世界银行的贷款执行部门，即国别执行处对项目的资金使用、技术装备、建设实施等情况进行全面总结，所有的项目完工报告均由业务评价局进行复审。然后在此基础上，由业务评价局有重点地选择一些项目进行系统的后评价和影响评价。进行项目后评价的项目占全部完工项目总数的42%，进行影响评价的项目占项目后评价项目总数的35%，约占全部完工项目总数的15%。通过项目后评价和影响评价，以此检验项目对受援国的经济、环境、教育、卫生、妇女儿童等改善状况的实际效果。

无论是瑞典、英国、加拿大和美国从事项目后评价的政府部门、海外援助开发机构，还是世界银行，他们都认为，项目后评价工作是改进完善管理的重要手段和工具，而不是为了追究责任、兴师问罪，其根本目的在于总结项目决策、项目执行情况的经验和教训，检验项目决策和建设实施质量，改进和完善管理方法，提高项目决策和建设实施管理水平，并通过对未来情况和项目运行所处环境进行预测，不断调整运行控制手段，而且通过项目后评价，实施国民对政府行为、政策及项目执行的监督。

二、项目后评价的时机和选择后评价对象的一般原则

本次考察的各个单位在进行项目后评价时，根据评价目的和要求，使项目后评价时机选择贯穿于项目建设实施和生产运营过程中的各个不同时点上，使项目后评价工作在项目周期内以下五个阶段上进行：

（1）开工评价。它是指项目开工建设前所进行的后评价，瑞典国际开发署将其称为基线调查（Baseline Study）。开工评价一般在项目审批决策后、项目建设实施开工前进行。这种评价主要是评价核实项目的开工条件、设计质量及项目建设预期目标和投资效益的准确可靠性，评价核实项目建设实施可能带来的效益和风险对项目建设实施管理、监测的影响及应采取的相应措施。

（2）年度评价。即项目建设实施过程中一年一次所进行的后评价。年度评价是由项目法人参与组织实施的。世界银行认为，项目是否成功受到两大因素的制约和影响：一是项目设计的质量；二是项目开始执行以后的各相关因素，其中包括建设实施的管理质量、咨询专家的水平和咨询质量、建筑承包商的执行情况、项目采购的合理性、各项建设资金供应是否及时、设备供货的及时性、借款人履行义务的程度等。通过年度评价，可以发现和调整项目执行以后的各项因素的不合理之处，使之不断明确任务，加强建设实施管理，并根据建设实施期间项目建设实施条件、产品市场和投资环境的变化而

采取相应调整措施。

（3）总评价。总评价又叫项目完工总结，即项目建成后做一次总的评价。由于项目建设实施各阶段的工作已经完成，通过总结经验教训，以便决策部门、项目法人更全面、系统了解项目的执行情况和存在的问题。世界银行规定，对所有的贷款项目在其建设实施完成以后都要进行总评价，编制项目执行报告。这项工作是贷款管理部门的一项必不可少的日常工作。项目完工总结报告是项目投产后评价的基础资料。

（4）投产后评价。即在项目建成投产后所进行的后评价。项目投产后评价主要是通过调查，了解项目建成投产后运营过程中所发生的问题，以及所产生的实际经营效益，通过对项目完工总结报告的详细审查分析，总结项目决策、项目建设实施过程中的经验教训，提出对项目决策、建设实施和生产运营管理的建议。项目投产后评价一般是在项目投入运营后2—3年甚至4—5年进行的，世界银行的项目投产后评价工作是由业务评价局进行的。项目投产后评价工作的基本依据是贷款实施部门提供的项目完工执行报告。

（5）项目影响评价。影响评价是对项目建成投产后对社会、经济发展、健康教育、生态环境所产生的实际影响所进行的评价，据此衡量项目的决策宗旨是否实现，项目影响评价一般是在项目投产运营后7—8年甚至更长时间才进行的。

项目后评价除了在项目建设实施和生产运营的不同阶段对单个项目进行评价外，还要对项目群体进行评价。项目群评价一般是涉及某行业、某领域的多个同类项目时进行评价，通过项目群后评价，研究影响项目效益的共性问题，为改进行业（或领域）管理，制定行业（或领域）政策提供依据。

世界银行和瑞典、英国的海外援助开发机构、美国会计总署把单个项目后评价与项目群后评价放在同等重要的地位。他们有一个共同的观点，通过对多个一组项目的后评价，抽出综合性的、对项目效益起着重大制约作用的共性问题，如发展规划、技术装备政策社会因素等共性问题，为部门、政府的工作提出指导性的政策建议，并以此作为制定完善政策的主要依据。

从各个考察接待部门所介绍的情况看，有的部门和单位将开工评价、年度评价和总评价解释为跟踪评价、中间评价，项目投产后评价和项目影响评价才是准确意义上的项目后评价。

无论是欧美四国各考察接待部门的后评价，还是世界银行的后评价，他们在选择后评价项目时，一般遵循以下基本原则：一是特殊项目或某一行业第一个项目；二是大型复杂项目，或采取新技术新设备的革新项目；三是特别成功项目或特别不成功项目；四是公众感兴趣的项目。当然，选择某一具体项目时，还要考虑到人力和经费的可能性。

三、项目后评价的内容和方法

欧美四国各有关项目评价部门和世界银行，由于各自投资重点、职能任务和工作性质不同，他们各自项目后评价内容和方法也不尽相同。归纳起来，他们各自的项门后评价内容和方法在以下五个方面有其共同特点：

（1）目标评价。通过项目实际产生的一些经济、技术指标与项目审批决策时确定的目标进行比较，检查项目是否达到了预期目标或达到的程度，从而判断项目是否成功或成功程度。这个评价工作一般要到项目实施完成，项目投入运营以后方能进行。

（2）执行情况评价。项目在执行过程中，对设计施工、资金使用，设备采购，竣工验收和生产准备进行评价。通过评价找出偏离预期目标的原因，以不断提高项目的建设水平。

（3）成本效益评价。项目建成后，通过分析成本构成，进行财务评价和国民经济效益评价，并以一些主要经济指标进行衡量，如经济内部收益率等。成本效益是衡量项目成功与否的关键因素，经济内部收益率是衡量的重要指标。世界银行规定成功项目的经济内部收益率一般不低于10%等。

（4）影响评价。项目建成后对国家、项目所在地区的环境和社会影响，如提高人们的生活水平，增加就业机会，提高社会福利，改善妇女地位，自然资源开发利用，生态平衡以及经济和社会发展的影响等。影响评价的项目，一般都是有选择地进行评价，而且评价时间一般都是在项目投产生产7～8年后进行。

（5）持续性评价。项目持续性评价是对项目建设投资完成后，项目既定目标是否可以继续的评价。项目发挥效益不只是在现时项目实现目标如何，而是表明项目在其生命期内能够持续地发挥效益，即目标的持续性。使项目持续性发挥效益要有一定的要素，如政府政策因素，即有关政策部门的计划、财政因素，尤其政策的多变性是否影响该项目的持续性等。另外，项目持续性还有管理组织、财务、技术和社会文化、环境生态以及经济、政治等因素是否影响项目的持续性。

上述五个方面的内容是对项目后评价的整体而言。进行具体项目后评价时，后评价内容则是针对项目具体情况而有所选择。如财政部门的项目后评价侧重于资金使用效果，审计部门的项目后评价侧重于资金使用的合法性，援外发展机构的项目后评价，侧重于对贷款对受援国的经济影响和社会影响，而世界银行的项目后评价则以上几个方面的内容兼而有之。

欧美四国各项目后评价部门和世界银行都有较完善的项目后评价方法，用以规范后评价内容和指导项目后评价工作。从方法论来看，各个部门的项目后评价方法普遍采用的是“比较法”，即通过项目产生实际效果与项目决策时预期目标相比较，从差异中找出问题，进而总结经验教训。后评价时主要从以下几个方面进行比较分析：

（1）根据项目的过程，审核在项目准备和评估阶段文件确定的目标；

（2）确定在项目实施各阶段投资实际完成的情况，找出其中的变化；

（3）通过实际与预测对比，分析项目成败的原因；

（4）评价项目实施的效益和管理水平；

（5）分析项目的经济效益；

（6）评价项目对社会和环境的影响；

（7）从被评价项目中吸取经验教训和提出建议，为同类建设项目和未来项目进行决策提供参考依据。

近几年来，欧美四国在总结以往项目后评价经验的基础上，后评价内容又有了新的发展，即从投资项目的后评价，扩展到了对政府政策、计划机构管理以及社会所关注的一些社会热点问题进行后评价，称作非工程后评价。这种非工程的宏观政策后评价，被国家政府部门高度重视。

四、项目后评价机构特点

欧美四国和世界银行的项目后评价机构有两个显著特点：

第一，后评价机构的独立性。独立性的后评价机构体现为它拥有决策权和经费预算权，后评价机构的工作可直接向部门最高领导者汇报。例如，世界银行由一名副行长兼总评价长，直接领导业务评价局的工作。总评价长与行长的关系只是行政管理上的正、副职关系，业务评价局的项目后评价工作由总评价长直接向董事会汇报，而不必事先请示行长同意。而其他信贷局向董事会汇报工作，必须经由行长汇报。

第二，后评价人员专业化。从事项目后评价工作人员，不能同时又是参与项目决策工作的项目前评估人员，并且广泛聘请社会上的专家参与项目后评价工作。

第三，项目后评价机构的多层次。从瑞、英、加、美的后评价机构来看，没有一个国家有全国性的统一管理各个部门后评价工作的机构，各国是根据国内各自部门、行业的情况设立机构，进行后评价的组织管理和指导后评价工作的，甚至后评价机构也有官方机构、私人机构等。

五、完善健全的后评价成果应用和扩散机制

项目后评价成果最终以评价报告的形式反映出来。在欧美四国和世界银行，项目后评价成果不只是体现为后评价人员的工作成果，而且通过建立健全完善的后评价成果应用和扩散机制，使其变成社会财富，使其产生社会效应。

后评价成果应用和扩散机制可分成三个方面。第一，将后评价成果向决策部门、政府机关乃至议会汇报反馈，为改进和完善决策工作服务。第二，面向社会，公开传播项目的评价成果，通过出版刊物，办讲习班，向报界提供评价情况等。向社会扩散，增加评价透明度，引起全社会关注，强化社会的监督作用。第三，将后评价结果反馈给项目单位。对执行评价和基线调查、开工评价等评价阶段的评价意见，及时反馈给项目执行单位，促使其改进管理，及时解决项目执行中出现的问题。

在成果的发布形式上以单位名义发表，也可以专家署名的方式发表，以增强社会性。

六、几点建议

（1）提高对贷款项目后评价工作重要性的认识。孔夫子有句名言：“吾日必三省其身”。项目后评价工作就是对贷款管理工作“省其身”的过程。在我国建立社会主义市场经济体制和建设银行向国有商业银行转变过程中，无论是国家安排的各项重大投资活动，还是利用建设银行信贷资金安排的贷款项目，都要求选择最低投资机会成本，实现社会资源的最佳配置。投资项目能否成功，能否达到决策时的预期收益水平，同时受到来自项目审批决策、设计、采购、建设实施及生产运营过程中诸多因素的制约和影响。通过项目后评价工作，不仅能够调整、控制影响项目运行的各项消极因素，使其朝着预期目标运行，实现预期效益，而且也能够为改进、完善、提高贷款评审决策、贷款实施管理水平和有关的投资信贷政策提供依据。

（2）建立专职项目后评价机构，将贷款项目后评价工作纳入银行信贷管理程序和信贷资金风险管理工作中。从近期看，建设银行贷款项目后评价工作可以由各级建设银行贷款评审部门为主，稽核审计、信贷部门配合，共同承担，并在总行投资调查部内设立专职项目后评价处；从发展趋势看，则有必要在总行设立专职后评价部，专司后评价工作之职，以便使建设银行项目后评价工作制度化、规范化、经常化。

（3）逐步扩大后评价工作内容。近两三年内，建设银行的后评价工作应以贷款项目后评价为其主要内容，待条件成熟后，可以建立对各项银行业务工作的后评价制度，如对财务分配政策、资金调拨政策、信贷体制等非项目内容进行后评价。

（4）建立后评价信息库，培训后评价人员，推广应用后评价软件，不断提高后评价质量。

（原载《中国投资管理》1995 年第 2 期）

世界银行是如何开展项目后评价工作的

世界银行将项目周期划分为七个阶段，即选择、准备、评估、谈判、审批、实施和后评价。

在项目周期中，后评价是最后一个阶段，在许多方面是对项目准备和评估阶段的工作质量和工作成果的检验，并且对一个项目（周期）产生影响，即吸取经验教训，采纳建议。

项目后评价与评估的重要区别在于，后评价基本上是依据项目评估、审批、建设实施及生产运营的实际情况所进行分析论证，然后对项目未来的情况进行预测和判断；而项目评估则是对未来情况的预测和分析。

后评价准则包括：相关因素：该项目是否符合政府制定的政策和目标；效率：项目的设计、实施、维护和运行的效率如何；效益的持续性：项目的效益能否持续（保持）；项目的影响：是什么。

一、后评价的方法

1. 后评价的做法

（1）找出事实。寻找事实的具体方法有：查阅项目过去所有的文件（包括来往信函、可行性研究报告、详细的工程报告、采购报告、调查），评估报告，实施进度报告，运行报告等；走访项目准备、实施和运营阶段的人员；更重要的是检查具体项目工程，查看一手资料并同现场人员进行讨论；正规的和非正规的采访或提问或现场会议来进行调查；依赖于“轶事性”的证据。

（2）事实分析。在这一阶段，将根据所有的信息和印象来做出分析。问题是什么？实际项目的实施和运行同期望值进行比较；项目评估的目标是否实现？如果存在不同，差距有多大，为什么会发生？风险分析是否已经预测到？项目的确定、评估和实施是否是高质量的？如果不是，为什么？主要的缺陷是什么？是否有其他的因素有正的或负的影响，这些因素是否超出控制范围？

（3）形成结论和建议。这是后评价的最后阶段。结论包括项目在实物、机构、经济、财务、环境和其他方面取得成果的评价。确定哪些是决定项目成果的主要因素（例如，好的准备，低劣的实施，管理水平高等）。建议是向前看的，指出未来项目应该做什么，或者为了使本项目取得更好的成果，提出一些建议性意见。

（4）重要发现的扩散。即宣传建议，以引起那些对项目实施有重要影响的人物的注意。正确地表达成果以及恰当地确定相关的读者是扩散效果的基本要求。

2. 后评价指标的数据资料

（1）选择评价指标数据的原则。应该有助于：揭示已经发生或好像要发生的性质和比例；能够比计划的目标取得进步；帮助出投入—产出和费用——效益分析。

（2）比较重要的数据有：项目的投入和产出及时间表（通常用线条图来表示），特别是项目的监理；人力、机器等的生产力数据；可得性资料；利用资料；修理计划；财务数据（预测）；培训计划等。

（3）定性指标。并不是所有的相关的信息都能够排列在定量框架图上，例如，在一些情况下，用“好”，“可行”和“不好”来定性评价是完全可以接受的。

从根本上讲，在项目评估阶段，可靠的和好的想法取决于数据的收集，这些数据还用于监理和评价。

3. 方法论问题

同评估一样，后评价也应该是“有项目”和“无项目”之间的比较。在评估时，“无项目”的情况存在，而在后评价时“有项目”的情况存在。那么，我们怎样来确定那些并不存在的情况呢？

有三种观点：

考虑“项目前”和“项目后”的情况来代替“有”、“无”项目的情况；为了实验的目的，在本项目之外找出一种状况与不实施本项目时的情况相同，即控制区，来代替无项目的情况；简单假设将要发生的情况。

第一种观点，通常与现有趋势进行外相结合（基本上是第三种观点），是最普遍接受的。

二、项目后评价的若干问题

1. 谁来做项目后评价

有关独立后评价与自我评价的争论：自我后评价可以自服务，通过自评价，可以更好地吸取经验教训，并直接应用到将来的项目中去，不断提高业务水平，并改进工作。自评价无意中设置一些壁垒，评价人员可“期待”固定的结果。独立评价费用较高，因为评价项目必须从搜集资料做起。独立后评价对项目没有事先的感情介入和个人企图，除非觉得（正如有时发生的）它必须发现一些错误。独立评价没有框框。

2. 什么时候（在哪个阶段）进行项目后评价

在项目完成阶段，有两种认识：

（1）在项目实施结束时（建设期结束），这就是世界银行概念上的项目完成报告阶段；

（2）在项目物理或经济寿命期结束时（不管哪个先完成）。

在两个项目完成阶段之间的任何阶段［世界银行术语小的后评价报告（Audit Report）和影响评价报告］。

3. 选择哪些项目进行后评价

（1）所有的项目。世界银行对所有的贷款项目都要做项目完成报告。

（2）部分项目。选择的标准有：随意选择（明确责任）；失败的项目，明确责任，从错误中学习；成功的项目，对于好的工作进行宣扬，推广好的经验；创新的项目；实验性项目；在一个国家、一个部门（或分部门）中的第一个项目，从中学习经验；一些成功的连续性的项目，从中学习经验；在同一个部门（分部门）的项目可以为后来的研究提供充分的信息。

4. 后评价报告应包括的范围

（1）后评价报告内容和深度。从本质上说，存在两种认识：综合进行后评价：后评价应该在一个较标准或不太标准的条件下，按照所包括的内容清单来进行；选择部分问题进行评价：即集中对几个有意义和有用的问题，深入进行研究，并做出实际的和具体的建议；第三种认识介于前两者之间。

（2）描述性内容和分析性内容。根据后评价的目标，其重点应非常明确地放在分析上，而不是描述上，描述应被限制在最小而必要的范围内，即能满足分析和建议的需要。

为了解释实际上包括了哪些内容，这里列举了世界银行项目完成报告提出的典型问题：

项目实施。项目及其主要方面是否按时并在预测的成本之内全部完成？在项目实施中发生了什么变化，为什么？借款者及其顾问的工作是否与预期相符？

项目目标。目标是否明确界定？按照银行和借款者的判断，这些目标是否达到。回顾一下最初的目标是否合适?

经济和社会效益。项目是否能达到预期的水平，项目效益是否按预期的目标分配?

机构建设。采用的机构建设战略是否恰当和有效? 政策和结构改革是否有效地实施? 项目的管理是否令人满意?

效率。项目是否较快较经济地进行准备、评估和实施，而对目标或部门的目标没有风险?

财务运行。项目的运营是否达到了财务目标?

在遵守贷款契约方面。政府遵守承诺了吗?

世界银行的贡献。借款人如何理解银行对项目的参与? 银行影响了项目的设计或实施吗? 这种影响具有建设性吗?

发展的影响。设计了什么衡量指标来保证从财务资产中获得完全和持续的效益?

5. 定量与定性分析

一般说来，许多项目可以进行定量分析，在一些情况下，可以把成本效益变成一个数字，如内部收益率。但不是在任何情况下，总能把所有事情变成定量的。在这种情况下，可以采用定性的分析方法，如教育、卫生项目，成本的量化是可以的，但效益的定量导化是困难的，只能用定性分析。即简单地指出，项目的产出是令人满意的或不满意的。

6. 目标导向与实施估计的难题

世界银行资助的项目的后评价中经常发现施工期延长。在某些部门中，项目施工期经常超过评估预测建设期的50%。这种情况会影响项目资金的获得，并影响项目实际工作量的完成。一般还可以看到实际效益低于评估的期望值而成本高于评估的期望值。然而这种情况继续存在，项目的评估者仍然按他们的目标进行预测。这种情况伴随着一种争论，一种意见认为，如果做出实际预测，施工期延长的现象就会减少，另一种意见认为，如果预测的工期延长，实际工期还会拖延。

7. 风险评价

后评价是讨论评估预测项目风险的最合适的论坛。然而，却很少有人对项目真正营运后所发生的情况同评估风险分析的情况进行认真的评价。根据世界银行业务评价局专家 Jan de Weille 先生估计，世行贷款项目约有30%是不成功的，具体地说，约有30%的项目低于平均产出，20%的项目超过概算，农业项目的失败率为50%，供水项目建设工期延长的约占50%，因此，强烈希望在这方面引起足够的重视，特别是它可能对未来项目评估风险分析有很大的影响。

三、项目监理和后评价报告

项目后评价包括项目的监督和评价，其主要成果都反映在有关报告中。项目的监督报告有进度报告和监理报告；项目的评价报告包括中期评价报告、完成报告、后评价报告和影响评价报告。

1. 项目进度报告

项目进度报告是在项目开始实施后，由项目执行单位（即借款人）对项目的执行情况按季度撰写的阶段性报告。

项目进度报告要对照评估报告的进度要求，详细写出该季度工程进度具体内容。

2. 项目的监理报告

项目监理报告是在项目实施阶段，世行项目官员定期派出的项目监理团对项目的监理情况撰写的阶段性报告。

对项目进行监理的目的，一是世行项目官员代表世行了解项目的执行情况，二是为项目单位实施项目提供具体帮助。

监理报告的主要内容有：项目进度情况总结；反映项目最新进度的图表；土地征用情况；项目的招标和投标情况；有关承包商的情况；贷款的投入情况；项目的机构建设和主要管理人员的评价；监理代表团召集有关人员的会议，寻找解决问题的办法，起草的会谈记录（备忘录）。

3. 项目中期评价报告

中期评价报告（mid—term reviw report）是世行项目官员对执行期间出现重大问题的项目进行再评价撰写的报告。

世界银行根据对项目的执行监理的打分，将项目按问题的大小划分为四类：项目执行情况良好；项目执行有小问题；项目执行不好，有严重问题，但能解决；项目执行差，有难以解决的严重问题。

通常，对于实施有严重问题的项目，世界银行要派出中期检查团，对项目进行再评价，评价的内容和项目评估的内容大致相似。但中期评价是在项目的执行期间进行，项目出现严重问题，因此，中期评价还包括：对项目的实施进行评价；根据实施和环境的变化，证明项目能继续实施；根据出现的变化，对项目的执行计划进行调整。

4. 项目完成报告

项目完成报告又称项目执行完成报告，是世行项目官员在项目实施结束后对项目的执行结果进行评价的报告。该项工作是在世行最后一笔贷款拨出，也就是项目完工投入运营半年开始进行。按世行规定，所有的项目完工后，就必须做项目完成报告。

项目完成报告也是监理报告，它比阶段监理报告跨越的时间长，内容全面。

为了对项目完成报告有更具体的了解，现将一份有代表性的完成报告的目录内容列出：

（1）前言。

简要介绍项目概况及数据收集情况等。

（2）基本数据。

将项目的实施和运营的实际结果与评估报告的数据进行对比；总的成本，是超过预算，还是低于预算？贷款发放的数额和未发放的数额；项目生效日期，第一笔贷款发出日期；项目完成日期，最后一笔贷款发出日期；项目实际完成时间是提前，还是推后？项目建设期延长的部分占预计建设期的比例；经济内部收益率，实际的结果比预计的结果是提高了还是降低了？贷款执行情况，比预计的好，还是差？机构运转，比评估设想的好，还是差？世行在项目不同的阶段投入的人员情况和业绩。

（3）项目总结。

项目介绍；项目形成，包括项目选择、准备、评估、谈判和项目目标的说明；项目的执行成本，实际执行情况与预计实施情况的比较；机构运作，项目执行单位的组织和运营情况；财务运行，项目的现金流量、费用、利润、负债等情况；经济再评价，和项目评估的结果进行比较；总结和经验。

5. 项目后评价报告

项目后评价报告是世行业务评价局在项目投入运营后2—3年，根据项目的运营情况，对项目进行评价的报告。

项目后评价报告的格式内容与项目完成报告大致类似。二者的主要区别：项目完成报告是由世行项目官员做的，是自我评价，而项目后评价报告是由世行业务评价局独立完成的；项目后评价是在项目完成报告完成几年后进行的，项目完成报告评价的重点是项目的实施阶段；项目后评价不仅要对执行结果进行评价，而且还要对项目的运营进行评价。

6. 项目影响后评价报告

项目影响评价报告是世界银行业务评价局在项目完成后5—10年对项目的投资的影响进行全面评价的报告。

项目影响评价与项目后评价一样，都是由世行业务评价局独立对项目进行评价，二者的主要区别：项目的影响评价是在后评价完成若干年后进行的，这时，项目的运营积累了更多的实际数据；项目长期运营的影响能够清楚地观察到，因而，项目影响评价的结果更准确，更全面。

四、后评价结果及建议的推广扩散

将后评价结果及建议推广扩散是后评价中最重要的方面，因为，如果这些经验没有对正在执行或将来的项目产生影响，那么，进行后评价就没有任何意义。

——扩散的方式。扩散的方式很多，通常有讲座、下发报告、讨论会、研讨班和非正式讨论；

——扩散的质量。后评价的经验教训及建议的介绍应力求简单、清楚、明了、事实准确，所提建议应该具有实用性和可操作性；

——扩散工作应有正确的听众。

有时，扩散完成了，但发现在实际项目的执行中，并没有吸取经验教训。为了使后评价的结果和建议得到应用，可以采用一些其他的措施；

——项目产权所有者（单位或者机构）通过适当的管理取得后评价所产生的建议，通过推进管理使得后评价的建议更有效；

——其他一些组织（如委员会）可以介入并推进后评价建议的实施；

——通过新闻界舆论监督产生一些社会公众压力，使管理层被迫采取改进措施。

（与田磊合作。原载《工程经济》1995年第1期）

德国、瑞士商业银行的信贷风险管理

为了借鉴和学习国外商业银行信贷风险管理工作的经验和做法，掌握和了解国外商业银行信贷风险管理体系和运行机制，1999 年 8 月 17 日～26 日，建设银行总行信贷风险管理部组团，对德意志银行（Deutsche Bank）、西德意志州银行（WestLB）、瑞士联合银行（UBS）和瑞士信贷银行（Credid Suisse Group）等四家银行的信贷风险管理制度与管理方法进行了考察。瑞士、德国商业银行进行信贷风险管理的许多方法和管理体制值得我们借鉴和参考。

一、德国、瑞士商业银行风险管理的哲学思想

随着金融衍生产品的发展，商业银行所面临的金融风险越来越大，风险种类越来越多，表现形式越来越隐蔽而复杂，这些都对银行的风险管理工作提出了特殊而严峻的挑战。德意志银行认为，近几年以来，商业银行信贷风险发生了许多变化，呈现出以下几点特征：一是为适应客户需求，商业银行不断推出新的金融产品和金融服务。相对于传统金融产品而言，对新的金融衍生产品需要按照新的标准和规范评价其风险并采取与之相适应的风险防范措施；二是以前的经济发展比较平稳，而现在随着企业竞争加剧和投资银行业务的发展，企业之间的相互兼并重组与资本集中越来越频繁，资本市场发展不稳定，一个较小的投资者可以在资本市场上进行大的动作，融入较大数额的资本，这无疑加大了商业银行的信贷风险；三是信息技术手段的发展带来了商业银行信贷风险状况的巨大变化。

我们所考察的四家商业银行对银行的风险管理都十分重视。他们对银行风险管理有以下几点共同的管理哲学思想：

（1）充分暴露和发现风险与银行信贷经营是一体的，银行信贷风险永远与银行业务相伴，是影响银行信贷业务的一个基本因素，正如银行的收入和支出不能分开一样，信贷风险管理与银行信贷经营是银行业务最基本的部分，是商业银行并行并重的两项基本业务。

（2）对于商业银行而言，风险管理是一个永不停息的过程，风险管理能

否达到预期目的，取决于银行高层管理者对风险的独立控制与管理能力，清晰明了的风险管理政策，风险评价的方法和手段以及对风险的偏好（风险接受标准）等四要素。

（3）及时发现风险并提前采取风险控制措施是银行最高管理决策层的主要任务之一，在商业银行内部实施有效的风险管理政策，最有效的发挥银行的管理潜力，其根本目的就是为了使资本保值和增值，使银行的贷款准备金得到最有效的配置，使银行各方股东的利益得到保障。

二、在管理决策层建立风险管理综合协调机制

（1）在银行集团总部设立直接隶属于董事会的风险管理委员会或集团风险协调委员会。根据董事会的授权，风险管理委员会负责制定银行集团所有的风险政策、批准集团成员风险管理的综合性政策、程序和标准，督促检查评价集团成员执行风险管理政策的情况，向集团董事会提出控制和防范风险的对策建议和可供选择的行动方案，并对银行集团制定执行贯彻信贷政策的情况向董事会负责。风险管理委员会由董事会部分成员和主要业务部门的负责人组成。如瑞士联合银行，其董事会负责决定总的风险政策，设计符合要求的风险管理机构和总体的风险偏好，一年至少开五次会议，董事会的主席委员会每季度都对集团风险暴露情况进行一次检查，董事会授权集团风险协调委员会负责一定的风险管理和控制。风险协调委员会每季度至少开一次会，决定集团具体的风险管理政策、批准集团成员相关的风险管理的实施措施、程序和标准。

（2）在银行集团董事会执行机构内设立总风险官员，在集团各部门内设立由高级业务经理和风险管理部门负责人组成的风险委员会。总风险官员的职责是负责在集团内建立风险管理政策和管理程序，为各集团成员单位和各部门评价风险提供政策指导，向董事会报告风险状况。各部门的风险委员会负责对本部门的风险状况进行持续不断的总结研究，对各项新增业务的风险进行评估，并根据评估结论，向集团执行机构提出修改完善有关风险管理政策和风险界限的建议。

三、设立专职的信贷风险管理机构

从所考察的几家银行看，都设置有专职的信贷风险管理机构。具体可以

划分为以下三种形式：

（1）按照信贷经营与信贷风险管理相分离的原则，设立独立的专职信贷风险管理部门。如瑞士信贷银行和瑞士联合银行均设有独立于信贷经营前台部门的信贷风险管理部门，贷款发放以后，由信贷风险管理部按照风险委员会所制定的风险管理政策和风险评价方法，对其实施全过程的监控和管理，具体内容包括负责信贷风险的检查、预测、评价、贷款损失的估计、损失准备金的计提等。瑞士联合银行对银行风险的管理与控制包括信贷风险、利率风险、资本投资风险、汇率风险、国家风险、法律风险、财产管理风险、计算机系统运行风险等全方位的风险控制和管理。

（2）在审计部（也称审计中心）内设立信贷风险管理处，专司信贷风险管理之职。如德意志银行针对来近几年来机构大调整，信贷管理模式由过去所有贷款集中总行审批管理，改变为由设在各地分支机构的信贷管理中心的不同等级的信贷人员审批贷款，各级信贷管理人员的贷款审批权力扩大的情况，在集团总部的审计部内设立了有百人之多的信贷风险管理处（分行不设审计机构和信贷风险管理机构），对全集团的所有信贷风险实施监管。该处人员每年到分行至少检查四次，主要依据现行条款对所有新发生的信贷业务检查信贷人员是否按规定操作，同时要对分行的资产质量进行评价。风险监管的有关情况由内部审计部直接向董事会报告。

（3）按照区域信贷管理与信贷产品经营相分离的原则，由区域信贷管理部门负责对所辖区域的信贷风险管理工作。如西德意志州银行在信贷管理中心下设有信贷办公室，其信贷经营业务操作分别按区域设置有若干个区域信贷管理部，按经营品种设置客户产品经营部。客户产品经营部负责信贷等产品的开发与推广，并进行信贷业务的分析，对信贷结构进行管理；区域客户经理部管理客户的信贷额度，对客户的信贷风险情况进行经常性的评估分析，对客户进行独立的风险评估，研究制定信贷政策和规章，有问题贷款的处理，并对所辖区域的信贷风险状况独立做出评价。

四、信贷风险管理主要方法和重点

（1）全方位的风险管理。国外商业银行所指的风险防范包括对信贷风险、市场风险、国家风险和操作风险等，具体又包括信用风险、利率风险、汇率风险、资本投资风险、结算风险、国家风险、地区风险、运营风险、市场风险等。他们认为，在商业银行经营过程中，上述诸方面的风险都是存在，只是在不同的时期，各种风险所表现出的程度不同而已，都需要纳入商业银行风险管理的范畴。瑞士联合银行除了设置有信贷风险管理部外，还设立有风险管理部。风险管理部专门负责为银行经营中可能遇到的上述各种风险设置风险控制指标、风险控制量化参数和风险控制对策，其他各相关业务操作运营部门则是根据风险管理部所制定的各类风险控制指标和对策，具体负责风险管理的操作与实施。自1997年以来，瑞士联合银行针对欧元的启动以及2000年问题存在的相关风险，对该问题的风险控制摆在风险管理的优先地位，在每月由集团总部的总风险官员主持的风险委员会会议上进行讨论研究。德意志银行的审计部对银行集团所有分支机构的经营业务人员执行各项规章制度和操作规程的情况，每年进行3～5次普遍的审计，逐项进行对照检查。

（2）信贷经营业务全过程的信贷风险监管。德意志银行和西德意志州银行、瑞士联合银行都认为，商业银行的信贷风险存在于信贷经营活动的全过程和各个阶段之中，信贷风险管理不能限于贷款发放后的监控，而是需要实施全过程的风险监控，及早发现风险，最大限度地减少风险可能给银行带来的损失。因此，各银行都建立起有利于实现信贷业务全过程风险监控的信贷风险管理系统，其中主要有全球信贷管理信息系统、信贷业务分析系统、信贷客户信息系统、信贷风险分析系统、客户信用评级系统、黑名单报告系统等。信贷风险管理包含对风险的识别、评价、管理和控制，风险预警的目标等。

（3）定量分析与定性分析相结合，历史数据的统计分析与未来预测分析相结合。西德意志州银行在对贷款的风险进行分类时，客户的历史财务数据（如股东权益比率、流动性比率、赢利能力比率等财务比率）的权重占40%，对未来的预测数据（客户的优势、劣势，未来市场走向中的机会和陷阱）占60%，两项汇总后还要考虑贷款的担保等情况进行人为调节，最后根据客户所在地区的风险系数和客户本身信用等级系数，确定该客户贷款的风险等级。

德意志银行计算信贷业务标准风险成本时，也是以历史经验数据为基础预计一年内的信贷违约损失。面对复杂的风险情况，德意志银行利用不断提高其评价和管理信贷风险的工具来解决这些发展变化。如新的金融工具、信贷衍生产品、资产抵押证券及抵押贷款的证券化在投资组合中被广泛地运用。执行贷款投资组合管理的基础是测量和管理信贷风险的贷款投资组合模型。运用这个模型每月计算标准的风险成本和经济资本。

瑞士联合银行在实施信贷风险管理过程中，首先根据银行的所有信贷客户历史的风险状况、风险等级评价结论，从中找到共性的最有代表性的风险点，据此用以评价现在客户的信贷风险，并采取相应的风险控制措施。对同一种类客户的不同信贷业务的风险评价，以及对多类信贷客户的同一信贷品种进行风险评价时，则以其五年以上的历史数据作为统计分析的对象。

（4）重视行业风险预警研究，为信贷经营业务提供政策导向。西德意志州银行十分重视行业风险预警研究在信贷风险管理工作中的作用，根据所确定的风险预警的目标行业，组织行业风险预警研究协调小组，小组人员由客户经理人员、信贷风险管理人员组成，行业协调小组通过研究协调会议，就目标行业风险识别的标准和方法、风险研究中所需要的资料，以及根据目标行业的风险状况如何配置银行的资源等事项进行协调研究，行业风险报告主要包括行业现状分析、行业竞争能力和发展前景分析、行业未来发展的主要风险和成功因素分析等三大部分内容。行业风险分析报告既是西德意志州银行制定信贷政策的依据，也是信贷客户经理人员推销具体的信贷产品、开展信贷业务的依据。

（5）建立信息资源共享系统，对跨国公司和集团公司的信贷风险实施统一监管。近几年来，随着世界经济一体化进程加快和跨国公司集团公司在经济发展中作用的增强，跨国公司已经成为商业银行的主要客户群体。与之相关联的是，如何加强和统一协调对跨国公司的信贷风险监管，也成为国外商业银行信贷风险管理工作所关注的重点问题。德意志银行的做法是，凡是银行与跨国公司总部及其在各地的分（子）公司有业务关系的，由德意志银行各分支机构和在各地的信贷中心，按照银行集团总部所制定的风险管理的统一规范要求，将跨国公司各分（子）公司的有关风险状况反馈到总行，由总行根据汇总的情况与跨国公司总部进行协调交流，并通过银行的客户信息系统将自动生成的客户所有信息反馈给有关分支行，总行通过全球信息管理系统网站经常向各分支机构发布跨国公司集团公司风险预警信息。

德意志银行总部对所有跨国公司客户设有一名总客户经理，由其统一协调各分支机构对跨国公司的业务行为。银行各分支机构对同一跨国公司所属分支机构的贷款条件基本是相同的，银行各分支机构给跨国公司分支机构发放贷款前，需要向总部的跨国公司总客户经理咨询了解该客户的有关情况。

五、信贷风险管理在商业银行经营管理中的主要作用

基于对信贷风险管理的认识，国外商业银行十分重视发挥信贷风险监管对信贷经营活动乃至整个银行经营业务的具体指导和约束作用。

（1）作为确定信贷业务审批决策权限的依据。如瑞士联合银行确定每一笔信贷业务审批归属时，是根据风险评价后所确定的该笔信贷业务风险的大小而确定其审批归属权的。即风险较大的信贷业务，不论其额度的多少，由较高级别的管理人员审批；风险较小的信贷业务，不论额度的多少，则由相对级别较低的管理人员审批。

（2）作为银行制订利润计划，提取贷款准备金的依据。即银行通过对客户信用风险状况的评价，根据各个客户信用风险等级的高低，确定不同的风险准备金提取比率，即对信用风险较高的客户，需要提取较多的准备金，而对信用风险较低的客户，则提取较少的准备金。

（3）为银行确定客户黑名单提供依据。所考察的四家银行都建立了黑名单制度。通过信贷风险等级评价，将那些信用度低，风险大的客户，特别是潜在高风险客户，经过总行风险委员会批准，进入黑名单信息库。如德意志银行按照客户的风险程度的大小和风险特征，将黑名单中客户划分为 a、b、c、d 四个等级，对不同等级的客户，采取与其风险特征相适应的风险防范控制措施。瑞士联合银行根据风险评价的结果，将所有的客户划分为一、二、三、四、五、六级等六个类别，将风险程度较高的后三类企业列入客户黑名单库中。

各银行所确定的客户黑名单只限于银行内部掌握，客户不知道，对其他银行也是保密的。对于列入黑名单的客户，信贷经营人员要实时跟踪客户的风险情况，并与客户一起商谈贷款补偿措施，包括抵押物的处置等，以便最大限度地减少银行的风险损失。黑名单库中的客户根据风险评价的结果，每半年更新一次。

（4）为落实信贷责任制提供依据。关于贷款失误后如何追究有关人员的责任问题，所考察的银行都认为难于给出十分准确的回答。但比较共同的看法是，信贷业务的审批权限是根据审批决策人的职务高低和能力大小由董事会授予的，因此信贷业务的审批不是一种纯个人行为，许多贷款要董事会批准，实际上是一个集体责任。如果贷款收不回来，具体经办人员负有责任，审批人也要承担一定责任。但是，不论对信贷经办人员，还是对贷款审批决

策人员而言，在办理信贷业务的过程中，如果违规操作，有章不循，不论其行为的最终结果是否造成了贷款损失，都是要追究其责任的，轻则降级，重则被解雇。确定信贷经办人员和信贷审批人员是否承担责任的唯一依据是，看其在业务活动中是否真正严格按照银行所制定的信贷操作规章制度办事，而不是看其业务行为是否造成了贷款损失。当然，如果行为人因违规操作，有章不循，所造成的贷款损失越大，其承担的责任也就越大，所受到的处罚也就越重。

六、几点建议

（1）逐步建立完善的标准化的信贷业务环节操作规范。完善的标准化的信贷业务环节操作规范不仅是信贷业务经营人员和审批人员必须遵循的准则，而且也是信贷风险管理人员实施信贷风险防范和风险控制业务的基础，是认定贷款责任的依据。随着我国社会主义市场经济的发展，银行业务的运作环境将越来越市场化。传统的信贷业务经过多年的摸索和研究，已经形成体系。信贷人员已有一定规模，建设银行信贷业务的规范化、标准化的条件已经具备，需要进一步组织力量加快研究步伐，尽快制定所有信贷业务的标准化操作规范。

（2）进一步提高信贷风险管理手段的现代化水平。在银行风险越来越大，风险种类越来越多的情况下，靠手工管理是无法实现风险管理目标的，管理信息系统是风险管理政策和信贷决策的重要依据，国外商业银行管理信息系统有（技术人员和银行业务人员相结合的）专门部门和专人进行管理。近几年根据风险管理的需要进行了升级，系统内容一般每年根据管理的需要修改完善，目前建设银行信贷管理信息系统（CMIS）还未正式投入运行，通过对前一段工作的总结，腾出精力，组织专门人员尽快研究管理信息系统的升级问题。

（3）研究并逐步建立全方位的商业银行风险管理体系。信贷风险管理是商业银行风险管理的主要内容，但不是风险管理的全面内容。从建设银行现状出发，当前除了重点关注和加强信贷风险管理工作外，也应着手研究制定商业银行种类风险的防范控制和管理措施，研究并建立有关利率风险、资本投资风险、汇率风险、国家风险、法律风险、财产管理风险等风险种类的评价指标体系和防范措施。

（4）将信贷风险管理工作纳入建设银行综合考评体系中，信贷资产风险等级评价的结论应作为确定信贷业务授权的依据，作为核销呆账贷款提取贷款准备金的依据，作为落实贷款责任制的依据。

（5）建立贷款责任制。当前，建设银行贷款责任认定工作的重点，应放在查处那些有章不循，违规操作等主观责任明显的问题上。

（6）建立客户黑名单制度。对信用差、风险高的客户，要制定相应的管理办法。

（此文为2003年率团赴德国、瑞士考察后的考察报告，与邓艾兵执笔。原载《现代商业银行导刊》2004年第4期）